教师教育系列教材

全国教育科学"十一五"规划课题研究成果

教育学

JIAO YU XUE

王彦才　郭翠菊◎主　编

北京师范大学出版集团
BEIJING NORMAL UNIVERSITY PUBLISHING GROUP
北京师范大学出版社

图书在版编目(CIP)数据

教育学／王彦才，郭翠菊主编.—北京：北京师范大学出版社，2010.8（2019.7重印）

（教师教育系列教材）

ISBN 978-7-303-11014-8

Ⅰ.①教… Ⅱ.①王…②郭… Ⅲ.①教育学－高等学校－教材 Ⅳ.①G40

中国版本图书馆CIP数据核字（2010）第087353号

营销中心电话 010-58802181 58805532
北师大出版社高等教育分社网 http://gaojiao.bnup.com
电子信箱 gaojiao@bnupg.com

出版发行：北京师范大学出版社 www.bnup.com
北京新街口外大街19号
邮政编码：100875
印　　刷：天津中印联印务有限公司
经　　销：全国新华书店
开　　本：730 mm × 980 mm　1/16
印　　张：28
字　　数：448千字
版　　次：2010年8月第1版
印　　次：2019年7月第19次印刷
定　　价：39.00元

策划编辑：郭兴举　　责任编辑：齐　琳　栾俊娜
美术编辑：毛　佳　　装帧设计：毛　佳
责任校对：李　菡　　责任印制：马　洁

前　言

“振兴民族的希望在教育，振兴教育的希望在教师”，造就高素质教师的希望在师范教育。自1902年京师大学堂师范馆开创我国高等师范教育先河以来，教育学一直是高等师范院校内师范生的必修课和核心课程。它在很大程度上影响未来教师的教育思想观念，在师范生教师专业发展进程中是不可缺少的。教育学课程在高等师范院校中的重要性是不言而喻的，而教育学教材是教育学课程的主要依托。但调查表明，相当一部分学生对教育学课程缺乏兴趣，主要原因有二：一是教材内容陈旧、枯燥，理论性过强，脱离学生实际；二是课堂教学以教师讲授和“灌输”为主，学生参与少，师生互动少。因此，编写一本受教师和学生欢迎的教育学教材是解决以上问题的关键。经过长期思索，反复研讨，结合多年的教学实际，我们编写了这本教育学教材。在编写过程中，我们力求体现以下特点。

第一，注重内容的完整和知识的全面。教材的编写紧密结合教学大纲和考研大纲，力求覆盖所有知识点。在此基础上，从结构上作了适当调整，如将“教育”和“教育学”分为两章加以论述，将“体育”“美育”“劳动技术教育”的内容放到“教育目的”中加以介绍。

第二，适应案例式、研讨式、启发式教学的需要，精心选编了一些最新资料和典型案例，既体现了对教育学教材编写体例的新探索，在注重学术著作严谨性的同时，摒弃了以往教材沉闷刻板的风格，又方便了教师的教和学生的学，为案例式、研讨式、启发式教学提供了素材。

第三，注意增加反映现代先进教育观念、教育思想和教育理论研究的新成果。在教材中增加了反映我国当前教育实际的内容，吸收了教育学研究最新成果和前沿信息，如“素质教育”“新课程改革”和“综合实践活动”等，使本教材具有较鲜明的时代性。

第四，贯彻理论联系实际的原则。教材应以学生的实际以及他们今日的发展水平、明日的发展需要与工作实际需要为出发点，注重理论性和实用性相结合。挖掘理论知识的价值，讲清其对教育教学工作实际的指导作用，以利于激发学生的学习动机，培养学生的理论联系实际的学风，提高其将来在工作实际中运用理论知识解决实际问题的能力，以及增强其对教育工作和社会的适应能力。

第五，注意处理好确定性与争鸣性的关系。由于大学生辨别是非的能力有了很大提高，加之我们在教学中推行案例式、研讨式、启发式教学，所以，教材中以确定性知识为主的同时，适当选入了一些争鸣性知识。对不同学术观点进行讨论和评价，有利于培养学生的研究精神、探索精神和创新能力，启迪学生的思维。

上述特点，是我们的愿望，但效果如何，尚待实践检验。由于水平有限，本教材肯定存在很多不足之处，恳请大家批评指正。

本教材由王彦才、郭翠菊主编，各章具体分工如下：

郭翠菊 第一章 教育

王彦才 第二章 教育学

刘爱云 第三章 教育与人的发展 第十五章 班主任工作

张建雷 第四章 教育与社会发展 第九章 教学（上）

王晓雷 第五章 教育目的 第六章 学校教育制度

高　芳 第七章 教师与学生

肖国刚 第八章 课程 第十四章 综合实践活动

王　茂 第十章 教学（中）第十一章 教学（下）

王　青 第十二章 德育理论 第十三章 德育实施

主编负责统稿，对各章节均进行了认真审阅，并作了不同程度的删减、增加和修改。本书从编写到出版，得到了北京师范大学出版社的大力支持，在此表示衷心的感谢。本书引用了一些专家或学者的案例及相关资料，由于种种原因有些未能联系到作者本人，在此深表感谢，亦敬请谅解。

本书不仅可以作为高等师范院校学生的教材，也可以作为各级教育学院、教师进修学校接受继续教育的中小学教师，以及接受研究生课程班、教育学函授班培训的学员的教材。

编者

2010 年 6 月

目 录

第一章 教育

教育究竟是什么？这是学习教育学的一个重要而又关键的问题，也是树立正确教育观的核心问题。教育对于我们每一个人并不陌生，一般情况下，受过教育和没有受过教育，受过良好的教育和受过不良的教育，对一个人的发展方向和发展质量的影响是截然不同的，对社会发展的影响也有很大不同。正确的教育观能促进教育实践取得良好的效果，能促进人的身心健康发展；错误的教育观使教育实践走向歧路，会导致人不健康发展。本章通过对教育产生、发展历程的描述，着重研究教育的含义、教育的发展和教育的功能，从而形成正确的教育观，为指导教育实践服务。

【学习目标】

1. 理解和掌握教育的含义和教育的本质问题。

2. 理解和把握教育的功能、教育的起源、学校教育的出现以及教育产生和发展的历程等与教育相关的一系列问题。

3. 用正确的教育观指导和审视当下的教育实践，充分发挥教育的正向功能。

第一节　教育的含义

一、教育的概念

教育作为一种与人类社会历史共始终的现象和活动，首先是与人不可分的。作为社会成员，没有接受过这样或那样教育的人几乎是不存在的。尤其是当今社会，教育与人们之间关系的密切程度很难用语言形容。但是，自从教育随着人类社会出现以来，关于教育是什么的问题，一直争论着。直到今天，仍然是见仁见智，莫衷一是。观念是行动的先导，理论上的认识往往影响到实践中的行动。对“教育究竟是什么”这一问题在认识上的模糊，必将导致教育实践中的偏差。这与素质教育的要求，尤其是新课程下的教学观是格格不入的。因此，充分认识教育的含义显得尤为重要。

（一）从字源上看教育

在中国的甲骨文中就有“教”和“育”的存在。“教”在甲骨文中常见写法是“”①，左半部的上方“”表示占卜的活动，是教的内容；左下方的“”表示一个孩子，是教的对象；右半部“”的上方“ノ”表示鞭子或棍子，是教的过程与手段；右下方“”表示手，即手执鞭子督促孩子学习。整个“教”字合起来的意思表示“成人手拿教鞭督促孩子的学习行为”②。“育”在甲骨文中的写法是“”，像妇女养育孩子之形。在该字的上下结构中，上方表示“女”，下方是倒立的“子”。“教”和“育”合起来有“管、教、养”之义。

英语“教育 education”的词源，来自于拉丁文“educare”“educare”是由前缀“e”与词根“ducare”合成的。前缀“e”有“出”的意思，而词根“ducare”则为“引导”，二者合起来就是“引出”，即“采取一定的手段，把某种本来就潜藏于人身上的东西引导出来，从一种可能的潜质转变为现实的特性”③。但是，这种潜质或者潜能必须是“本善”的，否则，就没有被引出或导出的必要。由此可见，在西方，“教育”强调的是由内转

① 王道俊，王汉澜．教育学（新编本）［M］．北京：人民教育出版社，1989：26．

② 石中英．公共教育学［M］．北京：北京师范大学出版社，2008：3．

③ 同上，2 页．

外，即“隐含着儿童本善之意，教育只需对儿童的天性加以引导”①。这也是“内发论”和“自然主义教育思想”产生的土壤和渊源。

(二) 从中外教育家的论述中看教育

在我国的教育学界，一般认为“教育”的概念最早见于《孟子·尽心上》中的“得天下英才而教育之，三乐也”。关于“教育”的解说，存在于许多典籍中。许慎在《说文解字》中说：“教，上所施，下所效也；育，养子使作善也”。《荀子·修身》：“以善先人者谓之教”。《学记》：“教也者，长善而救其失者也”。《中庸》：“天命之谓性，率性之谓道，修道之谓教”。梁启超明确提出：教育是什么？教育是教人学做人——学做“现代的”人。身体坏了，人便活不成或活得无趣，所以要给他种种体育。没有几样看家本事，就不能养活自己，所以要给他种种智育。其他一切教育事项虽然很复杂，但目的总是归到学做人这一点。② 陶行知继承和改造了其师杜威的实用主义教育观，提出“生活即教育”“社会即学校”③。

资料 1-1：

君子有三乐，而王天下不与存焉。父母俱存，兄弟无故，一乐也；仰不愧于天，俯不怍于人，二乐也；得天下英才而教育之，三乐也。君子有三乐，而王天下不与存焉。

——《孟子·尽心上》

由上可见，在我国，无论是甲骨文中的“教”或是“育”，还是古今教育思想家们对“教育”的论述，由外转内，即儿童“性本恶”的成分偏重，多强调教育的目的在于使人为善，凭借外力作用于儿童的发展，需要在大人的棍棒监督之下习字学文、处事做人和从德向善。因此，“外铄论”的影响久远，强调教育者的作用较为突出。

在国外，许多思想家和教育家从不同的方面对教育展开论述。古希腊的柏拉图认为，“教育是为了以后的生活所进行的训练，它能使人变善，从而高尚地行动”④。捷克教育家夸美纽斯说：“假如要形成一个人，就必须

---

① 扈中平等．现代教育学［M］．2版．北京：高等教育出版社，2005：22.

② 转引自石中英．公共教育学［M］．北京：北京师范大学出版社，2008：4.

③ 陶行知．中国教育改造［M］．北京：东方出版社，1996：142～150.

④ 转引自杨兆山．教育学［M］．长春：东北师范大学出版社，2006：30.

由教育去形成。”“只有受过恰当教育之后，人才能成为一个人。”① 法国思想家卢梭认为，“教育应当依照儿童自然发展的程序，培养儿童所固有的观察、思维和感受的能力。”教育的目标“就是自然的目标”。“从我门下出去，我承认，他既不是文官，也不是武人，也不是僧侣，他首先是人……”瑞士教育家裴斯泰洛齐认为，教育就是“依照自然的法则，发展儿童道德、智慧和身体各方面的能力”②。英国教育家斯宾塞认为，教育是为受教育者未来的美好生活做准备，即“为我们的完美生活做好准备”③。美国教育家杜威认为，“教育就是生活本身”。他提出了著名的教育命题：“教育即生活”，“教育即生长”，“教育即经验的连续不断的改造”。④ 要素主义教育流派的代表人物巴格莱坚称：我们把社会进化定义为积累和提炼人类知识的进步过程，在最广泛的意义上讲，教育则是传递这些（人类）知识的过程，或者说教育是传递人类积累的知识中具有永久不朽价值的那部分的过程。⑤巴西教育家弗莱雷则认为，教育是一种自由实践，教育即解放的行动。

上述观点虽然不一，但都能反映出“教育”概念所蕴含的原典精神。所谓教育的原典精神，是指“教育”概念创制时人们所赋予它的意义。从中西“教育”概念的词源分析来看，教育的原典精神是以“人”为本而非以“才”为本，关注人作为人的生存及其意义，努力从内在方面“唤醒”人、“生成”人和“提升”人，而不是从外在方面“训练”人、“塑造”人和“培养”人。因此，“教育”命题所涉及的关键要素可概括为“目的”“过程”和“关系”。教育的“目的”表现为“职业目标”与“人文目标”之间的矛盾。这个矛盾表现为“人”与“公民”之间的矛盾，“劳动力”与“劳动者”或“人才”与“人品”之间的矛盾。教育的“过程”表现为“外在过程”与“内在过程”之间的矛盾。这个矛盾又可以称为“外铄”与“内省”之间的矛盾，“灌输”与“启发”之间的矛盾。教育的“关系”表现为“工具关系”与“本体关系”之间的矛盾。

（三）从权威性工具书关于教育的解释看教育

关于教育的含义，《现代汉语词典》解释为，教育是“培养新生一代准

---

① ［捷克］夸美纽斯．大教学论［M］．傅任敢译．北京：教育科学出版社，1999：24.

② 张焕庭．西方资产阶级教育论著选［M］．北京：人民教育出版社，1979：206.

③ 同上，419 页。

④ ［美］杜威．民主主义与教育［M］．王承绪译．北京：人民教育出版社，2001：6、49、110.

⑤ 转引自石中英．公共教育学［M］．北京：北京师范大学出版社，2008：4.

备从事社会生活的整个过程，主要是指学校对儿童、少年、青年进行培养的过程。”《辞海》的解释是：“按照一定的目的要求，对受教育者的德育、智育、体育诸方面施以影响的一种有计划的活动。……教育一词一般是指学校教育，但也用来泛指社会上一切有教育作用的活动，如社会教育、家庭教育等。”我国教育类权威工具书对教育的概念也有界定，具体如下。

《中国大百科全书·教育卷》：“教育是培养人的一种社会现象，是传递生产经验和社会生活经验的必要手段。”

《中国教育大百科全书·教育卷》：“凡是增进人们的知识和技能、影响人们的思想品德的活动，都是教育。”

《中国教育百科全书》：“广义的教育指的是一切增进人们的知识、技能，影响人们的思想，增强人们的体质的活动。”

《教育大辞典》（增订合编本）：“教育（education），是传递社会生活经验并培养人的社会活动。通常认为：广义的教育，泛指影响人们的知识、技能、身心健康、思想品德的形成和发展的各种活动。”

从以上对教育的定义中，可以看出，它们都将教育定义为一种“活动”或“社会活动”。这种活动对人们的知识、技能、思想、品德和体质的形成与发展产生影响。而且，这种影响都是积极的，都是增进、增强、获得等。

（四）对教育概念的界定与理解

关于教育概念的界定，历史上是五花八门。每一种定义的产生，都伴随着特定的历史条件和特有的认识基础。综合考察各种观点，大致有以下几种。

1.“广、狭、更狭说”

这种观点将教育的定义分为“广义”“狭义”和“更狭义”三种。广义的教育定义：凡是增进人们的知识和技能，影响人们思想品德的活动，都是教育；狭义的教育定义：即学校教育，指教育者根据一定的社会或阶级的要求，有目的、有计划、有组织地对受教育者的身心施加影响，把他们培养成为一定社会阶级所需要的人的活动；更狭义的教育，即指思想道德教育或“思想教育活动”①。

2.“广狭两义说”

教育有广义和狭义之分。广义的教育即教育的一般性定义，狭义的教育即学校教育。此观点较为普遍。影响较大的有南京师范大学教育系编写

① 潘友刚，钱立群．教育学［M］．武汉：华中师范大学出版社，2003：3.

的《教育学》和王道俊、王汉澜主编的《教育学》等，皆用此观点。

3.“首要直接说”

教育是有意识地以影响人的身心发展为直接和首要目标的社会活动。①

4.“社会化与个性化统一说”

教育是在一定社会背景下发生的促使个体的社会化和社会的个性化的实践活动。个体的社会化是指根据一定社会的要求，把个体培养成为符合社会发展需要的具有一定态度、知识和技能结构的人；社会的个性化是指把社会的各种观念、制度和行为方式内化到需要、兴趣和素质各不相同的个体身上，从而形成他们独特的个性心理结构。②

在我国教育界，普遍存在的是教育概念的“广狭两义说”。广义的教育是泛指一切增进人的知识与技能、影响人的思想品德的活动；狭义的教育通常指的是学校教育，是指教育者按照一定的社会要求和受教育者的自身特点，向受教育者的身心施加有目的、有计划、有组织的影响，以使受教育者发生预期变化的活动。本书采用此种教育的界定，从两个角度相结合的方式，即“社会的角度”和“个体的角度”相统一的方式给教育下定义。

值得注意的是，教育作为一种社会实践活动，不是纯粹的理念或在某种理念支配下的规则。教育与人的发展紧密相关，对人的发展的方方面面产生直接的影响和作用，进而促进社会的发展。因此，我们认为“广狭两义说”更具有一般性和代表性，已被广泛地认同和接受。其他的观点和认识都和此定义有内在的联系，是进一步的认识和理解。但是，无论是教育的哪一种定义，其核心和共同点必须指出其根本特征，即教育是一种影响人、培养人的社会活动。它要培养人成为他自己，培养人成为社会历史的主体。广义的教育包含学校教育和学校以外的各种教育，而其中的学校教育在西方自文艺复兴、在中国则自20世纪初始，一直是最主要的教育形式。狭义的教育即学校教育，涵盖古今中外所有的学校教育。学校教育与广义教育相比，具有明显的专门化和制度化特点。专门化，即具有专门的教育机构、专门的教职人员和学生；制度化，即表现为各级各类学校的体制以及它们之间的关系、学校的体制以及学校各部门之间的关系、课程的设置以及各类课程之间的关系等，都有严格的制度规定和约束，学校的各项工作都应该有预先的计划。我们研究和学习的重点主要是学校教育。

---

① 扈中平等. 现代教育学［M］. 2版. 北京：高等教育出版社，2005：8.

② 全国十二所重点师范大学. 教育学教程［M］. 北京：教育科学出版社，2002：4.

案例 1-1：

根治厌学，“请不要在春天的时候摇晃一棵苹果树”

有 52.6%的高校教师认为“学生的学习积极性不高”，在部属高校和市属高校中，该比例分别为 42.7%和 60.3%。这是北京大学“首都高等教育”学科群项目组发布的《2007 年首都高等教育质量问题调查》中的一组数据，调查对象包括 24 所北京地区高校的 3366 名老师和 16591 名学生。厌学是应试教育结出的恶果。学校、家长和社会将孩子过早地捆绑在应试教育的战车上，还要以“为了孩子的未来”的冠冕堂皇的理由，通力合作，把学生死死地按住，大搞揠苗助长式教育，而在根本上忽视了孩子的学习兴趣。学生年纪小抗争不过，只能糊里糊涂地就范。一旦考上大学，厌学情绪开始恶性释放，拒绝再努力学习。……根治厌学情绪，最根本的方子在哪里？一个哲学家曾说过：“让一个孩子在非兴趣的基础上去学习，就是在春天的时候摇晃一棵苹果树，你不但不能摇下苹果来，相反使得苹果花纷纷落地，以至于到了秋天应该收获的时候你不再能收到苹果了。”

——《文汇读书周报》，2008-28-03（3）

学生们考上大学后为什么厌学了呢？为什么“一旦考上大学，厌学情绪开始恶性释放，拒绝再努力学习”？这不得不让人思考：教育是什么；教育是分数吗；教育就是升学吗；我们受了这么多年的教育，看到的、听到的、感受到的教育是什么；教育应该是什么；教育实际上又成为什么。真正理解教育的含义确实是一个难题，需要把握以下几点。

1. 教育作为一种社会活动以人为直接对象

教育的基本着眼点是人，是人的发展，人是教育的出发点。首先，这里的“人”，不只是局限于青少年，而是指各个年龄阶段的人，尤其是在终身教育理念下，对每一个人来说，受教育是一生的过程，从摇篮到坟墓，活到老，学到老；其次，这里的“人”，不只是局限于智力、身体正常的人，而是指各种各样和各种情况的人，尤其是在全民教育理念下，每一位个体（包括男女正常儿童、贫困儿童、处境不利儿童和残疾儿童）都有受教育的权利和机会，满足全体儿童、青年和成人的基本学习需要是现代教育的使命。

资料1-2：

学校教育变了味
——教育究竟要做什么？

某市一所普通小学，考试体、音、美等课程，老师提前让学生背诵事先设计好的标准答案："ACBD""BACD""CCAD"……此类课程平时是不讲的。

某市一所重点小学，音、美、体、计算机和科学等"副科"课程平时不开课、不讲授，但是，老师告诉并要求学生："教育局要来检查，询问这些课程的开课情况时都要回答开设。并且，必须回答所有课程上课时都没有拖堂。这和我们学校要评比的名次有关。"其实，真实的情况是：在这些小学，所谓的音、美、体、计算机、科学以及品德与生活或品德与社会类课程皆被当作"副科"，没有正式开设，教师也没有正式讲授。而对待语文、数学等正科，拖堂现象十分严重，课后作业远远超过1个小时，但只让学生对教育局下来检查的人员说"课后作业在1小时以内"，从小教育学生说假话、空话，以应付检查。据学生家长的真实反映，"劳动、品德与生活、品德与社会、科学课程均没有开设或开设不充分"。

某市一所重点初中，由于高中升学考试即"中考"时政治是开卷考试，因此，教师就采取了应对策略：政治课以画题为主，不进行系统讲解。指定学生买来练习册，练习册包括两部分，前部分是题目，后部分是答案。学生"做练习册"的过程就是"剪刀+糨糊（胶水）"的过程，首先把答案剪下来，粘贴到前边相应的题目下面，有的时候需要剪、粘很长时间，甚至到夜里零点以后，不得不让家长代劳。中考时，孩子比照着粘贴好标准答案的练习册，拼命地找啊、抄啊，最终都学到了神圣的中考卷子上。……请问，这样粘贴了的政治"标准答案"的考试又有何用呢？

——笔者根据调查编录

2. 教育以影响人的身心发展为目标

教育最直接的目标是影响和促进人的身心发展。这里有两层意思：一是教育对人发展的影响是全面的、整体的，既包括身体的发展，又包括心理的发展。正确的教育必须同时兼顾身体和心理两个方面在内，必须保证身心的完整性，没有剩余和残缺。当今学校在应试教育倾向下的那种只顾升学考试、只重知识的死记硬背，是不完整的教育，或者说，根本就不是真正的教育。真正的教育基于知识的获得又远远高于这个层面，它是价值定向、爱的方式的生成、灵魂的唤醒、自我意识和自我教育的提升的整体。二是教育对人身心发展的影响是积极的、正向的。而且，这种影响的应然状态或理想状态应该是不知不觉的、自然而然的，是春风化雨、润物无声、水滴石穿的。这是有目的、有意识的教育活动的至高境界。这里有一个关键词即“影响”。影响是对别人的思想或行动起作用，如同“影之随形，响之应声”。马克斯·范梅南曾这样解释：“影响（influence）是一个有趣的概念。‘influentia’这一术语原指从天上发出一种伤害人身体的流体。既然我们都生活在上苍之下，我们就始终在受着影响。影响的流传和传播的这种无法逃避性与难以捉摸的特点也许就是为什么1743年罗马爆发的流行性传染病被称作‘influenza’（影响）的原因。”①

资料1-3：

雅斯贝尔斯在关于《什么是教育》中说：“所谓教育，不过是人对人的主体间灵肉的交流活动……真正的教育绝不容许死记硬背，也不奢望每个人都成为有真知灼见、深谋远虑的思想家……全部教育的关键在于选择完美的教育内容和尽可能使学生之‘思’不误入歧路，而是导向事物的本源。教育活动关注的是，人的潜力如何最大限度地调动起来并加以实现，以及人的内部灵性与可能性如何充分生成，总言之，教育是人的灵魂的教育，而非理智知识和认识的堆集。”

——雅斯贝尔斯著，邹进译，《什么是教育》，生活·读书·新知三联书店，1991：3～4

金生鈜在《理解与教育》一书中说：“教育把人类‘大我’的共同经验与个体的有限的人生经验联结起来，把个体已有的经验与求知的世界联结起来，从而形成个体的经验，形成个体的人生。”“接受教育，从不成熟走向成熟，从生命的自然状态走向生命的精神状态，从没有经验到经验的丰富，从人生活视野的狭隘到视野的扩大……在人生的发展阶段，个体生活就表现为接受教育和进行学习，接受教育和进行学习就是为了获得人生的经验，获得生活的更新和发展，获得人性的丰满和个性的完善，形成人生的发展与成长。”

——金生鈜，《理解与教育：走向哲学解释学的教育哲学导论》，教育科学出版社，1997：70～71

① ［加］马克斯·范梅南．教学机智——教育智慧的意蕴［M］．宋广文等译．北京：教育科学出版社，2003：22．

3. 教育影响人的身心发展有明确的意识，并以此作为直接和首要目标

有意识、有目的是人的活动的鲜明特点。意识是人的头脑对客观物质世界的反映，是感觉、思维等各种心理活动过程的总和。教育活动具有明确的预设目标，通过教育把人培养成为大致的什么样式，往往在人们的头脑中有一个预先设计和规划，尤其是学校教育，其目的性更强。教育就是要促进人发生合目的性的转化。其他的社会活动也会对人的身心发展产生一定的影响，但这种影响往往是无意识的，或者意识性不强。教育以影响人的身心发展为直接或首要的目标，但又不仅仅如此，它还通过此种目标的实现，派生出其他的社会效果和影响，如对社会发展的方方面面所产生的影响。但是，“教育产生的这些效果或影响都是通过影响人的身心发展而实现的”①。

总之，教育是一种培养人的社会活动。无论是广义的教育还是狭义的教育，都必须以人为出发点，人既是教育的手段又是教育的目的。必须充分重视每一个人的受教育机会和权利，把人培养成为有灵魂的真正意义上的人，而不是“理智知识和认识的堆集”。“真正受过教育的人，是会感觉、会行动也会思考的人。”② 未来社会所需要的正是这样的人。当今，人们对教育的认识不断加深，有人说，“教育是一种人与人之间进行的精神交流和对话”，“教育是通过知识而使人获得解放”，“教育是人格的陶冶和人性境界的提升”。也有人认为“素质教育的要义就是回归到‘教育’的原典精神。”所有的这些认识，彰显的皆是教育的本质属性，即“培养人”。在现实的教育实践中，那种背离教育本质的行为，是对教育的异化，都是必须抛弃的。

二、教育的要素

关于教育或教育活动的要素有哪些，教育界有不同的观点：有人认为教育包括：教育者、学习者和教育影响；也有人认为教育包括：教育者、受教育者和教育影响。其实两种观点并没有实质上的区别，值得注意的是教育者也应该是学习者，因此，我们采取通常的观点：教育者、受教育者和教育影响是教育的三大要素。

---

① 扈中平等. 现代教育学.［M］. 2版. 北京：高等教育出版社，2005：8.

② 联合国教科文组织国际教育发展委员会. 学会生存——教育世界的今天和明天［M］. 北京：教育科学出版社，1996：9.

（一）教育者

教育者即从事教育活动的人。在教育活动中，教育者有目的地影响他人的生理、心理及性格发展。可从广义的教育和狭义的教育分开来认识。从广义的教育来说，凡是对受教育者在知识、技能、思想、品德等方面起到教育影响作用的人，都可称为教育者，包括各级教育管理人员、专职和兼职的教师，校外教育机构的工作人员、家长，等等。从狭义的教育来说，教育者主要是学校教育者，指具有一定资格的专职教师和相对固定的兼职教师。有人也将装有程序的机器人称为教育者。可见，教育者不一定只是专职教师，教育者有自身的资格要求。基于“教书育人”“管理育人”“服务育人”的理念，在学校中只有真正能够“育人”的人才能称之为教育者。因此，教育者意味着一种资格和责任，真正的教育者必须能够根据自己对受教育者个体身心发展特点和社会发展状况或趋势的认识，来“引导”或“引起”“增进”或“增强”个体的健康发展。

教育者在教育活动中，处于领导、控制和执教的地位，是教育活动的主体，起着主导作用，有权利也有义务对受教育者加以关爱、指导和帮助，必要的时候甚至需要加以惩戒。但是，这一地位并不是教育成效的可靠保证，只有在受教育者接受了教育者的要求，并付出努力后，教育要求才能转化为受教育者的发展现实。

（二）受教育者

受教育者是指各种教育实践活动中积极主动地接受教育和从事学习的人。有人也将之称为“学习者”，彰显了受教育者的主体性和主动性，但过于笼统，缺乏与教育者的对应。受教育者和教育者是一对相互联系的概念，不是对立的两个主体。受教育者既是教育的对象又是学习的主体，和教育者一样，是构成教育活动的基本要件，不能由于称之为“受教育者”，就忽视其平等的人格特征和主观能动性。有教育者，就要有受教育者，教育者和受教育者是民主平等、相互学习和共同发展的关系，受教育者在接受教育者所传授的思想、品德、知识、技能等的影响时具有主观能动性，是以自己已有的生活、学习经验来接纳新知，主动建构和生成知识。但是，这种建构和生成，又必须在教育者的启发、引导和矫正下进行，必须向着真理的方向认识，必须在“向进步社会”而不是“逆进步社会”的框架内进行。

广义的受教育者，几乎人人皆是。狭义的受教育者专指学校教育中获得入学资格的相对固定的对象，即学生。受教育者在教育活动中处于被领导、被控制和受教的地位，但是，教育者必须启发、引导受教育者以学习主体或学习主人的身份积极主动地学习。只有受教育者把外部要求转化为自己的学习成长需求时，或者善于做出自己的选择时，才能真正成为自己学习的主人。

（三）教育影响

教育影响是教育者在教育活动中作用于受教育者的全部信息。既包括信息的内容，也包括传递和反馈信息的形式，是形式与内容的统一。有人也称为“教育媒介”“教育措施”，但“教育影响”比之涵盖更广泛。从内容上说，教育影响主要是教育内容、教育材料或教科书。这是教育者和受教育者互动的主要媒介，因此，教育者要正确认识和充分发挥教育影响的作用。从形式上说，教育影响主要是教育手段、教育方法和教育组织形式。这是教育者完成教育意图，促使受教育者有效学习和积极发展的方式和手段。教育影响的形式要围绕教育影响的内容，并服务于教育内容；教育影响的内容要符合受教育者身心发展的特点和要求。

三、教育的本质及其属性

本质是事物本身所固有的，决定事物性质、面貌和发展的根本属性。它是事物的比较深刻的、一贯的和稳定的特征，是决定一个事物是此事物而不是彼事物的质的规定性。现象是本质在各方面的外部表现，一般是人的感官所能直接感觉到的，是事物的比较表面的、零散的和多变的方面。任何事物都有其本质和现象，二者的理想状态应该是统一的，但又并不直接相符合，假象是事物本质的一种歪曲的、颠倒的表现。对教育本质的认识也是十分困难的，经过了大讨论才日渐明朗。

（一）教育的本质

教育在本质上说，是一种培养人的社会活动。这一表述充分体现了教育本质的内在性、普遍性、稳定性和独特性的特点。首先，“培养人”这一教育的本质特征，是所有教育现象所独有的，不因时间、地点、教育的种类和认识主体的不同而变化；其次，教育是一种把自然人转化为社会人的过程，为一切人和社会所必需，为人类社会所特有，其他动物界的本能性活动不是教育活动；再次，教育活动具有明确的目的性，这一目的既要体现社会的要求，又要促进人的社会发展，通过教育要解决受教育者个体与社会要求之间的矛盾，促进社会个性化和个体社会化；最后，教育的阶级性，只有在阶级社会才存在，教育不会因为阶级的产生而产生，也不会因为阶级的消亡而消亡，因此，阶级性不是教育的本质属性。

（二）教育的社会属性

教育的社会属性不同于教育的本质，它是教育这一现象的各种特征的总称。从不同的角度看，教育的本质是相同的，但属性、特征却不同，认识教育的社会属性是为了更好地把握教育的本质。

1. 教育的永恒性

这是从教育存在的时间而认识的教育特征。教育随着人类社会的产生而产生、发展而发展，与人类社会共始终，是人类所特有的社会现象，是一个永恒的范畴。只要人类社会存在，就存在着教育。

2. 教育的历史性

这是从教育的发展历史过程而认识的教育特征。教育是一种历史现象，在不同的社会或同一社会的不同历史阶段，教育的性质、目的、内容等各不相同。

3. 教育的目的性

这是从教育本体作用的发挥而认识的教育特征。教育培养人是有明确目的的，"不强调教育活动的目的性，就会把教育泛化为个体的全部社会生活，使教育成为一种漫无边际、无法把握的社会活动。但是，强调教育活动的目的性，并不意味着要否定其他社会生活对人的发展的作用，只是要明确它不属于'教育'的范畴。然而，教育要有意识地加强与随时随地对人都有影响的社会生活的联系"①，调控非目的性影响。

（三）教育本质问题的大讨论

在我国20世纪七八十年代，展开了一场教育本质问题的大讨论。但是，这场讨论"并不是一场纯学术的争论。它是教育理论界的思想解放运动，也是全国思想解放运动的组成部分"②。讨论的背景得益于党的十一届三中全会所恢复的实事求是、解放思想的路线；讨论的缘起是真理标准的大讨论对教育问题的波及；讨论的问题主要涉及教育是不是上层建筑，教育是不是一种社会意识形态等；讨论过程到1995年时已经历了三个阶段：1978—1982年为争鸣与驳辩阶段，1983—1988年为沉寂与扩展阶段，1989

① 王道俊，郭文安. 教育学［M］. 北京：人民教育出版社，2009：16.

② 金一鸣. 教育原理［M］. 2版. 北京：高等教育出版社，2002：32.

年以后为总结反思阶段。[1] 后来，人们日益认识到这一讨论不属于教育本质的讨论，而是教育的归属的探讨，于是，这一探讨便逐渐销声匿迹了。

第二节　教育的产生与发展

教育的起源问题与教育的含义之间有着密切的联系，从某种程度上说，通过教育的产生与发展的历程可以见证教育产生的原因和服务的对象，可以强化对教育本质属性的理解和认识。

一、教育的起源

关于教育的起源问题观点纷纭，有生物起源论、心理起源论、神话起源论、劳动起源论、生活起源论、社会交往起源论、家庭起源论，等等。仅将几种比较有影响的观点展开叙述。

（一）教育的神话起源论

教育的神话起源论认为，教育与其他万事万物一样，都是由人格化的神（上帝或天）所创造的，教育的目的就是体现神或天的意志，使人皈依于神或顺从于天。这是人类关于教育起源的最古老的观点，所有的宗教都持这种观点。这种观点是根本错误的，是非科学的。这种教育起源论说法的产生，主要是因为受到当时在人类起源问题上认识水平的局限，因而不能正确提出和认识教育的起源问题。

（二）教育的生物起源论

教育的生物起源论认为，教育是一种在人类社会范围以外，远在人类出现之前就已产生的现象。这种现象在生物世界也存在着，是生物的生存本能。这种观点的代表人物是法国的社会学家、哲学家利托尔诺和英国教育家沛西·能。利托尔诺在《各人种的教育演化》等著作中认为："动物尤其是略为高等的动物，完全同人一样，生来就有一种由遗传而得到的潜在的教育，其效果见诸于个体的发展过程。"[2] 即在动物界存在着大量的教育现象，存在着"老师"和"学生"，他把大动物对小动物的爱护与照顾看成

① 瞿葆奎. 教育基本理论之研究（1978—1995）［M］. 福州：福建教育出版社，1998：154～160.

② 参见瞿葆奎. 教育学文集·教育与教育学［M］. 北京：人民教育出版社，1993：158.

是一种教育，否认教育是人类社会特有的社会现象。沛西·能在其主要著作《教育原理》一书中阐述了他的教育生物学化的观点。他指出："教育从它的起源来说，是一个生物学的过程，不仅一切人类社会——不管这个社会如何原始——有教育，甚至在高等动物中间，也有低级形式的教育"，教育是"扎根于本能的不可避免的行为。"① 教育的生物起源论强调"本能"，看到了人类教育与动物界类似教育行为的相似性，但却忽视了教育的社会性和教育的自觉目的性。

（三）教育的心理起源论

教育的心理起源论认为，教育起源于儿童对成人的无意识的模仿，是一种初级的心理活动。其代表人物是美国的教育家孟禄。孟禄批判了"教育的生物起源论"的实质性错误，认为：把"本能"作为教育产生和存在的基础，忽视了人的心理和动物心理的本质区别。他在《教育史教科书》一书中，从心理学的角度探讨了教育的起源，分析了原始社会的教育现象，认识到原始社会的教育缺乏系统的知识和经验，也没有一定的教材，没有正规的学校，从而断定"原始社会的教育普遍采用的方法是简单的无意识的模仿，儿童对年长成员的无意识模仿就是最初的教育的发展"②。教育的心理起源说使教育从动物界回到了人类社会，有一定的进步意义。但这种观点把教育归为无意识的模仿行为，忽视了教育的目的性和社会性，忽视了教育活动中的教师和学生的主动性和积极性，"没有区分出人类教育行为和动物界养育行为之间的本质区别。因为，无意识的模仿从其本质而言，还是隶属于本能的范畴，把人类的部分本能说成是教育起源的基础与把人类的全部本能说成是教育起源的基础，二者在观点上并没有本质差异"③。因此，此种观点也走向了极端和片面。

（四）教育的劳动起源论

教育的劳动起源论认为，教育起源于人类的社会生产劳动。首先，教育产生于劳动过程中人们传递生产经验和生活经验的实际需要。在原始社会的生产劳动过程中，人们需要制造和使用工具，而这些技能并不是生来就会、不学就能的，需要通过上一代人传授给下一代人，即代际传递。同时，原始社会的生产劳动是一种群体性的劳动，在劳动过程中

---

① ［英］沛西·能．教育原理［M］．王承绪译．北京：人民教育出版社，1992：38.

② 袁桂林．外国教育史［M］．长春：东北师范大学出版社，1995：3.

③ 潘友刚，钱立群．教育学［M］．武汉：华中师范大学出版社，2003：5.

必须遵循上代人长期积累下来的关于劳动协作和用以维护集体利益的一些基本要求，这些社会的规范和要求不是人天生就能意识到的，也需要上一代对下一代加以传递和指导，这就是最基本的教育产生的需要。教育也是人类生存和发展的需要。为了人类的延续和发展，人类必须把在劳动过程中积累起来的经验和知识传递给下一代。其次，生产劳动为教育的产生准备了条件。也正是在生产劳动过程中，提供了教育得以产生的前提性条件，包括作为劳动工具的双手、思维工具的大脑和交际工具的语言，以及日益丰富的教育经验、教育内容等。其主要观点可概括为：第一，人类教育起源于劳动或劳动过程中所产生的需要；第二，教育是人类特有的一种社会活动；第三，教育产生于劳动是以人类语言和意识的发展为条件的；第四，教育从产生之日起就担负着传递社会生产经验和社会生活经验的职能；第五，教育具有历史性，在阶级社会中教育具有阶级性。

教育的劳动起源论是苏联的教育学者在批判生物起源论和心理起源论的基础上，根据马克思主义的历史唯物主义理论而形成的。其直接的依据是恩格斯的著作《劳动在从猿到人转变过程中的作用》。

二、学校教育的出现

学校教育是以学校为单位进行的教育活动，是一种主导性的现代教育形态。学校的出现对人类的教育而言，标志着教育与人类的物质生产活动和一般的社会交往活动相分离，标志着制度化的教育的产生。学校教育的出现极大地促进了人类教育文明的进步，也极大地推进了人类社会总体文明的进步。

学校究竟产生于何时何地，尚无定论。苏联教育史学家沙芭耶娃研究发现，在原始社会末期便出现了学校教育的萌芽形式——“青年之家”。在我国，据研究，夏朝就出现了当时称为“庠”“序”“校”等的专门教育场所。《孟子·滕文公上》中说：“设为庠、序、学、校以教之。”在西方，学校一词的原意是“闲暇、休闲”的意思，后来引申为“教学的场所”。从总体上看，较为普遍的观点认为，学校教育产生于奴隶社会。之所以如此，并非偶然现象，而是由于政治、经济、文化的发展为学校教育的产生提供了前提条件。因此，学校教育的出现是社会发展到一定历史阶段的产物。生产力的发展和奴隶制国家的形成为学校的产生提供了经济和政治基础，体脑分工和专职教师的出现为学校产生提供了客观条件，文字的产生和运用是学校产生的文化土壤。

三、教育的发展历程

教育随着人类社会的产生而产生、发展而发展，不同的历史阶段，由于人的生产能力不同，经济发展状况和政治制度性质不同，教育也表现出不同的性质和特点。一般将教育的历史发展分成三大时期：一是原始社会的教育；二是古代社会的教育；三是现代社会的教育。

(一) 原始社会的教育

原始社会作为人类的第一种社会形态，生产力发展水平很低，生产工具简单，物质生活资料还极其有限，人类对自然和自身的认识还很少。因此，原始社会的教育表现出了如下特征。

1. 教育的非独立性

原始社会的教育与社会生产劳动和社会生活结合在一起，教育还未能从社会生活实践和政治、宗教、艺术等活动中分化出来，没有专门的教育机构和场所，没有专职的教师。

2. 教育的无阶级性

在原始社会，由于生产力发展水平很低，经济的性质是一种原始的公有制经济，共同劳动，财产共有；政治的性质表现为无阶级、无剥削，原始性的平等。因此，原始社会的教育没有阶级性。

3. 教育的原始性

由于原始社会教育的非独立性，教育主要在社会生产和生活过程中进行，并与原始宗教或成人仪式紧密联系。因此，原始社会的教育在总体上水平很低，内容贫乏，教育形式和教育方法极为简单。

(二) 古代社会的教育

古代社会的教育，包括奴隶社会和封建社会的教育，它是基于古代社会的社会性质而形成的教育形态和教育特点。古代社会以土地为主要资源，以畜力耕作为经济基础，以土地占有者对社会的宗法专制为政治基础。因此，古代社会的教育具有以下特征。

1. 出现了古代学校

学校产生于奴隶社会，学校的出现意味着人类正规教育制度的诞生。纵观东西方古代学校，大致表现出如下特征：(1) 学校的主要目的是培养古代统治阶级所需要的人才，面向少数有特权阶层的子弟。(2) 课程内容主要是古典学科。我国奴隶社会的教育内容主要是“六艺”，即礼、乐、射、御、书、数。我国封建社会的教育内容主要是“四书”“五经”，即《论语》《孟子》《大学》《中庸》和《诗经》《书经》《易经》《礼经》《春秋》。欧洲奴隶社会的教育内容，在斯巴达和雅典表现不同。斯巴达教育主要学习军事体育教育知识，如赛跑、跳跃、角斗、骑马、游泳、投掷和击剑等。雅典教育多是学习从事政治和商业活动的知识，如文法、修辞、哲学、政治、计算和音乐等。欧洲封建社会的教育内容，表现为两种体系，即教会教育和世俗教育（骑士教育）。教会教育的主要内容是宗教神学一贯制的“三科”“四学”，即文法、修辞、辩证法和算术、几何、天文、音乐，合称“宗教七艺”或“七艺”；骑士教育的主要内容是“骑士七技”，即骑马、游泳、击剑、投枪、打猎、下棋、吟诗。（3）教学方法简单机械，崇尚书本，呆读死记，强调严格的纪律和严酷的体罚。（4）在教学组织形式上以师徒制的个别化教学为主，没有严格的班级和学年区分。

2. 教育具有阶级性

在古代社会，随着阶级的出现，由于统治阶级对物质生产和精神生活及生产资料的绝对占有，教育的阶级性表现突出，在教育权、受教育权、教育目的、教育内容、教育方法和教师的选择运用等方面，都具有明显的阶级性，学校由统治阶级把持。在奴隶社会，只有奴隶主贵族子弟才有接受学校教育的权利，教育为统治阶级服务，劳动人民的子女根本没有上学的资格，也上不起学。到了封建社会，教育不仅具有鲜明的阶级性，还有严格的等级性。阶级性和等级性之不同在于，阶级性是统治阶级和被统治阶级之间受教育权的关系，即只有统治阶级子弟有权受教育，被统治阶级子弟无权受教育。等级性是在有受教育权的统治阶级内部又分成若干等级，不同的等级所受的教育不同。等级制是封建宗法等级制度的反映，是封建社会教育独有的特点。如我国学校体系相对完整的唐代中央官学所设的“六学二馆”就具有十分突出的等级性。

3. 学校教育与生产劳动相脱离

在古代社会，由于学校教育作为专门培养人才的场所而出现，教育的阶级性和等级性突出，学校的教育权、受教育权、教育内容和教育方法等为统治阶级培养其子弟成为新的统治人才服务，劳动人民的子女无资格也无能力上学，因此，学校教育与社会生产和生活完全脱离。统治者鄙视生产劳动和体力劳动者，学校教育轻视只有那些被统治阶级才需要的生产知识和技能的传授。统治阶级只允许和要求自己的子弟学习一些治人之术，从思想观念上鄙视生产劳动的知识技能和劳动人民，生产劳动经验被排斥在学校大门之外。

在我国，“樊迟问稼”的故事，可作为资证；在西方，古希腊的亚里士多德也反对学习实用的生产知识，其“文雅教育”思想也可作为旁证。

资料 1-4：

文雅教育即自由教育，也叫博雅教育，是西方教育史上的一种教育观点和教育思想，是以一般文化修养课程为主要内容来促进人的智慧、道德和身体等多方面发展的教育思想。最早提出者是亚里士多德。他认为教育功能有文雅和实用两个方面，在受教育者学习的学科中，有的是高尚文雅的，专供闲暇和享受之用；有的是低贱而不文雅的，为实际所需，服务于实利。他主张对于具有高尚灵魂的人和自由民，只寻求效用和实利是不相宜的，而学习高尚文雅的学科则能形成高尚的心灵，使人的灵魂的各个部分得到自由发展，以便从事心灵的沉思，研讨真理和进行哲学的思考。

——顾明远主编，《教育大辞典》（第 1 卷），上海教育出版社，1990：46

（三）现代社会的教育

现代社会的教育，包括资本主义社会的教育和社会主义社会的教育。它是建立在现代政治、经济和文化发展的基础之上的教育形态。在现代社会，大机器生产替代手工生产，工业经济替代农业经济，民主政治替代宗法专制，社会系统全面变革，自由、民主、平等、科学理性成为人类的普遍理念。资本主义社会的教育和社会主义社会的教育两大体系，既存在因生产关系差异而表现出的个性特征，也存在因社会生产力方面的相似性，以及共同面临着的诸如环境、资源、人口、污染等问题而表现出的许多共同特性。

在资本主义社会，为了适应生产力的发展，为了提高劳动者的素质和教育水平，资本主义社会的教育对封建社会的教育进行了一系列的重大改革，表现出了资本主义教育的个性特征。第一，在学校制度上，建立了体系比较完备的现代学校教育制度。设立了幼儿园、实科中学和工科大学，以及职业技术学校和现代大学，形成了类型多样、层次清晰、体系完整的从学前教育到高等教育、从普通教育到职业教育的学制系统。第二，在教育目的上，第一次提出了普及义务教育的口号，但实行双重的教育目的，既要培养和选拔资产阶级的统治人才，又要给予广大劳动人民以一定的科学文化知识，培养熟练的劳动者，资本主义社会的教育具有鲜明的阶级性。第三，在教育内容上，增加了大量的自然科学知识，增设了许多新的学科，科学教育迅速发展。但宗教对学校教育具有重要影响，教学内容中科学知识与宗教灌输并存。第四，在教学方法上，师生关系从不平等走向平等，从专制走向民主。建立在科学技术发展之上的新的教学方法不断出现，如实验、演示、实习等方法。第五，在教学组织形式上，随着义务教育的推进，办学规模的扩大，以班级授课制代替了个别教学，成为基本的教学组织形式。

在社会主义社会，随着社会主义制度的建立，社会主义教育受其赖以存在的社会基础的制约，也表现出自身的个性特征。第一，在教育目的上，要求教育培养社会主义人才，教育权为广大劳动人民所掌握，实施各民族一律平等的教育，以促进人的全面发展为宗旨。第二，在教育与生产劳动的关系上，社会主义社会为教育与生产劳动的结合创造了条件，使之既是学校教育的性质体现，又是进行社会主义现代化事业的内在要求。第三，在教育研究方法上，坚持马克思主义的教育方法观，以马克思主义的辩证唯物主义和历史唯物主义作为教育科学研究的方法论基础，逐步认识和研究了教育的起源、教育与人的发展的关系、教育与社会发展的关系等复杂的教育问题。

建立在现代社会的现代教育，尤其是第二次世界大战以后的现代社会教育，在迅猛的科学技术发展的推动下，日益呈现出许多共同特征。

1. 教育的公共性

公共，意即属于社会的，公有公用的。教育的公共性，强调教育是属于全社会的公共事业，是全社会共同关心的公共话题，也是政治家们优先考虑的社会问题。教育的公共性既是现代社会大工业生产发展对人发展的需要，也是工人阶级和其他劳动人民对受教育权争取的结果。资本主义社会初期，受教育权的阶级性比较明显，劳动人民的受教育权很少得到体现和反映。随着生产力的发展，科学技术的进步，生产过程中的知识含量不断增加，劳动人民争取受教育权的斗争日益激烈，受教育权的阶级垄断越来越不合时宜，统治阶级和被统治阶级对此都加以批判，教育日益成为全社会共同关心的话题。我国领导人和世界其他国家的政治家们纷纷关注教育的发展，不断扩大人们受教育的权利，并通过联合国大会发表相应的宣言或公约。1948 年 12 月 10 日，联合国大会通过《世界人权宣言》，把儿童的受教育权看做是基本人权和生存权的一部分，并规定“教育应以充分发展人格并加强对人权和基本自由的尊重为目的”。1959 年 11 月 20 日，联合国大会通过《儿童权利宣言》，不仅强调了儿童的权利，而且强调了双亲、社会、国家应承担的义务；不仅强调了教育的社会需要，而且强调了儿童身心发展的需要。1989 年 11 月 20 日，联合国大会通过《儿童权利公约》，进一步强调了儿童生存、发展和受教育的权利，强调保障“人人享有受教育的权利”，使教育的公共性日益凸显。

资料 1-5：

“教育是国家发展的基石。教育振兴直接关系国民素质的提高和国家振兴。只有一流的教育，才有一流的国家实力，才能建设一流国家。教育事关民族兴旺、人民福祉和国家未来。教育事业涉及千家万户，关乎群众切身利益。”

——温家宝，《在国家科教领导小组会议上的讲话》，2009-01-04

2. 教育的民主性

民主，在历史上最早见于希罗多德的《历史》一书，由“人民”和“权利”两个词合成，意即“人民的权利”[①]。用之于教育即教育的民主性，强调的是受教育者的广泛性和平等性。包括教育机会的均等，师生关系的平等和教育内容、教育活动方式等方面自由选择的机会。正如《学会生存——教育世界的今天和明天》一书中所说：“机会平等是要肯定每一个人都能受到适当的教育，而且这种教育的进度和方法是适合个人的特点的。”[②] 教育民主正在从外部民主深入到内部民主，从入学机会的平等深入到过程和结果的平等。世界各国为了加快教育民主化的进程，力求使教育结构弱性化、开放化，并推动师生关系从机械灌输型转向平等交流型。在工业社会，受教育者已经较为广泛，但还没有真正达到广泛性和平等性。20 世纪中叶以来，随着人类社会向信息时代的迈进，现代教育才得到了新的发展，发展中国家正在大力普及基础教育，发达国家的高等教育出现了大众化趋势，教育机会均等在更高程度上得以实现。近年来，我国义务教育的普及率有了较大提高，高等教育也进入到大众化阶段，职业教育的发展取得历史性突破，教育平等和参与自治的观念深入人心。

---

① 袁贵仁. 马克思的人学思想 [M]. 北京：北京师范大学出版社，1996：230.

② 联合国教科文组织国际教育发展委员会. 学会生存——教育世界的今天和明天 [M]. 北京：教育科学出版社，1996：105.

资料 1-6：

《2008 年全国教育事业发展统计公报》节选

到 2008 年底，实现“两基”验收的县（市、区）累计达到 3038 个（含其他县级行政区划单位 207 个），占全国总县数的 99.1%，“两基”人口覆盖率达到 99.3%。

由于学龄人口的逐年减少，小学校数、学生数继续减少，学龄儿童净入学率不断提高。2008 年，全国共有小学 30.09 万所，比上年减少 1.92 万所；招生 1695.72 万人，比上年减少 40.35 万人；在校生 10331.51 万人，比上年减少 232.49 万人；小学毕业生数 1864.95 万人，比上年减少 5.22 万人。小学学龄儿童净入学率达到 99.54%；其中男女儿童净入学率分别为 99.50%和 99.58%，女童高于男童 0.08 个百分点。

由于学龄人口的逐年减少，初中校数、招生数、在校生数和毕业生数略有减少，初中阶段毛入学率和初中毕业生升学率继续提高。2008 年，全国共有初中学校 5.79 万所（其中职业初中 0.02 万所），比上年减少 0.15 万所；招生 1859.60 万人，比上年减少 8.9 万人；在校生 5584.97 万人，比上年减少 151.22 万人；毕业生 1867.95 万人，比上年减少 95.76 万人。初中阶段毛入学率 98.5%，比上年提高 0.5 个百分点。初中毕业生升学率 83.4%，比上年提高 2.92 个百分点。

2008 年，全国高中阶段教育（包括普通高中、成人高中、中等职业学校）共有学校 30806 所，比上年减少 449 所；招生 1649.12 万人，比上年减少 1.06 万人；在校学生 4576.07 万人，比上年增加 48.58 万人。高中阶段毛入学率 74%，比上年提高 8 个百分点。其中：全国普通高中 15206 所，比上年减少 475 所；招生 837.01 万人，比上年减少 3.15 万人，下降 0.38%；在校生 2476.28 万人，比上年减少 46.17 万人，下降 1.83%；毕业生 836.06 万人，比上年增加 47.75 万人，增长 6.06%。……

高等教育稳步发展。2008 年，全国共有普通高等学校和成人高等学校 2663 所。其中，普通高等学校 2263 所，比上年增加 355 所，成人高等学校 400 所，比上年减少 13 所。普通高校中本科院校 1079 所，高职（专科）院校 1184 所。全国共有培养研究生的单位 796 个，其中高等学校 479 个，科研机构 317 个。

高等教育招生数和在校生规模持续增加。2008 年全国各类高等教育总规模达到 2907 万人，高等教育毛入学率达到 23.3%。……

——教育部，《2008 年全国教育事业发展统计公报》，2009-07-17. http：//tgs.ndrc.gov.cn/ggkx/t20090723.

3. 教育的生产性

这里的“生产”，是人们使用工具进行创造的过程。教育的生产性，强调教育是一种生产性活动，是关于人类智能与人类文化再生产的活动，现代教育与生产劳动紧密结合，是劳动力再生产、科学知识再生产和发展科学技术的重要手段，对提高社会生产效率和增加社会财富起着重要作用。它具体表现在三个方面：一是教育能把人类智能内化为受教育者的智能，使受教育者由生物实体转化为社会实体，成为社会所期望的成熟成员；二是教育能够传递、传播、发展和整合文化，实现人类文化的再生产；三是现代教育与生产劳动相结合，是发展科学技术、推动经济发展的有力保证。

4. 教育的未来性

教育的未来性，一般指教育目标需参照社会发展的要求而制定，教育事业的发展需先于经济的发展，面向未来。当前的教育为未来的需要服务，学生当前的学习是为准备参与未来的生活。因而，教育的培养目标、教育内容的选择不仅应服务于现实的社会需要，还应从社会发展的未来需要出发，为未来社会发展服务。教育事业的发展要走在经济发展的前面，才能为经济的发展做好人才准备。《学会生存——教育世界的今天和明天》一书用三个“第一”指出：“多少世纪以来，特别在发动产业革命的欧洲国家，教育的发展一般是在经济增长之后发生的。现在，教育在全世界的发展正倾向先于经济的发展，这在人类历史上大概还是第一次。”“现在，教育在历史上第一次为一个尚未存在的社会培养着新人。”“有些社会正在开始拒绝制度化教育所产生的成果，这在历史上也还是第一次。”“这种倾向首先大胆地和成功地出现在诸如日本、苏联和美国这些国家。许多别的国家，特别是发展中国家，在过去几年中，不顾由此带来的沉重牺牲和一切困难，也选择了这条道路。”① 这三个“第一”精练地概括了当代社会要求教育转向未来的不可阻挡的趋势，也提出了改革现存教育的不可回避的任务。这种“倾向”即教育的超前规划、优先发展、面向未来的倾向，既是对社会发展速度加快的适应，也是人类自觉推动社会前进的一种进步。

5. 教育的国际性

教育的国际性，又被称为“国际教育”“国际理解教育”或“全球教育”。它包括两方面的含义：一是教育为社会国际化发展培养人才。教育

---

① 联合国教科文组织国际教育发展委员会. 学会生存——教育世界的今天和明天[M]. 北京：教育科学出版社，1996：38.

应该从态度、知识、情感、技能等方面培养受教育者从小就为一个国际化的时代做准备，帮助人们认识和解决一些威胁人类生存的国际问题，诸如和平问题、环境问题、能源问题、道德问题等。二是教育本身要对外开放，加强国际交流。教育要达到很高的水平，能够和外国进行学校和文化交流，接纳留学生、访问学者等，为国际社会作出贡献。教育的国际化源自20世纪中叶以来的全球化趋势以及教育国际化思潮。20世纪五六十年代以来，由于科学技术迅猛发展，世界经济日益朝着区域化和国家化的方向发展。“在哲学思潮上出现了相互依存论，在社会学方面出现了‘地球村’理论，在文化学上出现了世界文化圈理论，这一切都对当今教育产生了巨大影响，国际化教育思潮应运而生。”① 全球化不仅意味着不同的国家、不同地区人们之间有着休戚与共的关系，而且意味着民族和国家的重新定位。

6. 教育的终身性

终身，即一生，一辈子。教育的终身性，强调教育既要贯穿人的发展的一生，又要覆盖人的发展的全部。教育对每一个体来说，是从摇篮到坟墓的事情，即“活到老，学到老”，具有连续性和整体性。它包括三个“一体化”：即职前教育与职后教育的一体化，青少年教育与成人教育的一体化，学校教育与社会教育的一体化。教育的终身性是终身教育思潮的具体体现。

终身教育思潮形成于20世纪60年代并很快影响全球。终身教育一词最早使用的是法语，1965年在联合国教科文组织会议上被正式启用，并译成“lifelong education”或“lifelong integrated education”。“终身教育建立在四个支柱的基础上：学会认知、学会做事、学会共同生活、学会生存”。② 终身教育在世界各国有不同的含义和表述：在美国，它是一种继续性教育，即一生中不断继续接受教育；在英国，先是用“继续教育”后用“恒长教育”一词；日本用“生涯教育”，意为一生都要接受教育。在林林总总的世界教育思潮中，终身教育思潮以其独有的魅力令世人瞩目，以致其产生和发展被视为“世界性的需要”，是“对未来国际社会的大挑战”。在赫梅尔所著的《今日的教育是为了明日的世界》一书中说：“终身教育是

---

① 全国十二所重点大学．教育学基础［M］．北京：教育科学出版社，2002：339．

② 国际21世纪教育委员会．教育——财富蕴藏其中［M］．联合国教科文组织总部中文科译．北京：教育科学出版社，1996：87～88．

正在使整个世界教育制度革命化的过程中的一种新的观念。”法国著名教育家、终身教育理论的奠基者保罗·朗格郎在《终身教育引论》一书中提出终身教育的理念。终身教育是对传统教育的超越。传统教育是典型的阶段性教育，从纵向上看，它把人的一生分成两部分，前一部分主要是接受教育，后面一大部分主要用来工作。终身教育将人生一个阶段的教育改变为终生教育，大大拓展了教育的时空范围。在时间上，它包括幼儿教育、青少年教育、成人教育和老年教育；在空间上，它包括学校教育、家庭教育、社会教育以及种种非正式的教育。教育的终身化既是时代发展的需要，也是个人不断完善的需要。时代发展要求人们学习，教育要求人们学习，人自身的发展也要求自己学习，而且这种学习必须是积极主动的、自觉自愿的和时空开放的。因此，教育的终身性要求整个社会从“学校化社会”变为“学习化社会”，社会的所有部门都要提供学习资源，参与教育活动。所有社会成员都要充分发挥学校以外的制度和机构的教育能力，去自觉地进行学习，即“人人是学习之人，处处是学习之所，时时是学习之机，事事是学习内容”。一言以蔽之，教育的终身性需要人们终身学习，而终身学习希冀建立的社会是学习型社会，即“整个社会无处不具有供人学习的机会和条件，教育行为体现和渗透在社会各个部门和活动中”。

资料 1-7：

终身教育是一项真正的教育计划。像任何同类计划一样，它面向的是未来；它设想培养一种新型的人；它是一种价值体系的传播者；它设计一个社会的计划；它形成一种新的教育哲学……

终身教育是唯一能够适应现代人、适应现代生活在转变中的世界上和社会中的人的教育。这样的人必须使自己能够不断地适应新情况。因此，他必须是能动的，具有想象力和创造性。此外，他必须能在各种集团中工作，并能从多科性的观点出发解决问题。

终身教育应保证每个人都充分表现自己的人格。因而，它是实现民主的有利因素。

——［瑞士］查尔斯·赫梅尔著，王静等译，《今日的教育是为了明日的世界》，中国对外翻译出版公司，1983：27

资料1-8：

一亿多儿童，其中至少有六千万儿童没有机会接受初等教育。

九亿六千万成人是文盲，其中三分之二是妇女，并且在所有国家，功能性文盲是一个很大的问题。全世界超过三分之一的成人，没有机会接触能改善他们的生活质量、有助于他们影响和适应社会与文化变革的书本知识、新的技能与技术。一亿多儿童和无数的成人没有完成基本教育计划，还有数百万人达到了入学要求，但并没有获得基本的知识和技能。

——“世界全民教育大会”通过的文件《世界全民教育宣言》，1993-03

第三节　教育的功能

有了人就有了教育，有了教育的存在，教育的功能也就客观存在。教育功能问题是教育理论研究中的一个重要问题。

一、教育功能概述

教育功能涉及教育在社会和人的发展中的地位、作用，涉及教育与社会、教育与个人等方面的关系。深入探讨教育功能问题，形成正确的教育功能观，对于提高人们对教育的认识、正确理解和把握教育与人、教育与社会之间的关系，促进人和社会的健康发展，具有重要的理论意义和实践意义。①

（一）教育功能的含义

功能，即“事功和能力；功效；作用”。它是事物或系统所具有的作用、能力和功效等。教育功能是教育活动和各级各类学校系统对个体发展和社会发展所产生的各种实际影响和作用。简言之，教育功能是教育活动的功效和职能。通俗地说，教育的功能就是“教育干什么”的问题，是阐明“教育是什么”的本质问题之后的又一个重要问题。“教育干什么”实际上包含三个层面：一是“教育应该干什么”，指对教育价值的追求，体现为教育的目的、目标或期望；二是“教育能够干什么”，指教育能够发挥的作用和影响；三是“教育实际干了什么”，指教育发挥作用的结果。教育的功

① 王等等．论教育功能观［J］．教育评论，2008（3）：21～24．

能重视教育的实效，是教育的“实然”表现；教育的价值是教育的“应然”表现。“教育应该做的，未必是教育实际做了的；教育能够做到的，未必是教育应该做的。”①

教育的功能问题和教育的本质问题息息相关，是在更深层次上把握教育问题。教育作为培养人的社会实践活动，既是一个相对独立的系统，又是一个复杂开放的系统。教育功能在教育系统内部表现为教育对个体发展的影响和作用，在整个社会系统中表出为教育对社会发展的影响和作用。认识教育系统在内部和外部的关系中所发挥的特定作用，有利于充分理解教育的本质，形成正确的教育观，正确地指导教育实践。

（二）教育功能类型的多维视角

教育的功能复杂多样，根据不同的标准，从不同的视角，可以表现出不同的类型，呈现出多维的复杂样态。

表 1-1 教育功能多维视角分类表

<table>
<tr><th>分类依据</th><th colspan="2">类 别</th></tr>
<tr><td rowspan="2">从作用的对象分</td><td colspan="2">个体功能：即教育的育人功能，教育对个体发展的影响和作用。</td></tr>
<tr><td colspan="2">社会功能：即教育对社会发展的影响和作用。</td></tr>
<tr><td rowspan="2">从作用的方向或性质分</td><td colspan="2">正向功能：教育对个体和社会发展的积极影响和促进作用。</td></tr>
<tr><td colspan="2">负向功能：教育对个体和社会发展的不良影响和消极阻碍作用。</td></tr>
<tr><td rowspan="2">从作用的呈现方式分</td><td colspan="2">显性功能：依照教育目的，教育在实际运行中所出现的与之相符合的结果。</td></tr>
<tr><td colspan="2">隐性功能：伴随显性功能所出现的教育的非预期的功能。</td></tr>
<tr><td rowspan="2">从多角度的复合情况分</td><td>把方向和形式结合来分</td><td>正向显性功能；正向隐性功能
负向显性功能；负向隐性功能</td></tr>
<tr><td>把对象和性质结合来分</td><td>教育对人的正向功能；教育对社会的正向功能
教育对人的负向功能；教育对社会的负向功能</td></tr>
</table>

① 李剑萍等．教育学导论［M］．修订版．北京：人民出版社，2006：39．

对教育功能的认识，也有一个历史演变的过程。自从有了教育的存在，也便有了教育功能的存在，人们对教育功能进行专门的认识和研究，是在学校教育产生之后。不同的历史形态下，教育功能不同，对教育功能的认识也不同。在古代社会，由于社会生产力发展水平低下，社会发展十分缓慢，社会发展和个人发展对教育的需求相对有限，因此，教育的功能也十分有限。在近现代社会，随着生产力的发展，教育在推动社会发展和促进个人发展方面所起的作用日益明显。尤其是在当今的信息化社会，随着知识经济时代的到来，迅猛发展的计算机技术和数字技术已经使得当代的生产方式、生活方式和管理方式发生了革命性的变革，知识和创新、开放和民主、智能和素质等，越来越成为教育领域的热门话题和关键性词汇，对教育功能的认识也日益深刻和全面。有人十分重视教育的作用，视教育特别是学校教育为如何强调其重要都不过分的程度，出现新的“教育万能论”；有人否定教育的作用，新的“读书无用论”出现，甚至出现了“学校消亡论”。

资料 1-9：

美国社会学家默顿在 20 世纪 50 年代末提出了功能分析的两个维度：一是依据客观结果的正向的促进作用和负向的阻碍作用，把功能分为正向功能和负向功能；二是以功能呈现的形式是否符合社会成员的主观意向和目标，将功能分为显性功能和隐性功能。

——全国十二所重点师范大学联合编写，《教育学基础》，教育科学出版社，2002：31

二、教育功能的表现

教育的功能纷繁复杂，但从理论的角度思考，可概括为两个主要方面，教育对个体发展的影响即教育的个体功能和教育对社会发展的影响即教育的社会功能两大方面，需要从多维视角加以理解和认识。

（一）教育的个体功能

教育的个体功能即教育的育人功能，是教育对个体发展的促进作用。这是教育的本体功能，也是教育价值的根本所在。目前，学术界普遍认识到教育对人的发展的作用，但是，具体有哪些作用，在表述上还存在着不一致。袁振国在《当代教育学》一书中，从教育对人的地位提升这一角度，认为教育能“发现人的价值，发掘人的潜能，发挥人的力量，发展人的个性。这四个方面反映了教育对人的基本功能，也体现了教育以人为本的基本性质”[1]。由于个体发展是在现实的空间与无限的可能中展开的，具有历史性与社会性、顺序性与阶段性、共同性与差异性等特征。因此，教育的个体功能主要表现在以下两个方面。

1. 教育对个体发展的促进作用

一个人生活在社会上，如何才能使自己的身心朝着健康向上的方面发展，如何才能把个体的潜能挖掘出来变成现实的力量，如何才能使个体由生物人变为“社会性和个性集于一身”的社会人，必须依靠教育尤其是学校教育。教育既能促进个体社会化，又能促进个体个性化。个体的社会化是个体学习所在社会的生活方式，将社会所期望的价值观、行为规范内化，获得社会生活必须的知识、技能，以适应社会需要的过程。包括教育能够促进个体思想意识的社会化，促进个体行为的社会化，培养个体的职业意识和角色三个方面。个体的个性化是个体在内化社会生活必须的知识、技能等的过程中，即个体社会化的过程中，与个体不同的需要、兴趣和素质相适应，形成各自的独特性、自主性和创造性。社会性表现为人与人之间相同的一面，个体性表现为人与人之间不同的一面。教育促进个体社会化的功能主要表现在：教育能促进人的主体意识的形成和主体能力的发展，教育能够促进个体差异的充分发展，形成人的独特性，教育能开发人的创造性，促进个体价值的实现。

2. 教育的个体谋生功能和个体享用功能

教育的个体谋生功能，是把教育作为一种生存手段和工具，着眼于社会生产和生活对人的知识技能的要求，是“成才”的教育，是“人才”的教育；教育的个体发展功能，是“成人”的教育，着眼于主体人自身发展的需要，促进人身心和谐完善地发展。教育，无论其广义还是狭义，都担负着传授知识、技能，促进人发展的功能，这也就使得教育在传授知识的同时，能让人获得谋生的本领。教育的个体谋生功能，一方面表现为通过教育使个体习得相应的社会角色规范和意识，获得适应环境的能力；另一方面表现为通过教育使个体获得“何以为生”和“学会生存”的本领。

教育的个体享用功能，强调个体受教育的过程是个体需要满足的过程，在满足需要的过程中，个体可以获得自由和幸福，获得一种精神上的享受。个体的“人”，就字形结构而言，由一撇一捺组成，人也可大致分为有形和无形两部分，类似于硬件和软件。有形的部分主要指身体，即体形、体态

---

① 袁振国. 当代教育学［M］. 修订版. 北京：教育科学出版社，1999：366.

和体能。无形的部分，包括智能、性情和道德。好的教育必须支撑人的整体的协调发展。《学会生存——教育世界的今天和明天》一书中提出了一个指导人的发展和教育改革的基本思想，即“人类发展的目的在于使人日臻完善；使他的个性丰富多彩，表达方式复杂多样；使他作为一个人，作为一个家庭和社会的成员，作为一个公民和生产者、技术发明者和有创造性的理想家，来承担各种不同的责任。”① 因此，教育，不仅要传授知识、技能，促进体能的发展，还要进行思想道德教育，形成健康的个性品质，即教育的过程是成才和成人的统一。接受教育的过程应是个体的人不断完美的过程。人与动物之间在生命意义上的分界线是人的未完成性和未确定性，人的生存是一个无止境的完善过程和学习过程。受教育的过程正是启发人进行自我教育和不断完善的过程。靖国平从多角度、多侧面分析了受过教育的人的幸福情境。他说，“受过教育的人是素质水平较高的人”，“受过教育的人是掌握、占有和享受了一定知识的人”，“受过教育的人是学会了学习的人”，“受过教育的人是有主体性的人——自主之人，独立之人，能动之人，创新之人”，“受过教育的人是精神生活十分丰富的人”，“受过教育的人是有德性的人”。概言之，“受过教育的人（educatedners）是幸福和幸运之人。因为他们优先获得了良性发展的机遇和条件，并且这种发展是可持续的，是全人生的。他们有可能成为完满和完善之人”②。受教育是人的第二天性或第二生命，是人性的拓展和升华，是人的本质力量的扩充和丰富，是人在精神层面上的直立行走或独立行走，是将“人”字由小写逐渐变为大写的过程。

（二）教育的社会功能

教育的社会功能，即教育对社会发展所产生的各种影响和作用。社会是一个复杂的系统，包括无数的子系统，主要有人口系统、物质生产系统、政治系统和文化系统等。人口系统是人类自身的自然再生产，是构成人类社会生态基础的重要方面；物质生产系统与文化系统是人类为维持自己的生存发展所必需进行的物质产品和精神产品的生产活动；政治系统是社会内部整合与发展所必需的上层建筑。教育作为社会中的一个重要的子系统，以其本有的育人功能，促进整个社会的发展。

---

① 联合国教科文组织国际教育发展委员会．学会生存——教育世界的今天和明天［M］．北京：教育科学出版社，1996：2.

② 靖国平．论受过教育的人［J］．教育研究，2000（2）：7～10.

1. 教育的人口功能

人口是一个总体概念，是居住或生活在一定社会、一定地区内，具有一定数量、质量与结构的人的总体。教育对人口的功能主要表现在：第一，教育是控制人口增长的手段之一。人口学家的研究证明，全体国民受教育程度的高低与人口出生率的高低成反比。这是因为，随着教育事业的发展，对劳动力的文化要求不断提高，刺激了家庭对教育的需求，从而增加了家庭抚养孩子的费用，在一定程度上起到了控制生育率的作用；教育程度的提高改变了人们传统的“多子多福”“人丁兴旺”的生育观和家庭观；同时，教育程度的提高也增加了妇女就业的机会，提高了妇女的生育意识和养育儿童的能力，也控制了人口的增长率。第二，教育是提高人口质量的基本手段。教育通过对青少年一代的培养，不仅能提高当代人口的质量水平，而且会连续影响今后各代的人口质量水平。同时，通过对成年人的教育，不仅使他们自身获得提高，掌握新的知识与技能，改善自身的知识结构，而且还能使他们提高对优生优育的认识，为下一代的发展自觉地创造更好的发展空间和条件。第三，教育还是人口结构趋向合理化的手段之一。人口结构包括由人口的年龄、性别等组成的自然结构和由人口的阶级、职业、文化、地域、民族等组成的社会结构。通过教育不仅能控制人口的自然结构，如促使性别比更加合理化，还能有效地改变人口的文化结构和职业结构，使受教育的文化程度和技术水平不断提升，以适应社会发展的需要。

2. 教育的经济功能

当代经济发展已由依靠物质、资金的物力增长模式转变为依靠人力和知识资本增长的模式，教育在经济增长中的作用日益突出。具体表现在：第一，教育通过提高国民的人力资本，促进国民收入和经济的增长。教育可以培养经济发展所需要的各级各类人才，既能通过传授科学知识技能改变人的素质，使人由低级的劳动者变成高级的劳动者，也能使人根据社会的需要增加自己的技能，实现不断地再就业。普通教育通过提高国民素质，为经济增长提供良好的发展潜能，尤其是职业和专业教育能够直接生产劳动能力，为经济的发展提供人力支持。第二，教育通过生产科学技术，促进经济的发展。科学技术是第一生产力，也是教育的重要内容。但是，科学技术只是一种潜在的生产力，把科技转变为现实的生产力需要把科技应用到实际的生产中，需要被劳动者掌握。教育能把科学技术知识内化为人的劳动能力、劳动本领和整体素质，掌握了科学技术知识的人进入生产领域，从事社会生产，就把科学技术知识转化成了现实的生产力，进而促进经济的发展。教育还可以生产新的科学技术，成为加速现代社会物质生产技术更新的有力因素。教育不仅传播科学技术，还能加工、改造和创新科学技术。尤其是当今时代，教育、科技和生产的关系日益密切，教育特别是高等教育，对科技重组、改造和创新的作用越来越大。

3. 教育的政治功能

政治属于上层建筑，是对国家的管理、对统治权的维护。教育的社会政治功能主要表现在：第一，通过教育宣传一定的政治观点、理论、路线、方针政策，造成一定的舆论，作用于一定社会的政治制度；第二，通过教育，组织学生直接参加社会政治活动；第三，通过教育能够实现对受教育者的阶级或阶层的选拔，使原有的社会政治关系得以延续和发展，或者加速改变旧的社会关系；第四，通过教育培养合格的公民和各种政治人才，传播科学，启迪人的民主观念，促进政治民主化。无论哪个国家，都需要通过教育造就公民，使受教育者具有社会所需求的价值观、世界观和人生观。历史早已证明，文化、教育的落后，往往是产生和盛行政治上的偏激、盲从和专治主义的原因之一，而教育的兴旺发达，又是政治上实行民主、进步和基础性保证。因此，通过教育尤其是学校教育培养出来的人的政治面貌、精神面貌如何，对整个社会的政治文明和精神文明的建设至关重要。

4. 教育的文化功能

文化是人类的创造物，是人类社会所创造的物质文明和精神文明的总称。文化能直接影响人的精神风貌和精神创造的能力，影响人类精神文明的发展。教育对文化的保存与发展的作用，构成了教育的文化功能。主要表现为六个方面：第一，教育具有文化传递和保存的功能；第二，教育具有活化文化的功能；第三，教育具有文化选择的功能；第四，教育具有文化批判的功能；第五，教育具有文化交流和融合的功能；第六，教育具有文化更新与创造的功能。

5. 教育的生态功能

生态即指人类生存的自然环境的条件和状况，亦称生态环境。教育的生态功能强调的是通过教育掌握生态文明知识，提高生态保护意识。生态环境涉及气候条件、土壤条件、生物条件、地理条件等方面，它是人类生存与发展的必要条件与家园。然而，目前整个地球的生态环境很不乐观，气候变化异常，暴风雨和暴风雪成灾；土质恶化，空气、土壤、湖泊和海洋受到严重污染；动植物种类严重减少，珍稀动物濒临灭绝；森林遭到砍伐，可饮用水日益减少；噪音增多，宁静减少；温室效应突出，自然灾害频繁。这些状况充分表明，生态环境遭到严重破坏，迫切需要通过教育，树立建设生态文明的理念，普及生态文明知识，提高人的生态保护意识，自觉地改善生态环境，恢复人类社会与自然界的生态学平衡。

（三）教育的负向功能

教育不只是对个体和社会的发展具有正向功能，还具有负向功能。正确认识教育功能的不同性质，有利于充分发挥教育对个体和社会发展的促进作用。

1. 教育对个体发展的负向功能

一般来说，教育对人的身心发展有着极大的促进作用，起着主导个体人发展方向和影响个体发展程度的作用。但是，教育对人的发展的这种主导作用并非自然而然的、绝对的。教育作用的发挥是有条件的，可能是正向功能，也可能是负向功能。正如《学会生存——教育世界的今天和明天》所指出的："教育既有培养创造精神的力量，也有压抑创造精神的力量"①。像有些教师在应试教育的影响下，片面追求考试分数和升学率，人为地摧残儿童，造成儿童心灵的创伤。也有些教师，在错误教育观的影响下，引导学生对知识进行错误的理解或歪曲的生成，对儿童的人生造成极坏的影响，这是十分可怕的。因此说，教育对个体发展的作用既不是无能的，也不是万能的，而是一种有条件的存在。

案例 1-2：

有一位教师在给学生讲《孙悟空三打白骨精》的过程中，就无形地融进了自己的价值观，从中体现出教育功能的不同性质。

师：课文中有三个主要人物——唐僧、孙悟空、白骨精。大家对这个故事都很熟悉，我们就不多讲情节了。这节课我们主要来研究一下这三个人物的性格特点。请同学们选择其中一个人物，找找有关的描写内容，想一想，然后说说他是怎样的人。

（学生自学，然后讨论）

生 1：我想评价一下白骨精。就像课文里说的，她诡计多端，残害百姓……（接下来列举了不少文中的内容来加以证明）不过我觉得白骨精也有好的地方，至少她很孝顺嘛。你看，她抓到了唐僧之后，就派人去请自己的母亲一起来吃，这不是很有孝心的表现吗？

---

① 联合国教科文组织国际教育发展委员会. 学会生存——教育世界的今天和明天[M]. 北京：教育科学出版社，1996：188.

师：其他同学认为呢？

（许多同学愕然。有人在微微点头）

生2：不过她请母亲来吃唐僧，却使得母亲也被孙悟空打死了呀。

生1：可是她一开始也并没有想到会这样嘛。她只是想让母亲也长生不老。所以母亲被孙悟空打死，不是白骨精的错误嘛。她的出发点还是好的。

（学生继续发表意见，教师不做干预，意见趋向于肯定白骨精的“孝心”）

师：大家说得真好，听了同学们的发言，我也很有启发。是啊，我们从来都说白骨精怎么怎么坏，可是经过大家的讨论，我们发现，她身上也有闪光点值得学习呢！

——《危险的多元：当“白骨精也值得学习”》，载《中国教育报》，2007-03-30

在这个教学片断中，孩子们表现出来的多元化个性解读的意识和能力令人刮目相看，但是无论如何，“白骨精也值得学习”这个结论却令人不寒而栗。无独有偶，类似这类多元化的解读还有不少，如一位青年教师讲“狐假虎威”，要求学生学习狐狸的狡猾，要善于借助和利用别人以达到自己的目的；有一位教师讲“南辕北辙”，倡导即使“南辕北辙”也能到达目的地；等等。类似这样的问题，都渗透着教师自己的价值观。但是，正确的价值观引导学生健康发展，错误的价值观导致学生身心发展存在障碍。教师如果能以正确的世界观、人生观和价值观引领和控制教学的大方向，就不至于在讲课的过程中跟着学生不正确的思路或思维走，彻底打破原有的寓意，进行违背根本价值观的解读，违背了教书育人的应有本义。由此可见，教育的个体发展功能是有条件的，并不是所有的教育都能实现促进个体发展的功能。教师必须充分认识教育在个体发展功能中所存在的负向性，分析其原因，采取必要的措施和对策，充分发挥教育对个体发展的促进功能，克服其负向功能；必须树立以人为本的理念，充分尊重学生，关心学生，把人看作目的而不是手段，把学生看作具体的能动的人，把促进人的全面发展看作教育的最高目的和归宿。

2. 教育对社会发展的负向功能

教育对社会发展不只是具有促进作用，还具有整体的或局部的负向功能。教育对社会发展的负向功能，是教育活动或教育系统出现的偏移和失调状态，也是教育内部或外部的异常条件使教育正向功能的实现受到阻碍后所派生出来的多种偏离行为和产生出的许多期望之外的不良功能。[①] 教育的社会负向功能和社会的性质密切相关，表现为两种情况：（1）社会发展处于负向时，教育对社会发展呈现总体的负向功能。社会发展是有方向性的，有正向，也有负向，通过组成社会的个体人的发展来表现。凡是在现有基础上沿着能使人得到更大解放的方向变化的，就是社会的正向发展；凡是在现有基础上沿着阻碍乃至降低人的解放程度的方向变化的，就是社会的负向发展。[②] 哲学家康德早就向人们预示了社会发展的美好前景：在种种冲突、牺牲、辛勤斗争和曲折复杂的漫长路途后，历史将指向一个充分发挥人的全部才智的美好社会。[③] 黑格尔也指出，“社会和国家的目的在于使一切人类的潜能以及一切个人的能力在一切方面和一切方向都可以得到发展和表现”[④]。但是，并不是什么样的社会都能带来人的发展，也不是什么样的教育都能促进社会发展。当社会处于正向发展时期，社会就重视个体独立人格的发展，教育顺应社会发展的需要，重视培养人的独立性、主体性和创造性，促进社会的正向发展，教育总体上发挥着正向功能；反之，当社会处于倒退状态、没落时期，社会就会忽视或否定个体发展的主体性，教育对个体发展的影响也是消极的，这时，教育发挥的是负向功能。（2）社会发展处于正向时，教育对社会发展总体上是正向的，但也不排除由于某种原因，使得教育与社会的外部关系失调，出现局部的负向功能。如，盲目的“教育先行”所导致的“头脑外流”[⑤]，会引发一系列的负效应。盲目的“教育先行”，其实就是不顾本国经济发展的现有水平而大量增加教育投资，导致教育预算膨胀，工农业生产投资降低，国民经济失衡，经济发展不能为手持高等学校文凭的毕业生创造足够数量的职位，许多国家毕业生毕业即失业的问题越来越严重。致使有的高层次人才流向国外，有的高学历低就业，有的留学生拒绝回国而在外国工作，实际上使教育投资为其他国家所利用，本国却蒙受了巨大的损失。

总之，正如《教育——财富蕴藏其中》一书所说：“教育不仅仅是为了给经济界提供人才：它不是把人作为经济工具而是作为发展的目的加以对

① 全国十二所重点师范大学. 教育学基础 [M]. 北京：教育科学出版，2002：47.

② 叶澜. 教育概论 [M]. 北京：人民教育出版社，1991：311.

③ 李泽厚. 批判哲学的批判 [M]. 北京：人民出版社，1979：324.

④ ［德］黑格尔. 美学：1 [M]. 朱光潜译. 北京：商务印书馆，1979：59.

⑤ 金一鸣. 教育原理 [M]. 2 版. 北京：高等教育出版社，2002：56.

待的。使每个人的潜在的才干和能力得到充分发展，这既符合教育从根本上来说是人道主义的使命，又符合应成为任何教育政策指导原则的公正的需要，也符合既尊重人文环境和自然环境又尊重传统和文化多样性的内源发展的真正需要。”① 但是，如果人为地违背教育规律，急功近利，破坏教育与人的发展、教育与社会发展之间的和谐关系，教育的负向功能是不可避免的。要克服教育的负向功能，必须遵循教育规律，合理安排教育活动，协调教育与社会、教育与人的发展之间的关系，充分认识教育这一复杂、开放的系统，最大限度地减少教育的负向功能，增强其正向功能。

【思考题】

1. 请结合当下的教育实际，谈谈你对教育含义的理解和认识。
2. 现代教育的特征有哪些？请谈谈你的理解。
3. 教育的个体功能表现在哪些方面？如何正确认识？
4. 教育的社会功能表面在哪些方面？如何正确认识？
5. 如何正确理解和认识教育的负向功能？

【拓展阅读】

1. [德] 雅斯贝尔斯．什么是教育 [M]．邹进译．北京：生活·读书·新知三联书店，1991.
2. 叶澜．新编教育学教程 [M]．上海：华东师范大学出版社，1991.
3. 王道俊、郭文安．教育学 [M]．北京：人民教育出版社，2009.
4. 刘次林．幸福教育论 [M]．南京：南京师范大学出版社，1999.
5. 冯建军．生命与教育 [M]．北京：教育科学出版社，2004.
6. 扈中平、李方等．现代教育学 [M]．2 版．北京：高等教育出版社，2005.
7. 郑金洲．教育通论 [M]．上海：华东师范大学出版社，2000.
8. 毕淑芝、王义高．当今世界教育思潮 [M]．北京：人民教育出版社，1999.
9. 金生鈜．理解与教育：走向哲学解释学的教育哲学导论 [M]．北京：教育科学出版社，1997.
10. 全国十二所重点师范大学．教育学基础 [M]．北京：教育科学出版社，2002.

① 国际21世纪教育委员会向联合国教科文组织提交的报告 [R] //联合国教科文总部中文科．教育——财富蕴藏其中 [M]．北京：教育科学出版社，1996：70.

第二章　教育学

说起教育，大家都很熟悉，报纸、广播、电视、网络，天天都在议论教育，很多人都有亲身经历和感受。可是，说起“教育学”，很多人却很陌生。其实，我们每天对教育的议论中，都会涉及教育学问题。什么是教育学，它的研究对象是什么，教育学是怎样产生和发展的，学习教育学有什么价值和意义，如何学习和研究教育学等问题，需要学习者了解和掌握。在本章中，我们就要解决以上这些问题。

【学习目标】

1. 掌握教育学的研究对象，教育学发展历程中的代表人物及其代表作和主要观点。
2. 运用教育学理论分析教育现象。
3. 了解教育学的产生与发展，学习教育学的意义与方法。

第一节　教育学的概念及研究对象

一、教育学的概念

（一）“教育学”概念的起源与演化

从词源学的角度来看，西方国家的“教育学”（英语为

pedagogy，法语为 pedagogy，德语为 pedagogik）均源于希腊语的“pedagogue”（教仆）一词，意思是照看、管理和教养儿童的学问和方法。19 世纪末，英语国家的人们开始用“education”和“educology”取代“pedagogy”。“教育”（Education）和“教育学”（Pedagogy）几乎成了同义词，甚至“Pedagogy”一词已被“Education”一词取代。从学科的角度说，最初教育学是从哲学的母体中分化出来的，随着社会的发展，教育学出现了许多相互联系的分支学科，进而发展成一个庞大的教育学科群。

在中国，“教育学”是个译名，20 世纪初源自日本。中日甲午战争后，去日本留学的一些人在翻译日本教育学书籍时，将“教育学”一词引入中国。自 1901 年王国维先生译日本立花铣三郎讲述的《教育学》在《教育世界》上发表起，中国开始出现教育学的概念。1904 年，清政府颁布的《奏定学堂章程》要求师范学堂讲授“教育学”。自此，我国师范学校开设教育学课程成为定制。

（二）“教育学”的含义

国内外学者对教育学有不同的定义：日本的田浦武雄说：“对教育进行学术性研究并综合成一个理论体系，这就是教育学”①；法国的贝斯特说：“教育学是教育的科学”②；苏联的斯皮库诺夫说：“教育学是关于专门组织的、有目的的和系统培养人的活动的科学，是关于教育、教养和教学的内容、方式和方法的科学”③；美国的亨德森说：“教育学通常被理解为教的科学和艺术”④。

在我国教育学界，学者们对教育学的定义也不尽相同：“教育学（pedagogy）是教育科学中重要的基础学科之一，旨在研究教育规律、原理和方法”⑤；“教育学是研究教育现象，揭示教育客观规律的一门科学。从教育对象来看，它分为学前教育学、中等教育学、高等教育学、成人教育学、和特殊教育学等。通常所讲的教育学，一般指初等教育学和中等教育学，即普通教育学”⑥；“教育学就是通过对教育现象和教育问题的研究，去揭示教育规律的一门科学”⑦；等等。

目前，我国的教育学，主要包括以下几种含义：一是指一门科学，教

① 瞿葆奎．教育学文集·教育与教育学［M］．北京：人民教育出版社，1993：320.

②③④⑤ 同上，334、308、295、181～182 页．

⑥ 张念宏主编．中国教育百科全书［M］．北京：海洋出版社，1991：60.

⑦ 王道俊，郭文安主编．教育学［M］．北京：人民教育出版社，2009：1.

育学是研究教育现象和教育问题，揭示教育规律的一门科学；二是指一种学科门类，与哲学、经济学、法学、历史学、文学等并列；三是指一门课程，主要在师范院校开设，也称教育概论、教育原理或教育学原理等；四是指作为一门课程的教学用书。

本书所指的教育学是指一门科学，即教育学是研究教育现象和教育问题，揭示教育规律的一门科学。

二、教育学的研究对象

关于教育学的研究对象，在教育学界存在着各种各样的观点，有的学者认为教育学的研究对象是“教育现象”；有的认为是“教育事实”；有的认为是“教育规律”；还有的认为是上述三者中的两项或三项。我们认为，教育学的研究对象是教育现象和教育问题，其目的是揭示教育规律。

教育现象是客观存在的，不是我们主观臆想的，它是可以感知、可以认识的。包括各种形式、各种类型、各种模式的教育事实。对各种教育现象进行思考和研究，有助于促进教育的发展，揭示教育规律。

案例 2-1：

山东聊城一小学取消传统三好学生奖　人人有奖状

2010 年 1 月 28 日齐鲁晚报报道：寒假前，聊城市茌平县实验小学正在为全校每个学生准备一张奖状，奖状名称由学生、老师、家长商定，传统的三好学生评比不再进行。学校公布每人都有奖状后，学生们高兴得手舞足蹈，甚至还有人大喊。该校副校长周黎明说：“对孩子们来说，寒假前的这张奖状，是最高荣誉。”四年级五班班主任王爱军告诉记者，以前每年年底发奖状时，都有很大一部分孩子会哭。2007 年，有个没拿到奖状的女生，放假当天不肯回家，坐在教室一直哭到天黑。“很多孩子有优点、有进步，应当鼓励，但由于名额限制，老师们也很无奈。”

学生对新奖状颇感兴趣，像思维独特奖、最爱讨论奖、演讲小明星、歌唱小精灵等比较受欢迎。四年级四班有位男生平时很内向，学习不是很突出，他说自己是很棒的小号手，可以教老师和同学，所以申请“吹号奖”。在学校发出的调查问卷中，大部分师生表示赞同，也有部分老师和家长质疑：全体发奖会不会让孩子们觉得奖状没原来珍贵，降低奖状的鼓励作用？周黎明说，调查问卷显示，九成以上的孩子赞成每人一张奖状，个性化奖励，会让每个孩子感到自豪和自信。同时，这也给老师出了一道期末测试题，要求老师必须熟悉每个孩子的优点和个性，并引导孩子发现自己和同学的长处。

——陈洋洋，《山东一小学取消三好学生全校学生从有奖状》，载《齐鲁晚报》，2010-01-28

你是如何看待上述教育现象的？

教育问题是指反映到人们大脑中的、需要探明和解决的教育实际矛盾和理论疑难。教育问题很多，例如教育本质问题，教育、社会、人三者关系问题，教育目的、内容、教育实施的途径、方法、形式以及它们的相互关系问题，教育过程问题，教育主体问题，教育制度、教育管理问题等。

教育规律是教育现象与其他社会现象及教育现象内部各个要素之间本质的、内在的、必然的联系或关系。人类的教育活动不仅有其历史性，而且是遵循着一定的规律进行的。教育中有很多矛盾、很多规律。但从根本上看，贯穿教育活动的基本矛盾、基本规律是：教育与社会发展之间的矛盾或关系；教育与人的身心发展之间的矛盾或关系。教育中方方面面的矛盾或关系都是由此派生出去，最终又复归到这两个基本规律中的。派生的规律是具体的规律、微观的规律。

教育学是人类社会发展到一定历史阶段的产物。它既受国家教育方针政策和教育经验的影响和制约，又不同于教育方针政策和教育经验。教育方针政策是人们根据一定的需要而制定出来的，它是人们主观意志的体现，教育学虽然也要阐明一些教育方针政策的问题，但教育的方针政策并不是教育学研究的主要对象和最终依据。一方面，教育学和教育方针政策都反映了教育的规律；另一方面，教育学和教育方针政策是分别从客观、主观角度反映教育规律的。我国的教育方针政策都是以教育学揭示的客观规律作为理论依据的。教育经验只反映教育过程中表面的、局部的、非普遍性的现象，而教育学反映的是教育过程中内在的、本质的、必然的联系。教育学是运用理性的思考，对教育经验进行分析研究，仔细筛选，找出规律，总结上升成科学理论的。

第二节 教育学的产生与发展

教育学是随着社会和教育的发展，人们对于教育的需要日益增长的情况下产生和发展起来的，是人类社会和教育实践活动发展到一定历史阶段的产物。教育学的产生和发展，大体经历了如下几个阶段。

一、教育学的萌芽阶段

人类社会进入奴隶社会以后，人们对教育实践发展中所积累的经验和存在的问题，开始作了一定的总结和概括，这一时期的教育思想和观点主要体现在一些哲学家、思想家的著作中，如代表儒家思想的《论语》、孟子（约公元前372—前289）的《孟子》、荀子（约公元前314—前217）的《荀子》、董仲舒（公元前179—前104）的《对贤良策》、无名氏的《大学》《中庸》、朱熹（1130—1200）的《四书集注》、王守仁（1472—1528）的《传习录》等；西方柏拉图（公元前427—前347）的《理想国》、亚里士多德（公元前384—前322）的《政治学》等。他们的一些教育思想和观点至今仍被人们广为传诵，仍闪烁着时代的光芒：如孔子的“性相近，习相远”“有教无类”“启发诱导”“因材施教”“不愤不启，不悱不发”“学而时习之”“温故而知新”“学而不思则罔，思而不学则殆”“学而不厌，诲人不倦”“过则勿惮改”“其身正，不令而行；其身不正，虽令不从”的教育思想；孟子的“尽信书，则不如无书”“盈科而进”“ 教亦多术”“天将降大任于斯人也，必先苦其心志，劳其筋骨，饿其体肤，空乏其身，行拂乱其所为，所以动心忍性，增益其所不能”的教育思想；荀子的“国将兴，必贵师而重傅；……国将衰，必贱师而轻傅”“我欲贱而贵，愚而智，贫而富，可乎？曰：其唯学乎！”“骐骥一跃，不能十步；驽马十驾，功在不舍。锲而舍之，朽木不折；锲而不舍，金石可镂”；苏格拉底的“助产术（苏格拉底法）”；等等。

资料2-1：

《论语》摘选

子曰：学而时习之，不亦悦乎？有朋自远方来，不亦乐乎？人不知而不愠，不亦君子乎？

曾子曰：吾日三省乎吾身。为人谋而不忠乎？与朋友交而不信乎？传不习乎？

子曰：吾十有五而志于学，三十而立，四十而不惑，五十而知天命，六十而耳顺，七十而从心所欲不逾矩。

子曰：今之孝者，是谓能养，至于犬马，皆能有养，不敬，何以别乎？

子曰：人而无信，不知其可也。

孔子谓季氏：八佾舞于庭，是可忍也，孰不可忍也！

子曰：见贤思齐焉，见不贤而内自省也。

子曰：父母之年，不可不知也。一则以喜，一则以惧。

子曰：始吾于人也，听其言而信其行，今吾于人也，听其言而观其行。于予与改是。

子曰：三人行，必有我师焉，择其善者而从之，其不善者而改之。

子曰：三军可夺帅也，匹夫不可夺志也。

子曰：无欲速，无见小利，欲速则不达，见小利则大事不成。

子曰：人无远虑，必有近忧。

子曰：躬自厚而薄则于人，则远怨矣。

——杨润根，《发现论语》，华夏出版社，2007

这一时期，也出现了一些专门论述教育问题的论著，如我国古代的《学记》和古罗马昆体良的《论演说家的教育》等。《学记》是人类历史上第一部专门论述教育问题的著作，它成书于战国末期，是儒家思孟学派撰写的，比古罗马昆体良的《论演说家的教育》一书还早三百多年。《学记》是我国古代教育经验的概括和总结，全文虽然仅 1229 个字，但对教育的本质、教育的作用、教育目的、教学原则、道德教育、师生关系等问题都作了精辟的论述，成为千古传诵的教育名篇。

资料 2-2：

《学记》摘选

君子如欲化民成俗，其必由学乎！

玉不琢，不成器；人不学，不知道（“道”：古今异义，指儒家之道。）是故古之王者建国君民，教学为先。

虽有佳肴，弗食不知其旨也；虽有至道，弗学不知其善也。是故学然后知不足，教然后知困。知不足然后能自反也，知困然后能自强也。故曰：教学相长也。

大学之法：禁于未发之谓豫；当其可之谓时；不凌节而施之谓孙；相观而善之谓摩。此四者，教之所由兴也。

发然后禁，则扞格而不胜；时过然后学，则勤苦而难成；杂施而不孙，则坏乱而不修；独学而无友，则孤陋而寡闻；燕朋逆其师，燕辟废其学。此六者，教之所由废也。

君子既知教之所由兴，又知教之所由废，然后可以为人师也。故君子之教，喻也。道而弗牵，强而弗抑，开而弗达。道而弗牵则和，强而弗抑则易，开而弗达则思。和、易以思，可谓善喻矣。

学者有四失，教者必知之。人之学也，或失则多，或失则寡，或失则易，或失则止。此四者，心之莫同也。知其心然后能救其失也。教也者，长善而救其失者也。

凡学之道：严师为难。师严然后道尊，道尊然后民知敬学。是故君之所以不臣于其臣者二：当其为尸，则弗臣也；当其为师，则弗臣也。大学之礼，虽诏于天子无北面，所以尊师也。

善学者，师逸而功倍，又从而庸之。不善学者，师勤而功半，又从而怨之。善问者如攻坚木，先其易者，后其节目，及其久也，相说以解。不善问者反此。善待问者如撞钟，叩之以小者则小鸣，叩之以大者则大鸣，待其从容，然后尽其声。不善答问者反此。此皆进学之道也。

——高时良，《学记研究》，人民教育出版社，2006

古代教育家和教育论著的教育观点和思想，很多虽然符合教育实际和规律。但是受当时历史条件、科学技术和生产发展水平等制约，教育思想和观念仍停留于经验的描述，缺乏科学的理论分析，教育学没有成为独立的学科和完整的体系，还处于萌芽阶段。

二、教育学的独立形态阶段

随着生产力的发展、科技的进步和教育实践和经验的不断积累，人们对教育问题的认识和研究逐步深入，教育学的发展进入了一个新的阶段，出现了专门研究教育的机构和人员，教育成为一个专门的研究领域，研究教育问题的方法逐步科学、多样，出现了一大批教育学家和专门系统的教育学著作。教育学从哲学中分化出来，逐渐形成一门独立的学科。

英国哲学家培根（1561—1626）为独立形态教育学的出现作出了重要贡献。作为“近代实验科学的鼻祖”，他提出了实验的归纳法，为后来教育学的发展奠定了方法论基础。1623年，培根发表了《论科学的价值和发展》一文，首次提出将“教育学”作为一门独立的学科，与其他学科并列。1632年，捷克著名教育家夸美纽斯（1592—1670）写出了《大教学论》，这是近代第一部教育学专著。在这本著作中，他提出了“泛智”思想，即“把一切事物教给一切人的全部艺术”。研究并总结出一系列提高教育、教学工作效率的原则、方法和措施，首次提出系统的学校制度和普及初等教育的民主要求；建立了广泛的课程体系，系统地总结并创立了一整套学校的工作制度，特别是实施集体教学的班级授课制度。一般认为，夸美纽斯的《大教学论》的问世，使教育学从以往的哲学、社会学等论述中分化出来，它是教育学成为一门独立学科的标志。

此后，又出现了许多杰出的教育家和著作，他们为教育学的发展作出了巨大贡献。如英国教育家洛克（1632—1704）在其《教育漫话》中，提出了“绅士教育”的理论体系；法国思想家卢梭（1712—1778）在其文学体裁的《爱弥儿》中，阐述了“自然主义”教育思想；瑞士教育家裴斯泰洛奇（1746—1827）在其教育小说《林哈德与葛笃德》中，提出了全面和谐发展观和教育必须与生产劳动相结合的思想等。

德国的著名哲学家康德（1724—1804）也为教育学的发展做出了很大贡献，1776—1787年，他曾先后四次在哥尼斯堡大学讲授教育学，并于1803年出版了《康德论教育》一书。后来，德国教育家赫尔巴特继承了康德的教育学讲座，于1806年出版了专著《普通教育学》，该书被认为是第一本现代教育学著作。赫尔巴特是第一个运用心理学理论研究和解释教育问题的教育家。在《普通教育学》中，他构建了较完整、独立的教育理论体系，提出教育真正目的即道德的目的，要努力形成学生“完美”“善良”的道德品质，强调对儿童的管理是进行教学和道德教育的首要的不可缺少的条件，提出教学是教育的最基本手段，并将教学程序分为四个阶段：即明了、联想、系统和方法。赫尔巴特为教育学的发展作出了巨大贡献，他的教育思想对很多国家产生了很大影响，被认为是传统派教育理论的重要代表人物，被誉为“现代教育学之父”及“科学教育学的奠基人”。

三、教育学的多样化阶段

19世纪50年代到20世纪40年代，由于一些新兴学科如社会学、人类学等的出现及原有科学与哲学的进一步发展，使教育学的发展呈现多样化的景象，出现了不同的教育学派，各学派之间在教育理论上相互借鉴、继承、批判、对立甚至斗争。这一时期的代表学派主要有实验教育学、文化教育学、实用主义教育学、马克思主义教育学、批判教育学等，尤以实验教育学、实用主义教育学最为重要。

实验教育学是19世纪末20世纪初在欧美一些国家兴起的用自然科学的实验方法研究儿童发展及其与教育关系的理论。其代表人物是德国教育学家梅伊曼（1862—1915）和拉伊（1862—1926），代表作主要有梅伊曼的《实验教育学纲要》和拉伊的《实验教育学》。实验教育学反对以赫尔巴特为代表的强调思辨和逻辑推论的传统教育学。认为这种教育学对检验教育方法的优劣毫无用途，提倡把实验心理学的研究成果和方法运用于教育研究，从而使教育研究真正“科学化”，并主张以实验数据作为改革学制、课程和教学方法的依据。认为教育学实验与心理学实验的主要差别在于：只有当一项实验的主要目的是解决教学、教育问题时，这项实验才是教育学实验。教育实验不是实验室实验，教育实验要在班级的实际情境下进行，实验的条件要尽可能与班级教学的条件相一致。实验教育学采用实验的方法研究教育，无疑是一个进步，但该派别将实验法夸大为教育研究的唯一正确方法，显然是错误的。

实用主义教育学是19世纪末20世纪初在美国兴起的理论思潮，其代表人物是美国哲学家、教育家杜威，代表作是《民主主义与教育》。实用主义教育学是在批判以赫尔巴特为代表的、脱离儿童生活的、以教师和书本为主的“传统教育学”的基础上提出和发展起来的，他认为“教育即生活”“学校即社会”“教育即生长”“从做中学”，教育应以“儿童为中心”。杜威的教育理论和教育实验，不仅改造和影响了美国教育，而且对世界其他国家的教育产生了广泛而深远的影响。杜威的教育学说提出以后，西方教育学便出现了以赫尔巴特为代表的“传统教育学”派和以杜威为代表的“现代教育学”派。①

俄国十月革命胜利后，苏联的教育理论工作者，在马克思列宁主义

---

① 王道俊，郭文安．教育学［M］．北京：人民教育出版社，2009：7.

指导下，编写和出版了许多教育学著作，对建立马克思主义教育学作出了贡献。凯洛夫（1893—1978）1939年主编出版的《教育学》，是一本试图以马克思主义的观点和方法阐明社会主义教育规律的教育学，在苏联和我国曾产生很大影响。该书首次将教育学分为教育基本理论、教学论、德育论和学校管理四个部分。其不足之处是，过分强调教师主导作用，而忽视学生主动性；强调系统知识的学习，忽视学生能力和智力的培养。

四、教育学的理论深化阶段

科学技术的迅猛发展引起了世界范围内新的教育改革，促进了教育学的发展。同时，由于科学的日益综合化，教育学也逐渐与社会学、心理学、经济学等学科相互渗透，在理论上走向深化，在内容上更加丰富。众多教育家从不同角度对教育问题进行了深入研究。

第二次世界大战之后，联邦德国进行了百科全书式的教学，过重的学习负担限制了学生的发展，在这种背景下，教育家瓦·根舍因等人在1951年召开的图宾根会议上提出了“范例教学”理论，主张强化教材的基础性，并通过对范例的接触，培养学生独立思考、独立判断与工作的能力。

美国心理学家布卢姆（1913—1999）于1956年出版了《教育目标分类学》（第一分册认知领域）。他把教育目标分为认知、情感、动作技能三大类，每类目标又从低到高分为不同层次。

美国教育心理学家布鲁纳（1915—　）于1963年发表了《教育过程》一书，他主张学生学习学科知识的基本结构，教学要促进认知能力的发展，注重对儿童的早期教育；提倡“发现法”的学习方法，通过这种方法加强学生的探究能力。

苏联心理学家、教育家赞可夫（1901—1977）1975年发表了《教学与发展》一书。它全面阐述了他的实验教学论体系及三大原则，系统地叙述了学生的发展进程，介绍了研究学生学习过程的情况，对苏联的学制和教学改革一度起到了很大的推动作用。

苏联教育理论家与实践家苏霍姆林斯基（1918—1970）根据苏联社会的要求，结合自身多年当校长的实践经验，提出全面发展的教育理论。他认为，学校的主要任务是培养全面和谐发展的人，社会进步的积极参与者。其著作《给教师的一百条建议》《帕夫雷什中学》等被译成29个国家的文字，他的论著被誉为“活的教育学”和“学校生活的百科全书”。他的教育理论受到许多国家的欢迎，对我国的教育理论与教育实践都起到了积极的推动作用。

自1972年以来，苏联连续出版了巴班斯基的系列著作《教学过程最优化》，他把现代系统论的方法引入教学论的研究，将教学看作一个系统，从整体与部分之间、部分与部分之间以及系统与环境之间的相互联系与作用的角度考察教学，已达到最优处理教学的目的。他的研究是对教学论进一步科学化的新探索。

1970年，联合国教科文组织成人教育局局长保罗·朗格朗出版了《终身教育引论》一书，提出了终身教育思想，要求把教育扩展到人的一生，他认为教育应当是贯穿于人的一生的连续不断的学习过程。

资料2-3：

中国教育学百年发展历程

中国教育学科的百年发展大致分为两大时期，两大时期又可根据教育学科发展呈现出的基本状态和主要特征分为六个阶段。其中出现过三次历史性中断和三次大的转向。

第一阶段从1901年到1919年（或1915年）。它从翻译、介绍日本学者编写的教育学始，到国人自己编著教育学呈第一次高潮止。这是直接从日本“引进”以介绍赫尔巴特教育理论为主的发展阶段，是近代教育学在中国的初建阶段，也是中国传统教育思想研究与教育学科建设中断的开始。

第二阶段从1919年到1949年。这是中国教育学界由向日本学习转为向欧美学习的阶段，也是中国教育学界开始形成教育学研究的专门队伍和代表人物，同时出现结合中国教育实际与问题展开独立研究的阶段。这一阶段总体上可称为积聚和建设的阶段。可视为是引进方向的第一次整体转向。

第三阶段从1949年到1957年（或1956年）。这是教育学界批判杜威、批判新中国成立前国内“资产阶级教育思潮”的时期，也是全面引进苏联教育学科领域教科书的时期。发生了“引进”方向的第二次整体转向，由学西方转向学苏联。

第四阶段从1957年到1966年。本阶段以1958年的“教育革命”为重要事件，出现了教育学作为党的教育方针、政策解释和毛泽东同志有关教育语录的诠释的独特意识形态化的现象。第一次出现的所谓“教育学中国社会主义化”的努力。可称为教育学科由外学转向为内树的第三次大转向。

第五阶段从1966年到1976年。“文化大革命”使教育学领域遭受毁灭性破坏，是十分严重的第三次中断时期。

第六阶段从1977年至2000年。总体而言，这一阶段学科建设不断加强，学术观点趋向多元，学术视野日渐拓展，国际交流日益加强，且形成了教育学科的当代体系。中国教育学科建设因“元研究”的出现而开始进入“自为时期”。这是中国教育学科建设从恢复到繁荣并开始走向独立化的时期。

——叶澜，《中国教育学百年发展历程》，载《教书育人》，2005(06)

第三节　学习教育学的意义与方法

一、学习教育学的意义

(一) 学习教育学，有助于帮助人们树立正确的教育观念，反思教育行为

不仅教师要学习教育学，家长及其他社会工作人员都应该学习教育学。教育工作，既是一门科学，也是一门艺术。教育孩子不仅是社会和教师的事情，更是父母的事情，我国古代就有“子不教，父之过”之说。父母是孩子的第一任教师，对孩子的影响很大，教子必须有方，必须讲究艺术。不正确的教育方法不但达不到预期效果，有时甚至会产生严重后果。所以，父母必须学点教育学知识。

案例2-2：

7岁女童死在母亲扫帚把下“棍棒教育法”引热议

2009年1月23日上午10时许，淮滨县张庄乡居民赵学花(38岁)，命令7岁女儿张建玲把屋子扫一扫。小女孩只顾玩，没把妈妈的话当回事。见此，生气的赵学花用扫帚把朝女儿头上敲了两下。小女

孩大哭不止，可哭着哭着竟昏迷过去。医生检查后确诊小孩系颅脑出血，随后对小孩实行开颅手术。1月24日上午8时许，小女孩被宣告不治身亡。此事经披露后，在广大读者中引起强烈反响，父母对不听话的孩子应该怎么管教?

家庭教育专家许蔚虹认为，打孩子可能导致孩子的两种倾向：一种是孩子因为怕挨揍而成为驯服的羔羊，性格孤僻、懦弱、自卑等；另一种是容易激发逆反心理，有可能变成桀骜不驯、破坏性很强的人，严重的还会演变为由内向外的复仇冲动，包括对施暴者个人或对整个社会的仇视。许蔚虹说，孩子是家长最珍贵的宝贝，但也是一个独立的个体，不是家长的私有财产，不能任由家长处置。即使家长含辛茹苦地把他抚养长大，供他衣食住行，供他上学成长，家长也无权实施棍棒教育。

一般说来，孩子健康成长有四种需要：一是父母的爱护和关怀，而不是父母的责怪和打骂；二是被他人接受，被他人尊重；三是得到别人的赞赏；四是在家里有地位。而体罚只会破坏孩子的这些心理需求。许蔚虹说，父亲经常打女儿，会造成女儿缺乏自尊、自爱和自信，在青春期容易出现早恋，还会使女儿数学成绩差；父亲经常打儿子，会造成儿子逆反心理，不愿服从社会规范，或者退缩、幼稚，缺少男子气；母亲经常打儿子，会造成儿子缺乏自信心、挫折感、多疑、没有安全感等。打孩子不仅不能解决问题，还会造成新的心理问题。

——教育新闻网 www.jyb.cn，2010-01-26

(二) 学习教育学，可以提高教师素质和教育教学水平

要想成为一名优秀的教育工作者，不但要有献身教育事业的满腔热情，还应掌握教书育人的知识和方法。从某种意义上来说，教育学理论是教育工作者从事教育工作的行为准则和指南。教师是教育活动直接的实施者和组织者，其素质高低直接影响着教育水平。学习教育学有助于培养教师对教育事业深厚的感情，增强责任感，巩固专业思想。能够帮助教师全面认识教育事业，提高教师从事教育工作的光荣感和使命感；能够丰富教师的教育理论知识，开阔其学术视野，为他们结合实践形成自己的教育理想和信念提供知识基础；还能够帮助广大教师适应教育发展的要求，为成为研究型教师打下基础。教育工作是一项十分复杂细致的工作，要做好它并取得预期的效果，没有科学的理论为指导，不掌握科学的方法，是难以办到

的。通过学习教育学，既可以掌握先进的教育理论和科学的教育方法，还能学到一些最基本的教育技能，这就有利于工作的开展，可以少走弯路，少犯原则性的错误，这对于未来的教育工作者是极其重要的。那种认为不学教育学照样能办教育、教好书和做好教育工作的想法，是一种错误观点。只有掌握了科学的理论之后，才可以在工作中以此为指导，不断地总结教育、教学经验，提高教育教学水平。因此，作为未来人民教师的高师院校的大学生，应该充分认识到学习教育学的重要性，端正学习态度，学好教育学这门课。

有人说“不学习教育学照样可以当好教师”，你同意这种看法吗?

（三）学习教育学，有助于科学解释教育问题

人们对教育的认识大致有两种形式：一种是停留在经验、习俗水平上的表面的、肤浅的认识；另一种是通过研究所形成的系统、深刻的认识，即通常我们所说的“教育学”。教育学在一定程度上揭示了教育的本质和发展规律，能够为人们提供理论依据，对过去或当前的教育现象做出科学说明和阐释，增进人们对教育现象的认识和了解。通过学习教育学，教育工作者们可以超过个体教育经验，站在科学的高度解释教育问题，而不是盲目地人云亦云；教育理论是教育工作者们的理论武器，当广大的教育工作者在教育教学实践中遇到各种各样的矛盾和问题时，就会自觉运用理论去了解、分析、研究各种教育问题，对各种教育现象和问题做出科学合理的解释。

（四）学习教育学，可以掌握教育规律，指导教育实践

教育有其自身的客观规律，并不为人们的主观意志所转移，教育工作者只有按照教育规律办事，才能搞好教育。教育规律早在人们认识它之前，就已经存在并起作用了。遵循它，教育事业就发展，就前进，就成功；违背它，教育事业就受挫，就倒退，就失败。例如，1958—1960 年教育“大跃进”，就是因为违背了“教育与社会发展相适应”的规律而招致的重大失败与损失；而 1999 年开始的高校“扩招”，由于它符合了“教育与社会发展相适应”的规律，因而促进了我国高等教育事业的稳步发展和教育质量的持续提高。教育学系统地剖析了教育现象的不同层次和各个侧面，揭示了教育领域里的一般规律和特殊规律，如能自觉地在教育实践中按规律办事，将会取得事半功倍的效果。

二、学习教育学的方法

(一) 要坚持“古为今用，洋为中用”的方针

教育是人类社会共有的社会现象，无论是古代教育，还是外国教育，都有值得我们学习的地方。批判地吸收中外教育的一切优秀遗产，做到“古为今用，洋为中用”。对于古代的教育，要在研究分析的基础上，做到取其精华，弃其糟粕，把优秀的传统与当今的教育发展现状相结合，批判地继承。对于国外的教育理论，切忌生搬硬套，全盘照抄，要本着实事求是的原则，将国外的先进教育理论与我国的具体国情相结合，在借鉴的基础上大胆创新。

(二) 坚持理论联系实际，学以致用

教育学是一门实践性很强的学科，在学习时，必须理论联系实际。教育理论来源于教育实践，同时又高于教育实践。一方面，学习者们要结合自身的受教育经历，积极运用实际经验来理解教育理论与教育基本规律，促进对原理的把握；另一方面，学习者们还应该结合教育现实，尝试运用所学的原理或基本规律去分析和解决教育教学实践中的问题，真正做到学以致用。比如，2008 年 5 月 12 日的汶川大地震之后，震区儿童的受教育问题成为了必须关注的重大现实问题，在学习教育学时，就应该学会运用一般原理来分析震区儿童遇到的各种教育教学方面的实际问题。

有的同学说：“我的教育学成绩达到 90 分以上，我已经学好教育学了。”这种认识对吗?

(三) 要用“系统”的方法和观点学习和分析教育问题

教育是社会的一个“子系统”，教育问题是一个社会问题。教育发展受社会政治、经济、文化、人口等因素的制约，教育改革和教育问题的解决依赖于社会方方面面的配合，所谓“牵一发而动全身”。因此，必须用“系统”和“整体”的观点研究和分析教育问题。比如，高考制度的改革、教育公平、大学生就业等问题，仅仅依靠教育部门是无法解决的。

(四) 注意扩展学习

要学好教育学，还应注意学习社会学、心理学、中外教育史等相关知识。同时，还应该多读古典及现代教育学名著。很多教育学名著是论述教育问题的经典之作，具有很高的学术价值。例如，我国的《学记》、夸美纽斯的《大教学论》、赫尔巴特的《普通教育学》、杜威的《民主主义与教育》、洛克的《教育漫话》、卢梭的《爱弥儿》等。这样可以帮助学习者更

好地理解教育理论的思想源泉，感受学术大师们的学术思想，有助于提升学习者的教育理论水平。此外，还要多读相关的学术期刊，及时了解教育学领域的最新研究进展，有利于丰富、深化和补充课堂学习的不足。

【思考题】

1. 列举一些典型的教育现象和教育问题，并对它们进行分析。
2. 你认为教育学是一门科学还是一门艺术?
3. 谈谈你对学习教育学的认识。

【拓展阅读】

1. 论语
2. 学记
3. 大学
4. 夸美纽斯. 大教学论［M］. 北京：人民教育出版社，1979.
5. 杜威. 民主主义与教育［M］. 北京：人民教育出版社，2001.
6. 洛克. 教育漫话［M］. 北京：人民教育出版社，2007.
7. 卢梭. 爱弥儿［M］. 北京：商务印书馆，1978.

第三章 教育与人的发展

教育是一种培养人的社会活动，人的发展是教育的本体功能。教育学既要研究教育与社会、文化、政治以及经济的关系问题，也要回答教育与个人发展的关系问题。那么，教育与人的发展究竟是什么样的关系呢？本章的学习主要是解决这个问题。

【学习目标】

1. 理解人的发展的含义。
2. 掌握影响人的身心发展的因素及其作用。
3. 掌握青少年儿童身心发展的规律及其教育。

第一节　人的发展的含义

发展，从哲学的意义上说，是自然、社会和思维的属性，是一种连续不断地由低级向高级的运动变化过程。这是一个复杂的过程，既有量的积累，又有质的飞跃。所谓人的发展，是指作为复杂整体的个体在从生命开始到生命结束的全部人生过程中不断发生的变化过程。

人的发展包括身体发展、心理发展两个方面。人的身体发展是有机体的自然形态和组织器官及其机能的发展和完善，包括机体的正常生长发育和体质增强两个方面，这两个方面也是相互联系、互为影响的。只有人的机体的正常生长发育才能使体质增强，体质的增强又有助于机体的正常发育。心理发展是人的心理过程和个性心理的发展，包括认知的发展和意向的发展两个方面。心理学告诉我们，人的心理是人脑对客观现实的反映，脑是心理的器官，心理是人脑的机能。这说明，人的生理和心理的发展是相互影响、相互制约的辩证统一发展过程。离开了生理的发展，特别是大脑的发展，不可能有人的心理发展；同时，人的心理发展也能影响生理的健康和发展。

本书所讲的人的发展，主要是指学校教育的对象年青一代的发展，指年青一代从出生到基本成熟这一过程中，随着年龄的增长，在身体和心理方面发生的积极变化和完善的过程。这样一个发展过程是在家庭、社会、学校的影响下进行的，使人的个体从一个软弱无能的新生儿发展成为具有一定的知识、能力和思想观点，能独立参加社会生活的社会成员。

总之，人的发展是一个非常复杂的发展变化过程。无论是生理发展，还是心理发展，都处于由低级向高级、由简单向复杂的不断的矛盾运动之中。

由此可见，人的发展包括以下主要方面。

<table>
<tr><th colspan="2">人的发展的维度</th><th colspan="2">人的发展的主要内容</th></tr>
<tr><td rowspan="3">身体的发展</td><td colspan="2" rowspan="2">机体的正常生长发育</td><td>机体的增长：指骨骼、肌肉、神经系统、呼吸系统等方面的生长，表现为身体各部分的组织器官以及身体大小、高矮、重量等的增长。</td></tr>
<tr><td>机体的发展：指组织器官形态的改变和机能的完善。</td></tr>
<tr><td colspan="3">体质的增强：指机体生理功能的增强，如力量、速度、灵敏、耐力、韧性、健康状况的增强等。</td></tr>
<tr><td colspan="2" rowspan="2">心理的发展</td><td colspan="2">认知的发展：感觉、知觉、记忆、思维、想象等方面的发展。</td></tr>
<tr><td colspan="2">意向的发展：需要、兴趣、情感、意志等方面的发展。</td></tr>
</table>

第二节　影响人的发展的因素及其作用

个体发展的过程是一个复杂的活动过程。因此，影响个体发展的因素也是复杂的。有人根据影响人的身心发展因素的多少分为单因素论与多因素论，有人根据影响人的身心发展的动因是内部的还是外部的分为内发论与外铄论。

单因素论片面强调某一因素在人的身心发展中的作用，忽视影响人的身心发展的其他因素以及各因素之间的关系，如遗传决定论、环境决定论、教育万能论都属于单因素论；多因素论从两个或多个方面的因素解释人的发展的原因，如坚持生物因素和社会因素的二因素论；坚持遗传、环境和教育三方面因素的三因素论；坚持遗传、环境、教育和主观心理四个方面因素的四因素论；以及在四因素论基础上加上反馈因素的五因素论都属于多因素论。

内发论者强调人的发展是由自身的需要决定的，强调人的内在因素具有不可替代的作用，忽略外在因素对人的影响，忽略了环境、教育等的作用，因此持内发论的多是性善论者、遗传决定论者和成熟论者，如孟子、卢梭和格赛尔等；而外铄论者则走向另一个极端，注重环境和教育的作用，认为人的发展主要依靠外在的力量，如学校教育、环境的刺激和要求以及他人的影响等，代表人物有荀子、华生和洛克等。

本章主要从影响人的身心发展的多因素论和内因与外因交互作用的观点出发，把影响人的身心发展的因素概括为遗传、环境、教育、个体主观能动性四个方面。

一、遗传在人的发展中的作用

遗传是指人们从上代那里继承下来的生理解剖方面的特点。如机体的构造、形态、肤色、感官特征、神经系统的结构和机能等。这些遗传的生理特点也叫遗传素质。在遗传下来的生理解剖特点中，生理特点指功能特点，如出生后感觉的灵敏度、知觉的广度、注意的持久性、记忆的强度、思维的灵活性等；解剖特点是指结构特点。

在健康的孩子身上，常常表现了很多特征性的遗传，如肤色：父母均为黑皮肤，孩子不可能白皮肤；下巴：尖下巴父亲的儿子，十有八九也为尖下巴；身高：70%来自父母的遗传；肥胖：父母都胖，孩子53%是小胖

从事不同的职业，在思想意识和道德品质方面千差万别。另外，在不同的社会生活和教育影响下，人的遗传素质可以向着肯定或否定的方向发展。如：一个天赋智力素质比较好的儿童未必将来一定成为一个科学家；一个音乐素质好的儿童未必一定就成为一个音乐家。

所以说，遗传素质为人的发展提供的可能性，要在一定的环境、教育和个人的主观努力等的影响下，才能转化为现实性。

（二）遗传素质的发展过程制约着年青一代身心发展的年龄特征

遗传素质本身有一个发展与成熟的过程，它主要表现在人的身体的各种器官的形态、结构及其机能的发展变化与完善上。如，青少年身高体重的增加，骨骼构造的变化，心肺和大脑的发育，性的成熟等，遗传素质是在逐步成熟的。遗传素质的成熟程度，为一定年龄阶段的身心特点的出现提供了可能与限制，制约着年青一代身心发展的年龄特征。如人们常说："三翻、六坐、八爬叉、十个月会喊大大"。正是人的遗传素质的发展过程的表现。

又如，儿童发展的几个年龄阶段（乳儿期、婴儿期、幼儿期、童年期、少年期、青年初期），每个时期的年龄特征都与其遗传素质的发展、成熟过程相联系。人的身心发展的阶段性，正是人的遗传素质成熟程度的表现。

再如，从人的思维的发展与脑重发展的关系看，据研究，人脑的平均重量发展的趋势是：出生时脑重约为 390 克（约占成人脑重的 25%），8～9 个月的乳儿达 660 克（约占 50%），2～3 岁的婴儿 990～1011 克（约占 75%），6～7 岁的幼儿 1280 克（约占 90%），9 岁的儿童 1350 克，12～13 岁的少年儿童大脑平均重量达到 1400 克，已和成人差不多。

所以，小学的入学年龄定为 6 周岁是比较合适的。如果让 6 个月的婴儿学走路，让 4 岁的儿童学高等数学，不仅徒劳，而且无益。这是由于他的大脑皮层的生理机制还未成熟到具备学习高等数学的程度。只有身体的发展具备了一定的条件，才为学习一定的知识技能提供可能。心理学家和教育学家都认为：早于成熟期的学习或迟于成熟期的学习，都无助于发展。

美国著名儿童心理学家格赛尔曾以单卵孪生儿的登梯实验，来说明人的遗传素质的成熟程度同教育的关系。格赛尔曾选定单卵孪生姊妹二人做登梯训练。对姊妹甲从出生后第 46 周开始训练登梯，每天练习 10 分钟，经过 6 周的训练后，同姊妹乙比较，甲用 26 秒完成登梯动作，乙则用了 45 秒。从第 52 周开始对乙也做登梯训练，两周后再次测验，乙只用 10 秒就完成了登梯动作。显然，训练乙既省时效果又好。这是因为甲在 46 周时，其大脑功能、骨骼肌肉的发育还不完善，不能支持其很好地完成登梯动作，而乙在52周时，身体各方面发育的成熟程度，可以支持其很好地完成登梯动作。这个实验无疑说明遗传素质的成熟程度是教育的重要条件。教育只有以遗传素质的成熟程度为依据，才能取得良好的教育效果。

可见，遗传素质的成熟程度对教育有着重要的制约作用，遗传素质的发展过程制约着年青一代身心发展的过程与阶段。

（三）遗传素质的差异性对人的身心发展有一定的影响作用

我们常说："一母生十子，十子各不同。"正常的儿童都具有人类的遗传素质，这是遗传素质的共性，但不同个体之间在遗传素质上是存在着客观差异的。人的遗传素质的差异，不仅表现在体态、感觉器官方面，也表现在神经活动的类型上。在医院的婴儿室里，你可以看到，出生几天后的婴儿，就有不同的表现——有的爱闹，有的较安静。从一两岁的婴儿身上，你也可以看到，他们对外界事物的反应快慢、情感表现的强弱等方面也存在着差异。每个儿童的智力水平、个性特征等都在一定程度上受先天遗传素质的影响，世间没有完全相同的事物，即使是同卵双生子，在机体的构造和机能上也有不尽相同的特点，如感觉器官、神经系统等的构造和机能都会具有不同的素质差异。

遗传素质对人的发展影响的大小与其本身是否符合常态有关。人的遗传素质大部分处于常态。对遗传素质处于常态的人来说，它在人的身心发展中不起决定性作用。而对处在常态两端的各占3%～5%的个体来说，便常常具有决定性的作用。先天的生理缺陷或弱智几乎决定了一个儿童终生处于低能状态，而对超常儿童来说，则因他具备了一般人不具备的极优越的天资，而使其处于发展的先天优势地位，并使他人无可比拟，虽然这一优势要受到相应条件的限制。大凡有成就者，其童年大多都有突出表现，文学家们多对读书听故事兴趣极浓，艺术家们多对所痴迷的艺术有所偏爱，军事家们或许学习成绩一塌糊涂，但对打架斗殴却表现出一种发自于内心的热衷，政治家们对统御人心多已有了不少实践，因此，自古英雄出少年，在历史上少年英雄多得不可胜数。古今中外有很多神童，他们的才能、智慧超过一般的人，如我国唐代诗人王勃，六岁能文，才思敏捷，与杨炯（12岁就有神童之誉）、卢照邻、骆宾王同时以诗文著称于世，时称"初唐四杰"。

美国芝加哥大学的一个小组对100个年龄从17～35岁的钢琴家、奥运会运动员、网球明星和数学家等杰出人物进行调查，惊奇地发现，原来他们的父母都对音乐、美术和体育十分重视和喜爱，并从幼年时期对其进行熏陶。

事实证明，智力和遗传是有着一定关系的，在音乐、绘画方面可能更明显。英国科学家曾对27000对同胞兄弟、姐妹进行调查，结果表明，同卵双生者之间，智商相关系数为0.9；异卵双生者之间为0.82；同胞兄弟之间为0.5。如果说智力是遗传的，是指智力的物质基础——脱氧核糖核酸（DNA）是遗传的物质。遗传物质决定脑细胞的发生和表达，脑细胞发育的第一个高峰在妊娠10～18周，第二个高峰是出生后头6个月。脑细胞的发育直到2岁半至3岁，脑细胞的表达至少与数百种遗传基因有关。但我们必须注意：孩子的聪明与否，除了有好的智商，还要有好的情商。孩子的智力不仅仅取决于父母亲遗传物质的传递、基因控制的表达、遗传信息的诱导，而且还取决于各种环境因素的影响，特别是需要对孩子实施优育和优教。

可见，遗传素质为人的发展的个别差异性提供了最初的可能性，对人的发展具有一定的影响作用，所以我们应高度重视优生优育问题。从有利于未来父母的工作、学习、健康、经济实力、体力、精力等多种因素考虑，女性在23岁以后结婚，24～29岁生育，男子在25岁以后结婚，26～30岁生育对胎儿最有利，是最佳婚育年龄。因为这个年龄段的青年男女，体格发育是一生中最好的时期，生殖机能已完全成熟，心理发育成熟稳定，既能够胜任为人父母的职责，也能确保下一代的健康。同时，我们也要正确地估计人的遗传素质的差异，承认人与人之间先天素质的差别，是对待遗传学的科学态度。

（四）遗传素质具有可塑性

我们知道，决定孩子的遗传基因——46条染色体，一半来自于父亲，一半来自于母亲。那么，就父亲和母亲这两个个体而言，遗传给下一代的机会应该是均等的。只不过在创造后代的过程中，父母赋予给子女的遗传基因谁呈现显性，谁遗传给子女的可能多些罢了。更何况，父母遗传给子女的只是生理方面的东西，而心理是不能遗传的。也就是说作为意识反映的客观物质外壳——大脑是可以遗传的，然而人类的文化、思维靠遗传是无法传递给后代的；人们的智力根本不是完全由先天决定的。诚然，儿童的先天素质存在着差异，但较好的先天素质只是具备了发展智力的条件，这种条件是否顺利地得以发展还要看其他条件。就像有了一粒好种子，不等于就会长出好苗子、结出好果子一样，还要看它是否落到好的土壤里，是否得到雨露的滋润，是否得到良好的栽培和管理。

一株低级的生物尚且如此，何况人呢？我们的先哲马克思说得好："搬运夫和哲学家之间的原始差别要比家犬和猎犬之间的差别小得多，他们之间的鸿沟是分工掘成的。"

人在实践活动中，一方面是适应环境、创造环境；另一方面，也改变着自己的本性。许多实践表明：一个在遗传素质上神经过程强、平衡而灵活的人，在不良的环境和教育影响下，也可变成类似弱而不灵活的人。反之，弱而不灵活的人，在良好的教育下，也会变成很有涵养、有纪律的人。像1920年在印度加尔各答发现的狼孩，虽然是人生的孩子，具备人的遗传素质，但由于长期脱离人类社会，与狼朝夕相处，她的行为完全与狼一样：四肢爬行，白天潜伏，夜间嚎叫，有嘴不会说话，有脑不会思维。

资料 3-2：

卡尔·威特的故事

小卡尔·威特 1800 年 7 月出生于德国哈勒附近一个叫做洛赫的小村庄，他的父亲老卡尔·威特是这个小村庄的牧师，一个上帝和凡人的信使。小卡尔·威特，出生时是一个被认为有些先天不足、痴呆的婴儿，邻居都认为孩子是白痴，但他的父亲老卡尔·威特坚信孩子的智力是教育的结果，并有着自己独特而鲜明的教育观："对于孩子的成长来说最重要的是教育而不是天赋。孩子最终成为天才还是庸才，不取决于天赋的大小，关键决定于他或她从生下来到五六岁时的教育。诚然，孩子的天赋是有差异的，但这种差异毕竟有限。在我看来，别说那些生下来就具备非凡禀赋的孩子，即使仅具备一般禀赋的孩子，只要教育得法，也能成为非凡的人。"正因为始终坚持这样的教育观点，老卡尔·威特才在儿子一出生后便以自己独特的、正确的方法去爱他，同时制定出周密而严格的教育方案，寓教于乐，循序渐进，坚持不懈。经他培养了几年后仍未见成效，连他的妻子也失去了信心，认为是白费力气。但老卡尔·威特仍坚持教育，最后这孩子高超的智力轰动了附近的人们，小卡尔·威特八九岁时就已通晓化学、物理学、动物学和植物学，尤其擅长数学，并且能自由运用德语、英语、法语、意大利语、希腊语和拉丁语等 6 国语言。9 岁时考入莱比锡大学，10 岁进入哥廷根大学，1812 年发表了关于螺旋线的论文，13 岁出版了《三角术》一书，1814 年 4 月，年仅 14 岁的他便被授予哲学博士学位，16 岁又获得了法学博士学位，并被任命为柏林大学的法学教授。23岁时出版了《但丁的误解》一书，成为研究但丁的权威。而他所取得的这些惊人的成就，全都是他父亲悉心教育的结果。

——［德］卡尔·威特著，小伍等译，《卡尔·威特教育全书》，中国妇女出版社，2005：1～2

因此说，我们承认遗传素质在人的身心发展中具有一定的作用，但它仅仅为人的身心发展提供物质前提、自然基础，只是生理方面的潜在能量，只是人的发展的某种可能性，它不起决定作用，也不能决定人的发展方向和水平。随着环境、教育和实践活动的作用，人的遗传素质会逐渐地发生变化，具有可塑性。

（五）批判“遗传决定论”的观点

遗传决定论者把遗传看成是固定不变的，是决定人发展的唯一因素，是一种神秘的超自然的力量，他们把儿童的发展看做是先天不变的遗传所决定的，儿童的发展过程仅仅是先天遗传的自我发展和自我暴露，社会生活的条件和教育的作用，只在于延迟或加速遗传能力的实现。人的发展方向、顺序，每个时期的水平和心理特征，都是由遗传预定的，这就是遗传决定论，也叫预成论。

我国的孟子认为人的本性生来就是善的。人生来就有所谓的不学而能的“良能”，不虑而知的“良知”。他说：“人之所不学而能者，其良能也；所不虑而知者，其良知也。孩提之童无不知爱其亲者，及其长也，无不知敬其兄也。亲亲，仁也；敬长，义也；无他，达之天下也。”（《孟子·尽心上》）

荀子主张性恶论，他认为人生性好利、好嫉妒、好声色、好争斗，他把人的性恶也看成是先天生来的。

资产阶级遗传决定论的创始人是英国人类学家高尔顿（F·Galton），他把人的发展完全归因于遗传素质，甚至认为人的智力，乃至人的道德善恶都是在胚胎中形成的。他在1869年出版的《遗传的天才》一书中写道：一个人的能力，乃由遗传得来，其受遗传决定的程度，如同一切有机体的形态及躯体组织之受遗传决定的一样。他于1883年首次提出“优生”一词，其原意为“健康的遗传”。他主张通过选择性的婚配，来减少不良遗传素质的扩散和劣质个体的出生，从而达到逐步改善和提高人类遗传素质的目的。

资料 3-3：

高尔顿名人家谱调查法

高尔顿采用名人家谱调查法进行研究，他从英国分别选取了两组人群作为调查对象，一组为名人组，包括英国的部分著名的科学家、艺术家、文学家、政治家、法官、军官等共977人；另一组为对照组，包括人数相等的普通人。之后调查这两组人群的亲属中有多少人成名。结果发现，名人的亲属中有332人具有名声。而对照组普通人的亲属中只有一个人具有名声。由此，他得出结论：非凡的才能主要是由遗传决定的。

然而，对这一次的研究结果，许多教育家、心理学家都提出了反对意见，认为调查过程由于没有排除一些包括环境在内的干扰因素，把能力上的差距归结为遗传因素是没有说服力的。高尔顿为了证明自己的观点，随后又进行了一个比较调查，这一次高尔顿选取的调查对象分别是名人的孩子和教皇的养子，结果发现教皇的养子成名的比率不如名人之子多，而这两者的生长环境相仿，高尔顿认为之所以有这种结果，是因为人的发展是由遗传而不是环境决定的。

——桑标主编，《当代儿童发展心理学》，上海教育出版社，2003：75

美国心理学家、教育家霍尔（G·Stanley Hall），也是遗传决定论的支持者，他主张“复演说”，把儿童在胎儿期和出生后的发展分别看做是动物和人进化的复演，把生物的发展规律机械地搬到人的发展上来。比如，他认为儿童的追逐打闹活动是狩猎本能的复演，少年期打猎、捕鱼、爬山、游泳、划船等活动是祖先野外生活的复演。他曾说过：“一两的遗传胜过一吨的教育”，他把人的发展过程完全归结为遗传素质的作用，忽视和否认了后天的环境和教育对人的身心发展的作用。

我国民间也有类似的说法：“龙生龙，凤生凤，老鼠的儿子会打洞。”“文化大革命”中，把政治立场和观点都看成是遗传的，把人的革命或反革命说成是从父母那里遗传得来的，宣扬“老子英雄儿好汉，老子反动儿混蛋”的血统论，更为荒谬。

因此我们说，遗传素质仅仅是人的发展的物质基础和前提条件，它只是为人的发展提供可能性，并不最终决定或预定人的发展，不能夸大遗传的作用。而遗传素质所提供的可能性，只有通过一定的社会环境和教育才能获得应有的发展。以上各种“遗传决定论”“预成论”和所谓的“种系血统论”等都否定了社会环境、实践活动和教育的重要作用，都是错误的。

二、环境在人的发展中的作用

环境是指围绕在个体周围并对个体自发地发生影响的外部世界，它包括自然环境和社会环境两个相互联系的部分。自然环境指环绕着人类并影响人类生存与发展的自然界，主要有大气、土壤、水、岩石、植物、动物、太阳等。这些自然环境在为人的发展提供了物质生活条件的同时，也对人的生理结构和行为性格产生一定的影响，如我国北方多山，北方人的身材就比较高大，性格也显得刚毅耿直；南方多水，所以南方人的身材就相对娇小，性格也显得比较温和机灵。

但在人的发展中，社会环境起着更为主导的作用。环境影响人，主要是通过社会环境实现的。社会环境指人类在自然环境基础上创造和积累的物质文化、精神文化和社会关系的总和。包括社会生产力的发展水平、社会物质生活条件以及社会的政治经济制度和道德水准。社会生产力的发展水平决定着人的发展程度和范围，社会关系影响着人的发展的方向和性质，社会的精神文化影响着个体的身心发展内容。社会环境的不同可能会造成个体发展上的巨大差异。任何人的发展，都超越不了他所处的社会历史时代，如古今中外的名人、伟人、英雄人物，他们的思想观点、道德品质以及个性特征等，都带有他所处的时代和阶级的烙印，都具有时代和阶级的局限性。

总之，社会环境是人的身心发展的外部客观条件，对人的发展起着一定的制约作用。具体表现在以下几方面。

（一）环境对人的发展提供了多种可能，也做出一定限制

环境首先为人的发展提供了认识与实践的客体、客观条件和机遇等，从而为个体的发展提供了选择的可能，个体可以选择、利用环境中的有利因素为自我的发展服务。如，改革开放，将国有企业推到了竞争的最前沿，国有企业改制，并涌现出一大批改革家、企业家、弄潮儿、女强人……可谓“时势造英雄”。但是，在一定时空条件下，环境为人的发展提供的可能性是有限的，可能会限制甚至阻碍个体的发展。

《孟子·滕文公下》里有这样一个小故事：“有楚大夫于此，欲其子之齐语也。……一齐人傅之，众楚人咻之，虽曰挞而求其齐也，不可得也。”

这就是成语“一语众咻”的典故。楚人之子在楚地求学齐语，周围有许多楚国人整天在打扰他，在这样的环境中，就是用鞭子抽他、骂他、逼他，他也学不会齐国话。但假若他改变一下学习的环境，前往齐国都城临淄的闹市住几年，那么齐国话很快就会学好了。

俗话说：橘生淮南则为橘，橘生淮北则为枳。淮河以南气候温和湿润，所栽之橘，味甜汁丰，但移橘北栽后，所结之果，细小干涩，虽“叶徒相似，其实味不同”，“所以然者何？水土异也”。一条淮河分隔出了截然不同的两种气候与土质，淮南之橘，至淮北则为枳，生长环境的不同结出了味道相去甚远的两种水果。自然界如此，社会环境亦然。法国作家巴尔扎克在《高老头》中描写了拉斯蒂涅在巴黎求学期间，面对着尔虞我诈、残忍丑恶的社会现实，良心逐步被野心所吞噬的经历，证实了社会环境对人们的重大影响。其实，我们做每件事，小到修身齐家，大到治国平天下，都不能忽视环境因素的干扰作用。

（二）环境对人作用的大小与环境本身的性质、变化相关，也与个体发展水平相关

在童年期，自然环境、家庭环境对人的发展影响较大；到了青年期，社会环境尤其是文化因素对人的发展的影响相对增强。而且环境的影响随着主体自我意识的形成而相对减弱，影响的性质也由限制逐渐转向更有效的利用。此外，环境因素的作用还随着个体活动能力的大小而变化。对于活动能力强的个体能够很好地利用环境因素促进自身的发展，而对于活动能力弱的个体，环境因素的作用相对较小。

人生的最初几年极为重要，人出生时的素质几乎没有多少区别，但降生在什么环境，由谁教养，也就是说在什么环境里着胎，却直接决定着孩子的社会素质。俗话说：近水则知鱼性，近山则识鸟音。在狼窝里成为狼孩，在熊窝里成为熊孩；同原始人生活成为原始人，同现代人生活成为现代人……

科学家的实验和很多事实都表明，在人生的8岁前存在着关键期。在这个关键期里，如果受到的是动物的影响，就会形成动物的习性，而不可能形成人性。过了这个关键期再进行训练，即使是专家，也会十分困难，而且很多都永远无法达到本来应该达到的水平。请看下面几个例子：

到目前为止，关于“兽孩”的记载约有40起，其中以狼孩居多，占一半以上。其次是熊孩、猴孩、豹孩等这些由野兽抚育大的孩子，他们完全不通人性，狼养大的只会狼嚎，吃生肉喝生水；猴养大的只会爬树摘果，翻腾跳跃……虽然有的后来被人训练，试图恢复其人性，但效果很差，而这些成为兽孩的孩子，大多在3岁之前就被野兽叼养，他们的大脑在最关键的成长期与野兽的环境嫁接在了一起，这样才最终完全成为脱离人类习性的兽孩。

资料3-4：

“猪孩”王显凤

1987年，中国的东北辽宁省台安县农村发现了一个“猪孩”，名字叫王显凤。出生后不久父亲去世，母亲又因大脑炎后遗症生活不能自理。于是，小的时候，饿了，这个女孩就吃猪奶，长大后，就与猪争食吃。她学会了啃草根，像猪一样叫……这个女孩七八岁还不会穿衣服，不知道什么是羞耻，也不会说话，连大小多少都不知道。九岁时的智力水平仅相当于三岁小孩，不会说一句完整的话。“猪孩”的新闻在中央电视台播出后，引起社会的极大关注。可怜的孩子被送到了幼儿园，跟一个特级教师同吃住。经过两年多的训练，这个女孩的智商从39提高到了68，并认识了600多个汉字，学会了简单的加减法，会写信、唱歌、跳舞和讲简单的故事。① 可是在幼儿园，她经常趁人不注意就在树上像猪一样搔痒痒。

——《光明日报》，1987-08-27

再如，19世纪初，德国巴登大公国王子卡斯巴·豪瑟出生后不久，被争夺王位的宫廷阴谋家将他同普通的婴儿对换后，他被交给一个性格忧郁的女人抚养到三四岁，还算受到了正常的教育，之后就被关进黑暗、狭窄的地下室里，每天由一个男看管随便扔给他点食物和水。尽管他从未看清楚这个人的面貌，但这个人曾教他说过几句话，甚至还教他写过字。直到十七岁他继承王位已不可能了，才被放出。此时，他身高只有1.44米，牙齿尚未长出，手指除拇指和食指可以对握外，其余的指头均不能弯曲，膝盖已变形，双腿支持身体有困难，走路犹如婴儿学步，目光呆滞，怕光，明视觉很差，暗视觉却特别敏锐，晚上可辨别180米以外的马匹，听觉敏锐，嗅觉灵敏，智力却如同幼儿。但在收养他的道默教授的耐心教育下，他开始学习书写、绘画、算术等，甚至还在人们的帮助下写过去生活的回忆录，遗憾的是五年后遭暗杀身亡。死后解剖的结果是，他的脑袋比一般

---

① 潘洪亮等. 情境·教育·启迪［M］. 郑州：大象出版社，1999：15～16.

人要小，但小脑发育得特别大，大脑皮层的视觉区也发展得比较充分……

以上事例足以说明，人的身心发展受后天环境的影响与制约，且环境对人作用的大小与环境本身的性质、变化相关，也与个体发展水平相关。即使有正常的遗传基因，但如果脱离了人的社会环境，或接触的是不完整的人类社会，错过了发展的某段时期，就会造成永远无法弥补的缺陷。也就是说，在人的发展过程中，存在着非常重要的“关键期”。

（三）环境对人发展的影响有积极、消极之分

社会环境是多种因素的复合体，其中有积极的因素，也有消极的因素。作为以培养人为职能的教育者或教师，应正确认识环境的性质、特点与作用方式，按时代发展方向，将环境因素作尽可能多的正向组合，使环境影响始终与学校教育保持一致，控制和减少环境因素对青少年学生产生的不利影响，提高环境积极因素的作用强度。青少年学生不仅缺乏正确的道德信念，而且辨别是非的能力比较低，加之好奇心、模仿性强，求知欲旺盛，因而很容易接受环境因素的正、反两个方面的影响。“昔孟母，择邻处”，“近朱者赤，近墨者黑”等教育格言，都是长期教育实践经验的总结。

由于环境因素不仅具有广泛性、经常性特点，而且又具有自发性、偶然性和片面性特点。因此环境对人的影响既是自发的、潜移默化的，同时又是无目的、无系统、偶然零碎的；既有与教育相平行的影响，也有与教育相矛盾的影响。但人与动物的根本不同之点在于人有主观能动性，人对环境的作用和影响不是消极被动地接受，人在接受环境影响的同时，又凭借自己的经验和创造能力，积极地改造环境、利用环境。

（四）环境作用的局限性

环境对青少年身心发展的影响虽然是经常的、广泛的，但这种影响在大部分情况下是自发的、分散的和偶然的，它没有既定的目标，不能像学校教育那样有目的、有计划、有系统的去影响人，甚至有时还对人产生不利的、消极的影响，具有自身的局限性。但由于这些影响具有耳濡目染、潜移默化的性质，具有一定的深刻性，有的甚至终身难忘，我们不能因此而低估环境的作用。

环境对人的发展虽然起着非常重要的作用，但绝不意味着人只是消极地、被动地适应环境，人具有主观能动性，自觉的能动性是人类的特点。因此，人是在社会实践的过程中接受着环境的影响，同时也改造着环境，并在改造环境的过程中改造自己。

总之，人的社会实践对人的发展起决定性的作用，离开了人的实践，

单纯的客观环境条件不能决定一个人的发展和成就。实践证明，那种忽视人的主观能动性的“环境决定论”的观点是错误的。

（五）批判“环境决定论”者的错误

马克思指出：“如果这个人的生活条件使他只能牺牲其他一切特性而单方面地发展某一种特性，如果生活条件只提供给他发展这一种特性的材料和时间，那么这个人就不能超出单方面的、畸形的发展。任何道德说教在这里都不能有所帮助。”说明环境对人的发展影响极大，在根本程度上制约着人的发展方向、水平、速度和个别差异，但它也有自身的局限性，我们不能片面夸大环境的作用。

环境决定论者忽视人的主观能动性，把人看成是环境的消极适应者，认为生长在某种环境中的儿童，就只能消极地成为某种样子的人。我国古代墨子说：“染于苍则苍，染于黄则黄，所入者变，其色亦变。”荀子说：“蓬生麻中，不扶自直；白沙在涅，与之俱黑。”过些说法都夸大了环境的作用，最终导致机械唯物论。

美国行为主义心理学的创始人华生就是环境决定论的代表人物，他在《行为主义》一书中写道：“给我一打健康的婴儿，一个由我自由支配的特殊的环境，让我在这个环境里抚育他们，不论他们祖宗的才干、爱好、倾向、能力和种族如何，我保证能把其中任何一个训练成为任何一种人物——医生、律师、美术家、商人或乞丐、盗贼。”①

这是典型的“环境决定论”者，这种观点片面夸大和机械地对待环境的作用，把人看做是环境的消极适应者。事实上却并不如此，法国作家巴尔扎克说：“人世间的事情永远不会有绝对结果，苦难对于天才是一块垫脚石，对于能干的人是一笔财富，对于弱者是万丈深渊。”可见，人们对待环境的主观态度不同，就会有不同的发展和成就。在良好的环境中，有的人却没有什么成就，甚至走向与环境所要求的相反道路；在恶劣的环境中，有的人却出污泥而不染，成为很有作为的人。有材料表明：近九十年来有三分之一的诺贝尔奖金获得者出自贫困饥饿型家庭，他们连起码的温饱水平都难以达到，又何谈吃肉和吸收其他高级营养，然而他们却取得了世人瞩目的成就。因此，我们要正确认识环境在人的发展中的作用及其限度，反对过分夸大环境作用的“环境决定论”的观点。

---

① 厉以贤．现代教育原理［M］．北京：北京师范大学出版社，1988：210～213.

三、教育在人的发展中的作用

从广义上说，教育是社会环境的一部分，但它是社会环境中比较特殊的一部分。教育是有目的、有意识地培养人的社会活动，关于教育在人的发展中的重要作用，曾被历史上许多思想家和教育家所肯定。我国古代的孔子提出“性相近，习相远”，荀子指出“干越夷貉之子，生而同声，长而异俗，教使之然也”。捷克著名教育家夸美纽斯在《大教学论》中写道：“只有受过一种合适的教育之后，人才能成为一个人。”法国启蒙思想家卢梭说：“植物的形成由于栽培，人的形成由于教育。”德国古典哲学家康德说：“人只有通过教育才能成为一个人。人是教育的产物。”以上这些说法，虽不尽科学，缺乏科学分析，没有把教育与环境区分开来，忽视了遗传的作用，但却具有一定的积极意义，都说明了教育在人的发展中的重要作用。

所以说，人的发展离不开教育，教育是影响人发展的最有效手段。教育，尤其是学校教育，与遗传因素和自发的环境影响相比，在人的身心发展中起着主导作用。

“主导”主要是指方向上引导。这种主导作用一方面体现在学校教育能引导个体的发展方向，即帮助个体对发展的多种可能性作出判断和价值选择，使自身的发展方向与社会发展对人的要求和谐一致；另一方面，体现在为人的终身发展奠定坚实的基础，为离开学校后个体的继续发展创造条件。

所以，主导作用的意思是：能调控青少年儿童的发展方向和内容，制约青少年发展的范围和程度，影响青少年未来发展的质量和水平。之所以说学校教育在人的身心发展中起主导作用，主要是基于以下原因。

第一，学校教育具有明确的目的性和方向性，是专门培养人的活动。学校教育作为一种有目的、有计划的以培养人为目的的活动，与环境中的自发影响相比，具有巨大优势。它能根据一定社会政治经济制度的要求和生产力发展的需要，按照一定的方向，选择适当的内容，采取有效的方法，利用集中的时间，有计划、有系统地向学生传授各种科学文化知识并进行一定的思想品德教育。但环境因素对人的影响性质错综复杂，方向也不一致，既有积极影响，也有消极影响；既有正面作用，也有负面作用，不能方向一致地去影响人。而学校教育可以协调和优化各种环境因素对人的自发影响，充分发挥个体遗传上的优势，限制和排除一切不良环境因素的干扰，充分利用和发挥一切积极因素的作用，以确保个体发展的方向，保证个体沿着社会规定的轨道进步。

第二，学校教育具有较强的计划性和系统性。学校教育是在各种严格的规章制度的制约下进行的。它把人的发展所需要的一切时间和空间全部纳入到可控的程序之内，保证教学得以顺利进行，而且又根据社会政治经济对人才规格的需要，根据知识的逻辑顺序和学生的年龄特征与接受能力，科学合理地安排系统的学习内容。因此，学校教育给人的影响是全面的、系统的和深刻的，这些是自发的、偶然的、片面的环境因素所无法比拟的。

第三，学校教育具有高度的组织性。学校教育主要是通过专门的教育机关——学校进行的。学校是按照一定的教育目的组织起来的，它有比较完整的组织机构，又有经过教育和训练的专职教育工作者，他们“闻道在先、学有专攻”，受社会的委托来教育学生，有责任教育好学生。而且他们明确教育目的，熟悉教育内容，懂得教育规律，掌握了教育艺术，能自觉地按照学生的身心发展规律培养学生、教育学生，自觉地促进学生按照一定的方向去发展，在教育教学中起主导作用。

学校教育在人的发展中的主导作用，在现代社会表现得更为突出。但我们要客观而辩证地认识这一因素，不能片面扩大其作用，否则会犯“教育万能论”的错误。随着现代科技的不断进步和计算机网络的广泛使用，一定程度上代替了学校和教师，因而曾有人提出“学校消亡”“教师取消”等论点，这是非常肤浅的认识和错误的说法。因为现代科学技术只可引起教学组织形式的变化，电视和计算机虽可作为教学的手段，但却永远也不可能替代学校和教师的作用（如情感、师生关系等的作用）；图书馆、网络虽然可以给人以很多的信息，但是没有专职人员的指导，是不能有效地获取系统的知识的，尤其是对儿童和青少年的学习，图书馆、网络是代替不了学校教育的。

总之，青少年的成长和发展，是通过教育，特别是通过学校教育来实现的，学校教育在年青一代的发展中起主导作用。但是，我们必须明确，学校教育在人的发展中的主导作用的实现，不是无条件产生的，也不是无限度的，它要受到多方面因素的制约。制约教育主导作用发挥的条件主要有以下几方面。

第一，受教育者自身的主观能动性。人与动物不同，自觉的能动性是人类的特点。环境和教育对人的影响作用的大小与人的主观能动性有着直接的关系。人的主观能动性是人的一种内在需要和动力，是一种积极的学习动机和渴望。当受教育者具备了积极的求教动机时，环境和教育的外因才能发挥相应的作用。学习者的学习积极性越高，教育的作用就越大。只有在教育者和受教育者两个积极性发生共鸣时才会产生教育过程中的“教学相长”。

第二，教育的自身状况。教育主导作用发挥的程度和能力的大小，与教育自身的条件也有很大的关系。这些条件包括教育的物质条件、教师的素质、管理水平以及相关的精神条件。因此，学校教育不能违背儿童身心发展的客观规律及年龄阶段去任意地决定人的发展。

第三，家庭环境的效应。包括适当的家庭经济条件、父母的文化水平以及良好的家庭氛围。只有当家庭教育与学校保持一致时，教育者才能按教育规律做好教育工作，学生才能积极主动参与，教育就能发挥主导作用。否则，就不能很好地发挥教育的主导作用，甚至会出现“5＋2＝0（或负数)”的教育效应。因此，作为教育工作者，应主动争取学生家庭的支持与配合，协调一致地开展教育工作，取得“1＋1＞2”的增值效应。

第四，社会发展状况。包括社会生产力发展水平、社会政治经济制度的进步程度、整体的社会环境、民族心态、文化传统、科学技术发展状况等。学校教育不能超越它所依存的社会条件，不能高出于社会之上去发挥它的能动作用。

可见，教育在人的身心发展中起主导作用，但这是有条件的，也是有限度的，因此，不能片面夸大教育的作用。把受教育者看作教育者手中的胶泥，可以随心所欲地捏成任何制品，这种教育万能论的观点是非常错误的。

四、主观能动性在人的发展中的作用

人不仅是社会历史活动的主体，而且是自身发展的主体。人在自身发展的过程中也会表现出人所特有的能动性，能动性是指人的主观意识和活动对于客观世界的积极作用，包括能动地认识客观世界和能动地改造客观世界，并统一于人们的社会实践活动中，可以说，自觉的能动性是人类的特点。这种能动性主要表现为以下两点：一是主体通过亲自参与实践活动接受客观事物的影响，从而获得主体自身的发展；二是主体按照自己的认识、经验以及需要、兴趣来对客观事物作出反映，并为了实现自己的意向，自觉地、有目的地开展自我控制和自我调节的活动。

主观能动性的强弱直接关系学习的效果和质量。现实生活中，常有这种情况，同一个教室里的学生，学习状况千差万别，究其原因，除了遗传素质、家庭教育等因素的影响外，最主要的是学生个体主观能动性的发挥程度。如果学生没有学习的需要和动机，甚至厌恶学习，那么教师的教学就无法对学生构成影响，学生自身也无法得到更好的发展。美国教育心理学家莫里斯·比格认为，在生活空间里，一个人和他的心理环境是同时发生相互作用的，而且是相辅相成的。外部环境的东西如不被个人注意并与个人发生相互作用，就无法影响个人的心理和行为；而一旦被个人注意并相互利用，就会构成他个人的生活空间，影响他的心理和行为，最终影响个体自身的发展。

资料 3-5：

跳出你心中的高度

有人往一个玻璃杯里放进一只跳蚤，发现跳蚤立即轻易地跳了出来。再重复几遍，结果还是一样。根据测试，跳蚤跳的高度一般可达它身体的400倍左右，所以说跳蚤可以称得上是动物界的跳高冠军。

接下来实验者再把这只跳蚤放进杯子里，不过这次是立即同时在杯子上加一个玻璃盖，“嘣”的一声，跳蚤重重地撞在玻璃盖上。连续多次后，跳蚤改变了起跳高度以适应环境，每次跳跃总保持在盖顶以下高度。一天后，实验者开始把这个盖子轻轻拿掉，跳蚤不知道盖子已经去掉了，它还是在原来的这个高度继续地跳。三天以后，他发现这只跳蚤还在那里跳。一周以后发现，这只可怜的跳蚤还在这个玻璃杯里不停地跳着——其实它已经无法跳出这个玻璃杯了。

难道跳蚤真的不能跳出这个杯子吗？绝对不是。只是它的心里已经默认了这个杯子的高度是自己无法逾越的。

其实，让这只跳蚤再次跳出这个玻璃杯子的方法十分简单，只需拿一根小棒子突然重重地敲一下杯子，或者拿一盏酒精灯在杯底下加热，当跳蚤热得受不了的时候，它就会“嘣”的一下，跳了出去。

不仅跳蚤如此，人有时候也是这样。尤其是当今的青少年学生，在追求实现自身价值的过程中，由于抗挫折能力比较低，遭遇困难和挫折的时候容易灰心丧气，丧失信心，容易自我设限，行动的欲望和潜能被自己扼杀。那么，作为教育工作者或教师，应能根据青少年儿童身心发展的特点，充分发挥其自身的主观能动性，让他们相信自己是最棒的，鼓励他们不断突破“心理高度”，朝着更高的目标努力奋斗。

——雅瑟编著，《小故事大道理全集》，海潮出版社，2005：192

讨论：你如何看待“跳蚤人生”？教育过程中，怎样才能充分发挥学生自身的主观能动性？

总之，个体的主观能动性在青少年儿童的发展中起着巨大的推动作用，是青少年儿童身心发展的内在动力，是内因。社会要求和教育条件是个体主观能动性产生的根源，教育者与受教育者的关系直接影响受教育者主体性的充分发挥。教师在教育过程中，既要注意发挥学生自身的主观能动性，但也要认识到，个体主观能动性的作用也不是绝对的、无限制的。如果片面的、无限制的夸大主观能动性的作用而忽视环境和教育（尤其是学校教育的影响）的作用，就可能导致削弱教育的力量，这在理论上是错误的，在实践中是有害的。

第三节　青少年儿童身心发展的规律及其教育

教育与人的发展是相互促进、相互制约的辩证统一关系。教育在人的身心发展中起主导作用，但教育作用的实现，还要受到青少年身心发展的年龄特征和个性特点的制约。在教育工作中，只有从青少年儿童身心发展的实际水平出发，教育才能收到预期的效果。那么，对于青少年儿童来说，身心的发展有哪些规律？教育应该怎样遵循青少年儿童身心发展的这些规律呢？

一、身心发展的顺序性规律

（一）顺序性的含义

顺序性是指人的身心发展具有一定的方向性和先后顺序的特性。在正常情况下，个体之间的发展速度会有差异，但发展顺序不会颠倒，发展阶段也不会逾越，更不会逆向发展，一般遵循着由简单到复杂、由低级到高级、由量变到质变的连续不断的发展过程。例如：儿童身体和运动机能的发展遵循着下述基本法则。

第一，自上而下法则（头尾法则）：身体各部分的发展是从头部延伸到身体下半部的。次序是：头部→颈部→躯干→下肢。

我们大家都了解这样一个事实，十月怀胎，一朝分娩。经过十月怀胎，婴儿终于诞生了。如果是一个仔兽的话，不用多长时间它就可以自由行动了，因为它出生时，它的大脑在胎儿期就已经成熟了。但是人类的婴儿却不同，婴儿是带着一个极不成熟的大脑来到这个世界的，因此，他的大脑注定还要经过所有动物都不曾有过的新的飞跃。现代科学证实，胎儿在母体内只是大脑神经元数量的增加，而不能让这些神经元一个个长大成熟。因为这些神经元如果长大到像动物那样成熟，那么胎儿的头将决不是出生时的10厘米左右的直径，而是要大得多，这样势必给分娩造成极大的危险和困难。这样，婴儿出生后，最先得到发展的仍然是大脑。大约在出生后10周到2岁这段时间，进行大脑的第二次激增，也就是神经元本身的增大。这时每个神经元开始向各个方向生出许多极细的突触，同数以万计的其他神经元相互联系的增多导致脑的迅速生长。出生时胎儿平均脑重是350克，仅为成人的25%，但仅仅6个月后，它就已达到成人的50%，在2岁半时达到75%，5岁时达到90%，而到这个时候，人的大脑的主要部分已经发育成熟。

关于婴儿出生后大脑得到优先发展，我们还可以从出生后人体各部分的形状和比例的变化中看出。婴儿出生时头占25%，而其余部分均匀地分为躯干和腿。婴儿一落地，头已经达到成人头大小的60%以上，之后头仍是重点发展部位，当头的发展得到保证时，其次是躯干的生长，然后是腿和手臂开始生长，头先于颈发育，颈先于躯干发育，最后是腿的发展顺序，这种发展顺序被称为首尾发展方向。①

而对于运动机能也和身体成长保持同一方向，一般由卧→坐→爬→站→走。婴儿出生头几周就能抬头，直到第一年末才能站立。

第二，自中心向边缘法则（近远法则）：即发展是从身体的中心轴到边缘。头部和躯干比四肢先发育，手臂和腿比手指和脚趾先发育。

婴儿在生长速度上按首尾发展方向，在身体长度上也按近远发展方向进行。就是从中央部分到外周部分发展，如，躯干和肩先发展，然后是手臂，上臂比前臂先形成，前臂又比手先形成。

与此同时，婴儿的感觉运动行为的发展也是从头到脚，从中央到外周。吃奶是新生儿最早的最有组织的行为，其次是控制眼睛运动、让头保持平衡、控制躯干，能坐和爬等。

身体发展的这种模式也反映在运动机能方面。婴儿抓东西时，为了调动手的方位就得移动整个身体，后来才能独立地移动臂和手，再后来才能出现手指的比较精细的动作。

人的心理机能的发展也有一定的顺序性，如儿童思维的发展总是从具体动作思维到形象思维，再从形象思维到抽象逻辑思维发展；记忆发展的顺序是从机械记忆发展到意义记忆；注意发展的顺序是从无意注意到有意注意；情感发展的顺序是从喜、悲等一般情感发展到道德感、理智感、美感等高级情感。

---

① 王东华. 发现母亲［M］. 成都：四川人民出版社，1999：10～11.

总之，人的身心发展是逐渐的、有顺序的、连续的由较低级的水平向较高级的水平发展。

（二）教育应适应青少年儿童身心发展的顺序性

人的发展的顺序性是客观的、不依人的意志为转移的。青少年儿童身心发展的顺序性，要求教育工作要循序渐进地促进人的发展。一切知识技能的传授、思想品德的培养、智力的发展、能力的增长、体质的增强等，都要遵循由浅入深、由易到难、由简到繁、由具体到抽象、由低级向高级的发展顺序，既不能随意超越等级、顺序，跳跃前进——“揠苗助长”“陵节而施”，否则就会“欲速则不达”；也不能消极保守，延误发展良机；更不能等待迁就，听其自然；应根据儿童发展的顺序性规律，逐步走向儿童的“最近发展区”，从而全面提高青少年儿童的身心发展水平。

二、身心发展的阶段性规律

（一）阶段性的含义

阶段性是指人的身心发展中由质变引起的阶段性特性。我们知道，个体的发展是一个由量变到质变的矛盾运动过程，代表新质的量积累到一定程度时，就取代旧质而居于矛盾的主要方面，也就是量变发生了质的飞跃，发展的连续性中断，表现出发展的阶段性。人们常说：三翻、六坐、八爬叉、十个月会喊大大，就属于儿童发展的阶段性表现。

关于人的身心发展阶段，我国通常根据人的生理和心理的特点，把人从出生到成年划分为六个阶段：乳儿期（0～1岁）、婴儿期（1～3岁）、幼儿期（3～6岁）、童年期（6、7～11、12岁）、少年期（11、12～14、15岁）、青年初期（14、15～17、18岁）。人生各个阶段在身心发展方面，都有明显的典型特征，如童年期是无意注意占优势，有意注意不稳定、不持久；思维具有具体形象性，抽象思维能力弱等。

但人的发展的前后两个阶段之间又有紧密的联系和有规律的更替，即各个阶段之间既相互关联又有区别。主要表现在：一是发展的大方面在各阶段都是相同的，都包括身心两大方面。只不过身心各方面发展，在不同阶段上有大小、强弱、多少等数量和程度的区别。二是前一阶段的发展水平对后一阶段的发展有直接影响，可以这样说，前一阶段是后一阶段身心发展特征的孕育和准备，后一阶段是前一阶段发展的必然趋势。但在人生发展的不同阶段上存在着发展水平、发展面临的中心任务和身体整体结构上的区别。

所以，个体身心发展的全程是以人的潜力不断涌动、消长、在外界刺激下迸发、与周围环境不断相互作用、不断战胜新的挑战的过程。人的身心也在这个过程中不断建构、更新，使每个个体的发展过程都包含着丰富的变幻与色彩。

（二）教育应适应青少年儿童身心发展的阶段性

由于青少年儿童身心发展具有阶段性的特点，也就决定了教育教学工作的阶段性。也就是说，教育工作者应该根据青少年儿童身心发展的阶段性规律进行教育和教学，在教育教学的内容、方式、方法和要求上，不能不分阶段地“一刀切”“一锅煮”。而且，也应看到各年龄阶段的相互联系，根据青少年儿童身心发展的阶段性特性，做好各阶段间的“衔接”和“引渡”工作。

三、身心发展的不均衡性规律

（一）不均衡性的含义

不均衡性是指个体发展具有的非等速、非直线的特性。

第一，身心发展的同一方面，在不同的年龄阶段，发展是不均衡的。如身高：0～2 岁生长最快，2～10 岁生长较慢，14～16 岁生长较快。并且，白天长得慢，晚上睡着后长得快。因此，小学生睡眠时间应大于 10 小时，户外活动时间应大于 4 小时；初中学生睡眠时间应大于 9 小时，户外活动时间应大于 3 小时；高中学生睡眠时间应大于 8 小时，户外活动时间应大于 2 小时。

体重也是这样，有两个增长高峰：一是出生后第一年的婴儿期；二是青春发育期。在这两个高峰期内，体重的发展较之其他年龄阶段更为迅速。

再比如大脑的发育，青少年儿童大脑发育最迅速的时期是出生后的 5～10 个月之间；其后，脑的发育又经历了两个显著的加速期，一个是 5～6 岁之间，另一个在 13～14 岁之间。之后，就变慢了些，到 17、18 岁就更慢了，20 岁可达到高峰，25 岁以后开始走下坡路。

第二，身心发展的不同方面，在同一时期发展是不均衡的。即身心某些方面发展较快，在较早的年龄阶段就已达到较高的发展水平，而有些方面发展较慢，到较晚的年龄阶段才能达到较为成熟的发展水平。比如，神经系统的发展是先快后慢，婴儿在 6 个月时大脑已达到成人脑重的 50%，2 岁半时达 75%，5 岁时达 90%，以后它的生长过程便变慢，大约 20 岁时停止生长；而生殖系统的发展则呈相反状态，是前慢后快，青春期以前增长很少，处于潜伏状态，青春发育期开始后才大幅度增长。如男孩的睾丸在10岁时才到成人体积和重量的10%，女孩的卵巢在12岁时，重量才是发育成熟全部重量的40%，进入青春期后才开始迅速生长，直到16、17岁，从那以后，它的生长过程变慢了，大约在20岁时停止生长。

(二) 教育应适应青少年儿童身心发展的不均衡性

由于青少年儿童身心发展速度的不均衡性，要求教育工作者要正确地把握青少年儿童身心发展的“火候”和“关键期”。为此，需注意两点。

1. 要紧紧地抓住儿童发展的“关键期”，使其得到充分的、最佳的发展

所谓人类心理发展“关键期”理论是指：人类的某种行为和技能，知识的掌握，在某个时期发展最快，最容易受影响。如果在这个时期施以正确的教育可收到事半功倍的效果，一旦错过这个时期，就需要花费儿倍的努力才能弥补，或者将永远无法弥补，就像人们常说的“过了这个村，没有这个店”。一些研究表明：2岁以前是母语发展的关键期，北方语、外语等从整句话接受。2～3岁是口语发展的关键期，4～5岁是口语发展的第二个关键期，也是数概念（计数、运算）和学习书面语言（识字）的关键期。0～2岁是孩子建立亲子依恋的关键期。3岁前是性格发展的关键期，3岁以前形成了某种性格，以后就很难改变。5岁前是品德发展关键期，也是乐感建立的关键期。5～6岁是数概念发展的关键期。7～8岁是进行体育训练的关键期。少年期是学习第二语言的关键期。小学阶段，行为发展关键期；初中阶段，智力发展关键期；高中阶段，人生观、世界观形成发展关键期。西方国家认为，小提琴若不从3岁开始学，钢琴若不从5岁开始学是绝不能深得其妙的。

上述观点虽不能说是一种定论，但它可作为一种参考。

2. 不要错过儿童发展的“关键期”，否则难以弥补

俗话说：“春来不下种，秧苗无处生。”孩子的春天就是关键期，适时的教育就是种子。如果错过了关键期，孩子的巨大潜能就被白白地浪费了。千万要注意，一旦错过了关键期，即使花再大的力气也很难取得预期的效果。美国心理学家布卢姆通过对约千位婴幼儿进行的追踪研究，于1964年出版了名著《人类特性的稳定与变化》，提出“5岁前是儿童智力发展最为迅速的时期”的重要假设：人的智力呈现先快后慢的发展趋势。如果把儿童在17岁时所达到的普通智力水平看作100%的话，那么，从出生至4岁就获得50%的智力，4～8岁又获得30%的智力，而余下的20%的智力是在8～17岁获得的。这就是说，儿童在学前期的智力发展几乎能达到普通

智力水平的80%，而儿童出生后的头4年智力发展的速度更是惊人，几乎等于随后的13年。如果儿童在这非常重要的早期岁月中得不到理智的刺激，他们的学习能量就会受到严重的妨碍。

四、身心发展的个别差异性规律

（一）个别差异性含义

个别差异性是指个体发展之间的差别性。虽然个体的发展具有普遍的规律和模式，须经历共同的发展阶段，但在正常发展的广泛范围内，由于遗传素质、环境、教育和自身主观能动性不同，使得同一年龄阶段儿童的身心发展存在着显著的差异。具体表现为以下几个方面。

第一，不同儿童的同一方面发展的速度和水平各不相同。比如，就身高来说，有的早长，有的晚长；就体质来说，有的身强，有的体弱；就性格来说，有的内向，有的外向；就智力来说，有人早慧，有人“大器晚成”；就思维来说，有的在小学抽象思维已有很好的发展，有的要到十四五岁才有显著表现。两个同为8岁的儿童，一个儿童的抽象思维已有很好的发展，已经能够掌握数的概念，利用数概念进行运算，而另一个却还不能脱离实物进行运算。在国外一个大规模的研究报告中曾经作出这样的估计：“当一年级的教师遇到他班上年龄差不多都是六岁的孩子时，他事实上面对着一群能力不同的儿童，从他们准备状况的差异来说，实际上是从三岁到十一岁。”

第二，不同儿童不同方面发展的相互关系不同。如有的儿童第二信号系统较弱，第一信号系统占优势，其数学能力较强，但绘画能力却很差；而一些儿童则相反，绘画水平很高，数学却不及格。

第三，不同儿童具有不同的个性心理特征。如同一年龄的儿童，却具有不同的兴趣、爱好、特长和性格特征等。有的人兴趣广泛，有的人兴趣专一；有的人爱好文学，有的人喜欢运动；有的人擅长音乐，有的人擅长美术；有的人喜欢安静，有的人喜欢热闹……世界上没有两个完全相同的人，同卵双生子也不例外。

也正是由于这些差别，才构成了多彩多姿的人类世界。总之，人的身心发展水平的差异不只是由各人内在的潜能、先天素质的差异所致，它还受环境及发展主体在发展过程中的努力程度和自我意识的水平、自主选择的方向的影响。所以，在现实的生活中，远不是所有的人都充分发挥了自己的潜力，也远不是所有的人都达到了每一年龄阶段的发展水平。超长者有之，落后者有之，早慧者有之，大器晚成者也不乏其人。

（二）教育应适应青少年儿童身心发展的个别差异性

正是由于个体差异的存在，才形成了大千世界中形形色色的独特个体，但也由于个体差异给教育工作带来了一定的难度。这就要求教育工作者，在教育工作中，把握各年龄阶段的共同特征是必须的，但仅止于此还是不够的。还应充分认识每个学生的个别差异，做到“因材施教”，有的放矢，“长善救失”。

对于早慧者，教育措施应跟上，莫失良机；对于晚成者，勿丧失信心。应使每个儿童都能各展其长、各得其所地获得充分的、最大限度的发展。

【思考题】

1. 人的身心发展的含义。

2. 如何正确理解遗传、环境、教育、个体主观能动性在年青一代身心发展中的作用？

3. 为什么说教育对人的发展起主导作用？如何充分发挥教育的主导作用？

4. 青少年儿童身心发展的规律有哪些？教育如何适应年青一代身心发展的规律？

5. 试以遗传、环境和教育相互关系的原理，指出下列观点的谬误：

（1）“一两的遗传胜过一吨的教育。”

（2）“给我一打健康的婴儿，一个由我自己支配的特殊环境，让我在这个环境里养育他们，不论他们祖宗的才干、爱好、倾向、能力和种族如何，我保证能把其中任何一个训练成为任何一种人物——医生、律师、美术家、大商人，…以至于乞丐或盗贼。”

【拓展阅读】

1. ［德］卡尔·威特．卡尔·威特教育全书［M］．小伍等译．北京：中国妇女出版社，2005.

2. 王东华．发现母亲［M］．成都：四川人民出版社，1999.

第四章 教育与社会发展

作为一种社会活动，教育与社会发展之间有着紧密的联系。探寻这些联系，是教育基本理论的重要范畴，是揭示教育发展规律的必然要求。一方面，教育通过对人的培养、对科技与文化的推进，成为社会发展重要的推动力量，是社会发展的“基础工程”之一。但同时也必须看到，社会是上位范畴，教育是下位范畴，教育受社会发展的制约。教育与社会发展之间的关系可以简要概括为教育要促进并适应社会的发展。处于社会系统中的教育，有自身独有的运行特点和发展规律，相对于政治、经济等社会现象的发展具有一定的独立性，保持教育的相对独立性是教育有效发挥育人与社会功能的前提。

【学习目标】

1. 掌握教育与经济发展之间的关系。
2. 理解教育与政治发展之间的关系。
3. 理解教育与文化发展之间的关系。
4. 掌握教育相对独立性的内涵、表现，理解坚持教育相对独立性的现实意义。

社会是人类生活的共同体。马克思主义经典作家曾对社会做过很多论述，他们的基本观点包括两个方面：第一，社会不是单个个人的堆积或简单相加，它是人们的联系或关系，是人们相互交往的产物，是全部社会关系的总和。第二，人们的交往首先是在生产、分配、交换、消费中发生的经济交往，因此，人与人之间最基本的、决定其他一切的关系是生产关系，社会发展的基础是物质生产，社会的本质是生产关系。① 从某种意义上说，社会是有文化、有组织的系统，人类社会与动物结群不同，社会创造出了原来自然界中所没有的文化与文化体系，文化形成后，又成为社会最主要的构成要素。解析教育与社会发展的关系，主要从教育与经济、教育与政治、教育与文化等三个方面展开。

第一节 教育与经济

现实生活中，人们往往将经济理解为“节约、划算”的意思。在理论研究中，经济的含义包括以下三个方面：第一，表示经济制度或生产关系，如经济基础与上层建筑，此时，经济指的是在一定生产力基础上的生产关系，经济与政治相对；第二，表示物质资料的生产，如发展经济；第三，表示生产、交换、分配和消费的总和，如经济增长。无论是选取何种含义，经济都是构成社会生活的主要内容，是人类生存和发展的基础。② 分析教育与经济的关系，主要是从经济前两个方面的含义进行。

一、教育对经济发展的作用

教育是一种培养人的社会活动，理论上讲，教育或者说学校并不直接产生经济效益，教育对经济发展的作用往往是通过对人的影响以及对科技的影响来实现的。

（一）教育、劳动者与经济发展

劳动者即具有一定的生产经验、知识和劳动技能的人。马克思主义认为，人是生产力中最重要的因素，劳动是解析社会发展的钥匙。

1. 教育是人的劳动能力再生产的重要手段

劳动能力或劳动力指人的身体即活的人体中存在的、每当人生产某种使用价值时就运用的体力和智力的总和。马克思说：“社会生产过程既是人类生活的物质生存条件的生产过程，又是一个在历史上经济上独特的生产

① 郑杭生．社会学概论新修［M］．北京：中国人民大学出版社，2003：53.

② 李绪蔼．简明经济学百科辞典［M］．北京：中国青年出版社，1991：3.

关系中进行的过程，是生产和再生产着这些生产关系本身，因而生产和再生产着这个过程的承担者、他们的物质生存条件和他们的互相关系即他们的一定的社会经济形式的过程。”① 也就是说，社会物质生产过程在生产物质资料的同时，再生产着生产关系，再生产着生产力，再生产着劳动的承担者，即劳动力。劳动力再生产的含义主要指延续和培养新的劳动能力，教育于其中发挥着重要作用。毋庸置疑，人的劳动能力首先有赖于人的生物学属性，但是，仅此是不够的，劳动能力不是个体自然生长的结果，一个人只有经过教育和训练，掌握一定生产部门的劳动知识、技能和技巧，并参与生产某种使用价值，创造一定的财富，他才能成为现实的生产力。教育可以使人的劳动能力充分发挥出来，使其特征充分显示出来。不仅如此，制度化的教育对人的影响是有目的、有计划、有组织的系统性影响，经由教育再生产人的劳动能力具有高效性特点，正如马克思所说，“再生产科学所需要的劳动时间，同最初生产科学技术所需要的时间是无法相比的，例如一个学生在一小时内就能学会二项式定理。”②

2. 教育可以改变人的劳动能力的性质与形态

人的劳动能力的性质与形态，主要是指劳动力所从事的劳动，是以体力劳动为主还是以脑力劳动为主，是从事简单劳动还是从事复杂劳动，是从事一般性劳动还是从事专业性劳动。劳动能力性质与形态的改变，实质是劳动者素质提高的过程。劳动者素质的提高对经济发展而言至关重要。首先，更高的劳动者素质会促使劳动生产率的提高，使单位成本的投入换来更大的产出，进而促进经济的增长和发展。其次，随着劳动者素质的提升，人的“处理不平衡状态的能力”会得到提高，也就是说，在动态的经济条件下，人们有意识地根据经济条件的变化重新分配自己的资源（如财产、劳动、金钱、时间等）的能力会加强，从而有助于经济效益的提升。劳动者素质提升所需的科学知识、专门技术等虽然有一部分直接来自社会生活和生产实践，但大部分要依靠专门的教育和训练。教育可以唤醒人的主体意识，发展人的主动精神，使沉睡于人体内的潜能得以激活，并在此基础上提高和培养劳动者的认知能力、发现能力、生产能力和创造能力，从而大幅度提升其工作成绩、工作质量，使其劳动性质和形态发生转变。进入新的时代，经济发展越来越多地依赖于知识创新，教育在这方面的作

① 马克思恩格斯选集：25卷［M］. 北京：人民出版社，1974：925.

② 马克思恩格斯选集：26卷［M］. 北京：人民出版社，1972：237.

用会越来越明显。

3. 教育有助于规范劳动者的劳动行为

劳动力素质和才能对经济增长的贡献必须以劳动者规范的劳动行为为必要条件，如果劳动者行为不规范，素质再高也难以成为经济发展的内在动因。缺乏规范的劳动力行为和工作的经济性，一个国家要想获得经济的快速增长，必须投入大量的资源，靠高投入和高消耗来维持，长期如此，势必形成资本消耗的过度增加，失去可持续发展的可能，从长期来看，经济发展必将难以为继。过去，无论是西方还是东方的经济理论，都暗含着一个假定：劳动者进入劳动过程后，其劳动行为是规范的，然而情况并非如此。在我国，劳动者行为的不规范已经成为严重妨碍经济产出与增长的顽症。规范劳动者的劳动行为有赖于生产环节中各种管理制度的存在，但根本上有赖于劳动者劳动观念的转变、职业道德水准和文化素质的提高，故此，教育是规范劳动者行为的一个重要措施。

4. 教育的发展有助于劳动力配置结构的改善

经济发展不仅决定于劳动者的素质和劳动行为规范程度，还取决于各产业中劳动力配置结构合理与否。随着经济结构的不断变动，劳动力配置结构必须及时、合理地与之相协调，这直接影响国民经济的发展速度。劳动力配置结构的调整和改善要求劳动者能适当流动，从而找到适合自己能力和偏好的职业，做到劳动力资源的优化配置。而劳动者合理流动的前提是要有文化，懂得不止一种专门技术，这显然有赖于多层次、多门类的教育的作用，正如恩格斯所说："教育将使年轻人能够很快熟悉整个生产系统，将使他们能够根据社会需要或他们自己的爱好，轮流从一个生产部门转到另一个生产部门。"① 一个基本的事实是，教育是人必不可少的走向生活的通行证，它使享受教育的人能够选择自己将要从事的职业，参与建设集体的未来和继续学习。许多研究表明，在教育程度和人口流动之间存在着一种稳定的联系，在其他条件相同的情况下，人们所受的教育程度与参与人口流动的可能性成正比。可以认为，如果没有教育，这种劳动力的转移和流动可能只会是一股股的"盲流"，不仅不会改善劳动力的配置结构，而且会在一定程度上影响社会的安定，其成本或代价是很高的。

① 马克思恩格斯选集：1卷[M]. 北京：人民出版社，1995：243.

（二）教育、科技与经济发展

培根在第一次产业革命前夕，就提出“知识就是力量”的口号，他认为理想的情况是：“国家领导人都热心于科学事业，政府官员都是科学家、发明家，依靠科学技术实现经济的发展，用科学技术来改善人类生活。”① 马克思在前人深刻思想的基础上，率先提出“科学技术是生产力”的著名原理，在《资本论》中，马克思指出生产力的发展，归根到底总是来源于发挥着作用的劳动的性质，来源于社会内部的分工，来源于智力劳动特别是自然科学的发展。邓小平从 1978 年开始，多次论述科学技术对生产力的发展和社会主义建设的极端重要性，创造性地提出了“科学技术是第一生产力”的精辟论断。② 世界经济发展的历史，尤其是信息革命主导的现代经济也充分证明了科学技术对经济发展的巨大作用，每一次科学技术的重大突破，都会带来经济的跳跃式发展。

资料 4-1：

危机中彰显科技的力量

早在 2008 年年底，温家宝总理在视察我国高新技术的发源地——中关村高新技术园区时就提出，知识和科技是对国家和经济最具安全性、竞争力和可持续发展的重要因素，是克服经济困难的根本力量，也是增强产业、产品和企业竞争力的不竭动力。2009 年 3 月的政府工作报告中，温家宝再次提出，要大力推进科技创新。“科技创新要与扩内需、促增长、调结构、上水平紧密结合起来”。

应对金融危机，必须更加重视知识和科技的力量，将科技创新与经济形势结合在一起，这体现了中央对科技工作和自主创新的高度重视，凸显了科技创新的现实意义。全国政协副主席、科技部部长万钢认为，发挥科技创新的支撑作用，正是应对金融危机的治本之策。

正所谓“高天滚滚寒流急，大地微微暖气吹”。在依靠科技战胜危机的思想指导下，一系列发挥科技作用、促进经济平稳较快发展的政策措施纷纷出台。2009 年 3 月，国务院印发《关于发挥科技支撑作用，促进经济平稳较快发展的意见》，要求依靠科技进步，大力发展高新技术产业，

① 杨沛霆. 科学技术史［M］. 杭州：浙江教育出版社，1986：64～65.

② 邓小平文选：2 卷［M］. 1 版. 北京：人民出版社，1993：274.

培育新兴产业，改造传统产业，全面推进产业升级，加速发展方式转变，为保持经济平稳较快发展提供根本保障。

温家宝总理说，纵观人类发展的历史，每一次经济危机都会伴随着一场技术革命。每一次当经济走向上升、走出危机的时候，技术的进步都产生了巨大的作用。历史经验表明，经济危机往往孕育着新的科技革命。正是科技上的重大突破和创新，推动经济结构的重大调整，提供新的增长引擎，使经济重新恢复平衡并提升到更高的水平。

——胡菊芹，《危机中新显科技的力量》，载《科技日报》，2010-01-03

1. 教育是科技继承和传递的最基本、最重要的手段

连续性是科学技术的重要特征。科学知识的再生产需要科学知识的积累和传递，这是科学知识发展的基本前提，任何重大的科技成果，都是在前人成果的基础上，与同时代人协作，并且经过艰难的探索之后才获得的。教育对科技的继承和延续具有重大意义，通过教育，可以把人类创造的科技成果以高效的形式向下一代传递。

2. 教育是科技创新的重要手段

创造性是科学技术的灵魂。现代科技创新往往不是单一的创新主体所能完成的，而是由多元创新主体构成一个科技创新主体系统来完成。一般来说，一个国家的科技创新主要依靠三个方面的力量，即专职科研机构、教育部门和企业。① 在这里，教育部门更多地指高校。高校是知识分子集中的场所，是科技创新的主体力量，专职的科研机构、企业的研发机构也往往和高校有着紧密联系。从世界范围来看，高校担负着科技创新的重要社会使命。以我国为例，高校充分发挥学科综合、人才汇聚的优势，不断创新参与产学研结合的实践模式，为构建国家创新体系和建设创新型国家服务。据统计，近 5 年高校获国家自然科学奖 93 项，占全国总数的 55.4%；获国家技术发明奖 108 项，占全国总数的 55.7%；获国家科技进步奖 541 项，占全国总数的 51.5%，总体来说，高校获国家科技三大奖的比例超过了 50%。其中，在体现我国重大原始创新能力的自然科学奖和技术发明奖的全部 7 项一等奖中，高校获得了 5 项。高校在哲学社会科学方面也作出了重要贡献，全国有 80%以上的哲学社会科学研究人员在高校，有 80%以上的哲学社会科学研究

① 范先佐．教育经济学［M］．北京：人民教育出版社，1999：83．

成果来自高校，推动了理论创新，发挥了现代化建设“思想库”和“智囊团”的作用。①

资料4-2：

2009年国家科技三大奖高校获得164项
占授奖总数的64.8%

中新网1月11日电 2009年度国家科学技术奖励大会今天在人民大会堂举行。据教育部科技发展中心的数据，国家三大奖通用项目全国高校共获得164项，占授奖总数的64.8%。

在2009年度国家科学技术奖授奖项目中，全国高等学校获得国家自然科学奖二等奖16项，占授奖总数的57.1%。全国高等学校获得国家技术发明奖通用项目31项，占授奖总数的79.5%，两项一等奖均为高校获得。全国高等学校获得国家科学技术进步奖通用项目151项（一等奖5项，二等奖146项），占授奖总数的68.0%。其中，高校为第一完成单位的94项（一等奖3项，二等奖91项），占授奖总数的42.3%。

自国家设立科学技术奖以来，截止到2009年，高校获国家自然科学奖共489项，占授奖总数的52.3%，获国家技术发明奖共1191项，占授奖总数的37.0%，获国家科技进步奖共3044项，占授奖总数的30.9%。从2009年的获奖情况可以看出，高校的获奖比例持续增长，说明国家近年来通过211工程、985工程等对高等教育的投入加大，以及高等学校更多地承担国家各类科技攻关项目，成效开始逐步显现，高等学校的科研实力在不断增强，对我国科技进步的贡献越来越大。

——中国网 http：//www.china.com.cn/news/tech/2010-01/11/content_19215375.htm，2010-01-11

3. 教育是科学从知识形态的生产力转化为直接生产力的重要途径

科学作为人认识客观世界成果的知识体系，仅仅是一种知识形态的生产力，只有当科学知识运用于生产过程，物化为机器、设施及技术，为扩大利用自然力和劳动对象开辟新的方法、途径和领域时，才有可能转化为现实的生产力。在这一过程中，除了要通过艰巨而复杂的科学研究、发明创造或革

① 教育部．新中国60年教育改革发展成就［EB/OL］．http：//www.moc.edu.cn/edoas/website18/level3.jsp? tablename=1252642600941455 & infoid=1252656986414485

新实践外，其技术成果的推广、经验的总结与提升都需要通过教育与教学的紧密配合。现在世界各国莫不致力于教育和教学改革，大力发展教育，以期在经济发展和国力竞争中取得优势。

二、经济发展对教育的制约

（一）经济发展水平制约着教育发展的规模和速度

从可能性来说，教育事业的发展必须有一定的物质条件作保证，一个社会能够办多少学校，有多少人可以接受教育，要以社会经济发展所提供的剩余产品和剩余劳动力的数量为前提，所以，教育发展的规模和速度直接受制于经济发展水平。在几千年的古代社会中，由于生产落后，社会无法拿出更多的物质财富来办教育，同时，由于社会经济发展水平有限，使得社会大多数成员必须直接从事物质资料的生产，客观上也不可能有较多的人接受学校教育和从事教育工作，这种情况下，造成教育发展速度缓慢，规模也很小。进入现代社会，随着生产力的发展，机器大工业的出现使得整个国民经济的收入大大增加，社会提供的物质条件越来越充足，有可能拿出更多的钱来办教育，以此为前提，教育事业的总体规模迅速扩大，取得了长足的发展和进步。

从必要性来说，教育发展的规模和速度与社会的教育需求水平息息相关。在古代社会，由于生产力发展水平低下，生产中的技术含量很少，人从事生产所需的劳动技术在直接的劳动实践中即可获得，无须接受更多的正规教育，所以，这一时期学校教育的发展缺乏社会需求的推动。现代社会，由于生产中的科技含量越来越高，对劳动者的素质提出了更高的要求，这种情况下，教育的社会需求必将大幅度增加，从而推动教育事业规模和速度的快速增长。

总之，任何一个社会、国家的各级各类学校的办学规模，不是凭人们的主观决策或善良的愿望，而是由经济发展可能提供的物质基础和社会生产的客观需要共同决定的，是二者的有机结合。

资料 4-3：

资料一：我国教育事业取得全面发展

新中国成立 60 年来，我国教育发展走过了波澜壮阔的发展历程，取得了举世瞩目的伟大成就。

成就一：全面普及九年义务教育

经过不懈奋斗，到2000年，我国九年义务教育的普及程度和质量在9个发展中人口大国中位居前列，实现了“基本普及九年义务教育、基本扫除青壮年文盲”的目标。进入21世纪，我国将义务教育全面纳入财政保障范围，义务教育进入到巩固提高和全面普及新阶段。2008年，全国小学净入学率达到99.5%，初中毛入学率达到98.5%，青壮年文盲率降低到3.58%。

城乡免费义务教育全面实现。2005年底，国务院决定建立中央和地方分项目、按比例分担的农村义务教育经费保障新机制。“两免一补”（即免杂费、免书本费、补助寄宿生生活费）政策首先在592个国家扶贫开发工作重点县实施，2007春季开始在全国农村全面实施。2008年9月1日，又免除了全国城市2800万义务教育阶段学生学杂费。至此，全国城乡义务教育阶段1.6亿多名学生的学杂费全部免除，城乡免费义务教育全面实现。

西部地区“两基”攻坚取得重大胜利。为了改变西部地区义务教育的面貌，近年来，国家财政投入数百亿元的资金，建设了8000多所寄宿制学校，支持数以万计的学校改造危房和生活设施，使广大农村地区、边疆地区孩子的学习条件得到根本改善。实施“农村中小学现代远程教育工程”，中央和地方政府累计投入110多亿元资金，建设了覆盖全国农村的远程教育网络，农村孩子们共享到了优质教育资源。

成就二：高等教育进入大众化发展阶段

我国高等教育规模先后超过俄罗斯、印度和美国，成为世界第一。2008年，全国普通高校招生607.7万人，是1998年的6倍；在校生达到2021万人，是1998年的4.5倍，是1949年的172倍多。全国各类高等教育在学人数达到2900万人，毛入学率达到23.3%。在人均国内生产总值1000多美元的条件下，我国高等教育发展实现了从精英教育向大众化的过渡，用10年走过了其他国家30年、50年甚至更长时间的道路。

——教育部《新中国60年教育改革成就》，http://www.moe.edu.cn/edoas/website18/level3.jsp?tablename=1252642600941455&infoid=1252656986414485

资料二：2010年教育部重提“4%”的目标

教育部在今年年度工作要点中表示，今年要促进全国财政性教育经费占GDP比例4%目标的实现。2006年，全国人大审议通过了《国民经济和社会发展第十一个五年规划纲要》，其中规定，“逐步使财政性教育经费占国内生产总值的比例达到4%”。今年是实施“十一五”规划的最后一年，也是实现这一具有法律约束力目标的最后一年。

——教育部，《教育部2010年工作要点》，http：//www.moe.gov.cn/edoas/website18/02/info1265767967537802.htm

（二）经济发展水平制约着人才培养的规格和教育结构

在经济发展水平较低的奴隶社会和封建社会，教育更多是为政治服务，培养政治人才成为教育的基本任务；到了现代社会，学校教育则承担着培养生产者的任务，人才培养的规格发生了极大的变化，这些都是受生产力发展水平制约的。从工业发展史来看，利用蒸汽机进行生产的时代，要求工人具有初等教育的文化水平；电气生产时代，要求工人具有中等教育水平；利用核技术、电子技术等进行自动化生产的时代，要求工人具有高中和高等专科以上的文化水平。这就说明，不同的生产力发展水平对培养人的规格提出了不同的要求。① 当前，随着知识经济逐渐成为现实，在创造力、实践能力、开拓意识和能力等方面对劳动者提出了更高的要求，教育的培养目标又有了新的调整。

教育结构指教育系统内各个组成部分的构成状态和相互关系，简言之，就是设什么学校，开设什么专业，以及它们之间的关系、比例如何。教育结构必须反映经济的技术结构和产业结构的发展变革，培养的人才的数量和质量才能和生产的需求结构相匹配，达到教育社会效益的充分发挥。舍此，教育培养的人不能为社会生产所需，而生产所需的大量人才又无法得到满足，就会出现劳动力资源的结构性失调，在造成巨大资源浪费的同时，严重阻碍经济发展。所以，经济结构直接或间接地制约着教育结构的内部发展变化趋势，制约着教育结构内部调整改革的方向。当然，也不能机械地理解这种制约关系，教育不会只是简单地、被动性地适应，它还要引领社会的发展，教育结构也会对经济结构产生巨大影响，促进经济结构的不

① 王道俊．教育学［M］．北京：人民教育出版社，2009：53.

断调整、改革、完善与发展。基于此，教育供给不仅要考虑当前的职业分工和需求，而且要考虑未来的社会变革和职业的演变，必须注意拓宽人的文化基础知识，提高人的智能与创造性，使人具有广泛的适应能力，能应对未来加速发展的科技与社会的变革。

(三）经济发展制约着课程设置和教学内容的改革

学校里的课程设置和教学内容的更新与社会生产力发展水平密切相关，并受其制约。在古代社会，生产技术更多是一种直接经验，主要存在于个别劳动者的技能中，大部分还没有发展成为与直接劳动相分离的独立的知识形态，故主要表现为一种生产的方法而不是科学理论。这种生产技术主要通过直接经验来摸索，靠师傅带徒弟的方法来传授。因此，以传授间接经验、书本知识为主的学校课程也就很少反映这种生产技术。此外，即使那些已经上升为知识形态的科学技术，也还没有分门别类地形成各自的独立体系，而是囊括于自然哲学之中，很难进入学校课程设置的范围。因此，在古代的学校中，普遍存在着重文轻理的倾向，文科（包括神学）构成课程体系的中心，包括哲学、政治、道德、宗教等人文学科以及语言、文字等工具学科，与生产力直接联系的自然科学和技术方面的课程所占比例甚微，某些自然科学课程的设置也往往是为了使学生形成一定的思想与哲学观念。

到了产业革命以后，情况开始发生变化。随着各门自然科学逐一地从自然哲学中分化出来，各自构成独立的科学体系，学校教育的课程设置与教学内容得到迅速拓展。以西欧学校为例，在 14 世纪自然科学方面仅有算术、几何和天文学。从文艺复兴开始到 16 世纪中期，这方面的课程增加了地理学和力学。到 17、18 世纪，社会生产力和自然科学有了进一步的发展，这时学校的课程中又增加了代数学、三角学、植物学、动物学、物理学、化学等。特别是近几十年来，随着科学技术和生产力的飞速发展，学校的课程结构普遍加强了数学和自然科学所占的比重，教学内容不断更新。实践证明，世界各国许多重大教育改革都以课程改革、教学内容改革为核心，而每次重大的课程、教学内容改革，都反映了生产和科技发展的新水平和新要求。

(四）经济发展水平制约着教学的方法、手段和组织形式

学校的物质设备、教学仪器是一定的生产工具和科学技术在教育领域的运用，直接由生产力的发展水平所决定。一定意义上说，物质设备、教学仪器又影响着教学方法、手段的运用，从而影响教学效果。在古代社会，

由于其生产力水平低下，可资利用的设备条件非常少，教学方法一般只采用讲授法、问答法等。随着现代科学技术的发展，教学方法出现了实验法、演示法等。在教学手段方面，随着科技的发展，照相机、幻灯机、收音机、电影机、电视机、录音机等在近代相继进入教学领域。在当代，计算机、网络、人造卫星等都已成为教学手段。教学组织形式是与教学手段相联系的，随着科技进步，它也由个别教学、班级教学发展到远程教学，扩大了教育、教学范围，引起了教学组织形式的巨大变革。

案例 4-1：

大学生就业形势严峻

教育部部长袁贵仁在2010年全国普通高校毕业生就业工作视频会议上直言：国际金融危机对我国就业的不利影响还没有消除，如果说2009年是我国经济最困难的一年，2010年可能是最复杂的一年，整个宏观层面就业形势就很严峻。那么，2010年的毕业生人数630万，再加上往届没有实现就业的，需要就业的毕业生数量之大可想而知。

——李斌，《2010高校毕业生将达630万，就业形势严峻》，载《光明日报》，2009-11-20

思考与讨论：在我国，从20世纪90年代中期开始就有人提出所谓“人才过剩”问题，认为是社会资源的巨大浪费。但也有学者认为，在我国现阶段，根本谈不上人才过剩，问题的症结是劳动力结构性失衡，人力资源紧缺仍是我国经济发展面临的一大障碍。结合所学理论并广泛搜集材料，谈谈对这些问题的看法。

三、教育与经济发展关系相关理论述评

前文对教育与经济之间关系的论述只是一种概括性的理论解析。实践证明，随着经济发展对教育的依赖越来越大，教育发展和经济发展之间的关系也日益表现出更复杂化的态势，从20世纪60年代开始，一些新的理论派别开始出现，对此间关系进行了更深入、更广泛地讨论。

（一）人力资本理论

1. 人力资本理论的提出

关于人在经济发展中重要性的讨论，在经济学建立的早期就已经开始了。重农学派的代表人物，法国古典经济学家魁奈认为，构成国家强大的

因素是人，人本身就成为自己财富的第一个创造性因素。古典经济学的杰出代表和理论体系的建立者亚当·斯密，明确地把人的才能和教育投入的费用看作资本。斯密分析了劳动者素质低下对经济发展的阻碍作用，并由此进一步论述了教育的重要性和必要性，在此基础上，斯密认为国家即使在对普通民众的教育中，得不到有形的利益，但“教育仍值得国家注意”，因为实际上“国家可受益匪浅”。法国经济学家萨伊在斯密的基础上进一步展开了分析，他特别强调人才，尤其是有特殊才能的企业家的作用。萨伊认识到了人力方面的投资具有风险性，这类资本不同于物质资本，是不能转让的，是附属于人体的。英国经济学家、微观经济学的创始人马歇尔把人的才能与其他种类的资本相并列，他明确地说过：“资本大部分是由知识构成的，…知识是我们最有力的生产动力。”知识依附于人身，表现为人的经营能力、专门技能、进取精神等。这些都在人身之内，属于个人，马歇尔称之为“内在的财货”，它是非物质财货的一种，是不能转让的。①

可以说从经济学创立之初，把人的才能作为资本的看法就已经形成，很多论述也几乎涵盖了后来“人力资本”概念的全部特征，但是由于传统观念的束缚，加之当时一般意义上的资本更加稀缺，在实际分析中不敢或不愿把人的因素明确看成是一种资本形态，这种情况一直延续到20世纪五六十年代。当时，随着科学技术迅猛发展，产业结构和劳动力结构发生了巨大变化，人的因素在经济发展中的作用越来越重要，急需理论上的支持，于是现代人力资本理论应运而生。20世纪60年代，以诺贝尔经济学奖获得者、美国的舒尔茨为代表的经济学家将经济学中“资本”的概念推广到“人力资源”的分析上来，创立了人力资本理论。

2. 人力资本的概念及构成

人力资本是指凝聚在劳动者身上的知识、技能及其所表现出来的能力。这种能力是生产增长的主要因素，是一种具有经济价值的资本。按照舒尔茨的观点，人力资本的构成要素主要包括三个方面：第一，教育资本。指用于教育的费用，以培养和提高在职和未来劳动力的能力。它是人力资本构成的最基本的要素。第二，健康资本。指用于医疗卫生的费用，包括医疗、保健、营养以及体育锻炼等。因为人力资本实际上是存在于人体之中的，与其承载者不可分离，也不能进行直接转让或买卖，亦无法被继承，所以，人力资本与人的生命活动周期是紧密联系的，健康资本成为人力资

① 范先佐．教育经济学［M］．北京：人民教育出版社，1999：3～11．

本形成、积累和发挥效能的先决条件和基本保证。第三，迁移与流动资本。指用于国内劳动者流动和国际人才、智力引进的费用。资源配置对经济发展关系重大，这方面的资本积累也非常重要。

3. 人力资本理论的主要观点

(1) 人口质量重于人口数量。人力资本理论批评了古典经济学家李嘉图、马尔萨斯等人只重视土地和人口数量作用的局限，认为当今世界经济发展的关键在于人口质量。

(2) 人力资本投资的作用大于物力资本投资的作用。首先，社会的人力资本存量越大，即人口与劳动力的科技文化水平和生产能力越高，劳动力质量便越高。从静态的角度看，这便意味着在人口和劳动力数量一定的条件下，一个国家有效的劳动投入会增加。其次，人力资本的提高有助于物质资本生产效率的改善。在技术水平一定的条件下，连续地追加物质资本量，其边际生产力是递减的，这将使经济增长遇到极限，人力资本的不断积累和提高有助于这种局面的改变。再次，人力资本在生产诸要素之间发挥着越来越重要的替代作用。现代经济的增长与发展已不像过去那样单纯依靠自然资源和人的体力劳动，或者说仅仅依靠土地、物质资本和劳动力人数等生产要素的投入，而是越来越需要引入更多的智力因素来取代原来的生产要素。最后，人力资本本身还具有收益递增的重要特点。人力资本的主要含量是知识，知识在生产和经济增长过程中发挥功能时具有连锁性和累积性效应，当一种知识存量发展累积到一定程度而出现创新时，往往会带来生产方法的重大变革和生产能力的成倍增长。

(3) 教育投资是人力投资的核心，教育可以提升人的劳动能力。教育可以全面提升人的智能，影响人的思想道德素质，提升人的身心健康水平。由此，教育投入成为一种生产性投资，而非纯粹的消费性投入，会带来经济效益的巨大增长。

(4) 教育投资的收益率高于物质资本投资的收益率，因此，资本积累的重点应从物力资本转移到人力资本，要追加教育投资总量。同时，教育投资率是可以测算的。

(5) 政府负担教育费用所占比重应逐步增大，教育的发展有助于社会公平。

人力资本理论具有重大现实意义。首先，它开辟了分析人生产能力的新思路。不再把人力单纯视为非经济因素决定的外生变量，改变了马尔萨斯“人口论”等对经济发展的消极假设。其次，进一步深化了人们对于自身生产潜力与经济能力的认识。明确揭示了人力资源的内在质量对财富生产与经济发展的决定作用。最后，在实践方面，人力资本理论明晰了教育经济功能的看法，极大地增进了国家和社会对人力资本的投入力度。大量教育经费投入，对现代教育的蓬勃发展意义重大。但是，人力资本理论也存在一些缺陷，它对教育与经济关系的说明，持有一种简单化的理解，这一点后来得到了其他理论的批评。①

(二) 筛选理论与劳动力市场划分理论

20 世纪 70 年代，经济发展遇到滞胀和增长缓慢等问题，大量的教育投入并没有带来持续、快速的经济发展，教育的发展也没有带来失业率下降，人力资本理论关于教育推动生产率提高的断言没有兑现，同时，教育机会的相对均等并未带来收入方面的平等。这种情况下，西方又有学者提出了新的理论和主张去分析教育与经济发展之间的关系，其中比较典型的有筛选理论和劳动力市场划分理论。

1. 筛选理论

1973 年，迈克尔·史潘斯发表《筛选假设——就业市场信号》一文，阐述了筛选理论的主要观点。筛选理论的基本假定是经济生活中信息的不完整性和投资的不确定性，由于信息不完备，雇主希望能从众多求职者中选拔适当能力的人去填补空缺岗位，他们在劳动力市场上与求职者相遇时，并不了解这些人的能力如何，由于不了解求职者的生产能力，因而雇用的决定便成为一种不确定的投资，即一种风险投资。故此，雇主不得不通过求职者个人所具有的基本属性和特征间接地了解求职者的生产能力。通常，求职者的个人属性和特征可分两类：标识与信号。标识指可观察到但不能改变的个人属性，如性别、种族、家庭背景等，年龄虽可改变，但却是自然性规律的结果，故年龄也属于标识。信号指可观察到的隶属于个人、后天获得并且可以改变的属性，如教育程度、婚姻状况、实践经历等。雇主可以通过信号和标识，尤其是信号来了解一个人的生产能力。筛选理论认为，教育未必能提高人的认知水平和劳动生产率，其作用在于它的筛选性。一个人的能力与他获得特定学历水平所需的花费成反比，在其他因素相同的情况下，能力较高的人支付较低的成本就可以获得较高的教育水平，每个人的能力是固有的而且是不同的，教育不能提高一个人的能力，但却能反映一个人的能力。故此，教育水平成为反映一个人能力大小的有效信号，

---

① 靳希斌. 教育经济学 [M]. 3 版. 北京：人民教育出版社，2005：68～69.

成为雇主对求职者进行筛选并安置到不同岗位上的一种依据。

筛选理论的基本价值在于揭示了单纯教育的扩张无助于经济发展，同时，如果没有合适的教育结构，没有劳动市场健康的工资结构，教育水平的提高也无法像人力资本理论认为的那样可以促进社会平等。反之，过分依赖学历文凭作为选聘的依据，在没有适当协调教育与经济发展的条件下，不仅不会促进经济增长，而且将会给国家和个人带来严重的后果。筛选理论很好地解释了美国等发达国家在20世纪70年代出现的社会、经济问题，如学生毕业后找不到工作，但是又同时存在“文凭膨胀”的现象。对于当前很多发展中国家教育与经济发展遇到的问题，筛选理论同样具有解释力。但筛选理论的局限性也是明显的，该理论有关教育不能提高人的劳动能力的看法很难经得起事实的验证。

2. 劳动力市场划分理论

产生于20世纪70年代初的劳动力市场划分理论注重分析劳动力市场的内部结构，从而说明不同的劳动力在劳动力市场会受到不同的待遇，进而阐述教育对经济的功能。

劳动力市场划分理论认为劳动力市场并不是完全统一的竞争性市场，而是存在若干封闭性的劳动力市场，不同市场之间很难流动。不同的劳动力市场主要包括两部分：主要劳动力市场和次要劳动力市场。主要劳动力市场重在提供大机构如大型企业或公司的工作，工作待遇是通过资方及工会谈判确定的，雇员有工作保险、晋升程序以及较高的工资。相反，次要劳动力市场提供小单位的工作，工作报酬由雇主决定，没有工作保险以及明确的晋升程序，工资也较低。该理论认为在不同的劳动力市场，教育程度和经济收益的关系是不同的，在主要劳动力市场，劳动力受教育水平比较高，受教育程度与工资水平的正比例关系基本成立，而在次要劳动力市场，劳动力受教育水平比较低，受教育程度与工资水平的正比例关系是不成立的。一个人教育水平的高低在很大程度上决定了他将进入哪一级的劳动力市场，并承担何种职业岗位的工作，因此，教育对个人的经济价值，不在于提高个人的知识技能，而在于它是决定一个人在何种劳动力市场选择工作的重要因素，而教育对整个经济增长的作用，也在于它将人们分配到不同的劳动力市场中去。

通过劳动力市场划分理论，可以发现，教育和经济之间的关系不是一种简单化的、抽象意义上的两个领域之间的关系，这是一种有益的启示，但该理论对教育与经济的论述不够全面。

第二节 教育与政治

政治的实质是借助于权力关系对社会财富和机会进行重新分配，它涉及人们如何获取、使用和失去权力的过程与机制，本身是一种多层面的现象与制度化的过程。政治发展是社会发展的一个重要内容和条件，政治活动所做决策会影响到社会与国家的发展。综观人类社会的政治发展史，在近代有一个从专制政体向民主政体转变的过程，这种转变使得整个近现代社会充满活力，各个方面迅猛发展。

研究教育与社会发展的关系，不能不考察教育与政治的关系。事实上自从有了教育和政治，二者从来就没有脱离过。现代社会，教育具有了国家化的特点，成为国家的一项重要事务，教育与政治的联系较之古代社会并没有削弱。“显然，任何起如此重大作用的社会事业是不会被允许在某一政体下任意游荡的。”① 教育和政治之间的关系可以概括为：一方面教育对政治发展有促进作用，另一方面政治对教育发展有制约性。

一、教育对政治发展的作用

（一）教育通过培养大量的政治人才，为政治发展服务

政治人才是社会各领域、各部门的领导者和管理者。孔子讲：“为政在人”，“人存则政举，人亡则政息”。② 墨子也认为：“国有贤良之士众，则国家之治厚；贤良之士寡，则国家之治薄。”③ 也就是说，政治人才对政治发展起到至关重要的作用。而政治人才的培养自古就有依靠教育的传统。在古代社会，教育的功能主要表现为政治功能，其突出一点就是培养大量的政治人才，使其能“治国、平天下”。以我国为例，中国古代有着很发达的教育，奴隶社会教育被统治阶层所独占，“惟官有学，而民无学”，到春秋战国时期，奴隶主贵族教育趋于没落，“天子失学，学在四夷”，社会上出现了掌握文化的“士”阶层，它居于民之首，作为一种职业，为诸侯服务。有士可做，激发了教育的发展，读书的目的在“学而优则仕”。进入封

① ［美］范斯科德．美国教育基础——社会展望［M］．北京师范大学外国教育研究所译．北京：教育科学出版社，1984：70.

② 《礼记·中庸》

③ 《墨子·尚贤上》

建社会以后，教育的发展更是引人注目，隋唐开始实行科举制，通过教育培养政治人才的特征愈加明显。

现代社会，法治观念不断增强，社会公共管理的理念、方式、方法不断更新，对政治人才的要求也越来越高，通过教育培养具有意识形态、综合文化素质和良好管理素质的人是政治发展的必然要求。历史事实也证明了这一点，现代社会政府机关的高级官员，普遍具有较高学历。比如，据英国学者分析，1964 年的内阁成员中，43%曾就读于公学，61%毕业于牛津大学或剑桥大学[①]；从 1979 年 6 月的资料来看，英国当年 399 位保守党议员中毕业于牛津和剑桥的分别占 94 位和 75 位；而英国历史上 50 多位首相中毕业于牛津、剑桥的就多达 30 位以上。在美国，高级政治人才多毕业于哈佛大学、耶鲁大学、普利斯顿大学等名牌大学。在日本，约 70%的高级文职人员毕业于东京大学。[②]

（二）教育是政治社会化的重要手段

政治社会化指社会成员在政治实践活动中逐步获取政治知识和能力，形成政治意识和立场的过程。政治社会化的过程实际上是两个运动过程的辩证统一：对于政治体系中的个体成员来说，政治社会化是社会成员通过教育和其他途径，获得政治态度、政治信仰、政治知识和政治情感，从而形成政治人格，成为政治人的过程；对于政治体系来讲，政治社会化又是政治体系塑造其成员的政治心理和政治意识的过程。故此，政治社会化必定是社会与个体之间不断互动的过程，由国家政治层面进行政治信息传播意义上的“教”和个体层面进行政治学习和内化共同组成。从社会发展的角度，政治社会化是社会稳定发展的需要，从个体发展的角度，政治社会化是个体社会化的重要方面。

政治社会化必须通过一定途径和方式才能实现。就途径而言，家庭、学校、社会政治组织和大众传媒都可能会对这一过程产生积极影响，其中，学校影响的计划性、目的性更强，影响的深度和范围也更广泛。世界范围内，学校的重要职责之一就是实施政治教育。虽名称不一样，但现代学校都会开设政治方面的课程，其重要内容是向学生介绍现实社会的政治信念、政治结构，现行的政治、法律制度，公民的权利、义务及应尽的职责等，这种介绍是具体的、明确的。除此以外，政治社会化在学校里还可能借由

① 瞿葆奎．教育与社会发展［M］．北京：人民教育出版社，1989：398．

② 扈中平．现代教育学［M］．北京：高等教育出版社，2005：55．

师生互动、典章仪式、标语图像等方式加以进行。随着政治形势的变化，学校一般还有责任向学生解释当前发生的政治事件，使学生能够支持各级政府采取的政治行动。

（三）教育可为政治稳定或变革制造所需的舆论

政治舆论是政治稳定与发展不可或缺的思想基础。通过学校教育制造政治舆论，宣传一定的政治观、政治路线与方针，为某种政治活动的需要做思想准备，是各个时期政治运行的基本做法。学校是知识分子和青少年集中的地方，他们有知识、有见解，思想敏锐，勇于发表意见，往往可以通过教育者和受教育者的言论、行动、讲演、文章来宣传一定的思想，造就一定的舆论，借以影响公众，为政治的稳定服务。在政治需要变革的时候，学校也往往是变革思想的酝酿者、传播者和大力坚持者，历史上不乏其例，比如，我国的五四运动和“一二·九”运动皆是发端于学校，后扩展到社会，形成全国性的政治运动。

（四）教育有利于民主政治建设

政治民主化是政治改革的核心价值和必然趋势。政治民主主要取决于国家的政体，但也与国民的文化素质密切相关，由此，教育成为推进政治民主的重要力量。教育通过传播先进的思想，弘扬优良的道德，形成正确的舆论，更重要的是，通过唤起人的民主意识，培养人参与民主的能力，发挥其促进政治民主化的社会功能。杜威指出：“如果没有我们通常所说的狭义教育，没有我们所想的家庭教育和学校教育，民主主义便不能维持下去，更谈不上发展。教育不是唯一的工具，但它是第一的工具，首要的工具，最审慎的工具。通过这种工具，任何社会团体所珍视的价值，其所欲实现的目标，都被分配和提供给个人，让其思考、观察、判断和选择。”①一个国家普及教育的程度越高，社会对民主价值的认识就越清晰，民众的文化素质就越高，在社会治理过程中参与民主生活的能力就越强。相反，如果国民素质很差，文盲充斥，政治独裁、宗教控制和官僚主义则比较容易推行。“文盲是站在政治之外的，必须先教他们识字，不识字就不能有政治，不识字只能有流言蜚语、传闻偏见，而没有政治。”②

---

① ［美］杜威．今日世界中的民主与教育［M］//杜威．人的问题．上海：上海人民出版社，1986：27.

② 上海师范大学教育系．列宁论教育［M］．北京：人民教育出版社，1979：293.

二、政治发展对教育的制约

（一）政治制约着教育权和受教育权

政治制约着教育权是指政治体制决定由谁办教育；政治制约着受教育权是指政治体制决定哪些人能够接受教育。教育权和受教育权直接关系到谁可以举办教育、教育为谁服务和怎样服务等教育发展的前提性问题，从某种意义上说，这是教育的首要问题，是由政治决定的。在政治上占统治地位的阶级或集团出于巩固统治秩序、培养本阶级所需人才的需要，会利用在政治、经济和思想等方面的统治地位，控制绝大部分文化机构，使教育能够完全按照自己的要求去进行。政治对受教育权的控制自古有之。在古代社会，奴隶和劳动者的子女极少有接受学校教育的机会，即使在社会上层人士内部，受教育权也表现出等级性特征。到了现代社会，倡导受教育权平等逐渐成为政治的显性话语，这是政治统治的需要，也是经济发展对教育需求的扩大化在政治语境下的积极变化。

政治对教育权及受教育权的控制，主要通过控制教育领导权来完成。首先，统治阶级利用国家政权的力量来掌握教育领导权，常用的方式是颁布政策、法令，通过规定办学的宗旨和方针，并以强制性的手段来监督执行，从而把教育纳入到自己所规定的轨道。其次，教育发展离不开经费的支持，政治对教育领导权的控制还可以利用其所掌握的经济权力来进行。再次，政治对教育权的控制还可以通过编写教科书，规定教学内容和教学标准等方式来进行。最后，通过组织手段和某种体制直接对教育机构行使领导职能，任免教育机构的领导者，并借助领导者对教师和学生施加影响。

（二）政治体制影响着教育目的的性质和思想道德教育的内容

此处所提教育目的的性质指培养的人具有怎样的政治方向、意识形态，这直接受制于政治权力。与政治发展紧密相连，在不同历史时期，教育目的的性质表现出明显的差异。封建社会教育的目的是培养臣民，近代民主社会教育的目的是培养国民，现代社会教育的目的是培养公民。臣民、国民和公民分别具有不同的含义，体现了政治体制对教育目的的影响。教育内容是为教育目的服务的，在政治部分决定教育目的的情况下，教育内容尤其是思想道德教育的内容受到政治的制约。

（三）政治制约着教育管理体制

政治是社会的中心，在社会发展中居于统率和支配地位，政治制度对其他社会制度的确立起制约作用，对教育制度的安排亦是如此。比如，在政治上实行中央集权的国家，在教育管理体制上多强调集中统一；在政治上实行地方分权的国家，在教育管理体制上也多强调地方自主。

（四）政治意识形态制约着教育思想的发展

意识形态指用来维护一定政治制度的比较完整、系统的思想信条，通过政治文化、政治价值、政治观点、政治信仰等形式表现出来。意识形态是政治制度的灵魂与核心。教育领域的一切活动都受到一定教育思想的支配，意识形态对教育的控制就是通过对教育思想的钳制来实现的。这种影响有两种形式，一是直接向年青一代灌输某种意识形态，并通过教育的选择、淘汰、评价等手段使学生接受；二是意识形态通过对教育者的观念、哲学、思维方式等思想观念产生影响，进而影响到学生的发展，因为教育活动是由教育者组织的，教育者的政治价值、政治观念与意识形态对形成和改变学生的政治价值和政治观念具有极其广泛而深刻的影响力。

第三节　教育与文化

文化是一个存在着广泛分歧的概念，据统计，有关文化的定义有两三百种之多。在讨论教育与社会发展的语境中，可以将文化理解为“社会政治、经济的独特反映，它本身是社会组成的一部分，又是相对独立的综合体”①。一般认为，文化的构成包括三个方面：一是符号、语言和价值观，作为标准用来解释对与错、善与恶，是为精神文化；二是规范准则，包括习俗、道德、法律、契约，用来对特定社会中人们应该怎样思想、感觉和行动作出解释，是为制度文化；三是实际的和艺术的人造物体，包括机器、工具、衣服、房屋等，是为物质文化。自20世纪中叶以来，国际经济、政治、科技的交流与合作频繁，使文化矛盾、冲突增多，文化问题越来越受到国际社会的高度关注。联合国教科文组织于1982年召开的墨西哥会议指出，“文化是每一个人及每一个社会生活中的一个基本组成部分，因此，以人为最终目的的发展事业具有一个必不可少的文化方面”②。教育以培养人为最终使命，以文化为载体，相对于同经济、政治之间的关系，教育与文化之间的关系更具广泛性、基础性、深刻性和持久性。

① 叶澜．教育概论［M］．北京：人民教育出版社，2006：164．

② 转引自王道俊．教育学［M］．北京：人民教育出版社，2009：55．

一、教育对文化发展的作用

(一) 教育的文化保存与传递功能

文化的生命首先在于它的延续性。文化的保存和传递包括纵向的文化传承和横向的文化传播，可以通过很多方式进行，比如以物为载体或以物化观念的形态进行传播和保存。但文化传承更多地是以人的活动形式、心理行为方式存在[①]，尤其是精神文化，如民族的文化传统、思维方式等，是无法通过物化的形式体现的，这种形式的文化传承，必须以人对文化的理解和接受为中介。人对文化的理解和接受则需要依赖于教育，学校教育成为传承文化的主要途径和手段。一方面，教育将基础文化知识直接转化为人的经验；另一方面，教育可以培养人的心智，使其逐渐具有理解文化、享用文化的能力。

(二) 教育的文化创新功能

文化的生命不仅在于保存和积累，更在于更新与创造。文化不是自然的馈赠，而是人通过实践活动逐步积累和创造的，文化创新是文化保持生命力和不断增值的必然要求。教育对文化创新起着重要的作用。首先，教育机构是学习机构，研究活动大量存在，这直接提供文化创新成果。其次，教育通过培养学生的质疑、创新、实践和学习能力为文化创新奠定基础。再次，教育可以保持反思和批判的能力，对文化创新提供价值审视的内在动机。最后，教育可以促进文化交流，不断吸收其他民族文化的精华，补充、更新本民族文化，从而促进文化的发展。

(三) 教育的文化选择功能

教育的文化选择功能指学校教育会选择文化中有积极价值的一部分进行传递和传播，通过这种文化的选择和整理，教育可以改造、净化文化。教育的基本价值是向善的，是保持理性的。所以，教育尤其是制度化教育必然要对各种文化进行选择，筛选出有利于人的发展的部分，同时，使不符合教育价值的文化对人的影响尽量降到最低。文化选择的结果，直接意义上表现为培养的人能够接受先进文化、主流文化，同时，当学校向社会输出产品——学生的时候，社会文化可以得到不断的更新，对社会文化的净化亦是有利的。教育的文化选择功能十分重要，它体现了教育对文化发展的积极引导和自觉规范。

---

① 伍德勤. 新编教育学［M］. 上海：华东师范大学出版社，2009：43.

（四）教育的文化整合功能

所谓文化整合，是指各种不同的文化要素或形式相互适应、协调而成为一个有机整体的过程。一般来说，文化是多元的，文化整合既是文化发展的需要，也是社会和谐、稳定的基础。教育的文化整合功能指教育根据主流文化的要求，整合多样性的文化，并呈现给学生。现在，多元文化之间的矛盾和融合日益加剧，这对教育的文化整合能力提出了更高的要求，“在一个文化日益多元化的世界里，教育应对的挑战是巨大的”①。

二、文化发展对教育的制约

（一）文化类型影响教育目标

人的意志和决断取决于人的需要和价值取向，所以，教育目标中的主观成分越多，受文化的影响也就越大。社会文化类型不同，教育目标也不同。从历史的情况看，中国古代社会的政治文化是官本位文化，故教育目的强调培养“建国君民”的统治人才，流行于民间的私学也主张“学而优则仕”。而西方古代社会，最初是神本位，故主张教育的目的是培养僧侣，文艺复兴之后，人本位的思想逐渐成为社会文化的主流，故主张教育的目的在于发展人的个性。

（二）文化积淀直接影响教育内容

文化是教育的基础，从某种意义上说，教育所要做的就是以“文”化人，即通过传承和创新文化来培养人才。故此，文化对教育的影响，最直接的方面是对教育内容的影响。一方面，教育内容必然是文化的一部分，文化为教育直接提供素材，然后经过学校的选择，成为学生学习的对象。文化发展水平很低、文化积累很少时，教育内容的选择范围就很小。反之，文化发展水平越高、内容越丰富、发展速度越快时，教育内容的选择广度和深度、课程的种类和变革频率也随之增加；另一方面，文化对教育内容的影响还体现为文化制约着教育内容选择时的偏好，比如，各民族都把本民族语言作为教育内容中必不可少的部分，这充分反映了一个民族对其语言的固守和钟爱。再比如，中国古代社会长期有重农抑商、追求仕途的文化传统，导致教育内容主要以社会典章制度为主，很少有自然科学和生产知识。英国一向崇尚人文精神，即使在今天，古

① 教科文组织国际21世纪教育委员会．教育——财富蕴藏其中［M］．联合国教科文组织总部中文科译．北京：教育科学出版社，1996：35．

典人文课程仍占有相当大的比例。

（三）文化观念影响着教育思想的产生和形成

文化观念指长期生活在同一文化环境中的人们逐步形成的对自然、社会和人本身比较一致的观点和信念。教育思想是存在于人脑中的对教育现象和教育问题的认识、观点和看法。任何教育家的教育思想都是在一定的社会文化背景下孕育起来的，是其世界观和价值观的反映。比如，中国近现代教育史上黄炎培的职业教育、陶行知的平民教育思想是他们所处时代社会需要的反映。西方教育史上夸美纽斯、卢梭、裴斯泰洛齐的“自然教育”原则，是资产阶级上升时期要求肯定人性、削弱神性的社会潮流的反映。今天，我们主张人的全面发展，是社会主义现代化“两个文明一起抓”对教育提出的客观要求，也是和平、稳定的社会文化环境下关于人的发展的理想价值追求。

（四）文化传统影响着教育策略的选择

在中国的传统文化里，把读书和求教看成是获得知识、增长才能的最佳途径，所谓“书读千遍，其义自见”“听君一席话，胜读十年书”就是对读书和聆听先生教诲的具体写照。这种文化传统反映到教育上，学校便把教师的系统讲授看成是学生获得知识的根本方法，把读书视为获得真知的唯一源泉，故而倡导“多教多得、少教少得、不教不得”。教师讲、学生听的灌输式教学也成为学校教学的主体形式。当前，新的社会观念认为，人的发展除知识以外，更离不开智力、技能、技巧、思想美德、审美情趣、身体素质等方面的协调发展，这种情况下，我们的教育改革开始全面倡导新的教育理念和教育策略，要求扬弃传统的文化观念。

案例 4-2：

同一类漫画引出不同的结果

2002 年，河北省永年县，一名学生在答高考数学试卷时，在卷面上偷偷画了一个人头，并在旁边写道：“看，这个难看的人就是我的数学老师。”因此举动，其数学分数被阅卷老师扣掉了 30 分。扣分的决定得到了阅卷委员的一致同意。

类似的情况在美国迈阿密的一所中学也曾经出现过，学生阿瑟答完数学试卷后，在卷子上画了肥胖的数学老师的画像。数学老师批完卷子之后，用红色铅笔把画像上那个肥胖的身躯改成肌肉发达的样子，然后写上："这样看上去更美一些。"过了几天，阿瑟给数学老师送了一些关于如何减肥与锻炼的简报。

——傅维利，《教育问题案例研究》，人民教育出版社，2006

思考与讨论：是什么原因导致了案例中所呈现的不同的教育行为？看过案例，你有哪些思考？

第四节　教育的相对独立性

教育的相对独立性是教育的基本属性之一，意指教育在一定范围内、一定程度上具有独立于政治、经济等其他社会现象的固有特性。虽然教育具有强烈的社会制约性，来自社会方方面面的因素如政治、经济、文化等都会对教育产生影响，但教育的发展亦有自身的运行特点和发展规律，有自己的相对独立性。如果教育失去了相对独立性，就难以发挥它应有的社会功能，教育存在的价值在很大程度上会被削弱。同时，教育作为一种社会实践活动，是具有一定的主体意识和主体能力的，这也为教育保持相对独立性提供了可能。

一、教育相对独立性的表现

（一）教育要完成对人的培养，具有自身的活动特点、规律与原理

教育是一种培养人的社会实践活动，要通过学生自身的经验建构，完成对人类积累的生产和社会生活知识、经验的学习、继承和创新，形成完整的个性。人的学习和自我建构有其独特的规律性，这些规律不以社会某些方面要素的变化而变化，教育要想很好地为学生学习服务，就必须去追求对学生发展规律的发现和适应，由此，教育成为一个自成体系的相对独立的系统。这也是教育不同于其他社会活动的根本所在。

（二）教育具有历史继承性

由于受政治经济制度和生产力发展水平的制约，任何社会形态的教育，在思想、制度、内容和方法等方面与以往历史时期的教育都会有明显的区别，同时教育又是一个连续发展的过程，有其自身的历史渊源，由此，教

育具有历史继承性。有些教育思想、观念因为反映了教育运行和发展的基本规律，会一直保留下来，比如产生于中国古代的启发教学、因材施教、循序渐进、教学相长等思想，到现在仍然是指导教育教学的重要原则。正是由于教育发展具有连续性、继承性，因此，无论是办学校、发展教育事业，或是进行教育改革，都要重视借鉴教育的历史经验，在原有的基础上积极改进，稳步发展，“切不可无视教育的相对独立性，轻率地否定教育的连续性而另搞一套，否则，不可避免地会给教育带来一定的紊乱，甚至出现质量严重下滑的现象，使教育改革或发展大起大落”①。

（三）教育与社会发展之间存在不平衡性

教育与社会发展关系密切，受政治、经济、文化等的制约。教育随着社会的发展而变化，但教育具有自己的独立意识，会对社会发展产生反作用，具有一定的自我保护功能。由此，教育与政治、经济、文化的发展并非完全同步，而是表现出一定的不平衡性，不能认为社会发展达到什么水平，教育就一定或只能达到什么水平。

教育与社会发展的不平衡性主要表现为两种情况。一种情况是，由于人们的思想意识有时会落后于存在，教育的思想和内容也会出现落后于政治经济制度和生产力发展的情况，当旧的政治经济制度消亡之后，与之相适应的教育思想和内容，并不立即随之消亡，而是还会残存一个时期。比如，19 世纪中叶，英国已完成了产业革命，堪称世界上生产力最发达的国家，但当时英国的教育却比欧洲其他国家明显落后。另一种情况是，由于人可以逐步认识社会发展的规律，可以根据社会发展的趋势，预见到教育发展的方向，在旧的政治经济制度下，也可能出现新的教育思想，如在资本主义社会中，产生了马克思主义的教育思想。现在，世界各国都提出教育优先发展的战略，我国也一直致力于“科教兴国”的伟大事业，强调教育的基础性、先导性地位，强调教育对社会均衡发展的积极作用，并制定了相关的法律法规、方针政策保证教育的发展，可谓是对教育相对独立性的生动诠释。

二、坚持教育相对独立性的必要性

教育的相对独立性从宏观上讲表现为教育保持自身独立的价值追求，也就是说教育要有独立的品格，这是教育持续发展的内在要求，也是教育

---

① 王道俊．教育学［M］．北京：人民教育出版社，2009：69．

育人功能和社会功能有效发挥的前提。

（一）以育人为本，要求教育必须保持自身的独立品格

教育就是教育，不能混同于其他社会活动。教育的质的规定性是培养人，所以教育的核心价值在于关注并潜心促进人的发展，人是现代教育的出发点和归宿。不管社会因素有多么繁复芜杂，教育都要坚持自己的专业性，坚守自身的价值追求。教育如果一味盲目顺从社会，一时依附于政治，成为政治的“奴仆”，一时又陷入到经济的大幕中，成为经济的“婢女”，忽而政治化，忽而商品化、产业化，就无法很好地履行自己的社会使命，甚至其合法性也会受到质疑。

现在，我国教育中存在的应试倾向，学生培养过程中存在的“学生失语”“学业偶成”“批处理式”等现象，其实就是教育独立性弱化的一个表现。一般来说，学生家长更多地会从未来就业的角度对教育提出要求，教育家往往会从某种教育理想出发来要求学校，政府则更多地从社会政治经济发展需要的角度提出要求，这些要求在现实中显然并不一致，导致学校在目标追求中的内在矛盾。从某种程度上说，面对世俗的力量，现在的教育失去了其核心价值支点，没有了主心骨，如何破除这种局面，是值得我们深思的。

（二）教育对社会的适应必须有所选择

社会构成和社会组织的复杂性以及社会阶层的多样性，决定了社会需求和社会价值取向的多元性和多变性，合理的与不合理的、正确的与错误的、近期的与长远的、高层次的与低层次的往往是杂糅在一起的。对此，必须加强教育在价值取向上的选择性，一方面，通过自主选择去适应合理的和正确的社会需求；另一方面，保持一定的判断力和批判性，抵制和批判社会发展中的错误现象。没有前者，教育无法对社会发展提供服务，没有后者，教育就极易犯错误、走弯路，形成发展过程中的反复与大起大落，其代价必然是惨重的。

（三）在急剧发展的现代社会中，现代教育必须面向未来

把发展教育的参照系由现实转向未来，是现代教育发展的重大战略转变。未来不是命中注定的，而是由人类创造的，在遵循客观规律的前提下，未来又是可以选择的。教育不仅创造着自身的未来，而且孕育着未来世界的创造者，今日教育塑造出的人才在很大程度上决定着明日世界的风貌。这一特点决定了在对未来的选择与创造中，教育负有特殊而重大的使命。就此意义来说，有学者提出现代教育的功能已从接受现实、传承文化发展

到选择未来，为社会的明天培养人才，科学地预测和把握教育的未来，正是为了创造和选择更符合人类理想和需要的世界的未来。没有相对独立性，教育就不会有对未来的准确判断，也就无法完成其“选择未来”的社会使命。

总之，教育一方面要与社会保持密切的联系，同时也必须与社会保持恰当的距离。“一种被完全政治化或经济化了的教育，一种丧失了自身独立性的教育，一种与社会完全‘合而为一’的教育，和一种与社会发展处于完全封闭状态的教育一样，也就失去了自身存在的必要性。”①

案例 4-3：

1 月 26 日，温家宝听取来自科教文卫体各界的 10 位代表对即将提交的十一届全国人大三次会议审议的《政府工作报告（征求意见稿）》的意见、建议。温家宝听后深有感触地说：“一些大学功利化，什么都和钱挂钩！这是个要命的问题。一所好的大学，在于有自己独特的灵魂，这就是独立地思考、自由地表达。大学必须有办学自主权。”

——国务院办公厅，《温家宝就政府工作报告征求教科文卫体界意见侧记》，中央政府门户网站 http：//www.gov.cn/ldhd/2010-02/01/content_1525613. htm

2009 年“两会”期间，全国政协委员、民盟中央常委、北京四中校长刘长铭接受访问时谈到：相当长一段时间以来，在中国，我们对教育的价值认同是扭曲的，追求也是扭曲的。比如说，教育的本质实际上是促进人的全面发展，这在十七大报告中就说到。但很长时间以来，我们对教育的追求不是使人更加丰富，更加全面发展，不是使人格更加健全，而是重视教育给人带来功利化的结果，或者说教育的价值被异化了。

——人民网教育频道，http：//edu.people.com.cn/GB/79457/8920456.htm 2009-03-06

问题与思考：结合上述材料，谈谈你对坚持教育相对独立性的现实意义的理解。

① 扈中平．现代教育学［M］．北京：高等教育出版社，2005：79．

【思考题】

1. 试述教育与经济发展之间的关系。

2. 人力资本理论、筛选理论和劳动力市场划分理论之间的争论充分反映了教育与经济之间关系的复杂性。结合自己所学知识，谈谈你对这些理论观点的看法。

3. 在古代社会，教育是从属于政治的。近代资本主义社会以来，在“民主、自由、平等”等理念的影响下，一些思想先驱喊出了“教育自由化”“教育中立”“教育世俗化”等呼声。你如何理解这些观点的意涵？教育相对独立于政治的可能性和必要条件是什么？

4. 应该如何理解教育与文化发展之间的辩证关系。

【拓展阅读】

1. ［美］马歇尔．教育与国家财富：思考生存［M］．顾建新译．北京：教育科学出版社，2003.

2. 钱穆．文化与教育［M］．北京：生活·读书·新知三联书店出版社，2009.

3. 丁钢．文化的传递与嬗变：中国文化与教育［M］．桂林：广西师范大学出版社，2009.

第五章　教育目的

人类任何有意识的活动总是以一定的目的作为出发点和归宿，目的性是人类实践活动的一个根本特性。教育的目的直接指向人的身心发展，而人的身心发展又受到社会的制约，反映一定社会对所培养的人的要求。教育目的在整个教育活动中起导向性的作用，它是各级各类学校制定具体教育目标，确定教育内容，选择教育方法，评价教育效果的依据，贯穿在整个教育过程的始终，这对每一位教育工作者来说都很重要。本章试图对教育目的的一般理论问题和我国的教育目的等问题作出回答，以便我们确立正确的教育目的观，培养健康发展的人。

【学习目标】

1. 理解教育目的的含义。
2. 掌握影响我国教育目的的基本理论。
3. 了解我国的教育目的。

第一节　教育目的概述

教育目的关系到把受教育者培养成什么样的人和具有什么样的素质的问题，这是教育理论最具根本性的问题，是一切教育工作的出发点、依据和归宿。

一、教育目的的含义

（一）教育目的的概念

教育目的是指一个国家或社会的教育对人才培养规格的总要求，是国家为培养人才而确定的质量规格和标准。它体现了一个国家或社会的教育价值观，即“为谁培养人”“培养什么样的人”。

人的活动都是有预定目的的活动。人根据预先设计的活动目的，在活动中进行选择和创造，使活动结果最终符合自己的需要。马克思在谈到人的自觉的有目的的活动同动物本能活动的区别时写道：“蜘蛛的活动与织工的活动相似，蜜蜂建筑蜂房的本领使人间的许多建筑师感到惭愧。但是，最蹩脚的建筑师从一开始就比最灵巧的蜜蜂高明的地方，是他在用蜂蜡筑蜂房以前，已经在自己的头脑中把它建成了。”①

（二）教育目的与教育方针的关系

教育目的、教育方针、培养目标、课程目标、教学目标是几个既相互联系又存在区别的概念，把握它们的联系与区别，有助于我们弄清教育目的的含义。

有关教育目的与教育方针的关系，存在着两种观点：“方针即目的”论和“方针非目的”论。②“方针即目的”论认为，教育目的与教育方针本身没有什么差别，它们表达的是同一个意思，可以通用。“方针非目的”论又包括两种观点：一种观点认为“方针包含目的”，另一种观点则认为“目的决定方针”，方针是实现教育目的的手段。

教育目的与教育方针既有区别又有联系。联系在于教育目的是教育方针的重要组成部分，教育目的的确立及其内容必须符合教育方针的规定。有的时候，教育方针一身二任，既是方针，又是目的。它们在教育社会性质的规定上具有内在的一致性，都包含“为谁培养人”的规定性，都是一定社会各级各类教育在性质和方向上不可违背的根本指导原则。区别在于教育方针是为实现一定时期的教育目的而规定的教育工作的基本指导思想，教育目的着重对人才的培养质量和规格作出规定，教育目的是教育方针的一个组成部分，是方针中最核心和最基本的内容。教育目的在对人培养的质量规格方面要求较为明确，教育方针在“办什么样的教育”“怎么样办教

---

① 马克思恩格斯全集：23卷［M］. 北京：人民出版社，1957：202.

② 郑金洲. 教育通论［M］. 上海：华东师范大学出版社，2000：183.

育”方面显得尤为突出。

教育目的包含四个层次：（1）最高教育目的（国家的或思想家理想中的）；（2）培养目标；（3）课程目标；（4）教学目标。下面分别谈谈它们之间的关系。

教育目的与培养目标。教育目的和教育目标之间既有联系又有区别。教育目的是各级各类教育培养人的总的质量标准和总的规格要求，而培养目标是不同级别、不同类型、不同层次和不同专业教育的具体目标，是教育目的的具体化。教育的级别不同，层次不同，专业方向不同，培养目标均会不同。教育目的直接反映的是教育方针的有关思想和规定，间接反映的是一定时代社会生产和政治经济对人才的共同要求。培养目标则在宏观上体现教育目的对人才质量的共同要求，微观上体现各类别各专业的不同培养任务以及社会用人市场的专业需要。因此，教育目的和培养目的之间既是联系的又是区别的，教育目的的落实离不开培养目标，培养目标要体现教育目的。

资料 5-1：

日本在 1947 年公布的《学校教育法》中规定：

“初级中学是在小学教育的基础上，适应少年儿童的身心发展，以实施中等普通教育为目的。”（第 35 条）

“初中教育为了实现前条规定的目的，必须努力实现下列各项目标：

1. 进一步充分实现小学教育的目标，并培养学生具有作为国家及社会建设者所必备的素质。

2. 培养学生将来在社会上从事职业所需要掌握的基础知识和技能，注重劳动的态度以及根据自己的个性选择出路的能力。

3. 促进学生校内外的社会性活动，正确引导他们的思想感情，并培养公正的判断力。”（第 36 条）

1947 年，美国全国中学校长联合会在《中学时期青年的基本需要》中，提出十大需要为美国中学所应追求的目标：

1. 所有青年需要发展其有用的技能、理解与态度，而使未来的工作者能明智地且有生产能力去参与经济生活，为达此目的，则大多数的青年必须在监督辅导之下获得实际的工作经验，以及有关职业上的知识与技能。

2. 需要发展并保持其身心之健康与适度。

3. 所有青年需要了解民主社会中公民的权利与义务，并且乐于负起公民的责任，成为社会中的良好分子，国家的好国民，世界的好公民。

4. 所有青年需要了解家庭对于个人与社会的重要性，并深知成功的家庭生活应具备的条件。

5. 所有青年需要知道如何去购买货物，如何使用物品，并如何明智地去利用各项服务。同时亦需了解消费者所得到的利益与其行为对经济的影响。

6. 所有青年需要知道科学的方法，科学对于人类生活之影响，以及有关人类与自然界之重要的科学知识。

7. 所有青年要有机会发展其审美的能力，以便欣赏文学、艺术、音乐和自然的美。

8. 所有青年要能善于利用休闲时间，并明智地加以计划，而使此活动在社会的效用与个人的满足两方面获得平衡。

9. 所有青年需要养成尊重他人的态度，尊重道德的价值与原则，并能以合作的态度，和他人共同生活，共同工作。

10. 所有青年需要养成合理的思考能力，清晰的发表能力，以及有了解的阅读能力和听讲能力。

——冯建军主编，《现代教育学基础》，南京师范大学出版社，2005

教育目的与课程目标。课程目标是指课程本身要实现的具体目标和意图，它是教育目的和培养目标在课程上的具体化，同时又是确定教学目标和教学方法的基础。

教育目的与教学目标。教学目标是教育目的、培养目标和课程目标在教学活动中的进一步具体化。教学工作是学校教育工作中最重要和最基本的活动，教学是实现教育目的的基本途径。教学目标的确定，必须反映教育目的的基本要求，最终为实现教育目的服务。

教育方针是教育目的的上位概念。教育目的是培养目标的上位概念，培养目标是课程目标与教学目标的上位概念，课程目标又是教学目标与教学方法的上位概念。

我国中小学的培养目标：（1）九年义务教育的培养目标是“使儿童、少年在品德、智力、体质等方面全面发展，为提高全民族的素质，培养有理想、有道德、有文化、有纪律的社会主义建设人才奠定基础”；（2）普通高中教育的培养目标是“新课程的培养标准应体现时代要求。要使学生具有爱国主义、集体主义精神，热爱社会主义，继承和发扬中华民族的优秀传统和革命传统；具有社会主义民主法制意识，遵守国家法律和社会公德；逐步形成正确的世界观、人生观、价值观；具有社会责任感、努力为人民服务；具有初步的创新精神、实践能力、科学和人文素养以及环境意识；具有适应终身学习的基础知识、基本技能和方法；具有强健的体魄和良好的心理素质，养成健康的审美情趣和生活方式，成为有理想、有道德、有文化、有纪律的一代新人”。

二、教育目的的确立依据

教育目的是一种指向未来、超越现实的人才培养方针，它虽然面向现在的教育活动，培养的却是一定时期后参与社会生活的人。教育目的的确定既有主观性，又有客观性。教育目的总是由人制定的，体现着人的主观意志。但就其确定的最终依据来看，都必须根据社会发展的客观需要和受教育者身心发展的客观规律。历史上不同的国家、不同的社会所以有不同的教育目的，其原因就在于历史总是向前发展的，因而产生了不同的社会需求。因此，教育目的归根结底来自客观世界，来自社会对培养人的基本要求，是由一定社会的生产方式决定的。

(一) 社会依据

1. 教育目的的确立首先要符合社会政治经济的需要

教育目的属社会意识形态范畴，与社会政治经济有着直接的制约关系。教育目的是统治阶级人才标准的集中体现。一个社会需要什么样的人，具有什么样的政治倾向和思想意识，需要哪些类型与规格的劳动力，都集中地反映在所制定的教育目的上。在阶级社会中，统治阶级的教育目的又首先表现为要符合统治阶级或执政党的利益和需要。由此可以说，有什么性质的社会政治经济，便会有什么性质的教育目的。不同社会、不同阶级、不同政党的人才标准不同，教育目的便会有所不同。奴隶社会、封建社会的教育目的，其内容和要求可能因时代和国家的不同有所不同，但他们都有着共同的特点：专制的社会决定了教育的专制，统治阶级对教育的独享以培养本阶级的继承人、剥夺被统治阶级子弟的受教育权达到愚民的目的。资本主义倡导教育的民主与公平，但教育中渗透资本主义的目的，明显地体现为教育要为培养具有心甘情愿为资本主义发展奉献终生的人服务。所有这些都是社会政治经济需要对教育目的直接制约的结果。从规律的角度说，一个社会办教育以培养本阶级需要的各种人才为目的，这也是一件理所当然的事情；一个占统治地位的政治集团确立一个违反本阶级需要的教育目的，这种反常规的事恐怕在任何一个社会都是不存在的。

2. 教育目的的确立还要反映生产力和科学技术发展对人才的需求

教育目的的确立直接受制于政治统治集团的主观意志，但从根本上看，则必须反映客观生产力和科学技术发展的实际需要，是生产关系必须适应生产力发展的基本原理在教育目的上的具体体现。不同社会、不同时代，生产力和科学技术发展水平不同，对人才规格、类型和标准的需要不同，教育目的的具体内容便有所不同。在封建社会，生产力和科学技术发展水平很低，教育目的主要指向社会的统治人才。资本主义是生产力和科学技术飞跃发展的时代，科学技术在生产中的广泛应用使得社会对劳动者教育程度的要求越来越高。同时，社会化的大生产也要求人们加强协作。由此，资本主义的教育目的就不仅仅是培养统治阶级的继承人，还包括培养大批的合格劳动力。例如日本的教育目的，基于社会的改革开放和现代信息技术发展导致的人类空间变小，在教育目的中提出要培养“国际事务中的日本人”。

中国改革开放以来，教育目的的具体内容在表述上几经变化，但贯穿在教育目的中的主导思想是始终如一的，即教育必须为社会主义建设服务，为培养全面发展的人服务。

（二）人的依据

即教育目的的确立还要符合受教育者身心发展的需要。

从教育的基本规律来说，一个国家的教育目的一要符合社会发展的需要和可能，二要符合人的身心发展的需要和可能，应是上述两种需要与两种可能的有机统一。教育目的之所以必须符合人的身心发展的需要和可能，是因为教育服务的直接对象是受教育者，教育是首先通过培养人进而服务社会的。

教育目的的确立要符合教育对象的身心发展规律，具体体现在以下三个方面。

1. 教育目的的确立要符合教育对象的身心发展程度

教育目的作为一种发展指向，必须考虑教育对象能够实现的可能性。

2. 要符合教育对象的身心发展变化

科学技术发展的不同时代给予了学生以不同的信息量和发展程度，今天的学生与25年前的学生相比其发展潜能就有着很大的区别。

3. 要符合不同类别的教育对象的不同需要

小学生、初中生、高中生、大学生与职业技术教育的学生等的需要不同，教育目的便应有所区别。

总之，教育目的的确立，既要把握时代，把握社会，还要与教育对象的需要相吻合。

第二节 教育目的的相关理论

一、教育目的的价值取向

（一）个人本位论和社会本位论

教育目的是由人提出和制定的，体现着人的主观意志。由于人们对教育持有不同的价值观，因而在制定教育目的的依据等问题上便形成了不同的主张。如果对教育史上关于教育目的的不同主张做一个分析的话，可将其概括为两大派："个人本位论"与"社会本位论"。

个人本位论主张教育目的应根据人的本性需要来确定，这种观点曾在18世纪和19世纪上半叶广泛盛行于西方资本主义世界，其主要代表人物有法国哲学家卢梭、瑞士教育家裴斯泰洛齐和德国教育家福禄培尔。

"个人本位论"从人的本性、本能的需要出发，认为教育目的在于使人成为人，使人性得以发展，使人性得以完善化，个人的价值高于社会的价值。古希腊一些哲学家认为，人是理性的动物，是理性的负荷者，教育的目的、理想和价值，就在于使人的本质规定和人的和谐发展得以实现。文艺复兴时期的人文主义者认为人是宇宙的中心，人是多种力量和才能的有生命的统一体，承认人本性的完美，强调人灵魂和躯体的和谐，因而，人文主义者的教育目的在于使人的天赋能力得到和谐的发展。卢梭反对把培养公民作为教育的目标，主张不施加任何影响的"自然教育"，以顺应人的天性的发展。这种个人本位的教育目的学说，在不同的历史时期不尽相同，在剥削阶级占统治地位的社会里，作为反对社会对人的摧残，反对教育上宗教神学对人的思想禁锢，反对封建蒙昧主义，反对封建主义强加于人的一切教育要求，提倡人的个性解放，尊重人的要求和人的价值，都有着历史进步意义。但是，这种主张认为人生下来就有健全的本领，教育可以不受社会的制约，是不现实的。其所谓发展"个人本性"，实质上是发展人的自然本性，把人当做纯生物看待，忽视人的社会性，这也是片面的。

社会本位论则主张教育目的应根据社会要求来确立，其主要代表人物有柏拉图、孔德、那托尔普、迪尔凯姆（又称涂尔干）、凯兴斯泰纳等。从19世纪下半叶开始，西方出现了一种“社会学派”，他们认为教育的一切活动都应服从和服务于社会需要，教育除了社会的目的以外并无其他目的，个人的一切发展都有赖于社会，教育的结果也只能以其社会的功能来加以衡量，因此，教育目的应当根据社会的要求来确定。法国实证主义哲学家孔德认为：“真正的个人是不存在的，只有人类才存在，因为不管从哪方面看，我们个人的一切发展，都有赖于社会。”① 另一位社会学家那托尔普认为：“在教育目的决定方面，个人不具有任何价值，个人不是教育的原料，个人不可能成为教育的目的。”② 德国教育家凯兴斯特纳也说：“国家的教育制度只有一个目标，那就是造就公民。”③ 教育除了造就每个人乐于为社会而生活，并乐于贡献其最优力量于人类生活的保存和改善以外，不能有别的目的。

由上可见，个人本位论和社会本位论这两个关于教育目的的主张，在处理社会和个人的关系问题上各执一端，都是不正确的。只有将社会发展需要与个人发展需要正确地结合起来，才是唯一科学的观点。教育是发展人的一种特殊手段，教育目的所指向的就是作为个体的发展，离开了人自身的发展，教育就无从反映和促进社会的发展，教育本身也不会存在。但是个人的生存、发展离不开社会，一个人只有与其他人相结合，成为社会中的一员，才能获得生存发展的手段和条件；个体的发展要以社会的发展为基础，要受到社会发展的制约，要服从社会发展的需要。教育的任务就在于促使人去适应他所处的那种社会关系、社会生活条件，获得其所能获得的那种发展，因而教育目的不能不为社会所制约。另一方面，如果看不到每个人都是一个独立的实体，在制定教育目的时完全无视个人的因素，也会使教育工作产生某种偏差。如果一味强调社会需要，而完全不考虑人自身发展的各种需要，如求知欲的满足，对美的追求，以及身心健康的需要等，就可能培养出缺乏理智和情感、缺乏志趣和爱好、生活态度冷漠、精神世界贫乏的对象来。教育目的如果完全不反映人的个性的发展，势必会培养出某种标准件。如此，教育就可能成为一种强加于人的精神因素。

---

① 转引自吴俊升．教育哲学大纲［M］．北京：商务印书馆，1935：145.

②③ 同上，149页。

（二）内在目的论和外在目的论

杜威把教育目的区分为两类，一类是教育过程以内的目的，另一类是教育过程以外的目的。前者是教育本身的目的或者说“活动里面的目的”，后者是从外面强加给教育活动的目的。“教育本身并无目的。只是人，即家长和教师等，才有目的。”杜威要求教育家反对“一般的和终极的教育目的”，认为它是和一切的特殊联系割裂开来的，以至于教与学的过程仅成为达到预定目的的手段。学校应该寻求“具体的目的”，以代替狭隘的、说教的、消极的“一般目的”。可见，杜威有意识区分了教育目的的类型，即教育的内在目的和教育的外在目的。他反对“教学过程以外的目的”“一般的目的”，赞成“教学过程内部的目的”“具体的目的”。

（三）“教育准备生活说”与“教育适应生活说”

斯宾塞是19世纪后期英国著名的教育家，他第一次明确提出了“教育准备生活说”的思想（也称“教育预备说”）。他认为，教育的主要任务就是教会人们怎样生活，教会他们运用一切能力，教育的目的就是为“完满的生活”做准备。他指出：“为我们的完满生活做准备是教育应尽的职责，而评判一门教学科目的唯一合理办法就是看它对这个职责尽到什么程度。”斯宾塞把教育排列成以下的次序：准备直接保全自己的教育，准备间接保全自己的教育，准备做父母的教育，准备做公民的教育，准备生活中各项文化活动的教育。这是制定合理课程体系的出发点。只有这样，学生才能在有限的学习时间条件下学习最需要知道和掌握的知识。“教育准备生活说”反映了人们期望通过教育获取能够使个人幸福的知识与能力的现实要求，在今天的教育实践和现实生活中仍然占有一定的位置。

与斯宾塞不同，杜威反对将教育视为未来生活的准备。他认为，教育就是儿童现在生活的过程，而不是将来生活的预备。他说：“生活就是发展，而不断发展、不断生长就是生活。”杜威在《我的教育信条》中指出：“学校主要是一种社会组织。教育既然是一种社会过程，学校便是社会生活的一种形式。”“因此，教育是生活的过程，而不是将来生活的准备。”因此，最好的教育就是“从生活中学习”“从经验中学习”。他认为，一旦把教育看做是为儿童未来的生活做准备，必然要教以成人的经验、责任和权力，而忽视了儿童此时此刻的兴趣与需要，把儿童置于被动的地位。因此，他主张“教育即生活”。一切事物的存在都是人与环境相互作用产生的，人不能脱离环境，学校也不能脱离眼前的生活，学校教育应该利用现有的生活情境作为其主要内容，教儿童适应眼前的生活环境，即培养能完全适应眼前社会生活的人。

二、马克思主义关于人的全面发展学说

（一）马克思主义个人全面发展学说的思想渊源

在马克思主义关于个人全面发展学说提出以前，历史上就曾有一些思想家和教育家提出过关于人的全面发展的思想。

古希腊哲学家亚里士多德早在两千多年前就提出了身体、智慧、德行和审美和谐发展的思想。17 世纪意大利人文主义教育家维多利诺主张通过智、德、体、美诸育的普遍实施使儿童的身心得到和谐的发展。法国启蒙思想家卢梭、爱尔维修等主张要注重儿童的智力和道德的发展，以期通过“健全的教育”，培养“健全的人格”。瑞士著名教育家裴斯泰洛齐，基于他适应自然的原则，主张教育的目的在于发展人的天性和形成完善的人，在于使人的天赋才能得到充分的和谐的发展，使之成为有智慧、有德行、身体强健、能劳动的人。在《天鹅之歌》中他这样写道：“依照自然法则，发展儿童道德、智慧、身体各方面的能力，而这些能力的发展又必须照顾到它们的完全平衡。”① 所谓平衡，即各种能力的协调与和谐发展。特别值得一提的是，早期空想社会主义者莫尔、欧文、傅立叶等人的全面发展思想。他们主张消灭私有制，实行公有制，建立乌托邦式的社会主义。在莫尔的《乌托邦》里，他设想，在新乌托邦岛上和“太阳城”中，实行公共教育制度，所有儿童入校接受智育、体育、道德教育和劳动教育，实行教育与生产劳动相结合，借以消灭体力智力的差别。到 19 世纪，欧文和傅立叶更明确提出了人的全面协调发展的思想。傅立叶把人的智力和体力的全面发展作为他理想社会中协作教育的主要目的。欧文在设想未来理想社会的儿童教育时，明确要求：“培养他们的智德体行方面的品质，把他们教育成全面发展的人。”在欧文看来，未来社会的新人，从出生到成熟，都应生活在优良的美德环境之中，接受合理的教育，并一直参加劳动，成长为理性与道德力量充分发展的人。马克思对欧文的教育实验及其思想见解给予了高度的评价：“正如我们在罗伯持·欧文那里可以详细看到的那样，从工厂制度中萌发出了未来教育的幼芽，未来教育对所有已满一定年龄的儿童来说，就是生产劳动同智育和体育相结合，它不仅是提高社会生产的一种方法，

---

① 张焕庭．西方资产阶级教育论著选［M］．北京：人民教育出版社，1979：206.

而且是造就全面发展的人的唯一方法。”①

马克思主义批判地吸取了历史先哲们关于人的和谐发展的思想，尤其是直接吸收了欧文关于教育与生产劳动相结合的思想精华，使人的全面发展由空想变成科学，从而创立了马克思主义关于人的全面发展的学说。

马克思主义关于人的全面发展学说，与它之前的人的全面发展思想的根本区别在于，它是建立在马克思主义人学关于人的本质论和人的发展论的科学基础之上的。马克思说：“人的本质，并不是单个人所固有的抽象物，在其现实性上，它是一切社会关系的总和。”② 人是自然动物，又是社会动物。人的本质属性是由社会关系决定的。因为人的发展是由社会生活条件决定的，是由生产力和生产关系决定的，归根结底，是由社会的物质生活条件决定的。只有根据马克思主义关于人的全面发展学说，我们才可能科学地分析造成人的全面发展的社会根源，深刻认识人的全面发展的客观依据和历史必然性，明确实现人的全面发展的根本方法和社会条件。因此，它是制定社会主义教育目的必须遵循的科学理论基础。

（二）马克思主义关于人的全面发展学说的基本思想

马克思、恩格斯批判了前人的全面发展思想的历史局限性，借鉴和吸收了前人的关于人的全面发展的思想，并在此基础上创立了马克思主义的人的全面发展学说。这是马克思主义教育思想的组成部分。

首先，马克思主义关于人的全面发展学说从人的劳动能力来说明人的发展，认为人的发展是指个人的智力和体力的尽可能多方面的发展、充分的自由的发展和统一的发展。劳动是人类存在和发展的前提条件；劳动需要人具备一定的劳动能力；劳动能力则是人的身体即活的人体中存在的、每当生产某种使用价值时就运用的体力和智力的总和。因此，全面发展的人应当是体力和智力统一发展的人，而体力和智力的充分发展和运用是个体生命赖以存在和发展的生理心理基础。人的肉体和精神力量不受障碍地尽可能发展，是人的全面发展含义中最基本的规定。

其次，马克思主义关于人的全面发展学说从一定社会关系中来说明人的全面发展，认为人的全面发展是社会关系的全面占有，不仅包括智力和体力的统一发展，而且还包括精神上、道德上、情感上的全面和谐发展。社会生产力从根本上决定人的发展，而社会关系则直接决定人的发展的全

① 马克思恩格斯全集：23卷［M］. 北京：人民出版社，1972：530.

② 马克思恩格斯全集：1卷［M］. 北京：人民出版社，1972：18.

过程。人的本质在其现实性上是一切社会关系的总和，因此，人的全面发展应是对自己本质的全面占有。

最后，马克思主义关于人的全面发展学说面向全人类，认为人的全面发展不仅指个人能力和精神的全面发展，而且包括全体社会成员的全面发展。这同共产主义彻底解放全人类的伟大目标是一致的。人的全面发展最终是全体社会成员的全面发展。

综上所述，人的全面发展的核心是个人和社会全体成员以智力和体力的充分协调发展为目标的精神、道德、情感等各方面和谐发展。只有当社会生产力高度发展，物质财富和人的闲暇时间极其充裕，劳动不再是人谋生的手段，而成为人的内在需求时，人的全面发展才能实现。

马克思主义关于人的全面发展学说，指出了人的全面发展的历史必然性，主张教育目的的确立应该以社会需要与个人需要的辩证统一作为基础，既要考虑社会需要，又要考虑个人发展的需要；既要体现社会目的，也要考虑个人目的。马克思主义关于人的全面发展学说体现了对教育目的认识的辩证统一，是制定社会主义教育方针、确立社会主义教育目的的理论基础。

第三节　我国的教育目的

一、我国教育目的的提出

新中国成立以来，我国伴随社会的发展变化和对教育的不断探索，主要提出了下列一些教育方针和教育目的。

1949 年 12 月，新中国诞生不久，教育部在北京召开第一次全国教育工作会议，确定了全国教育工作的总方针："中华人民共和国的教育是新民主主义的教育，它的主要任务是提高人民文化水平，培养国家建设人才，肃清封建的、买办的、法西斯的思想，发展为人民服务的思想。这种新教育是民族的、科学的、大众的教育，其方法是理论与实际一致，其目的是为人民服务，首先为工农兵服务，为当前的革命斗争与建设服务。"这个方针后来被称为新民主主义文化教育方针。

1957 年，毛泽东同志根据社会主义政治经济和生产建设对人才的需要，在《关于正确处理人民内部矛盾的问题》中提出："我们的教育方针，应该使受教育者在德育、智育、体育几方面都得到发展，成为有社会主义觉悟的有文化的劳动者。”毛泽东同志提出的这个教育方针，反映了社会主义发展对人才规格的要求，对我国教育工作产生了重大影响，一直是发展我国教育的重要方针。1958年9月中共中央、国务院发布《关于教育工作的指示》，其中第三条指出：“党的教育工作方针，是教育为无产阶级的政治服务，教育与生产劳动相结合，为了实现这个方针，教育工作必须由党来领导。”直到“文化大革命”结束，我国的教育目的一直采用1957年和1958年的提法。

“文化大革命”期间，教育事业偏离了正确的方向。“文化大革命”结束后，我国的教育才步入正常轨道。1981年，中共中央《关于建国以来党的若干历史问题的决议》中提出：“坚持德智体全面发展、又红又专、知识分子与工人农民相结合、脑力劳动与体力劳动相结合的方针”。同年11月，五届人大的政府工作报告又提出：“使受教育者在德育、智育、体育几方面都得到发展，成为有社会主义觉悟的有文化的劳动者和又红又专的人才，坚持脑力劳动和体力劳动相结合，知识分子和工人农民相结合。”

1982年，《中华人民共和国宪法》第四十六条中对我国现阶段的教育目的作了这样的规定：“国家培养青年、少年、儿童在品德、智力、体质等方面全面发展”。这是中国当代历史上第一个以法的形式出现的教育目的。

1983年，邓小平同志给北京景山学校的题词是：“教育要面向现代化、面向世界、面向未来。”为教育的发展指明了大方向。

1985年，中共中央《关于教育体制改革的决定》指出：“教育体制改革的根本目的是提高民族素质，多出人才，出好人才。”“所有这些人才都应该有理想、有道德、有文化、有纪律，热爱社会主义祖国和社会主义事业，具有为国家富强和人民富裕而艰苦奋斗的献身精神，都应该不断追求新知，具有实事求是、独立思考、勇于创造的科学精神。”这个教育方针，既体现了德、智、体全面发展的一贯思想，又融入了新的时代发展对人才规格的新要求，具有时代气息和国家强盛对人才要求的紧迫感。

1986年4月12日第六次全国人民代表大会通过的《中华人民共和国义务教育法》提出：“义务教育必须贯彻国家的教育方针，努力提高教育质量，使儿童、少年在品德、智力、体质等方面全面发展，为提高民族的素质，培养有理想、有道德、有文化、有纪律的社会主义人才奠定基础。”

1993年，中共中央和国务院印发的《中国教育改革和发展纲要》（以下简称《纲要》）总结了新中国成立40多年来，特别是十一届三中全会以来教育改革和发展的经验，提出了90年代我国教育改革和发展的目标、方针、政策和措施。《纲要》提出："教育改革和发展的根本目的是提高民族素质，多出人才，出好人才。各级各类学校要认真贯彻；教育必须为社会主义现代化建设服务，必须与生产劳动相结合，培养德、智、体等方面全面发展的建设者和接班人"的方针，努力使教育质量在90年代上一个新台阶。

1995年3月在《中华人民共和国教育法》中对《纲要》提出的教育方针进一步确认，重新表述为："教育必须为社会主义现代化建设服务，必须与生产劳动相结合，培养德、智、体等方面全面发展的社会主义事业的建设者与接班人。"在新的提法中对人才素质的培养规格提出了德、智、体等方面的全面发展；对于培养什么人的问题上更强调的是"社会主义事业的建设者和接班人"的性质和方向，这就更进一步明确了我国教育的社会主义性质和方向。

1999年国家召开了第三次全国教育工作会议，会议出台了中共中央、国务院《关于深化教育改革，全面推进素质教育的决定》（以下简称《决定》），《决定》指出："实施素质教育，就是全面贯彻党的教育方针，以提高国民素质为根本宗旨，以培养学生创新精神和实践能力为重点，造就'有理想、有道德、有文化、有纪律'的德智体美全面发展的社会主义事业的建设者和接班人。"

2004年，全国人大通过的《中华人民共和国宪法修正案》再次明确规定："国家培养青年、少年、儿童在品德、智力、体质等方面全面发展。"

以上社会主义教育目的的提出，对规范我国教育事业的健康发展和对各级各类社会主义事业人才的培养，发挥了重大历史作用。

二、社会主义教育目的的精神实质

通过对我国社会主义教育目的的历史回顾，纵观各个历史时期教育目的的具体内容，我们可以从中发现，尽管其内容表述不尽相同，但其指导思想都有一个共同的特征，即社会主义教育是以马克思主义全面发展学说为其坚实的理论依据的，是马克思主义人的全面发展学说在社会主义历史条件下的继承、运用和发展，体现着共同的精神实质。

（一）培养"劳动者"或"社会主义建设人才"

新中国成立以后，在教育目的的表述上不断发生变化，但培养"劳动者"或"社会主义建设人才"这一基本规定却始终没有变。教育目的的这个规定，明确了我国教育的社会主义方向，也指出了我国培养出来的人的社会地位和价值，他们不是剥削者和寄生虫，人人都应以劳动为荣。马克思主义创始人就曾指出：在理想的社会里，“任何个人都不能把自己在生产劳动这个人类生存的自然条件中所应参加的部分推到别人身上”。列宁也明确告诉我们：“无产阶级的目的是建成社会主义，消灭社会的阶级划分，使社会全体成员成为劳动者”。毛泽东同志在提出社会主义教育目的的同时也指出：“社会主义制度的建立给我们开辟了一条到达理想境界的道路，而理想境界的实现还要靠我们的辛勤劳动。”我国是社会主义国家，劳动是每个有劳动能力的公民的光荣职责，人们分担不同的社会角色为社会劳动，这既是个人谋生和发展的手段，也是为社会作贡献的形式。只有通过自己辛勤的劳动，才能实现个人的人生理想，同时也为社会的发展贡献了自己的力量。

社会主义的教育目的是培养劳动者，但这里所说的劳动者既包括以体力劳动为主的劳动者，也包括以脑力劳动为主的劳动者。在社会主义条件下，体力劳动者和脑力劳动者都是劳动者。把劳动者仅仅理解为体力劳动者是一种片面的理解。社会主义的劳动者应该是一种新型的劳动者。“劳动人民要知识化，知识分子要劳动化”，社会主义理想的劳动者是脑力劳动与体力劳动相结合的劳动者，是“全面发展的一代生产者”。造就这种新型劳动者是社会主义教育的理想要求。

我国现行教育方针提出的是培养“建设者”“接班人”或“社会主义建设人才”，其实是对“劳动者”的具体提法。社会主义事业的“接班人”或“社会主义建设人才”都是劳动者，分别来提只是从不同角度要求的具体化，不应理解为培养两种或三种人。

（二）要求德、智、体等方面全面发展是社会主义的教育质量标准

教育目的的另一构成部分是培养规格问题，即人才的素质结构和质量标准。

社会主义的教育目的是培养全面发展的新型劳动者。马克思主义认为，全面发展首要的是智力和体力的广泛、充分、统一、自由的发展。因此，社会主义的教育就必须广泛、充分地发展受教育者的智力和体力，使他们不仅具有现代文化科学知识和从事社会主义现代化建设的真正本领，同时还要具有健康的体魄和良好的身体素质。智力和体力是劳动能力的基础，是同自然交往的主要条件。只有智力和体力的广泛而充分的统一发展，才能成为一个全面发展的新型劳动者。

社会主义劳动者是一个完整的社会人，具有丰富的属性。劳动者生存和发展不只是要同自然界交往，因而，需要发展他的劳动能力，而且还要进行人与人之间的社会交往，也需要发展他的交往能力。“生产力和社会关系，这二者是个人发展的不同方面”，社会交往能力就是“德”的问题。一个人的政治态度和政治立场，世界观和人生观等思想观点，以及道德品质是“德”的基本要素。所以，社会主义的社会成员不仅要有充分发展的能力，还必须具有充分发展的交往能力，即高尚的道德品质。

德、智、体是人的素质构成的主体，因而教育目的强调三者统一发展。但是现代社会人的素质除德、智、体之外，还要有劳动技术素质的发展。

马克思主义指出：社会主义的劳动者不只是生产者，而且是享受者。“因为要多方面享受，他就必须有享受的能力。”美的欣赏、美的评价、美的创造，是重要的美的享受能力，所以，现代人的构成要素需要有美的能力发展。

现代大工业生产表明，劳动生产率的提高已不再是直接的劳动者数量和劳动时间的增加，而是现代科学技术的提高。科学知识只有通过技术的应用才能转化为生产力。所以，劳动技术能力的发展，也是现代人不可缺少的素质。

由上可见，社会主义的新型劳动者的素质构成，除德、智、体作为主体构成要素之外，还要有美和劳动技术要素的发展。我国教育方针在人才规格上提出德、智、体等方面的全面发展正是在于说明这一全面要求。

（三）坚持教育目的的社会主义方向，是我国教育目的的根本特点

按什么方向培养人，这是教育目的的又一个构成要点。

教育目的的方向性是教育性质的根本体现。阶级社会的教育从来都具有阶级性，教育的阶级性首先反映在教育目的上。一切剥削阶级的教育目的，从来都极力掩饰其阶级实质，表述上一贯笼统抽象，尽量把他们的教育目的说成是为整体社会利益服务的。我国社会主义的教育目的不同于一切剥削阶级，毫不掩饰自己的真实意图，明确宣布我们培养的是社会主义事业的建设者和接班人，是新型的劳动者。既然是社会主义事业的建设者和接班人，就限定了这种新人不是一般的旧型劳动者，他们是既能从事体力劳动，又能从事脑力劳动的人，他们的素质并不是那种抽象的或资产阶级的德、智、体、美、技，而是具有社会主义方向性的素质标准。

教育目的的社会主义方向性，反映了我国教育的社会主义性质和特色。

三、全面发展教育的组成部分

(一) 全面发展教育的构成

1. 德育

德育，是向学生传授无产阶级思想政治观点和共产主义道德规范，培养学生思想品德的教育。我国中小学的德育包括思想教育、政治教育和道德品质教育。通过德育，使学生热爱祖国，热爱社会主义，初步树立为人民服务的思想和为实现社会主义现代化而奋斗的志向；具有良好的道德品质和文明行为；具有诚实正直、自尊自强、勤劳勇敢、开拓进取等品质和一定的道德判断能力及自我教育能力，成为有理想、有道德、有文化、有纪律的社会主义公民。

(1) 加强德育是目前我国学校教育的首要任务。

我国中小学校的根本任务是培养有理想、有道德、有文化、有纪律的社会主义建设者和接班人，为全面提高民族素质奠定良好的基础。但是，几年来，学校德育由于受到片面追求升学率的冲击，忽视德育，忽视实践的状况一直没有得到根本的改变。对此，党中央十分重视，出台了一系列文件，对中小学德育工作提出了明确的要求。这充分说明了党中央对学校德育的重视，也充分表明了学校德育在学校各项工作中的意义和地位。我们应切实把德育放在学校工作的重要地位。

(2) 加强德育是社会主义现代化建设的必然要求。

要使青少年一代真正成为社会主义现代化建设所需要的人，就必须通过卓有成效的德育工作，培养他们具有先进的思想、高尚的道德、坚定的信念和分辨真、善、美与假、恶、丑的能力，最终才能成为人民的公仆和社会主义事业的接班人。

(3) 加强德育也是年青一代身心发展的需要。

青少年处在成长阶段，可塑性大。通过德育培养学生的正确思想和良好的道德品质，才能使他们逐步成长为积极向上、文明幸福的新一代。

总之，切实把德育放在学校教育工作的首位，充分认识德育在社会主义全面发展教育中的作用，对培养合格的人才至关重要。学校德育的任务是由我国社会主义建设的要求和教育目的以及学生的特点决定的。1998 年发布的《中国教育改革和发展纲要》中指出：“用马列主义、毛泽东思想和建设有中国特色的社会主义理论教育学生，把坚定正确的政治方向摆在首位，培养有理想、有道德、有文化、有纪律的社会主义新人，是学校德育即思想政治和品德教育的根本任务。”根据《纲要》的这一思想，学校德育的基本任务应具体包括如下三个方面。

（1）在思想政治方面，培养学生具有坚定正确的政治方向和无产阶级世界观。

教育学生坚持四项基本原则，热爱祖国，热爱人民，全心全意为社会主义现代化建设事业服务。认真学习马克思列宁主义、毛泽东思想的基本观点，有基本的民主与法制观念，立志为实现“四化”而学习，相信科学，反对封建迷信和陈规陋习。

（2）在道德行为方面，培养学生具有共产主义道德品质。

教育学生养成尊重、关心、爱护、帮助他人的精神，具有国家利益、集体利益和个人利益相结合的集体主义精神，具有热爱劳动、自觉遵守社会公德的良好品质，具有艰苦奋斗的思想，成为有理想、有道德、有文化、有纪律的社会主义新人。

（3）在个性品质和能力方面，培养学生具有道德评价和自我教育能力。

教育学生产生合理的需要、正确的动机、远大的理想、共产主义信念和世界观，能正确判定真、善、美与假、恶、丑，富于创造精神，能根据社会的发展变化，不断完善自己的思想，开展批评和自我批评，能识别和抵制资本主义的腐朽思想和封建残余思想。教育学生成为献身于社会主义现代化建设的人。

2. 智育

智育是授予学生系统的科学知识、技能和帮助学生发展智力的教育。智育在人的全面发展中占有极其重要的地位和作用，是全面发展教育重要的组成部分。多年来，人们常常把智育与教学混在一起，以教学代替智育，认为教学就是智育，这是一种理论上的混淆。

智育与教学既有联系，又有区别。

首先，从两者的概念看有不同之处。智育是全面发展教育的组成部分之一，它与德、体 、美、劳一起构成一个完整的教育体系，各育之间是平等并列的。而教学则是实施上述各育的基本途径，它与智育属于不同的层次。

其次，从各自完成的任务看亦有不同。智育有其自身特定的任务和内容，其他各育也是如此。教学则不仅要完成智育任务，还要完成其他各育的任务。

智育具有如下几方面意义。

（1）智育在培养四化建设所需要的各类人才中具有重要作用。

智育是科学知识再生产和人类精神财富延续与发展的重要条件，是开发人的智力、培养各级各类人才的重要手段。四个现代化的实现需要大批世界一流的科学家，需要大量掌握现代科学技术的劳动者和经过科学武装的管理干部。培养这些人才，扩大这些队伍，就要大力进行智力开发，通过智育向学生传授现代科学知识、发展智能，使其具有从事“四化”建设的本领。当代社会中，人类生活的消费、服务、需求、交往等方式都在发生着变化。面对这种变化，没有知识修养就不能很好地适应现代生活。

（2）智育在人的全面发展中也具有重要意义。

智育为其他各育的实施提供了有效的认识工具，是其他各育发展的基础。列宁指出：“只有用人类创造的一切财富和知识来丰富自己的头脑，才能成为共产主义者。”人在各方面的发展都离不开知识，尤其在人的心理的发展中，智育有着特殊的作用。人类精神文化的获得，任何时候都离不开有意识的传授和学习，离不开智育这样一个可以把物质文化与精神文化转化为个体知识和智力的过程。人们的世界观、道德观、审美观等观点信念的形成与发展不仅要有相应的知识，还必须具有相应的智力。智育包含有其他各育的因素，其他各育的实施都离不开智育。

智育的主要任务有以下三种。

（1）向学生传授系统的文化科学基础知识。

知识是人类对客观事物及其规律的反映，是人类在长期社会实践中积累起来的认识成果。科学是经过实践检验，具有严密的逻辑论证，反映客观事物本质规律的知识体系。系统的科学知识具有一定的内在联系和逻辑系统，而不是概念和范畴的堆积。教给学生的知识必须是可靠的、被实践所证明的、反映事物本质和规律且具有一定逻辑联系的知识体系，这就是基础知识、基本理论。美国心理学家将其称为“学科结构”。智育的任务就是将人类的优秀文化成果变成学生头脑中的知识，使学生能够认识事物的发展规律。

（2）培养训练学生形成基本技能和技巧。

技能是通过训练而形成的顺利完成某种任务所必需的活动方式。技能的类别有两种：一种是智力技能，是头脑中借助内部语言反映事物映象所进行智力活动的方式，如心算等；一种是操作技能，是由一系列外部直观的行为动作构成，通过机体运动所完成的随意活动方式，如书写等。技能通过进一步的练习达到自动化、定型化的程度，便成为技巧。训练学生形成技能和技巧是智育的一项重要任务。

（3）发展学生的智力。

智力是人的各种基本能力的综合，包括观察力、注意力、记忆力、想象力、思维能力等，其核心是思维能力和创造能力。智力的发展以学习知识为前提，以技能形成为中介，同知识掌握、技能获得互相促进，辩证发展。在当今信息社会里，发展智力尤为重要。

3. 体育

体育是授予学生体育卫生的知识和技能，使学生发展身体素质和运动能力，养成良好的卫生、保健习惯的教育。

体育是促进学生全面发展不可缺少的重要条件。身体是人类自身发展的物质前提，它既是智力活动及一切精神生活的基础，更是体力活动不可缺少的条件。青少年有强健的体质和充沛的精力，才能顺利完成学习任务。

体育可以促进学生的身体发育，增强学生的体质。强健的体质不是生理发展的自然结果，它是由科学的体育锻炼和卫生保健来达到的。积极的身体锻炼和卫生保健，可以促进身体各部分器官的健康发展，增强器官功能，促进新陈代谢，使人精神愉快，体力充沛。

体育对培养学生良好的道德品质具有重要作用。体育具有极为丰富的思想教育因素，如吃苦耐劳，勇敢顽强，灵活机智，团结友爱，互相合作，热爱集体等。开展多种多样的体育活动，在活动中可以促进这些品质的形成。

体育的主要任务有以下几方面。

（1）指导学生锻炼身体，促进身体的正常发育和机能的发展，增强体质，提高健康水平。

（2）使学生掌握体育的科学知识和正确的体育锻炼的技能技巧，学会科学锻炼身体的方法，养成经常锻炼身体的习惯。

（3）使学生掌握卫生保健知识，养成良好的卫生保健习惯，形成健康的生活方式。

（4）培养良好的品德。体育是人类精神文明的重要领域，它锻炼着个人身心的各个方面，通过体育，使学生道德高尚、团结友爱、意志坚强、活泼开朗等。

4. 美育

美育，又称审美教育，是培养学生正确的审美观点以及感受美、鉴赏美和创造美的能力的教育。

美育容易激起人们对美的事物的丰富情感，令人产生蓬勃向上的精神。因此，美育对青少年具有特殊意义。

美育是社会主义精神文明建设的重要内容。美是人们精神生活中不可缺少的一种需要。热爱美、追求美、欣赏美是人类的天性。在长期的物质生产实践中，人们运用自己的智慧和才能，创造了无数美好的事物，为后人留下了叹为观止的精神产品。这些产品，集中反映着事物本质，体现着一定的思想意识和精神面貌。它能在人们面前展现出美好的生活图景，给人们提供区别善恶美丑的标准，使人受到深刻的思想教育。美还能激动人的心灵，使人产生愉快的情感，潜移默化地影响人的气质、情操、性格、意志、信念，起到塑造人的灵魂的作用。

美育在人的身心发展中也有重要作用。美育可以促进学生身心各方面得到良好的、和谐的发展，它可以促进学生智力发展，扩大和加深学生对客观现实的认识；它可以给学生的思想以影响，帮助学生提高政治觉悟和形成共产主义道德品质；它还可以促进学生身体健康地发展。

总之，美的事物是培养人、教育人的好教材，审美活动是培养人、教育人的独特方式。美育和各育互相渗透，互相补充，但不能互相代替。德育和智育可以给人以审美观点和审美知识，但要培养学生具有从事艺术活动和创造美的能力，只有通过美育才能达到。因而美育在全面发展教育中是一个相对独立的部分。

美育的主要任务有以下几方面。

(1) 培养学生正确的审美观点以及感受美、理解美、鉴赏美的知识和能力。

审美观点与一定的世界观相联系。美育要培养学生正确的审美观，教给学生一定的审美知识，使他们能够正确地鉴赏自然美，正确地理解和评价社会美。

(2) 让学生在各种文学和艺术活动中培养技能，发展艺术创作能力。

美是社会实践的产物。文学、绘画、唱歌、舞蹈这些艺术活动都离不开人的参与，而要培养学生创造美的才能便离不开有关知识技能的传授和训练。因此，美育要给予学生各种文学和艺术的知识，要发展美的感受能力，要具体培养各种艺术形式的表演和创作能力。

(3) 培养学生美好的情操和文明的行为习惯。

通过美育，应使学生具有健康的思想、革命的热情、文明的举止、开朗的性格，达到心灵美、语言美、行为美。

5. 劳动技术教育

劳动技术教育是向学生传授现代生产劳动知识和生产技能，培养学生正确的劳动观点，养成良好的劳动习惯的教育。劳动技术教育包括劳动教育和生产技术教育两方面。

实施劳动技术教育有着多方面的意义。

(1) 实施劳动技术教育有利于促进学生的全面发展，完成中学教育的双重任务。

劳动技术教育是全面发展教育的组成部分，对于提高民族的素质，具有十分重要的意义。原国家教委在1987年3月先后颁发《全日制普通中学劳动技术课教学大纲（试行稿）》和《全日制小学劳动课教学大纲（试行草案）》，把劳动课和劳动技术课正式列为中小学的课程，这是加强中小学劳动技术教育的重要措施。

对学生进行劳动技术教育，让学生参加一定的劳动，可以促进学生养成良好的思想道德素质，培养劳动观念、劳动习惯和尊重劳动人民的思想感情，养成珍惜劳动成果、爱护公共财物的品德，增强对社会和集体的责任感。劳动技术教育可以使学生把课堂上学到的知识和实际联系起来，加深对书本知识的理解，促进理论和实际的结合。

(2) 加强劳动技术教育是提高全民族科学文化素质的需要。

社会主义教育肩负着提高劳动者素质和培养合格人才的历史使命。社会主义合格人才应具有良好的思想道德素质和科学文化素质，其中包括良好的劳动态度、劳动习惯和掌握一定的劳动技能。要使我国成为富强的社会主义国家，需要几代人付出艰苦的劳动才能实现。对中小学生进行劳动技术教育是关系国家、民族未来的大事。

(3) 劳动技术教育的推广是世界各国教育的共同趋势。

加强劳动技术教育，是当今世界各国关注的问题。许多国家都十分重视在普及义务教育阶段对学生实施劳动教育和职业技术教育。越来越多的国家把劳动教育作为一门独立课程纳入教学计划，使之成为整个教育体系的重要环节，并且为劳动教育制定专门的教学大纲。加强劳动技术教育已成为世界各国教育发展的一个趋势。

劳动技术教育的主要任务有如下几方面。

(1) 培养学生良好的劳动品质。

要通过教育使学生形成正确的劳动观点和劳动习惯，热爱劳动和劳动人民，勤劳俭朴，珍惜劳动成果等优良品质。

（2）使学生掌握现代生产基本原理与基本生产技术知识。

（3）通过劳动技术教育实践，增强体质，陶冶情操，促进身心健康发展。

（二）全面发展教育各组成部分之间的关系

社会主义的全面发展教育由德育、智育、体育、美育和劳动技术教育五个部分组成。这是一个全面反映社会生产发展和社会生活需要对人才规格需求的教育结构，五个部分的紧密联系与相互作用为全面人格的形成提供了最佳的运行机制。这是因为这五个部分中的任何一育不仅有其特定的任务、内容和功能，而且对其他各育又起着影响、促进的作用。例如，德育对其他各育起着保证方向和保持动力的作用，它体现了社会主义教育的无产阶级政治方向，同时，其他各育则为德育的实施提供了条件，任何一种思想品德的形成只有将其寓于各育任务的实施中才有可能。智育则为其他各育的实施提供了认识基础，成为实施各育不可缺少的手段。体育则是实施各育的物质保证，没有健康的身体保证，任何一育的任务都不可能顺利完成。美育和劳动技术教育是德、智、体的具体运用和实施，正确的审美观点反映了一个人的知识水平，又体现着一个人的思想素质状况。而在劳动技术教育中更离不开必需的知识基础和技能，离不开良好的思想品德修养。因此，德育、智育、体育、美育和劳动技术教育是密切联系的，它们互为条件，互相促进，相辅相成，构成统一的整体，从各个方面保证教育目的的实现。

四、素质教育

（一）素质教育提出的背景

新中国成立初期至“文化大革命”之前的17年，全面发展教育是我国教育思想的主流，“文化大革命”期间的教育受到了破坏。粉碎“四人帮”后，特别是党的十一届三中全会以后，教育又恢复了生机。1977年，恢复了中断11年的高考制度。但进入到80年代以后，高考的“指挥棒”作用日益增强，片面追求升学率现象越来越严重。许多地方无休止地加班加点，砍掉必要的课外活动和生产劳动技能教育，放弃德育、体育和美育，使学校教育的全部工作都服从和服务于应付升学考试和提高学生升学率。这种“应试教育”严重地影响了学生的身心健康，造成了学校教育与生产劳动、与社会实际、与学生生活的严重脱节。这种现象屡禁不止，甚至大有愈演愈烈之势。如何从根本上革除“应试教育”的弊端，使我国的基础教育健康发展，成了一道亟须解决的难题。

1983 年，邓小平同志提出："教育要面向现代化，面现世界，面向未来。"成为指导我国教育改革和发展的具有长期性、全局性和根本性的战略方针，为我国教育的健康发展指明了方向。

80 年代以来，我国基础教育开始了整体改革的探索，先后出现了各种教育实验，如"愉快教育""成功教育""和谐教育""创造教育""主体性教育"等，这些实验探索推动了教育整体地发展，为素质教育的提出奠定了实践基础。

1985 年，《中共中央关于教育体制改革的决定》指出："教育体制改革的根本目的是提高民族素质，多出人才，出好人才""所有这些人才都应该有理想、有道德、有文化、有纪律，热爱社会主义祖国和社会主义事业，具有为国家富强和人民富裕而艰苦奋斗的献身精神，都应该不断追求新知，具有实事求是、独立思考、勇于创造的科学精神。"1990 年，江苏省较早在《江苏省教育委员会关于当前小学教育改革的意见（试行)》中以政府文件的方式明确"素质教育"一词和确立素质教育的地位。1991 年，江苏省又率先召开素质教育研讨会。1993 年 2 月 13 日，中共中央和国务院印发的《中国教育改革和发展纲要》明确提出了"转轨"的问题，提出："基础教育是提高民族素质的奠基工程，必须大力加强。""中小学教育要由'应试教育'转向全面提高国民素质的轨道，面向全体学生，全面提高学生的思想道德、文化科学、劳动技能和身体、心理素质，促进学生生动活泼地发展，办出特色。"素质教育的问题在党的文件中明确提了出来。1994 年，在全国教育工作会议上，国务院副总理李岚清明确使用了"素质教育"的概念，指出："教育必须从'应试教育'转到素质教育的轨道上来，全面贯彻教育方针，全面提高教育质量。"

资料 5-2：

学校不补课：孩子高兴　家长不干

山西太原市各中学就要放假了，学校大多也按教育主管部门的要求明确放假后不再补课。这对于一直盼着假期的孩子们是个好消息，然而家长们却不干了，纷纷向学校递交了自愿补课申请，强烈要求学校利用离春节还有较长时间的这个空当给孩子们补课。

学校为难，学生反对，家长却意志坚定地抵制"禁补令"，这背后有着怎样的故事？

家住太原市新建路的张女士近来有点上火，在她的运作下，孩子同学的家长大多同意了补课事宜，也与学校达成了默契。校方告诉张女士，你们愿意自己张罗就行，但决不能使用学校的教室，地方自己寻找。尽管校方的态度不尽如人意，但补课总算有着落了。

而最让她头疼的事儿，是孩子的强烈反对。孩子的“小九九”是，为了防止甲流的传染，学校从本学期中期开始执行周末休息一天的制度，以期早日完成教学任务提前放假。如今好容易盼到假期，突然又冒出个补课来，她自然不愿意就范。

与孩子和家长的针锋相对相比，学校的态度显得有些矛盾。目前甲流已经式微，适当补补课也未尝不可，但是不能在自己的学校里，教育局已经明确表态不需补课了，真要顶风作案学校并不划算。但顺应家长的要求，可提高学生的水平，同时也可让老师们有点意外收入，如果被举报，查到底也不会有学校的责任，这当然是一件一举多得的事情。

事实上，学校这种态度对于家长来说相当于一种鼓励。目前有不少家长像张女士一样想方设法为补课而努力，因为需求旺盛，不难想象实现补课是板上钉钉的事情。

其实，张女士上火的原因，还不止这些。她也心疼孩子，知道一个学期了，每天十几个小时趴在课桌、书桌上，太需要放松调节一下了。但与孩子的前程相比，也只能勉其难而为之了。只是这样，当家长的，本身又平添了另一番的痛苦和不忍。

——，《学校不补课：孩子高兴　家长不干》，载《中国教育报》，2010-02-03

（二）素质教育的含义、特性和内容

1. 素质教育的含义

在20世纪80年代的教育改革大潮中，人们把教育改革和“素质”连在一起，逐渐组合成了一个新名词——“素质教育”。关于素质教育的说法很多，但后来比较一致的说法是：“素质教育是以提高国民素质为宗旨，以培养学生的创新精神和实践能力为重点，面向全体学生，全面提高学生的思想道德、文化科学、劳动技能和身体、心理素质，促进学生主动地、生动活泼地发展的教育。”①

① 马振海. 素质教育读本［M］. 郑州：河南大学出版社，1997：14.

2. 素质教育的特性

(1) 基础性和基本性。

“基础性”是针对受教育者接受教学内容来说的，强调教学内容适应学生的基本经验和生活实际，适应学生的智力发展水平。也就是教学内容对受教育者来说是基础的东西，也包含着教学要符合学生的生活基础和经验基础，同时又要通过教学促进学生智力的发展。所以在教学内容上反对让学生高不可攀，也反对过分容易，力求符合学生实际。在教学中，一方面，要求教师要认真分析教材，从知识结构体系、教材编写意图上整体把握教材；另一方面，要认真分析学生身心发展的特点，把握学生身心发展的顺序性、阶段性及个体差异，找到教材和学生发展的适应点，循序渐进地开展教学。长期过高地要求，只会使学生丧失学习的兴趣，甚至会产生学习的心理障碍。

“基本性”是就学科的内容而言，强调教学应教给学生基本的知识，也就是说基本概念、基本原理和基本法则。因此，在教学内容上，反对多而杂，力求去芜求精；在教学过程中应当让学生集中精力去解决基本性的问题。

(2) 全体性和全面性。

素质教育在贯彻教育方针上做到“两全”，即全体性和全面性。所谓全体性是指为全体适龄儿童和青少年敞开接受正规基础教育的大门。也就是说，素质教育不允许以任何形式或手段对入学儿童按照种族、民族、性别、肤色、宗教、语言、经济地位、残疾与否等标准进行筛选，更不应该按成绩好坏进行非正常的淘汰。这是素质教育最根本的要求和最本质的规定。

素质教育的全面性是指使每一个受教育者的素质得到全面发展，成为一个在个人精神领域和社会生活领域完整的人。这里所说的全面性指向学生生活的各个领域，既有知识的学习，也有道德的修养、体能的开发、审美能力的培养、情感能力的发展等。

(3) 本体性和主体性。

过去的教育曾存在着一种偏颇：重视社会规范的要求，忽视人自身发展的需求。也就是在培养人的问题上只注意到人的社会功能和价值，对于人自身的发展和内在价值则不去关注。素质教育把教育的着眼点放在学生身上，以学生为本位、为核心，更强调学生自身发展的要求。强调要把重点放在育人上，要培养人的素质，开发潜能，启迪心智，增强后劲，并认为这就是教育的本体功能。而为社会服务，则是本体功能派生出来的外部功能。因为它是人的素质、教育本体功能外化的功能。因此，只有抓住“人”的发展这一根本，社会的发展才成为可能，才是水到渠成的事。

主体性就是要尊重学生这一教育主体的本质特性。学生作为教育主体都有哪些本质特性？一般认为包括三个方面：主动性、独立性和创造性。素质教育自始至终贯彻主体性原则：从主体出发——尊重学生的主体地位；依靠主体——发挥学生的主体作用；为了主体——完善学生的主体素质。素质教育的主体性正是反映了教育与发展的关系，教学就是促进学生主动性、独立性和创造性的发展。

（4）持续性和终身性。

有人把“应试教育”比喻为一种短视的教育，只看到眼前的一些琐碎的知识的学习，至于这些知识对孩子将来的发展会产生什么影响，则从来不去考虑。只想一下子把孩子培养成一个什么“家”，而没有考虑到基础教育首先是为孩子的一生打基础的教育，它向儿童提供的只能是“基本素养”，让学生拥有“一般学识”，是为现在的生活和将来的整个人生奠基的教育，是让孩子一生都能受益的教育。

资料 5-3：

1988 年，世界 75 位诺贝尔奖金获得者在巴黎聚会，有人问其中一位获奖者：“你是在哪所大学、哪个实验室学到你认为是最主要的东西？”这位白发苍苍的学者答道：“是在幼儿园。”“在幼儿园学到些什么东西呢？”“把自己东西的一半给小伙伴们，不是自己的东西不拿，东西要放整齐，吃饭先要洗手，做错了事情要表示歉意，午饭后要休息，要仔细观察周围的大自然。从根本上说，我学到的东西就是这些。”

——马振海主编，《素质教育读本》河南大学出版社，1997

3. 素质教育的内容

谈到素质教育的内容应首先去探究素质的结构层次，也就是说，我们应当首先找到素质的基本结构，才能有针对性地进行培养。我们知道，人生下来就已经不单纯是一个自然的人，他是个性和社会性对立统一发展的结果，是社会文化素质和心理素质以身体素质为载体相互作用而最终形成完整的素质结构的过程。这不是一个自发的过程，而是一个教育的过程。人只有受到教育才能逐步摆脱动物化，实现人化，达到素质应有的高度。

（1）生理素质教育。

生理素质是人的整体素质赖以生成的基础。我们知道，人与一般生物在基因编码系统的开放程度上有很大差异。植物以及更低级的生物其DNA编码是特异的、封闭的，它们直接地表达在生物机体的生长发育方面。而动物的基因编码具有两重性。动物的DNA编码一部分是特异的、封闭的，而另一部分则是未特化的、开放的。基因中的开放部分要通过后天的环境的相互作用才能完成编码。特异性编码可以遗传，而开放性编码是不能遗传的。人的基因编码系统也可以分为特异性和开放性两部分，但人的特异性编码部分与开放性编码部分相比很脆弱，除了保障躯体发育的指令及决定少量的本能行为的特异信息之外，人的基因系统中绝大部分都是开放的，都需要吸收后天的信息才能最终完成编码。甚至人的那些少量的特异性本能行为，也需要在后天的环境中加以锤炼。所以，人类个体出生以后，有很严重的依赖性，要通过整个儿童期来学习，来实现自己潜在的、天赋的资源。

动物在出生后便按照自然地显示出来的本能发展。由于人在生物学上的未特化（即他具有几乎全开放的基因编码系统），需要在一定的文化环境中被成人抚养才能成为人。“狼孩”就是最好的印证。

儿童的生理素质的提高也是需要教育的。首先，要注意儿童丰富的营养和充足的睡眠。其次，讲究卫生，培养孩子良好的卫生习惯。再次，要注意孩子的身体锻炼，增强体质。最后，要学会预防疾病。

（2）心理品质教育。

心理品质教育就是培养健康的心理、健全的人格。主要包括：开发潜在的智能，使人获得正常的智力；培养愉快的情绪，使人乐观向上，积极进取，对生活充满自信，善解人意，与人相处关系和谐，会包容，具备一定的情绪调控能力；形成坚强的意志，能主动自觉地迎接困难、战胜困难，具有独立、果敢、坚韧、勇敢的品质。

心理素质教育很难把握，但它对儿童的发展非常重要，其重要性体现在以下几个方面：首先，它是儿童发展的基础。它作为把握世界的一种独特方式，与人的认识相伴随，是孕育创造性思维的温床和产生崇高道德行为的沃土。美国斯坦福大学特尔门教授及其助手曾在1921年选择智商较高的小学三年级至初中二年级学生1478名，对其中800名男生进行了50年的跟踪研究，发现成绩最大与最小两部分之间，明显的差异不在智力水平的高低，而在整体心理素质的优劣。其次，它是儿童健康生活的基础。据上海精神卫生研究所对 3000 名学龄儿童的调查，其中有生理问题的仅占 1.3%，而有心理问题的则占 20%，主要表现在情绪失常，易紧张，忧郁，注意力不集中，爱发脾气，情绪偏执，胆小，以自我为中心，抗诱惑力差等。这些都是由心理方面的原因造成的，只要我们营造一个健康的教育环境，问题是可以解决的。再次，它是现代人所必备的品质。现代社会对人的影响更多表现在心理层面，社会竞争加剧，由此带来高节奏的生活方式，生活的不确定性、复杂的人际关系，这就要求现代人有较高的心理调适和心理承受能力，学会在复杂的社会生活中成长。

（3）文化素养教育。

这里所讲的文化，主要是指精神文化，包括科学、文学、艺术、道德等，对少年儿童进行科学教育，就是要使他们掌握自然科学和社会科学的基础知识和基本技能，培养少年儿童的科学素养和人文素养，发展学生的智力，培养学生的能力。

（三）实施素质教育的意义

1. 实施素质教育能够从根本上革除"应试教育"的弊端，更加全面地贯彻党的教育方针

"应试教育"是一种以应付升学考试为中心，以片面追求升学率为目的的短视教育，长期以来，给我国的基础教育带来了很大危害。其主要弊端如下。

（1）偏重智育，忽视其他各育，不利于学生素质的全面提高。长期以来，在教育工作中，学生的学习观念发生了变化，树立不起长远的学习目标，部分学生缺乏吃苦耐劳的精神，拜金主义、享乐主义、个人主义盛行，轻视劳动和劳动人民，广大中小学学生的体质下降等，这都和片面追求升学率有关。

（2）偏重智育中知识的灌输，忽视智力开发和能力的培养。智育既包括知识的学习，也包括智力的开发和能力的培养，"应试教育"为了应付考试，把教育做简单化的理解，只注意到知识的学习，而忽略了知识学习的过程和怎样更有效地获得知识。把人的大脑变成了知识的容器，严重影响了学生主动地、生动活泼地发展。

（3）偏重应试科目的教学，而忽视非应试科目的教学。考什么，教什么，如果不是考试科目，即使课程计划和课程标准有明确的规定，也会想尽一切办法应付过去。这使学生的知识残缺不全，很难适应进一步学习和实际生产、生活的需要。

（4）偏重少数升学有望的“尖子生”，忽视甚至歧视升学无望的大多数学生。这种做法严重影响到全体学生素质的提高，使升不上学的学生很难适应社会发展的需要，背离了基础教育提高全民族素质的根本目标。

（5）偏重统一要求，忽视个性差异。为了升学考试，千篇一律地要求学生，把对学习的理解和对学生的理解简单化，不利于学生个性、特长和创造力的发挥，影响到社会主义现代化建设对多规格人才特别是创造性人才的需求。

（6）偏重校内教育，忽视社会实践。使学校教育严重脱离社会实际，脱离生产劳动，脱离社会主义现代化建设的需要。

（7）偏重眼前的成绩，忽视学生长远的甚至终身的发展。把教育的所有视线都放到学生一时一事的得失，而没有树立一种长远的目标和全局的观念，有人把这种教育叫做“短视的教育”。

素质教育与“应试教育”截然不同，它是一种全面和全体的教育。素质教育主张学生德智体美全面发展，面向全体学生，而不是只重智育，忽视其他各育，只重“尖子”生，忽视大多数学生。素质教育倡导学生积极主动地发展。因此，素质教育将从根本上革除“应试教育”的弊端，更好地贯彻党和国家的教育方针，使我国的基础教育向更高的层次发展。

2. 实施素质教育，提高全民族素质，是我国实现社会主义现代化的决定因素

我国社会主义现代化建设需要高素质的国民，党中央多次把我国现代化建设同我国劳动者素质、国民素质和全民族素质联系起来，认为后者是决定前者成败的关键因素，把它作为一项战略任务提到了全党和全国人民面前。这是因为：第一，劳动者素质低成了制约我国经济和社会发展的最大障碍。我国是世界上最大的发展中国家，人口多，底子薄，国民受教育的程度和水平与发达国家有很大的差距。近些年虽然有所发展，但仍不能满足经济和社会发展的需要。第二，我国社会主义现代化建设，对国民素质提出了更高的要求。社会主义的现代化，并不仅仅是具有先进的生产工具和丰富的物质资料，很大程度上是人的现代化。要求人们不仅有更广阔的科学文化素质和劳动技术素质，而且更要有好的身体素质、更高的思想道德素质和更健康的心理素质。就思想道德素质而言，不仅包括坚定的理想和信念，还应包括爱国主义、集体主义、为人民服务的思想、民主法制意识、社会公德意识、开拓创新意识等。

实施素质教育是全面提高国民素质的必由之路。“基础教育是提高民族

素质的奠基工程”，基础教育是为人生打基础的教育，是面向全体国民的教育，它担负着提高全民族素质的重任。但是受到“应试教育”的影响，它没有很好地完成这一任务。我国的教育只有从“应试教育”转向素质教育的轨道，才能真正完成这一战略任务。

3. 实施素质教育顺应了国际教育改革的潮流

当今世界技术更新加快，竞争日趋激烈，人才的竞争成了世界各国关注的焦点，谁拥有了21世纪的教育，谁就能在发展中处于主动地位。很多国家都在思考和变革本国的教育，使其更能适应新形势的需要。

资料5-4：

不要让他们像中国孩子那样

1992年，当我辗转回到以色列的时候，13岁的老大、12岁的老二和10岁的小女儿都还暂时留在中国。选择在那时回到以色列，完全是因为穷途末路：我的父亲是犹太人，“二战”时逃亡到上海，并在那里生下了我。母亲在我很小的时候就抛弃了我们，12岁那年父亲去世，我就成了孤儿。长大后，我在上海铜厂当体力女工。结婚生下三个孩子后，丈夫离我们而去。留在上海，满眼都是痛苦的回忆。正好那时中以正式建交，怀着一种逃避的心情，我成了第一批回到以色列的犹太人后裔。

（一）

初到以色列的日子，比想象中要困难许多。我不懂得那里的语言，在特拉维夫的大街上，我压根不知道该怎样生存下去。

我从上海带来的积蓄只能维持3个月的生活开支，我在路边摆了个投资最小的小摊卖春卷。以色列的官方货币是谢克尔，1谢克尔兑换人民币2块钱，更小的币值是雅戈洛。1谢克尔等于100雅戈洛。我的春卷小摊，每天能赚到十来个谢克尔。1993年5月，我把三个孩子都接到了以色列。

以前在国内时，我一直秉承再苦也不能苦孩子的原则，到了以色列以后，我依旧做着最合格的中国式妈妈：我把孩子们送去学校读书，他们上学的时候我卖春卷。到了下午放学的时候，他们就来春卷摊，我停止营业，在小炉子上面给他们做馄饨下面条。

一天，当3个孩子围坐在小炉子旁边等我做饭的时候，邻居太太过来训斥老大：“你已经是大孩子了，你应该学会去帮助你的母亲，而不是在这里看着你母亲忙碌，自己就像废物一样。”然后，邻居太太转过头训斥我：“不要把那种落后的中国式教育带到以色列来，别以为生了孩子你就是母亲……”

邻居太太的话很伤人，我和老大都很难受。回到家，我安慰老大：“没事的，妈妈能撑住，我喜欢照顾你们。”可是，老大说：“也许，她说得没错。妈妈，让我试着去照顾弟弟妹妹吧……”

第二天是祈祷日，孩子们中午就放学了。来到我的小摊，老大坐在我旁边，学着我的样子把做好的春卷皮包上馅，卷成成品，然后入油锅去炸。他的动作一开始有些笨拙，但是后来越来越熟练。

老大身上的转变大得连我自己都想不到，除了帮我做春卷，他还提出由他们带做好的春卷去学校卖给同学。每天早上，他和弟弟妹妹每人带20个春卷去学校，放学回来的时候，会把每人10谢克尔的卖春卷收入全部上交给我。我觉得很心酸，让他们小小年龄就担起生活的担子。可是，他们没有表现出我想象的那样委屈，他们说他们慢慢开始喜欢这种赚钱的感觉了。

(二)

邻居太太告诉我，在犹太家庭里，孩子们没有免费的食物和照顾，每个孩子都必须学会赚钱，才能获得自己需要的一切。孩子们在学校也被灌输着这样的理念。他们比我更容易地接受了这种犹太法则。于是我决定改变以前在国内对孩子们的习惯，试着培养他们成为犹太人。

首先，我们家确立了有偿生活机制，家里的任何东西都不再无偿使用，包括我这个母亲提供的餐食和服务。在家吃一顿饭，需要支付给我100雅戈洛的成本费用，洗一次衣服需要支付50雅戈洛……在收取费用的同时，我给予他们赚钱的机会，我以每个春卷30雅戈洛的价钱批发给他们，他们带到学校后，可以自行加价出售，利润部分可自由支配。

第一天下午回来以后，我得知3个孩子卖春卷的方式竟然截然不同：老三比较老实，按照老价钱，50雅戈洛一个零售，赚到了400雅戈洛；老二则使用了批发手段，40雅戈洛一个直接将春卷全部卖给了学校餐厅，尽管只有200雅戈洛的利润，但他告诉我餐厅同意每天让他送100个春卷去；老大的方式比较出人意料，他在学校举办了一个“带你走进中国”的讲座，由他主讲中国国内的见闻，讲座的噱头就在于可以免费品尝美味的中国春卷，但是需要买入场券，每人10雅戈洛，每个春卷都被他精心分割成10份，他接待了200个听众，入场券收入2000雅戈洛，他上交学校500雅戈洛的场地费用后，利润1500雅戈洛。

除了老三的方法在我意料以内外，老大和老二的经营方式都超出了我的想象。我真的没有料到，只在短短数日之间，以前只会黏着我撒娇的孩子就摇身一变成了精明的小犹太商人。

（三）

当老大在法律课上学习了移民法后，他告诉我像我们这样的家庭应该可以去移民局领取安家费。我半信半疑地去了，结果一下领回了6000谢克尔的安家费，这对我们一家来说可是一笔了不得的财产。然后老大跟我说因为他给我提供了信息，我应该付给他10%的酬金。我犹豫很久，终于决定把600谢克尔这笔钱给他，他拿到钱后，给我和他弟弟妹妹都买了很漂亮的礼物，剩下的钱，他说他会拿去变成更多的钱。

老大用这笔酬金邮购了一批国内很便宜的文具，然后去学校售卖。一年以后，他户头上的金额就已经超过了2000谢克尔。

尽管老大很会赚钱，但在实际上，老二比他更能领会犹太法则的精髓——犹太人共同的一点是，从事那些不用投入本钱的行业，从事其他人不做的、无须花钱和投资的工作。老二以他14岁的年龄和文笔，竟然在报纸上开设了自己的专栏，专门介绍上海的风土人情，每周交稿两篇，每篇1000字，每月8000雅戈洛。

老三是女孩，比较矜持，她学会了煮茶和做点心，每天晚上，她会精心煮一壶红茶，配上她自创的口味不同的点心，一家人围坐下来边吃边聊天——老三的点心有点中西合璧的味道，两个哥哥都很喜欢。不过，这些点心不是免费用，两个哥哥支付的点心费用，刨开成本和每天交给我的费用外，老三也能活得很滋润。

当我们家的资金越来越丰富的时候，我们一家四口合资开办了我们家的中国餐厅。我占40%股份、老大30%、老二20%、老三10%。当我们的餐厅越来越有名的时候，我也引起了很多关注。当我获得拉宾的接见后，我成了以色列的名人。此时的我已经完全掌握了希伯来语，再加上我的母语中文，我最后被以色列国家钻石公司邀请担任驻中国首席代表。

（四）

当我回国任职的时候，孩子们也跟随我回到了中国，有了中国孩子作为比较对象之后，我方才发觉我的孩子成长得比我想象的还要优秀——在回国之前，每个孩子都去购买了很多以色列的物品。

回国之后，老师来找我了，她说我的孩子在校园推销来自以色列的商品，从饰品到民族服装甚至到子弹壳无所不有，她建议我好好管教一下孩子。我告诉她，我无权干涉我孩子的行为，这是他们赚取学费的方式——因为，我已经不再负责他们的所有的学习费用。老师的眼睛顿时瞪得大大的，她理解不了像我这样月薪5000美元的母亲竟然会不给孩子学费。

我请她品尝一下女儿做的在家售价2块钱一个的小点心，微笑着告诉她："这是我的孩子在以色列生活几年以来，学会犹太法则的产物，我相信他们将来都会成为优秀的人才。"在随后的高考中，老大进入了旅游学校，他说他要成为专业的旅游人才，然后去以色列开办自己的旅游公司；第二年，老二考上了上海外国语学院，他说他的理想是当一个作家，在不需要任何投资和奉献的前提下赚取利润；老三说她回去学中国厨艺，当一个顶级的糕点师，然后去开办全以色列最好的糕点店。

回国以后，我发觉很多中国父母活在一种左右摇摆的矛盾心态中。既希望自己的孩子将来能成为大富翁，却又似乎害怕孩子过早地沉迷于金钱。这就好像，既希望孩子将来能有个幸福的家庭，却又害怕孩子现在会早恋一样。这是一种典型的叶公好龙。犹太人用敲击金币的声音迎接孩子的出世，赚钱是他们人生的终极目标，至于教育、学习都是为了达到这个目标必须经过的过程——而中国的父母，哪怕心中憧憬无比，却从来不肯挑明这个话题。

这句话很难说吗？其实只是简单的一句："孩子，我想当一个富翁的妈妈……"

——张文韬，《不要让他们像中国孩子那样》，载《晚报文萃》2008（21）

思考：看了来自犹太人的教育，你作何感想？

【思考题】

1. 谈谈你对教育目的的理解。

2. 我国的教育目的是什么？

3. “应试教育”的存在基础是什么？

4. 你所理解的素质教育是什么？

【拓展阅读】

1. 项贤明. 泛教育论［M］. 太原：山西教育出版社，2000.

2. 黄全愈. 素质教育在美国［M］. 广州：广东教育出版社，1999.

3. 冯建军. 当代主体教育论［M］. 南京：江苏教育出版社，2001.

4. 瞿葆奎. 教育学文集·教育目的［M］. 北京：人民教育出版社，1989.

第六章　学校教育制度

教育要培养出心智健全的人，培养出一定社会所需要的人才，就必须设立相应的教育机构，建立能够充分发挥各级教育机构整体功能的教育制度，这是一个国家有效地发展教育事业的保障。本章试图理解学校教育制度的一般理论，对我国学校教育制度的历史沿革作一深入了解，把握现行学制的改革和发展趋势。

【学习目标】

1. 理解教育制度和学校教育制度的含义。
2. 了解我国教育制度发展的历史轨迹。
3. 理解我国现行教育制度的改革。

第一节　学校教育制度概述

一、教育制度与学校教育制度

教育制度是一个国家在一定历史时期形成的各级各类教育机构与组织的体系，以及为保证该体系的正常运行而确立的种种规范或规定。教育制度包括教育行政制度和学校教育制度，而学校教育是一个国家各种教育的主体，是一个国家教育制度的代表。

学校教育制度，简称学制，是指一个国家各级各类学校的系统，具体规定着学校的性质、任务、入学条件、修业年限以及彼此之间的关系。

学制由纵向划分的各级学校系统和横向划分的各类学校所构成。

（一）各级学校系统

我国的学校系统从层次来说由学前、初等、中等、高等教育所组成。各级学校指学前教育机构、初等教育机构、中等教育机构、高等教育机构。

（二）各类学校系统

各类学校根据学校的性质、学科、专业等划分，包括普通教育、职业技术教育、师范教育、成人教育。

二、学制确立的依据

学制的产生、发展和变化是受到下列因素决定的。

（一）社会依据

1. 受社会政治经济制度的影响

社会政治、经济制度是制约学校教育制度的重要因素。教育结构的确立与调整，学制的颁布与实施都是由国家政权机关控制的。国家的各项决策以适应本国政治、经济制度为根本准则，对于与培养人才的类别与水平有关的教育结构和学制问题，也必然是以政治、经济制度的要求为依据。古今中外，莫不如此。在资本主义制度下，形成了复杂的教育结构，学制也趋于完备，除了适应生产力与科学技术的发展，就其服务的性质而言，它显然是受资本主义的政治、经济制度制约，为资产阶级服务的。当代一些资本主义国家提出教育“民主化”“大众化”等口号，使教育结构适应经济发展，在学制上做出某些改革，这是教育发展中的进步现象。但是，这一切都没有超出资本主义政治、经济制度的需要，它不可能摆脱资本主义制度自身的局限性。

社会主义国家要自觉地按照本国政治、经济制度的要求，调整教育结构、改革学制，使整个学校教育系统培养出来的人才，在数量、质量、层次结构、专业结构等各方面符合国家发展的需要。

2. 受生产力发展水平的影响

社会生产力和科学技术的发展水平制约着教育结构与学校教育制度。古代社会生产力水平低，科学技术还不发达，劳动力并不需要经过学校培养。学校教育为统治阶级所垄断，限于狭小的范围，类型单一，学校教育结构与学制处于不完备的初级阶段。随着生产力水平的提高，科学技术的发展，自然科学的各个部门从哲学中分化出来，要求学校培养各种专门人才，于是学校类型日渐增多。资本主义大工业生产的兴起，科学技术在生产中得到广泛应用，对学校教育提出了两个方面的新要求：一是要求工人普遍接受一定的学校教育，掌握适应大工业生产的科学文化知识，反映到学制上就是要求实行义务教育制度；另一项要求是大工业生产需要不同层次的各种专业技术人才，必须建立适应生产与科技发展的职业技术教育系统。现代教育结构中义务教育的基础地位，以及职业技术教育的迅猛发展、比例增大和这种发展趋势在学制上的有关规定，都是由生产力和科学技术发展的客观需要所决定的。

3. 受文化因素的影响

文化是指人类在生产实践和社会生活实践中创造的物质财富和精神财富的总和。文化的发展为教育发展提供了肥沃的土壤和源泉，教育则又是文化丰富和完善的手段。具体来说，文化类型影响教育制度的类型，例如，到近代社会，中国由于受传统文化的影响，教育更注重它的人文性，科学教育的思想远离我们，因此教育制度的完善相对要缓慢一些。文化积淀影响教育制度的形成，文化发展影响教育制度的发展。

4. 受人口因素的影响

人口是指生活在一定社会、一定地区，具有一定数量、质量和结构的人的总体。人口既有量的特征，又有质的区别。首先，人口数量影响教育发展的规模和速度、质量和结构。其次，人口结构影响教育的结构。最后，人口质量影响教育质量。

5. 受教育制度传统以及国外教育制度的影响

中外教育史表明，一个国家改革学制时，一方面是根据统治阶级的需要和本国具体实际来进行，另一方面对外国学制中的有益之处也要学习。比如，美国经过独立战争摆脱英国统治后，虽然两国尚在敌对，但在建立学制时仍然借鉴了英国的幼儿教育制度。

历史表明，任何一个国家的学制，都有它建立和发展的过程，既不能脱离本国学制发展的历史，又不能忽视外国学制的有益经验。不同性质的社会制度决定不同性质的学制，这是学制的本质方面。但我们也应看到，在同一社会制度状况下，由于各个国家生产力、科技发展水平不同，教育发展不同，学制也不完全一样。比如，美国是地方分权制，法国是中央集权制，英国是双轨制，美国是单轨制。因此，在不同国家的学制之间，新旧学制之间既有彼此相同又有继承和相互借鉴的一面。

（二）人的身心发展规律的影响

学生的身心发展规律也制约着学制。人在一生中经历着不同的年龄发展阶段，从儿童到少年，从青年到壮年，在身心发展上各有其特点和规律。制定学制，规定入学年龄与修业年限，确定各类学校的分段与衔接，升学制度中某些弹性限度的规定，特殊学校、特殊班级的设立，调整教育结构，职业技术教育从哪个年龄阶段起始，某些职业技能适合于哪一年龄阶段的学生等，都必须考虑学生的身心发展规律。心理学与脑科学的研究证明：一般人在六岁时大脑重量已达成人的90%，余下的10%是在其后十年中长成的，六岁至十六七岁是可能接受系统科学知识、身心迅速成长的重要时期。因此，大多数国家都把儿童的入学年龄规定为六岁，把其后的十年至十二年作为基础教育阶段。到十六七岁以后，随着身心发展的全面成熟，进入专门的职业技术教育阶段。再如对智力超常儿童的教育，实验研究证明，儿童智力发展上的差异是普遍现象，智力超常儿童需要给予特殊培养。因而，各国在学制上都作出一些特殊的规定，允许智力超常学生跳级，实行特殊招生，设立特殊学校与特殊班级，使特殊教育成为教育结构中的一个组成部分。这说明学生身心发展规律是调整教育结构和建立学制的依据之一。

第二节　我国学校教育制度的历史沿革

一、中国学制的演变

在中国漫长的封建社会里，中国学校有官学、私学、书院三种类型，当时还没有形成学校系统。清光绪28年（1902年）颁布了《钦定学堂章程》（也称壬寅学制），这是我国正式颁布的第一个学制，但并未实施。第二年（1903年）又颁布了《奏定学堂章程》（又称癸卯学制），这是我国实施的第一个学制，成为中国近代学制的开始。这一学制是以日本学制为蓝本，以洋务派的“中学为体，西学为用”为指导思想，以读经尊孔为教育宗旨。该学制分三段七级，第一段，初等教育，分为蒙养院（4年），初等小学堂（5年）和高等小学堂（4年），共三级十三级。第二段，中等教育，五年，为中学堂，不分级。第三段，高等教育，分高等学堂（大学预科，3年）和大学堂（3～4年），通儒院（5年），共三级十一年到十二年。学生自7岁入学，到通儒院毕业，共计26年。时间太长。

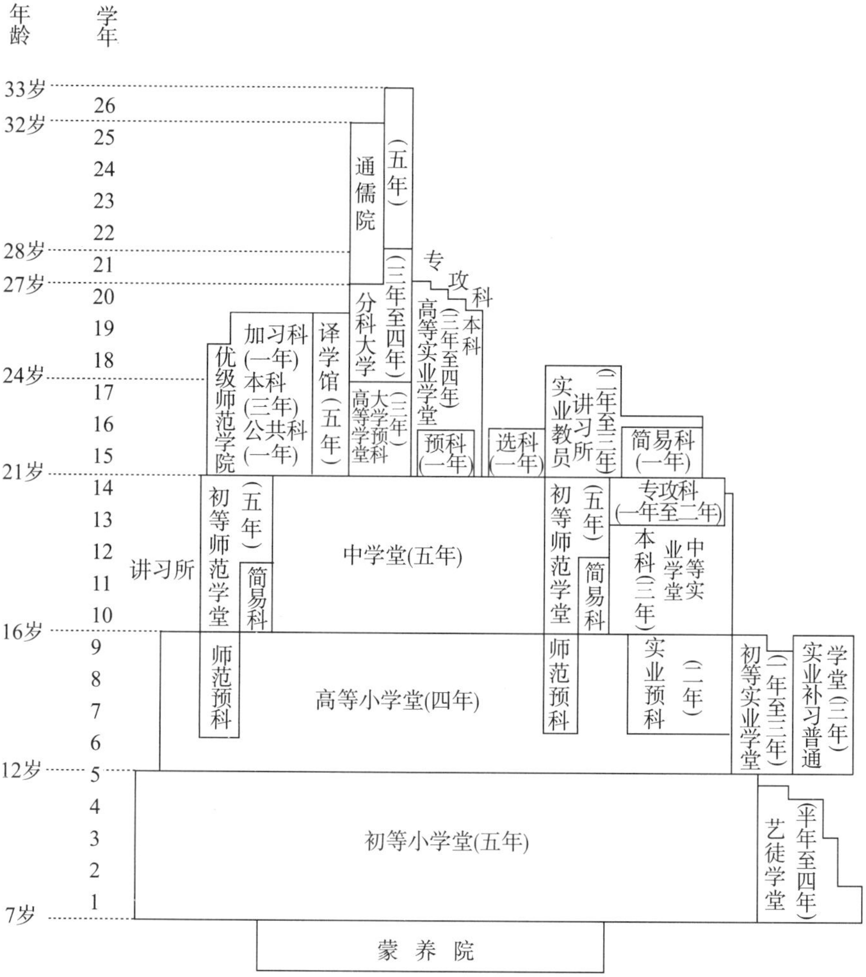

癸卯学制系统图

（金林祥主编．《中国教育制度通史》第六卷，321 页）

1912 年 9 月颁布《学校系统令》，1913 年，教育部又陆续颁布了各级各类学校法令作为补充，形成了新的学制“壬子癸丑学制”。这一学制实行到 1922 年。

1922 年中华民国政府教育部公布了“新学制系统”——即壬戌学制，该学制类似美国的“六三三”学制，规定全部学校教育时间为 16～18 年，分 3 段 5 级，第一段，初等教育段（6 年），入学年龄为 6 岁：分初等小学（4 年），高级小学（2 年）。第二段，中等教育段（6 年）：分初级中学和高级中学（各 3 年）。师范教育、职业学校和中等学校平行。第三段，高等教育段（3～6 年）：大学（4～6 年），专科（3 年以上）。后来，学制虽经几次修改，但直到新中国成立前，仍基本上是沿用着 1922 年的学制。旧中国学制多仿照资本主义国家学制的类型，反映着半殖民地半封建教育的性质。

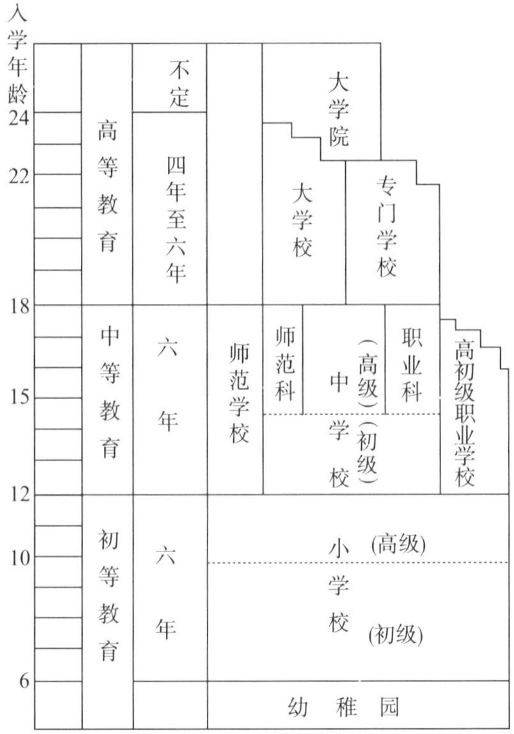

壬戌学制系统图（1922 年公布）

（毛礼锐，沈灌群主编．《中国教育通史》第五卷，83 页）

二、新中国成立以来的学制与教育改革

（一）1951 年的学制改革

随着国民经济的恢复和发展，旧学制已不能适应新中国政治经济发展的需要。为了在最短的时间内培养出社会主义革命和建设所需要的大批人才，为了满足劳动人民学习文化科学知识的需要，中央人民政府政务院于 1951 年 10 月 1 日公布了《关于改革学制的决定》，明确提出废止旧学制，实行中华人民共和国新学制。

新学制的组织系统分为：幼儿教育（幼儿园）、初等教育（包括小学、青年和成人初等学校）、高等教育（包括大学、专门学院和研究部）及各级政治学校、政治训练班等。

1951年学制反映了当时政治和经济发展的要求，继承了解放区教育的优良传统，批判地吸取了旧学制中某些可用的东西，它奠定了我国新学制的基础，对发展我国教育事业和全国经济文化建设都起了重要作用。

1951年学制的特点如下。

第一，继承了我国单轨学制的传统，使各级各类学校互相衔接，保证了劳动人民子女受教育的权利。

第二，职业教育学校在学制中占有重要的地位，体现了重视培养各种建设人才和为生产建设服务的方针。

第三，把工农干部的速成教育和工农群众的业余教育纳入学制系统，贯彻了面向工农开门的方针，突破了传统的学校定义并使学校的功能有了较大地扩展。

第四，加强了普通教育、职业教育和成人教育三类学校的联系和结构的完整性。

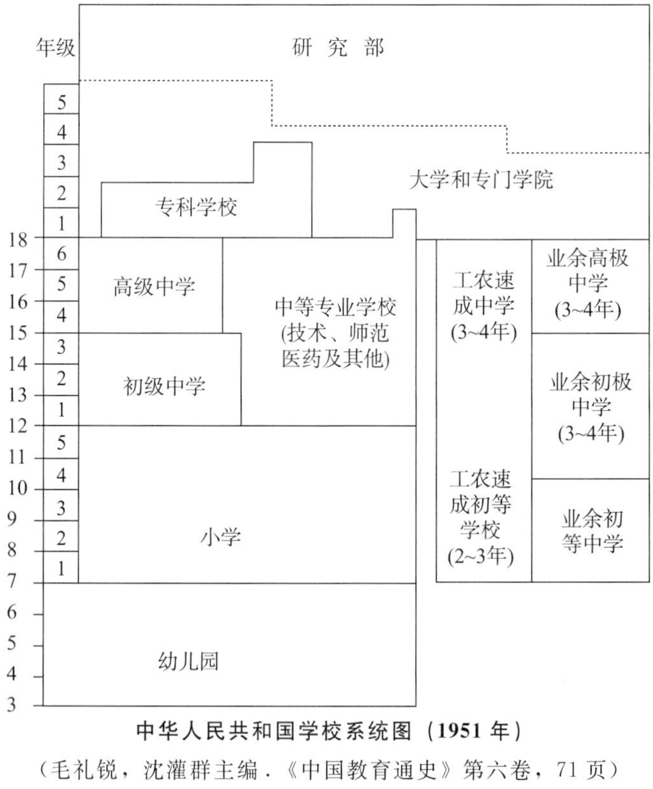

中华人民共和国学校系统图（1951年）

（毛礼锐，沈灌群主编.《中国教育通史》第六卷，71页）

（二）1958 年的学制改革

1951 年的新学制只是新中国成立初期一个过渡性质的学制。1956 年我国完成了生产资料所有制的社会主义改造，开始进入社会主义建设的新时期，要求教育和学制也作相应的变革。1958 年 9 月，党中央、国务院发布了《关于教育工作的指示》，指出："现行的学制是需要积极地和妥当地加以改革的。"其改革要点如下。

第一，提出了党的教育工作方针和教育目的。即"党的教育工作的方针，是教育为无产阶级政治服务，教育与生产劳动相结合"。

第二，制定了发展教育事业的"三个结合""六个并举"的原则。即采取统一性与多样性相结合、普及与提高相结合、全面规划与地方分权相结合的原则，实行国家办学与厂矿、企业、农业合作社办学并举，普通教育与职业技术教育并举，成人教育与儿童教育并举，全日制学校与半工半读、业余学校并举，学校教育与自学（包括函授学校、广播学校）并举，免费的教育与不免费的教育并举。这也就是两条腿走路、多种形式办学的方针。

第三，建立并发展三类学校，即全日制学校、半工半读学校和业余学校。1964 年，中央又根据刘少奇同志的提议，强调推行两种劳动制度和两种教育制度，即全日制学校和半工（农）半读学校同时存在，以利于在城乡普及教育。

1958 年的《关于教育工作的指示》发布之后，在具体执行中发生了不少偏差，导致教育质量严重下降。到 1961 年，鉴于当时教育的严重状况，中央出台了"三个条例"，即"高教六十条 ""中教五十条""小教四十条"，遏制教育质量的下滑。到 1963 年前后，中国教育又开始步入正轨，教育质量达到历史上的最高水平。

然而，好景不长，1966 年夏季揭开了全国性"文化大革命"的序幕。"文化大革命"作为一场文化和意识形态领域的大革命，由最初的统一思想步调、树立领导权威很快演变成一场全国性的全面内乱。学校作为文化教育机构，自然首当其冲。从 1966 年 6 月开始"停课闹革命"，学校再不是昔日育人的摇篮，而变成了革命的战场。严格的教学秩序从此不见。1968 年中央号召"复课闹革命"，但执行者寥寥，且被严重破坏的学校要一下子恢复又谈何容易。其后在林彪、"四人帮"的干扰破坏下，全国再无统一学制、统一课程、统一的升学考试。各省市各行其是，充分运用其自主权，在混乱的社会大环境、混乱的领导行为中进行着混乱的教育。大学学制缩短到 3 年、2 年，实行工农兵"上大学、管大学、改造大学"，中小学学制缩短到 10 年（5、3、2 制，6、4 制）、9 年（ 5、4 制）甚至 8 年（ 5、3

制）。“十年内乱、整整耽误了一代人的成长”。

粉碎“四人帮”后，党中央十分重视教育发展，从1977年恢复高考制度以后至今先后出台了一系列重大的方针政策，其中，与学制直接相关的有《中共中央关于教育体制改革的决定》《中国教育改革和发展纲要》。

（三）1985年的中共中央《关于教育体制改革的决定》

1985年6月27日，中共中央发布了《关于教育体制改革的决定》（以下简称《决定》），其中有关学制的内容有如下几方面。

第一，实行九年制义务教育。义务教育是依法律规定，适龄儿童和青少年都必须接受，国家、社会、家庭必须予以保证的国民教育，为现代生产发展和社会生活所必需，是国家必须予以保障的公益性事业，具有强制性、免费性、普及性和基础性等特征，是现代文明的一个标志。《决定》将全国划为三类地区，分步实施九年制义务教育，并明确了义务教育实施中社会、家庭和学生各自的责任和义务，明确了义务教育的重点和难点在农村。1986年4月颁布的《中华人民共和国义务教育法》规定：凡年满六周岁的儿童，不分性别、民族、种族都应当入学接受九年制义务教育。

第二，调整中等教育结构，大力发展职业技术教育。《决定》指出：“社会主义现代化建设不但需要高级科学技术专家，而且迫切需要千百万受过良好职业技术教育的中、初级教育人员、管理人员、技工和其他受过良好职业培训的城乡劳动者。没有这样一支劳动技术大军，先进的科学技术和先进的设备就不能成为现实的社会生产力。”为此，应在小学、初中、高中后进行三级分流，以中等职业技术教育为重点，逐步建立从初级到高级行业配套、结构合理，又能与普通教育相互沟通的职业技术教育体系，从而扭转中等教育结构不合理的状况。

第三，改革高等教育招生与分配制度，扩大高等学校办学自主权。

第四，基础教育权属于地方，学校逐步实行校长负责制。实行基础教育由地方负责、分级管理的原则，除大政方针和宏观规划由中央决定外，具体改革、制度、计划的制订和实施，以及对学校的领导、管理和检查，责任和权力都交给地方。在学校逐步实行校长负责制，并逐步建立和健全校务委员会和教职工代表大会等制度。

（四）1993年的《中国教育改革和发展纲要》

为实现党的十四大所确定的战略任务，使教育更好地为社会主义现代化建设服务，中共中央、国务院于1993年2月13日印发了《中国教育改革和发展纲要》（以下简称《纲要》），其中有关教育制度的内容如下。

第一，到20世纪末教育发展的总目标是：基本普及九年义务教育，基本扫除青壮年文盲，要全面贯彻党的教育方针，全面提高教育质量，要建设好一批重点学校和一批重点学科。简称为“两基”“两全”“两重”（即20世纪末教育发展的总目标）。

第二，教育的结构：《纲要》确定了基础教育、职业教育、成人教育、高等教育四种类型。基础教育是提高民族素质的奠基工程，必须大力加强。职业技术教育是现代化教育的重要组成部分，是工业化和生产社会化、现代化的重要支柱，要积极发展。高等教育担负着培养高级专门人才、发展科学技术文化和促进现代化建设的重大任务。成人教育是传统学校教育向终身教育发展的一种新型教育制度。另外，还要重视和扶持少数民族教育事业，重视和支持残疾人教育事业，积极发展广播电视教育。

第三，在办学体制上，改变政府包揽办学的传统格局，逐步建立以政府办学为主体、社会各界共同办学的体制。基础教育应以地方政府办学为主，高等教育要逐步形成以中央、省（自治区、直辖市）两级政府办学为主，社会各界参与办学的新格局，职业教育和成人教育主要依靠行业、企业、事业单位和社会各方面联合办学。

第四，改革高校的招生和毕业生就业制度。实行国家任务计划与调节性计划相结合，并逐步实行收费制度，改变“统包统分”和“包当干部”的就业制度，实行少数毕业生由国家安排就业，多数毕业生“自主择业”的制度。

第五，改革和完善投资体制，增加教育经费，逐步建立以国家财政拨款为主，以征收教育税费、收取学费、校办产业收入、社会捐资集资、设立教育基金等为辅的多渠道筹措教育经费的制度。要努力实现“三个增长”，即“中央和地方政府教育拨款的增长要高于财政经常性收入的增长，并使在校学生人数的平均教育费用逐步增长，切实保证教师工资和生均公用经费逐年有所增长”。

（五）1999年的《中共中央国务院关于深化教育改革全面推进素质教育的决定》

1999年颁布的《中共中央国务院关于深化教育改革全面推进素质教育的决定》中有关教育制度的内容主要如下。

第一，明确基本普及九年义务教育和基本扫除青壮年文盲是全面推进素质教育的基础，是教育工作的“重中之重”。改造薄弱学校，提高义务教育阶段的整体办学水平。

第二，调整现有教育体系结构，扩大高中阶段教育和高等教育的规模；大力发展高等职业教育，培养一大批急需的专门人才。

第三，构建与社会主义市场经济体制和教育内在规律相适应、不同类型教育相互沟通相互衔接的教育体制。高等学校和中等职业学校要创造条件实行弹性的学习制度，放宽招生和入学的年龄限制；大力发展现代远程教育、职业资格证书教育和其他继续教育；逐步完善终身学习体系。

第四，继续完善基础教育主要由地方负责、分级管理的体制；切实落实和扩大高等学校的办学自主权；深化学校内部管理体制改革。

第五，积极鼓励和支持社会力量以多种形式办学，形成以政府办学为主体、公办学校和民办学校共同发展的格局。

第六，加快改革招生考试和评价制度，逐步建立具有多种选择的、更加科学和公正的高等学校招生选拔制度；在普及九年义务教育的地区，实行小学毕业生免试就近升学的办法。

第七，切实加大教育投入，逐步实现国家财政性教育经费支出占国民生产总值4%的目标；不断完善多渠道筹措教育经费的体制。

（六）2001年的《国务院关于基础教育改革与发展的决定》

有关教育制度的内容如下。

1. 建立基础教育在社会主义现代化建设中的战略地位，坚持基础教育优先发展

坚持将普及九年义务教育和扫除青壮年文盲作为教育工作的“重中之重”；大力发展高中阶段教育，促进高中阶段教育协调发展；重视和发展学前教育。

2. 进一步完善农村义务教育管理体制

确保农村中小学教师工资发放是地方各级人民政府的责任；坚决刹住一些地方和学校的乱收费，在国家扶贫开发工作重点县等农村贫困地区义务教育阶段，实行“一费制”收费制度；规范义务教育学制。国家将整体设置九年义务教育课程；完善并落实中小学助学金制度；巩固扩大扫除青壮年文盲成果。

3. 改革考试评价和招生选拔制度

改革考试内容和方法，小学成绩评定应实行等级制；中学部分学科实行开卷考试，重视实验操作能力考查。学校和教师不得公布学生考试成绩和按考试结果公开排队。推进高等学校招生考试和选拔制度改革。在科学研究、发明创造及其他方面有特殊才能并取得突出成绩的学生，免试进入高等学校学习。

4. 推进办学体制改革，促进社会力量办学健康发展

基础教育以政府办学为主，积极鼓励社会力量办学。

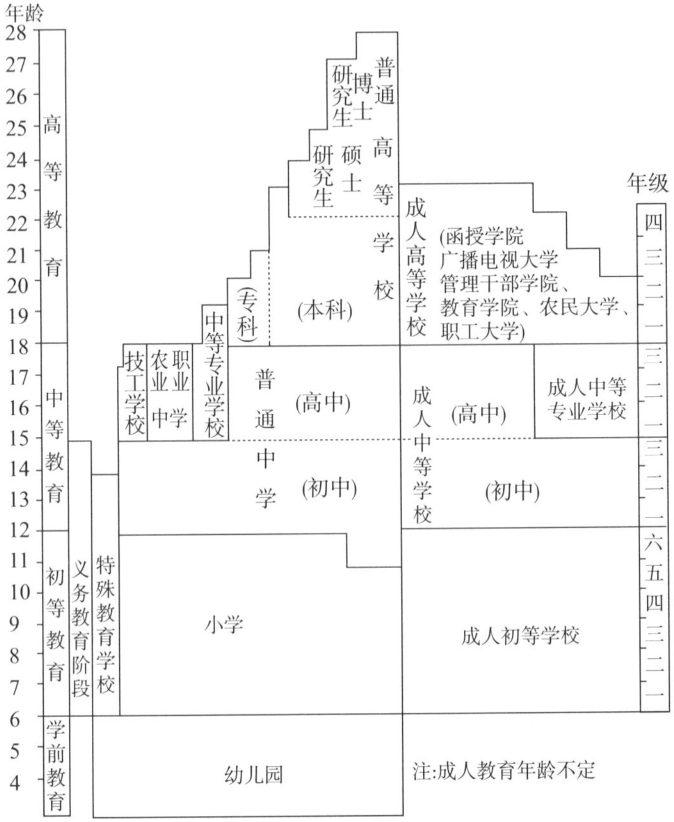

中华人民共和国现行学制图

（毛礼锐，沈灌群主编．《中国教育通史》第六卷，475 页）

第三节　我国现行学制

一、我国现行教育制度构成

我国现行教育制度是个纵横交错的复杂网络，要完整全面地把握中国教育，则需要对其进行全面了解。

（一）我国现行教育的形式构成

1. 教育领域构成：学校教育、家庭教育和社会教育

学校教育是教育者根据一定社会的要求和受教育者身心发展的规律，

在专门的教育机构进行的一种有目的、有计划、有组织地培养人的活动。其目的是把受教育者培养成为一定社会服务的人。它不仅包括全日制的学校教育，也包括半日制的、业余的学校教育、函授教育 、广播电视学校的教育等。

学校教育是最基本、最主要的教育形式，具有以下基本特征：（1）有明确的目的，即培养目标；（2）有确定的教育内容（主要体现为教材）；（3）有固定的教育组织形式（以班级为基础）；（4）有精心组织的教育活动；（5）有专门的教育者和适龄的教育对象；（6）有教育场地和教育设施；（7）有稳定的教育周期。

随着现代生产、现代科技的发展和人类文明程度的提高，学校教育又出现了许多新的特征：突破了传统的时空范围，出现了多类型、多层次、多规格的办学形式，教育普及化程度提高，接受学校教育的人数日益增多，学校与社会生活的联系越来越广泛、密切，逐渐成为开放的系统。

家庭教育是指父母或其他年长者在家庭内通过言传身教或其他教育形式、方法对子女及其他家庭成员施行的各种积极影响。

家庭教育的特点是：启蒙性、个别性、终身性。

广义的社会教育指整个社会生活、社会环境对人身心发展的教育影响。

狭义的社会教育则是指通过学校或家庭以外的社会文化教育机构，以及有关的社会团体或组织对社会成员，特别是青少年所进行的培养思想品德、增进知识、发展智能、健全体魄的教育活动。

近几年，我国社会教育有了很大发展，社会教育机构的类型也很多。按担负的具体任务划分，主要有提高和普及两大类。担负提高任务的校外教育机构有青少年宫、各种科技站（馆）、业余体校等，这类机构在于配合学校培养青少年和儿童的优良道德品质，帮助他们巩固课堂知识，发展多方面的兴趣和才能，促进全面发展。担负普及任务的社会教育机构有文化馆（站）、博物馆、纪念馆、图书馆、俱乐部、体育场、电影院、公园、广播电台、电视台等，这类机构的充分利用，可以使青少年接受积极的影响，汲取最新的知识信息，有利于身心的健康发展，对社会进步也将起到促进的作用。

2. 教育阶段构成：学前教育、学龄教育、继续教育

（1）学前教育。

学前教育即幼儿教育，它是根据一定的培养目标和幼儿的身心特点，对入小学前的幼儿所进行的有计划、有组织的教育。

（2）学龄教育。

学龄教育指在学龄期所接受的学校教育。它包括初等教育、中等教育、高等教育。

（3）继续教育。

继续教育是正规学龄期教育的延伸和发展，指通过业余、脱产或半脱产的途径，使那些已经受过大学的学历教育，并已在工作岗位上工作的人员继续接受知识和技术更新的教育。近年来，我国继续教育实施体系有了很大的发展，逐渐显示出针对性和效益性，促进了社会经济的发展。

3. 教育形式构成：全日制学校、半日制学校和业余制学校

全日制学校包括全日制大、中、小学和中等专业学校，是我国学校的主体。它有完备的课程，以教学为主，学生一周五天全日在校学习。半日制学校，又称半工半读学校，学生一面参加劳动，一面接受学校教育，教学与生产劳动时间安排比较灵活，可通过不同方式进行，一般是教学与劳动并重。业余制学校是指学生接受学校教育完全在业余时间进行，此类学校学习年限一般较长，课程设置和教学方式都很灵活。

4. 受教育方式构成：面授教育、函授教育、远距离教育、自学考试等

（1）面授教育。

面授教育是教育者按照确定的教学计划，在一定的时间内，按照一定的进度，对受教育者直接进行的教育。它是目前我国教育形式结构中一种最主要、最普遍的方式。小学、中学、全日制大学，全脱产的成人教育（如管理干部学院和教育学院脱产班、广播电视大学的辅导班），以及各级各类的半工半读学校、业余学校，都是以面授教育的方式为主。

面授教育是随学校教育的产生而产生的，同其他教育方式相比，具有突出的特点：①这种教育方式是教师当面讲授，可以充分发挥教师的主导作用，使教育具有明确的目的性和计划性，便于学生在短时间内掌握大量的系统知识。②在教育过程中，教师和学生都可以直接地、及时地得到反馈信息。教师可以根据学生的反馈信息，了解学生接受教育的情况，给学生以具体指导，并有的放矢地调节自己的教育方式，学生亦可以通过教师反馈信息，正确地评价自己，不断努力。③面授教育是师生共同参与的双边活动，师生的思想、品德、个性等都可以直接地相互影响。这是面授教育的一个主要特点，是其他教育方式所不可能有的特点。

（2）函授教育。

函授教育是运用通讯方式进行的教育，其实施机构是函授学校或全日

制高等、中等专业学校的函授部。学员利用业余时间，以自学函授教材为主，由函授学校给予辅导和考核，并在一定时间进行短期的集中面授辅导。

函授教育的特点是：①学员可以充分利用业余时间，在教师书面指导下，按照函授学校相应专业的教学计划和教学大纲进行学习。②专业设置针对性强，函授教育不仅可以办本科、专科，培养高级专门人才，也可以开设若干单科，供学员选学，还可以开设一些新技术学科，为在职人员提供新的科学技术教育的机会。③学习形式灵活机动，受时间、地域等方面的限制较少，学习方式灵活，以业余、自学为主，工学矛盾少，可以适用于许多部门职工的学习。④函授教育投资少，不需新建校舍，可以充分利用现有师资和各种教育设施。

我国函授教育发展较快，特别是进入 21 世纪，数量和规模不断扩大。尤其是普通高等学校举办的函授教育在努力提高办学质量的前提下，稳步发展，取得了很大的成绩。函授教育的发展，为社会成员提供了继续受教育的机会，也起到了加速培养四个现代化建设需要的各种人才的重要作用。

（3）远距离教育。

远距离教育是凭借广播电视等多种媒体，在较远的距离范围进行教学的一种开放型教育形式，不受时间、空间、校舍、师资等的限制。充分利用远距离教育的形式，在人口众多、幅员辽阔、教育待普及的我国，更有其现实性和必要性。远距离教育可以覆盖我国的大部分城市和农村，便于广大干部、职工、农民利用业余时间进行学习。我国面向全国的广播电视大学是 1979 年创建的，创建以来，已经形成了从中央到省、市（地）、县的远距离教育办学体系。1986 年 10 月 1 日中国教育电视台正式开播。1990 年 4 月国家教委决定在中央广播电视大学内设立“中国燎原广播电视学校”，课程于 7 月 1 日开播。这是为了充分利用我国已经形成的卫星通信网，充分发挥广播电视教育的优势，面向农村开展国情教育和农村实用技术教育。到目前，中国教育电视台发挥了大覆盖、高效益的功能，为我国远距离教育开辟了广阔前景。

（4）自学考试。

自学是人们根据主观的需要，在自我计划、自我制约下，有目标、有系统地进行的学习活动。自学，尤其是在团体或专人指导下的自学，在任何教育体系中都具有无可替代的价值。

在我国，自学活动发展得越来越普遍，特别是 1981 年高等教育自学考试制度的建立，使无组织的自学活动发展成为有组织、有领导的自学，得到国家的承认，并把自学作为一种接受教育的方式纳入到教育结构之中。高等教育自学考试制度是通过群众自学高等学校一定专业的有关课程，然后经国家考试，借以选拔专门人才的办法。它是个人自学、社会助学和国家考试相结合的一种新的教育形式。

国外的高等教育自学考试制度，主要目的是为那些寻找工作的人补充专业知识。我国的自学考试制度，是为社会主义现代化建设造就专门人才的一种办法，是从我国实际情况出发，是符合我国国情的。目前，自学考试制度已向各类高等、中等成人教育层次的考试扩展。实行自学考试制度，是实现宪法规定的“鼓励自学成才”的重要措施，是教育结构的进一步完善，在当今成人教育中具有特别重要的价值和意义。现在这一制度已向全国推广。

（二）我国现行教育的体系构成

学校教育体系的构成可从纵、横两个维度去认识，即横向的层次结构和纵向的类别结构，二者合称为学校教育结构。

学校教育结构是指学校教育总体中各个部分的比例关系和组合方式。任何学校教育系统都包含一定的组成部分，而它们的层次和类别以某种方式组合起来，并形成一定的关系，就是学校教育结构。

1. 我国现行教育的类别体系

（1）基础教育体系。

基础教育是我国提高民族素质的奠基工程，是我国教育发展的“重中之重”，在教育中处于基础性的地位。基础教育中的基础性，不仅指其学历层次上的塔基地位，还包括基础教育是为学生提供进一步学习的基础，学会做人的基础，学会生存的基础等。基础教育包括学前教育和普通中小学教育。

（2）职业技术教育体系。

职业技术教育是现代教育的重要组成部分，是工业化和生产社会化、现代化的重要支柱。对于我国这样的发展中大国，急需大量中高级专门人才，因此必须根据各地实际，积极发展职业技术教育，并切实实行“先培训、后就业”的制度。职业技术教育包括技工学校、职业中学、中等专业学校和专业技术学院。

（3）高等教育体系。

包括综合大学、专门学院、专科学校、研究生院等，也包括与成人继续教育相重合的职工大学、农民大学、广播电视大学、函授刊授学院等各种成人高等教育机构。它是培养高级专门人才的教育，反映着一个国家的科学文化发展水平。高等教育担负着培养高级专门人才、发展科学技术和促进现代化建设的重大任务。高等教育的发展，要坚持走内涵发展为主的道路，由重视扩张数量转为重视提高教育质量和效益。

（4）成人继续教育体系。

包括独立设置的职工大学、农民大学、干部管理学院、行政干部学院，也包括普通高校中设立的继续教育学院、成人教育学院等。这是专门为走上工作岗位以后的成人设置的教育机构，为成人再次接受学校教育提供机会，以适应知识不断更新的时代要求。在农村，要积极办好乡镇成人文化技术学校，抓紧扫除青壮年文盲。对于成人学历教育，要努力提高函授、刊授等成人院校的教育质量，完善自学考试制度和其他文凭考试，大力发展广播电视教育。

（5）师范教育体系。

指幼儿师范、师范专科学校、师范学院和师范大学，以及综合大学里专门培养师资的系与专业。

（6）党政干部教育体系。

包括各级学校、干部学校和管理学院等。

长期以来，在类别结构上，我国过多重视了高等教育，忽视了其他方面。为此，十五大报告指出要“发挥各方面的积极性，大力普及九年义务教育，扫除青壮年文盲，积极发展各种形式的职业教育和成人教育，稳定发展高等教育”。现阶段要坚持教育的低重心发展战略，确立“两基”为教育事业发展的“重中之重”，职业教育和成人教育要认真研究当前经济结构和产业结构调整、国有企业深化改革的形势，以及在岗、转岗、下岗人员技术培训的要求，积极面向市场，面向企业，面向基层，培养和培训大批适应生产第一线需要、具有较高素质的中高级实用型人才。高等教育要稳定发展，适应现代化建设规模和速度的要求，处理好发展规模、结构、质量、效益的相互关系。

2. 我国现行教育的学历体系

经过长时间的发展，我国已经建立起比较完备的学历教育系统，包括学前教育、初等教育、中等教育和高等教育四级层次。

学前教育（幼儿园）：招收三至六岁幼儿。

初等教育：主要指全日制小学教育，招收六七岁的儿童入学，学制为5～6年。在成人教育方面，是成人业余初等教育。

中等教育：指全日制普通中学、各类中等职业学校和业余学校。全日制中学修业年限为6年，初中3年，高中3年。职业高中2～3年，中等专业学校 3～4 年，技工学校 2～3 年。属成人教育的各类业余中学，修业年限适当延长。

高等教育：指全日制大学、专门学院、专科学校、研究生院和各种形式的业余大学。高等学校招收高中毕业生和同等学力者。大学和专门学院为 4～5 年，毕业考试合格者，授予学士学位。专科学校修业年限为 2～3 年。业余大学修业年限适当延长，学完规定课程经考核达到全日制高等学校同类专业水平者，承认学历，享受同等待遇。条件较好的大学、专门学院和科学研究机构设立研究生教育机构。硕士研究生修业年限为2～3年，招收获学士学位者和同等学力者，完成学业授予硕士学位。博士研究生修业年限为 3 年，招收获硕士学位者和同等学力者，完成学业授予博士学位。在职研究生修业年限适当延长，完成学业者可获得相应学位。

(三) 我国现行教育的制度构成

1995 年 3 月 18 日颁布的《中华人民共和国教育法》，规定了我国现行教育的基本制度如下。

第一，我国实行九年制义务教育制度。

我国现在实行的九年制义务教育由小学和初中教育构成，有五四制和六三制两种较突出的制度类型。

五四制是指小学修业五年、初中修业四年，从而构成完整的九年义务教育。五年制小学中，主要实施普通教育，在四年制初中阶段，既要进行普通文化科学知识教育，又要为学生就业做一定的准备，要开设一定的职业技术教育课程。

六三制是指在九年义务教育中，实行六年小学教育、三年初中教育。其特点是主要进行普通教育，小学阶段文化课较五年制小学宽松，但初中阶段课程压力比较大。

第二，国家实行职业教育和成人教育制度。

第三，国家实行国家教育考试制度。

第四，国家实行学业证书制度和学位制度。

第五，国家实行教育督导制度和学校及其他教育机构教育评估制度。

二、现代学校教育制度改革

历史发展到今天，科学技术成为制约社会发展的重要因素，教育发展程度成为衡量一个国家综合国力的重要标志之一。科技进步、经济增长和社会发展越来越取决于劳动者素质的高低。当前，世界许多国家十分重视教育发展，都在积极调整和完善本国的教育制度，以适应教育发展的需要。总的来看，各国的学制改革有以下一些共同的趋势。

（一）初等教育入学年龄提前，义务教育年限延长

20 世纪 60 年代以来，早期教育受到了各国的普遍重视。大多数国家都提倡“早出人才，快出人才”，强调培养儿童的创造力、独立性和个性，为儿童接受小学教育及其以后的全面发展打下基础。为此，许多国家采取了措施，如在幼儿园开办小学预备班等，以提前实施义务教育，把学前教育的后期和义务教育的前期有机地衔接起来，改变了过去学前教育与义务教育相互脱节的局面。有一些国家把学前教育纳入到义务教育的范围。如英国规定，幼儿教育是义务教育的第一阶段，招收 3～7 岁的儿童。法国的学前教育是初等教育的组成部分，学前教育虽然不是强迫的，但免费实施，所有 2～5 岁的儿童均可以就近上幼儿学校。此外，许多国家规定的儿童入学年龄都有所提前。据联合国教科文组织《1960—1982 年世界教育统计概述》介绍，在 199 个国家和地区中，绝大多数都规定儿童入学年龄在五至七岁之间，规定为七岁的占 66.8％，比以前提早一两年。如苏联以前规定儿童七岁入学，1984 年通过决议要在1990 年前实现儿童六岁入学。中国近年来实行七岁入学，同时试行六岁入学，入学年龄也在提前。

义务教育制度是伴随大工业生产的发展逐渐实行的。历史发展到今天，各发达国家不但普遍实施了普及义务教育，而且其年限在不断延长。不仅要普及高中，还要普及职业技术教育，甚至是高等教育。在这方面，日本具有突出的代表性。日本于明治年代提出“文明开化”的口号，1883 年开始实行小学三年义务教育，1886 年改为四年，1900 年普遍推行，1907 年实行小学六年义务教育。第二次世界大战后，1947 年颁布《教育基本法》，规定实行九年义务教育，在“教育是立国之本”的口号推动下，不仅很快普及了九年义务教育，而且促进了高中阶段教育的发展。到 20 世纪 70 年代，日本初中毕业生升学率已达 90％以上。1989 年初中毕业生的升学率为 94.7％，1996 年，日本高中教育的入学率已经达到 96.8％，实际上已经普及了高中。据联合国教科文组织 1990 年报告，世界发达国家的义务教育年限情况是：英国 11 年，意大利 8 年，法国 10 年，西德 12 年，美国 11 年，日本 9 年，苏联 10 年，巴西 8 年，中国 9 年，印度 8 年。义务教育年限的长短成为一个国家教育发展程度的重要标志之一。

我国实行的是九年义务教育。1993 年 2 月，中共中央、国务院印发的《中国教育改革和发展纲要》中指出，到 2000 年要实现“全国基本普及九年义务教育（包括初中阶段的职业技术教育）；大城市市区和沿海经济发达地区积极普及高中阶段教育。大中城市基本满足幼儿接受教育的要求，广大农村积极发展学前一年教育”。1999年1月由国务院批转的教育部《面向21世纪教育振兴行动计划》指出，到2010年要全面实现普及九年义务教育的目标，在此基础上，“城市和经济发达地区有步骤地普及高中阶段教育，全国人口受教育年限达到发展中国家先进水平”。

（二）普通教育与职业技术教育的综合化

中等教育结构改革的中心问题是处理普通教育与职业技术教育的关系。加强两者之间的结合，成为当代中等教育结构改革的趋势。

在现代经济发展中，大批新兴产业均属技术密集型产业，其劳动力需要经过严格职业培训。因而，培养熟练工人与初级技术人才成为中等教育阶段重要任务之一。在第二次世界大战后，适应经济发展的要求，各国在学制改革中，提高了职业技术教育的地位，使普通中学与职业技术学校相沟通。如联邦德国把职业技术教育视为“德国经济发展的柱石”和“秘密武器”，全国十六岁以上的青年86%都被纳入职业技术教育体系，在学制上保证普通中学与职业技术学校相沟通。日本在战后恢复与发展国民经济的过程中，实行高中分科，设多种职业技术课程，开办各种职业培训中心，为工人提高技术水平奠定了良好基础。日本的战后生产率增长速度在资本主义世界占第一位，与其职业技术教育的发展直接相关。美国20世纪60年代以来，通过“职业教育法”等几十个法案，投入大量资金，发展职业技术教育。苏联于1984年制定《关于改革普通学校和职业学校的基本方针》，提出：“中等普通教育学校和职业学校包括：普通教育学校的10～11年级、职业技术学校和中等专业学校。它们保证对青年实施普及中等教育、劳动训练和职业训练。”“在最近一、二个五年计划期间，对青年的普及中等教育将为普通职业教育所补充。所有的青年人在开始劳动活动之前，都将有可能掌握一种职业技能。”

各国在学制改革中，处理中等教育阶段的普通教育与职业技术教育的关系，认识并不完全一致，采取的措施也不尽相同，有的侧重发展与完善职业技术学校体系，有的在普通中学增加职业技术课程或设立职业技术班，但两者相互渗透、趋于结合的方向是共同的。在普通中学增加职业技术教育内容，为中学毕业生做好就业准备，在职业技术学校增加普通教育课程，为学生打下更好的文化科学基础，增强对未来职业的适应能力。中等教育向综合统一的方向发展，乃是基本趋势。

资料 6-1：

在普通教育中积极开展职业指导，因地制宜地在适当阶段引进职业技术因素，在不同阶段对学生实行分流教育。城市可在高三分流，对一部分人进行定向性的或预备性的职业技术教育。农村可根据各地的情况，分别采取“三加一”（即三年初中教育再加一年职业技术教育）、初三分流、四年制渗透职业技术内容或办职业初中等多种形式发展初中阶段的职业技术教育。

——《国务院关于大力发展职业技术教育的决定》，1991-10

（三）高等教育大众化、普及化

在当前世界各国的学制改革中，高等教育的大众化和普及化表现特别明显。按照通行的说法，一个国家在校大学生人数占同龄人的比例在 15% 以下为精英教育，15%～50%为大众化教育，50%以上为普及教育。世界上很多发达国家的高等教育已经达到大众化阶段，正在向着普及化阶段迈进。大多数发展中国家正在向着高等教育的大众化努力。我国从 20 世纪 90 年代后期开始，出台了加速发展高等教育的一系列措施，高等教育迎来了加速发展的时期。1999 年 1 月由国务院批转的教育部《面向 21 世纪教育振兴行动计划》明确提出了“到 2010 年高等教育入学率接近 15%”的工作目标。

高等教育的大众化、普及化表现在高等教育机构日益多样化。除有学生全日在校学习的普通高等学校外，很多国家针对传统高校脱离社会、周期长、不能适应非正规学习的弱点，大力发展成人高等教育，采取灵活多样的办学形式。如大学设置夜间部、函授部，还有学校的广播、电视、函授、刊授、夜大学等多种形式。这种开放式的大学在发展高等教育中发挥着越来越大的作用。

高等教育的大众化、普及化还表现在高等教育机构中学生的成分发生了变化，成人大学生所占的比重越来越大，与普通大学生之间的界限将变得更加模糊。我国放宽了大学报考者的条件，不再有年龄限制，出现了 70 岁老人考大学的现象。

在新技术革命浪潮推动下，高等教育获得空前发展，打破了传统高等教育的结构与体制。大多数国家形成了高等学校的三级体制：初级层次是学习时间为二至三年的初级学院，美国叫社区学院，日本叫短期大学，联邦德国叫高等专科学校，这类学校学制短，教育投资少，发展快，职业性强，受到产业部门的欢迎，它在高等教育发展中占较大比重。中级层次是学习时间为四至五年的综合大学及文、理、工、商、医等各种学院，是高等学校的基本部分，保持学术上严格要求，培养科技与学术的高级专门人才。高级层次指大学的研究生院，设置硕士、博士学位课程，分别攻读三年或两年，授予学位，培养科学研究的高级人才。近年来，一些著名大学设立高级研究生院，为已经获得博士学位的人继续开设研究课程，称为“博士后教育”，是高级层次教育的进一步发展，表明高等教育形成多级层次。

（四）以终身教育思想为指导，构建了终身教育体系

首先提出终身教育理论的是联合国教育、科学和文化组织成人教育局长法国教育家保罗·郎格朗。他认为：数百年来，社会把个人的生活分成两半，前半生受教育，后半生工作，这是毫无科学根据的，教育应是个人一生中连续不断地学习的过程，今后的教育应当是能够在每一个人需要的时候以最好的方式提供必要的知识和技能。因此，对终身教育的解释是：“人在一生中所受的各种教育的总和。它改变了传统的教育观念，实行教育制度的一体化，认为教育应包括学前教育、学校教育、成人教育、继续教育等。其中既有学校教育，又有社会教育；既有正规教育，又有非正规教育。”教育不仅是授予学生走向生活所需要的知识，而且要发展学生的自学能力，以便将来走向社会能够独立获取知识。1965 年，联合国教科文组织国际成人教育促进委员会讨论终身教育提案，决定把终身教育作为全部教育工作的指导思想。1972 年，联合国教科文组织出版《学会生存》一书，使终身教育思想广泛传播。许多国家调整教育结构、改革学制都以终身教育思想为指导。日本进行教育体制的第三次改革，明确宣布以终身教育为前景，规定中小学教育要成为“终身教育的基础”，瑞士、法国等国家以立法形式贯彻终身教育思想。

资料 6-2：

每个人必须终身连续不断地学习。终身教育是学习化社会的基石。

我们建议把终身教育作为发达国家和发展中国家在今后若干年内制定教育政策的主导思想。

——联合国教科文组织国际教育发展委员会编著，华东师范大学比较教育研究所译，《学会生存——教育世界的今天和明天》，上海译文出版社，1989

在终身教育思想推动下，继续教育被日益重视，成为学制体系中的重要组成部分。继续教育是指在接受完基础教育和职业技术教育之后，为适应知识与技术不断发展的要求，而继续进行的教育与训练。现代科学技术迅猛发展，要求人们接受的教育不断延伸。据统计，按一个人一生工作45年计算，他所用的知识大约20%是职前在学校学的，其余80%是在职后通过各种方式学习获得的，可见继续教育的重要。瑞典、联邦德国、美国、日本、南斯拉夫等先后颁布法律、通过法案，对成人接受继续教育的经费、假日、工资等作出规定，为开展继续教育提供保障，把成人继续教育纳入学校教育体系之中。

相对于传统的阶段性教育（重视和强调学校教育）来说，终身教育思想主张在时间上贯穿人的一生，在空间上打通学校与社会、家庭的阻隔，拓展到全社会。

终身教育观念和理论带来了教育领域的一系列变革。在教育观念上，要求我们树立大教育观，同等重视正规教育和非正规教育；在教育体系上，要求构建终身教育体系，使教育贯穿人的一生；在教育目标上，要培养和提升人的终身学习的意识和能力，建设学习型社会，为所有人提供合适的教育，同时培养学习型个人；在教育方式上，要求是多样化的教育，促进学习者更加主动地学习。

【思考题】

1. 什么是学校教育制度？
2. 你对我国现行的学校教育制度作何理解？
3. 联系实际，谈谈我国现行学制的改革重点。
4. 国际学制改革的趋势是什么？

【拓展阅读】

1. 联合国教科文组织国际教育发展委员会．学会生存——教育世界的今天和明天［M］．华东师范大学比较教育研究所译．北京：教育科学出版社，1996.

2. S. 拉塞克、G. 维迪努．从现在到2000年教育内容发展的全球展望［M］．马胜利、高毅、丛莉、刘玉俐译．北京：教育科学出版社，1996.

第七章　教师与学生

教育大计，教师为本。在全面实施素质教育的今天，教师职业的专业性特质更加凸显，教师作为专业人员的内涵日益丰富，教师的专业发展受到普遍重视，教师的角色、行为也受到广泛关注。作为未来的教师，应充分了解自己将要从事的职业，认识教师职业的专业特性，以专业人员的标准完善自己，争取做一名专业的优秀教师。同时，教师的劳动对象是学生，教育学生就要走进学生的世界，了解学生，关注学生，从而建立良好的师生关系，达到教育培养人的真正目的。

【学习目标】

1. 知道教师职业的由来、地位和作用，能分析其特点。
2. 把握教师专业发展的内涵、内容及途径。
3. 掌握学生的基本特性。
4. 描述良好师生关系的特征及建构的基本策略。

第一节　教师

一、教师的概念及教师职业的产生与发展

（一）教师的概念

教师是人们日常生活中频繁涉及的一个概念，但对于这一

概念的界定，由于人们理解的角度不同说法也各不相同，如“师者，所以传道、授业、解惑也”，“智如泉涌，行可以为表仪者，人师也”，“向学生传递人类积累的科学文化知识和进行思想品德教育，把他们培养成一定社会需要的人才的专业人员”① 等。要全面理解教师这一概念，必须把教师视为一个集合体，从其所扮演的社会角色、承担的社会职责及与活动对象的关系等方面进行考察。因此，我们可以这样理解这一概念：教师是履行教育教学职责的专业人员，承担教书育人，培养社会主义建设者和接班人，提高民族素质的使命。

（二）教师职业的产生与发展

教师职业的产生和发展，是以人类教育活动的产生和发展为基础的。教师作为一种社会职业，有其悠久的历史，与社会的嬗变一脉相承。从教育活动的历史演进过程来看，教师职业的产生与发展，大致可分为三个阶段。

1. 非专门化阶段

早在人类社会的初期，教育活动与其他活动混融在一起，教师并非独立的职业。据古籍记载，原始社会有燧人氏“教民熟食”、伏羲氏“教民畋猪”、神农氏“教民农作”等传说，表明长者为师、能者为师，这些承担了教师职责的原始部落首领或有生产经验的人，成了最早的“教师”。较为明确的教师职业是在学校出现之后诞生的，但在学校产生后一个相当长的历史时期，教师并不是专职的，“教师”尚未从社会的大系统中分离出来，教师职业也没有成为一种独立的社会职业，教师更没有专业教育机构的专门训练。在这段漫长的历史阶段里，教师职业之所以没有成为独立的社会职业，一是因为教育是少数统治阶级的特权，学生数量少；二是因为社会还没有实行普及教育，教师需求量小，没有大量培养的社会要求。

2. 专门化阶段

教师职业的专门化是以专门培养教师的教育机构的出现为标志的。教师职业由兼职到独立的发展，一方面是社会发展推动的结果，另一方面则是由于社会发展而带来的独立师范教育的诞生。到了近代，为适应经济发展与社会进步的需要，实行了义务教育制度，并逐步发展大批职业技术学校，教师人数不仅需要大量增加，更要求教师掌握丰富的科学文化知识与

① 董纯才．中国大百科全书·教育［M］．北京：中国大百科全书出版社，1985：146.

教育工作技能，因而产生了专门培养教师的教育机构——师范学校。师范学校的产生与发展，既为教师职业不断补充新的成员，又为教师职业提高其专业化水平创造了条件。世界上最早的独立师范教育机构产生于法国。1681年，法国“基督教兄弟会”神甫拉萨儿在兰斯创立了第一所师资训练学校，这是世界上独立师范教育的开始。1695年，德国法兰克在哈雷创办了一所师资养成所，施以师范教育，成为德国师范教育的先驱。从1870年到1890年，世界上许多国家颁布法规设立师范学校，中国也于1897年创立了以专门培养教师为主的师范学校。

3. 专业化阶段

随着世界主要发达国家基础教育普及工作的基本完成，社会对教师专业素养的要求越来越高，学校对教师的需求开始从“量”的满足向“质”的提高方面转化。同时，教师职业的社会地位也逐渐提升，教师职业逐渐成为令人羡慕的社会职业。1966年联合国教科文组织在《关于教师地位的建议》中提出，教师工作应被视为一种专门的职业，是一种需要经过严格训练而且尚需持续不断地研究才能获得专业知识和专门技能的职业，教师的从业者必须具备以上素质。1988年国际劳工组织制定的《国际标准职业分类》中，教师被列入了“专家、技术人员和有关工作者”这一大类。如此，教师职业开始走上专业化的发展道路。

我国于1993年10月颁布的《中华人民共和国教师法》，把教师界定为“履行教育教学职责的专业人员”，后来相继颁布了《教师资格条例》（1995年12月）和《〈教师资格条例〉实施办法》（2000年9月），通过资格认定来体现教师专门职业的要求。自2006年9月1日起施行的新的《中华人民共和国义务教育法》第四章规定，“国家建立统一的义务教育教师职务制度。教师职务分为初级职务、中级职务和高级职务。”

二、教师职业的社会作用及社会地位

（一）教师职业的社会作用

教师职业的社会作用是指教师职业对一定社会的发展所产生的实质性影响，它是教师社会地位的客观基础。教师职业对社会发展的作用是巨大的。首先，教师是人类文化的传递者，在人类社会发展中起着承上启下的作用；其次，教师是社会物质财富和精神财富的创造者，通过理论建构、知识创新、品德示范、宣传咨询等直接参与社会物质文明和精神文明建设，起着“先导”作用；再次，教师是人才生产的主要承担者，担负着培养一代新人的重任，在学生发展中起着引导作用。因此，教师职业的社会作用不可取代，教师的劳动理应受到全社会的承认与尊重。①

（二）教师职业的社会地位

社会地位是社会学中常用的概念，通常是指社会成员基于社会属性的差别而在社会关系中的相对位置以及围绕这一位置所形成的权利和义务关系。社会成员通过一定途径而获得或占据一定的社会地位，享有不同的权利、资源，以及承担相应的义务，并且在社会活动和社会交往中被区别对待和发挥不同的作用。一种职业的社会地位的高低主要取决于其对社会发展的贡献及从事该职业的要求和人员的素质，并通过该职业所享有的权利、待遇、声望等体现出来。教师是传递和传播文化的专职人员。教师的劳动连接着人类社会的过去、现在和未来，关系着国家、家庭和个人的前途与命运。教师职业具有特殊的社会地位。

研究教师的社会地位不仅有利于保障教师的权利，也有利于规范教师的行为和提高教师的素质。一般来说，教师的社会地位由专业地位、经济地位、政治地位及职业声望等四个方面构成，整体评价教师的社会地位，可以把这四个方面作为评价指标，而具体评价还涉及各项指标的实际体现及其相应的权重。

1. 专业地位

由于专业在社会职业体系中占据重要位置，其职能具有不可替代性，专业地位也就成为衡量职业社会地位的指标之一。从教师职业的性质和社会贡献来看，对国内外有关专业人员的特征进行研究的人都一致指出，教师的社会地位是一种专业地位。专业地位除了受社会思潮及国家政策的制约外，主要取决于职业的专门化程度和从职人员的专业素质，体现为专业权利、影响能力和奉献精神。教师专业地位的实质就是拥有专业人员的权利和义务，而衡量教师专业地位高低的重要标准就是一系列的教师权利义务的保障和落实的程度。自联合国教科文组织在《关于教师地位的建议》中明确地肯定“教师应视为一种专门职业”后，各国纷纷趋向于认同教师的专业地位，并不断提高教师的专业化程度。

2. 经济地位

教师的经济地位是指教师的经济待遇在社会职业体系中所处的相对高度，包括社会物质财富的分配、占有和享用的状况，以及待遇、生活水平、

---

① 全国十二所重点师范大学. 教育学基础［M］. 北京：教育科学出版社，2002：113.

行业吸引力等，它是教师社会地位最直接和最基础的指标。理论上，经济地位取决于该职业的专业化程度、辛苦程度和所创造的价值。但在现实中，教师的经济地位在不同的社会形态、不同的国家及不同的时期都有不同的体现。现代社会虽然重视教育，但不同国家由于其生产力发展水平及教师政策的不同，存在着三种类型的教师经济地位，即相对于其他职业的工资报酬有高于型、持平型和低于型，我国基本属于低于型。近年来在社会和国家的共同努力下，教师的经济收入在各行业排位中有所提高，教师职业的吸引力也有所增强。

3. 政治地位

教师的政治地位是指教师职业在国家或民族的政治生活中所处的地位和所起的作用，表现为教师的政治身份的获得、教师自治组织的建立、政治参与度、政治影响力等。教师作为一种特殊职业，担负着培养社会新一代的使命，有公共事业的性质，因而很多国家都将教师定为国家公务员。随着教师职业专业化程度的提高，教师的政治影响力也不断提高和扩大，这也为改善教师的经济地位和职业声望提供了一定的保证。教师政治地位的高低与社会历史条件有关。尽管我国教师在新中国成立以后一直被定为国家干部身份，但教师的政治地位长期比较低下。“文化大革命”结束以后，党和政府赋予教师前所未有的政治地位，广泛提倡尊师重教，调动了教师的政治热情和参政议政的积极性。

4. 职业声望

职业声望是社会公众对某一职业的意义、价值和声誉的综合评价，具体体现在职业形象的优劣、职业吸引力的大小、职业的稳定性和威信等方面。教师的职业声望是其社会地位的综合体现，直接影响着教师群体职业权利的实现及教师个体的心理状态，职业声望的高低取决于教师对社会所作的贡献，教师的教育程度和经济收入的高低，教师的工作条件、职业道德和辛劳程度，此外还受到社会发展水平及传统文化的影响。教师对社会的贡献是众口皆碑的，职业形象也一直较好。总体上讲，我国教师的职业声望一直是比较高的。但也应看到，由于种种原因，近些年我国教师的职业声望有下降的迹象，一些不良现象在一定程度上损害了教师的职业形象，必须引起警觉，教师的职业声望也要靠教师自己去珍惜和维护。

三、教师职业的特点

任何专业性的劳动都有其自身的特点。认识教师劳动的特点，是认识教师职业的起点。由于教师的劳动对象、劳动手段和劳动过程具有特殊性，从而决定了教师的劳动具有自己的特点。概括起来，教师职业具有如下几个特点。

1. 示范性

“师者，人之模范也。”教师职业与其他职业相比的最大不同点，就在于教师主要是用自身的思想、学识、能力、言行和人格等通过示范和引导的方式去影响劳动对象的。教师职业是以育人为中心的职业，教师职业的根本指向乃是促进受教育者的精神成长，是以美德启迪美德，以正义培育正义。因此，为人师表，是教师职业的基本特点和所应具备的基本品质。离开了教师自身人格的基础，教师的教育行为就成了没有真实生命内涵的空洞的形式。德国著名教育家第斯多惠也曾指出：“教师本人是学校里最重要的师表，是最直观的最有教益的模范，是学生最活生生的榜样。”

教师职业之所以具有示范性，在于中小学生富有模仿性和向师性。中小学生无论在学识、智力，还是在心理素质、思想品德等方面的发展，都处于不成熟期，独立性、自我教育能力都较欠缺。这一年龄阶段的学生对教师有一种特殊的信任和依恋情感，他们的学习往往是通过对教师的模仿来进行的。他们把教师看作知识的化身，高尚人格的代表，是他们天然的学习榜样。这种模仿在时间上不限于上课，空间上也会超出学校范围。教师在整个社会生活中时时处处都要严格要求自己。加里宁曾深刻地指出：教师“教授某一门功课，这是基本工作，但除此之外，学生还处处模仿教师……他应该感觉到，他的一举一动都处在最严格的监督之下，世界上任何人也没有受着这样严格的监督。孩子们几十双眼睛盯着他，须知天地间再没有什么东西能比孩子的眼睛更精细、更敏捷、对人生理心理上各种细微变化更富于敏感的了，再没有任何人像孩子的眼睛那样能捉摸一切细微的事物。”自觉地接受学生最严格的监督，以身作则，为人师表，用自身的榜样教育学生是教师劳动的重要特点。

2. 创造性

教育对象的特殊性和教育情境的复杂性与难以推测性，决定了教师劳动的创造性。无论知识的传授还是对学生进行思想教育，以及培养良好的心理品质，都需要教师付出创造性劳动。同时，教师面临的教育对象是经常变化的，每个学生都有自己成长的条件，都有不同的个性特征，因此教师所面临的教育现场就是复杂的，需要教师进行创造性劳动。并且在教育工作中，无论是教学还是组织学生开展各种活动，教师总会遇到一些事先预料不到的新情境，这就要求教师灵活机敏地去处理问题。最后，现代教育的一项重要目标是培养学生的创造力，这对教师提出了更高的要求，事实上，只有教师的教育、教学工作富有创造性，才能在教育过程中培养出具有创造精神的学生。因此，富有创造性是现代教师劳动的突出特点之一。

教师职业的创造性，主要表现在以下几个方面：首先，表现在因材施教上。教师的劳动对象是具有一定自觉意识、情感和个性的千差万别的人。学生来自不同的社会阶层，有不尽相同的家庭背景、生活条件、身心素质、个体经验、知识能力、行为习惯、兴趣爱好、先天资质，这使得学生个体和群体都变得非常复杂，也使得影响学生身心发展的因素异常复杂。教育对象的这些特点，就要求教师必须针对每个学生的具体特点，有的放矢地进行教育，既要发挥教师的主导作用，又要发挥学生学习的主动性、积极性，创造性地开展工作才能收到良好的效果。其次，表现在对教育和教学原则的运用、教学方法和手段的选择、教学内容的选择和处理上。教学有法，但无定法。教育有规可循，但无死框框可套。研究人员发现，无论教师能否胜任工作，在每个教室每个工作日的每一个小时都需要做出大约30个与工作有关的重大决定，包括在特定的一天该教什么，如何教，对不同的学生采用什么方法教，使用什么形式的评估方法以及采取什么样的奖惩措施等，并根据这些决定采取行动。如此看来，教学绝不是一门单纯的技术，教学在根本上是一门艺术，是一个创造的过程。再次，表现在教师的教育机智和教育幽默上。在师生交互作用中，教育情境往往是难以控制的，总会出现一些事先预料不到的情况，要求教师作出恰当的处理，这就需要教育机智，需要有创造性，单是按规章办事，难以处理偶发事件。

3. 复杂性

教师职业的复杂性是由其工作性质、任务及过程的特殊性所决定的。首先，教师的劳动属于专业性工作，它要求教师经过严格训练，掌握专业知识和专门技能，并要不断地研究、提高。其次，教师的任务是教书育人，包含多方面的要求和较为复杂的内容。教师既要传授文化科学知识，又要培养良好的思想品德；既要使学生掌握系统的基础知识，又要引导学生学会思考、学会学习；既要促进学生的智力发展，又要保护学生的身心健康；既要给学生打好全面发展的基础，又要因材施教使学生都有自己的特长。所有的任务都要在统一的教育、教学过程中去实现，显然是一件十分复杂的工作。再次，教师的劳动对象是人，是有思想感情、有主观能动性的活生生的人。他们的生活经历、家庭背景不同，个性各异，可以说，每一个学生都有自己特殊的世界，培养一个人无疑是相当复杂的事情。最后，教育力量的多元性影响教师劳动的复杂性。教师的劳动虽然以个体劳动为主，但要在学生身上形成最佳的教育效果，教师还必须善于协调家庭、社会和学校之间的各种影响，特别是当前社会信息量大多变，社会环境复杂多样，都需要教师细心观察了解，周密调查研究，根据情况的变化，善于组织利用学生成长的多方面的积极因素，随时调整教育方式方法，使学生在最佳影响中不断进步，这无疑也增加了教师劳动的复杂性。

4. 长效性

培养人是一项长期复杂的系统工程。现代社会认为受教育是每个人终生的事情，从国家教育立法，确立教育制度，到每位教师的教育思想，都要树立终身教育的观念。教育对人的生存需要来说是长期的，教育要达到育人的目的也是长期的。教师不仅影响学生当前的学习成长过程，而且其影响力更多地表现在其发展潜能的深层结构上。苏霍姆林斯基曾说过："教育工作的最后结果如何，不是今天或者明天就能看到，而是需要经过很长时间才见分晓的。"这就是说，教师对学生的影响是长效的。"教师的身体可以退出教育过程，精神却永远融入了学生的心灵，滋润着学生的未来生活，他是无法完全从学生那里隐退出去的。学生是教师内在素质的体现者，教师借学生之身巧妙地扩展着自己。在这里，学生的一举一动都反映着教师的影子，学生的生命就是教师的生命，学生的成败深切地牵动着教师的心灵。……教师的劳动在学生身上结出果实，学生的活动再现着教师的精神。"①

四、教师的权利和义务

以法律手段确立和保障教师的权利，规范教师的责任和义务，是教师专业发展的现实需要和必要保证。而教师所享有的社会权利，尤其是专业权利的多少，不仅反映国家和社会对教师职业的重视与保护程度，而且直

① 刘次林. 教师的幸福［J］. 教育研究，2000（5）.

接影响到教师在社会民众及学生心目中的威望与地位。

《中华人民共和国教师法》对教师的权利、义务、任职资格、待遇、职责和培养提高等都做了具体的规定。作为一名现代教师，明确自己法定的权利与义务，是维护自己的合法权益，依法执教，加强自身职业道德修养的前提和保障。

（一）教师享有的权利

（1）进行教育、教学活动，开展教育、教学改革和实验；

（2）从事科学研究、学术交流，参加专业的学术团体，在学术活动中充分发表意见；

（3）指导学生的学习和发展，评定学生的品行和学业成绩；

（4）按时获取工资报酬，享受国家规定的福利待遇以及寒暑假期的带薪休假；

（5）对学校教育、教学、管理工作和教育行政部门的工作提出意见和建议，通过教职工代表大会或者其他形式，参与学校的民主管理；

（6）参加进修或者其他方式的培训。

（二）教师应当履行的义务

（1）遵守宪法、法律和职业道德，为人师表；

（2）贯彻国家的教育方针，遵守规章制度，执行学校的课程计划，履行教师聘约，完成教育、教学工作任务；

（3）对学生进行宪法所确定的基本原则的教育和爱国主义、民族团结的教育，法制教育以及思想品德、文化、科学技术教育，组织、带领学生开展有益的社会活动；

（4）关心、爱护全体学生，尊重学生人格，促进学生在品德、智力、体质等方面全面发展；

（5）制止有害于学生的行为或者其他侵犯学生合法权益的行为，批评和抵制有害于学生健康成长的现象；

（6）不断提高思想政治觉悟和教育、教学业务水平。

五、教师职业的角色扮演

教师角色既代表教师个体在社会群体中的地位与身份，同时也包含着社会所期望于教师个人表现的行为模式，它既包括社会、他人对教师的行为期待，也包括教师对自己应有行为的认识。要成为一名胜任的教师，就必须正确地理解教师角色。

（一）学生发展的促进者

这是教师最直接、最富时代性的角色特征，是教师角色特征中的核心特征。其内涵主要包括以下两个方面：一是教师是学生学习能力的培养者。教师不再把知识传授作为自己主要的任务和目的，而是成为学生学习的激发者、辅导者、各种能力和积极个性的培养者，把教学的重心放在如何促进学生的“学”上，从而真正实现教是为了不教。二是教师是学生人生的引路人。这一方面要求教师不能仅仅是向学生传播知识，而是要引导学生沿着正确的道路前进。同时要求教师成为学生健康心理、健康品德的促进者、催化剂，引导学生学会自我调适、自我选择。

（二）教育教学的研究者

这是教师由“教书匠”转变为“教育家”的前提条件，是教师持续进步的基础，是提高教学水平的关键。教师即研究者意味着，教师在教学过程中要以研究者的心态置身于教育情境之中，以研究者的眼光审视和分析教学理论与教学实践中的各种问题，对自身的行为进行反思，对出现的问题进行探究，对积累的经验进行总结，使其成为规律性的认识。

（三）课程的建设者和开发者

民主、开放、科学的课程理念要求课程必须与教学相互整合，教师必须在课程改革中发挥主体性作用。为此，教师要形成强烈的课程意识和参与意识，了解和掌握各个层次的课程知识，提高和增强课程建设能力，锻炼并形成课程开发的能力，并培养课程评价的能力。

（四）学生的心理调节者

随着心理健康和儿童心理卫生工作的开展，人们对教师产生了“儿童心理卫生顾问”“心理咨询者”等角色期待。教师应积极适应时代、社会的要求，提高自身的心理健康水平，掌握基本的心理卫生常识，在日常的教育教学活动中渗透心理健康教育。

（五）终身学习的践行者

在这个终身学习的时代，学习是生活，学习是工作，学习是一种责任，学习是人生命的重要组成部分。人人都必须养成时时、处处、事事学习的习惯。教师担负教书育人的使命，尤其要成为终身学习的先导。因此，教师必须树立终身学习的意识，保持开放的心态，把学校视为自己学习的场所，在实践中学习，不断对自己的教育教学进行研究、反思，对自己的知识与经验进行重组。

六、教师专业化

(一) 教师专业化的内涵及特点

1. 专业与专业化

职业是依据人们参加社会劳动的性质、内容、形式等标准划分的社会劳动者群体。社会学者根据职业的本质、特征将其划分为专门职业（又称专业）和普通职业。专门职业是社会分工与职业发展到一定历史阶段，从众多职业中分化出来而形成的一种特殊职业类型。现在一般认为，专业是指一群人经过专门教育或训练，具有较高和独特的专门知识与技术，按照一定专业标准进行专门化的处理活动，从而解决人生和社会问题，促进社会进步并获得相应报酬待遇和社会地位的职业。根据学术标准衡量，教师职业是一种专门性职业，它需要经过专门的师范教育训练、掌握专门知识和技能、通过培养人才为社会服务。

教师职业的专业性被普遍认可与自觉建设在20世纪中叶以后才出现。1966年10月，国际劳工组织和联合国教科文组织在巴黎会议上通过的《关于教师地位的建议》中提出：教师职业应被视为一种专业。1996年联合国教科文组织第45届国际教育大会，强调教师专业化是一种改善教师地位和工作条件的重要策略。教师作为一种专门职业为大家注目，许多国家纷纷以立法形式确定了教师的专业地位，引发了教师专业化的改革浪潮。

资料7-1：

专门职业与普通职业的区别

1. 从事专门职业需要以掌握系统的专业知识和技能为前提，按照科学的理论和技术行事；而从事普通职业无需专门知识和技能，只需按例规行事。

2. 专门职业的从业人员需要接受长期的专业训练，而且这种训练是在大学里进行的，是以是否接受过高等专门教育为标志；而普通职业的从业人员无需接受长期的专业训练，主要通过个人体验与个人工作经历而积累工作经验。

3. 专门职业与普通职业相比，更多地提供一种特有的、范围明确的、社会不可或缺的服务，在自主的范围内对于自己的专业行为与专业判断负有责任，以高质量的专业服务获得报酬，并且把服务置于个人利益之上。

4. 专门职业把服务和研究融为一体，即专业人员不仅要提供优质的专业服务，同时为了保证服务品质和服务水平的不断提高，还要在服务中不断进行研究，通过研究提高专业水平，并且对专业人员而言，这种研究是一种自觉的行为；而普通职业仅提供一种服务，没有研究的意识。

5. 在专业问题范围内，有明显的内行和外行的差异，非专业人员对专业内的事物了解极为浅薄，正如“隔行如隔山”；而普通职业无内行和外行之别。

6. 专门职业的从业人员把工作看作是一种事业，是一种生活方式，不同专业的从业人员有不同的生活方式；而普通职业的从业人员仅仅把工作当作是一种谋生的手段。

7. 专业人员一般具有较高的职业声望，在社会职业声望的排位中处于最高层。

——教育部师范教育司编，《教师专业化的理论与实践》，人民教育出版社，2001：18～19

从状态上看，专业化可以从动态与静态两个角度来理解。动态的角度是指一个普通的职业群体在一定时期内，逐渐符合专业标准、成为专门职业并获得专业地位的过程。静态的角度则指一个职业的专业性质和发展状态处于什么情况和水平，指的是一个职业专门化的静态发展程度或结果。从内容看，专业化可以具体分为关注整个职业专业地位和社会地位提升的群体专业化与关注从业人员职业行为和服务质量改进的个体专业化两个方面。其中，群体专业化是个体专业化的发展和社会承认形式，并最终代表着职业的专业化，同时还会影响个体专业化的进程和水平，反过来，没有从业人员个体专业化水平的提高和发展，根本谈不上整个职业群体的专业化。

2. 教师专业化与教师专业发展

教师专业化是指教师职业具有自己独特的职业要求和职业条件，有专门的培养制度和管理制度。它包括了以下几个方面的基本含义：（1）教师专业既包括学科专业性，也包括教育性，国家对教师任职既有规定的学历标准，也有必要的教育知识、教育能力和职业道德的要求；（2）国家有教师教育的专门机构、专门教育内容和措施；（3）国家有对教师资格和教师教育机构的认定制度和管理制度；（4）教师专业发展是一个持续不断的过程，教师专业化也是一个发展的概念，既是一种状态，又是一个不断深化的过程。[①]

就广义而言，教师专业化与教师专业发展这两个概念是相通的，均用以指加强教师专业性的过程。当将他们对照使用时，主要可以从个体、群体与内在、外在两个维度上加以区分，教师专业化主要是强调教师群体的、外在的专业性提升，而教师专业发展则是教师个体的、内在的专业性的提高。[②]为了提升教师专业化程度，人们起初采用的是群体专业化策略，即着力于提高教学工作的专业化水平。此后，教师专业化的重点由群体转向个体。教师个体的专业化经历了一个重心转移的过程，先是强调教师个体的被动专业化，后来才转向强调教师个体的主动专业化即教师专业发展。

教师专业发展是指教师在整个专业生涯中，依托专业组织，通过终身专业训练，习得教育专业知识技能，实施专业自主，表现专业道德，逐步提高自身从教素质，成为一个良好的教育专业工作者的过程，是从“普通人”发展成为“教育者”的过程。种种迹象表明，教师专业发展正愈益成为大家关注的焦点，注重教师内在素质提高、尊重教师专业发展规律性的意识和努力已初见端倪，并将成为今后一个可预测的发展趋势。

（二）教师的专业素养

教师专业素养，是指教师根据专业和职业需要，在先天自然的基础上通过后天社会学习养成的，作为教师角色必备的身心品质，它直接影响课程与教学目标、内容、教学过程、教学方法、教学手段和课程评价等，直接制约着课程品质、教学效率和教学质量，是一个十分重要的领域。主要包括专业知识、专业技能、专业道德和专业情意等四个方面。

1. 专业知识

教师知识是其从事教育教学活动的基础。了解教师的知识结构，有助于研究、认识教师职业的本质特征，而且对教师教育工作至关重要。现在一般将教师知识分为四个方面，即专业学科知识、教育科学知识、实践性知识和一般文化基础知识。

（1）精深的专业学科知识。

主要指教师所具有的特定的学科知识，如语文知识、数学知识等，这是人们普遍熟知的一种教师知识。它是教学活动展开的基础。对于这

---

① 袁贵仁．加强和改革教师教育，大力提高我国教师专业化水平［M］//教育部师范教育司．教师专业化的理论与实践［M］．北京：人民教育出版社，2001：序．

② 叶澜．教师角色与教师发展新探［M］．北京：教育科学出版社，2001：208．

些知识，教师不仅要自己懂得，还必须能够给学生讲解清楚，能够引导学生认知、理解、会用。这就要求教师不仅要知其然，更要知其所以然，对基础知识掌握得更扎实，理解得更深刻，以便做到从学生认知水平出发，进行深入浅出的讲解，对学生的观察与思维做出恰当的评价，以有效促进学生的智力发展。因此教师必须做到：对学科的基础性知识和技能有广泛而准确地理解，熟练掌握相关的技能、技巧；对于该学科相关的知识，尤其是相关点、相关性质、逻辑关系有基本了解；了解该学科发展历史和趋势，了解推动其发展的因素，了解该学科对社会、人类发展的价值以及在人类生活实践中的多种表现形态；掌握每一门学科所提供的独特的认识世界的视角、域界、层次及思维的工具与方法，熟悉学科内科学家的创造发现过程和成功原因，以及在他们身上展现的科学精神和人格力量。

以前人们普遍认为，这些知识和学生成绩之间存在显著的正相关关系。也正因如此，传授专业学科知识成为我国师资培训的主要和中心任务，然而，实践证明这种培训方式存在很大的弊端，具有丰富的学科知识并不是个体成为一个好教师的决定条件。研究表明，教师的学科知识与学生成绩之间几乎不存在统计上的关系。也就是说，具有丰富的学科知识只是“基本保证”，而不是唯一保证。

（2）全面的教育科学知识。

主要是指教师所具有的教育学与心理学知识，包括掌握必要的现代教育技术手段。它是教师成功地进行教育教学所必备的知识，对于教师的教育教学活动不可或缺。教师的教育科学知识具体包括两大方面：一是一般教育学知识，包括教育基本理论、心理学基本理论、德育论、教学论、教育心理学、教育科学研究方法、现代教育技术知识等；二是学科教育学知识，如学科教育学、学科课程论、教材教法等。这些知识能够帮助教师去遵循教育的规律，积极参与教育科研，并在工作中勇于探索创新，在面向未来、重视人的发展的教育思想指导下，组织教材，选用教法，开展教育活动，站在时代发展的高度对学生进行引导，进行真正面向未来、适应未来社会需要的教育。

对教师的教育科学知识的重视是当前教师教育的一个共识，这一点在国外的相关领域中也有体现。国外早期的师范教育注重的只是教师的专业学科知识，而过去十几年，对教育方法的有效性，譬如怎样提问，怎样设计课程，怎样评估学生行为等，逐渐重视起来。

（3）丰富的实践性知识。

教师个人的实践性知识是一种临床性知识，是基于教师个人的经验积累，表现为教师对待和处理教育问题时体现出的个人特征和教学智慧。个人的实践性知识不同于教育理论知识，它具有明显的情境性，是教师对复杂和不断变动的教育情境的一种判断和处理，它受个人的经历、意识、风格及行为方式的影响。对于实践性知识，有的是可以明确意识的，是经过深思的；有的是无意识或潜意识的，是一种非反思的缄默知识。

我们以前忽视了教师的个人实践性知识，其实，真正支配教师行为的是个人的实践性知识。“教师从新手成为一个熟练的专业人员，这一过程基本上是在学校发生，教师的实践性知识在其中起了决定性作用。”①

（4）广博的文化基础知识。

教育活动是一种创造性活动，是浸透着人文精神的一种不间断的无止境的探究与完善过程。它要求教师具备丰富的人文知识以及对历史、社会、文化的深刻洞察力，具有深厚的文化底蕴。同时，面对科学技术的突飞猛进，学科之间的交叉渗透、学校综合课程的开设以及求知欲旺盛的青少年学生，教师还应该成为知识视野宽广的人。只有这样，教师才能够真正满足学生多方面的探究兴趣和多方面发展的需要，真正有效促进学生的健康、健全发展。可以说，学生的全面发展，在一定程度上取决于教师文化知识的广泛性和深刻性。因此，广博的文化科学知识、深切的人文关怀、严谨的科学精神是教师的基本素养，是教师有效开展教育教学工作的重要条件。

2. 专业技能

作为一名教师，仅有丰富的专业知识还不足，还必须具有较强的专业能力——教育和教学能力，即培养学生的能力，这是体现教师专业素质的核心要素之一，也是全面衡量教师整体素质的主要方面。教师的专业能力至少应包括以下几个方面。

（1）教学能力。

教师良好的教学能力主要包括：教学设计的能力、教学实施的能力和学业检查评价的能力。教学设计能力是指教师在课前根据学生及所授内容的特点，制定合理的教学目标，对教学内容进行有意识的优化、加工，选择恰当的教学模式和方法等以取得最佳教学效果的能力。教学实施能力也

---

① 陈向明. 实践性知识：教师专业发展的知识基础［J］. 北京大学教育评论，2003，（创刊号）：111.

是多种具体能力的综合，包括选择和运用教学方法的能力、因材施教的能力、课堂组织的能力、运用各种教学技巧的能力、语言表达能力、教育机智等。学业检查评价能力是指教师在对学生德、智、体等诸方面进行全面了解的基础上，按照一定标准，对学生的长短优劣作出客观评判的能力。对学生准确客观的评价，是采取正确教育措施的基础和前提。

（2）细致观察学生，理解他们内心世界的能力。

了解研究学生，这是教育理论与实践的主要交接点，也是掌握教育艺术的基本功。苏霍姆林斯基有一句名言："不理解学生的内心世界便没有教育文明。"赞可夫在《和教师的谈话》中也提到了："对一个有观察力的教师来说，学生的欢乐、惊奇、疑惑、恐惧、受窘和其他内心活动的最细微的表现，都逃不过他的眼睛。一个教师如果对这些现象熟视无睹，就很难成为学生的良师益友。"

（3）组织管理能力。

对学生进行组织、领导、管理、监督和调控的组织管理能力不是任何人都具备的。教育工作实际上是教师对学生集体进行的，教师要组织和培养好学生集体，有效维持班级正常教学秩序和纪律，善于组织学生参加各种集体活动。教师的组织管理能力表现在制订班级教育与个体教育工作计划、教学工作计划、组织课程资源、组织课堂教学活动、指导研究性学习与社会实践活动，组织课外教育活动等方面，也表现在对学生集体的组织上。

（4）交往能力。

人类的教育活动起源于交往，在一定意义上，教育是人类一种特殊的交往活动。在教育活动中，教师要使学生积极主动地投入到教育活动中去，必须与学生进行对话和交流，建立向学生学习的"教学相长"的平等关系；教师要克服个体工作意识，建立与其他教师的相互合作、相互支持的工作关系；教师还要建立与家长的相互支持和合作关系、与社会有关人员的协作关系；这样才能形成教育合力，进行有效的工作。

（5）自我反思与教育研究能力。

即教师对教育教学实践中出现的问题及社会上发生的与教育有关的事情保持职业的敏感性，并实施自主研究的能力。是否具有反思与研究的意识与能力，是区别专业人员与非专业人员的重要标准。教育研究能力首先表现为对自己的教育实践和周围发生的教育现象的反思能力，对日常工作保持一份敏感和探索的习惯，不断地改进自己的工作并形成理性的认识。

（6）课程开发与建设能力。

新课程改革倡导开放的、民主的、科学的课程观，认为教师不应只是教学计划、教材的忠实执行者，更应成为课程的开发者、建设者，明确要求教师必须参与到课程的开发、组织与管理中来，充分调动、激发自身的创造潜能，增强课程开发与建设能力，从而确保各级课程在实施中能够增值、丰富与完善。因此，课程开发与建设能力是当前课程改革对教师提出的一项新的能力要求。

3. 专业道德

教师的专业道德是指教师从事教育劳动过程中形成的比较稳定的道德观念、行为规范和道德品质的总和，它调节着教师与他人（主要是学生、同事、家长）、教师与集体及社会、教师与自我的相互关系，既是一定社会或阶层对教师职业行为的基本要求，也是教师个体实现人生价值、追求幸福生活的德性基础。[①] 教师专业道德不仅是教师区别于其他职业的根本标志，也是教师职业行为的精神基础，更是教师职业人生发展的内在动力。

资料 7-2：

一位学者说过："物质的阳光照在人身，只能暖和他们的肌肤于一时，只有精神的太阳才能照临他们心灵深处，才能暖透他们一生一世。"师德就是人民教师心中精神的太阳，有了它，才能折射出人生境界的诗哲体悟："昨夜西风凋碧树，独上高楼，望尽天涯路"——那是我们职业人生的抉择；"衣带渐宽终不悔，为伊消得人憔悴"——那是我们教师似春蚕、像蜡炬般生命的体验；"众里寻他千百度，蓦然回首，那人却在灯火阑珊处"——那是我们庆幸且赞叹人生价值的实现；有了它，才能映照出人民教师对事业的忠心，对学生的爱心，对工作的雄心，对学习的恒心，生命的心境如朝霞从脸庞透出光来；有了它，才能"薪尽火传神不灭，春播夏收魂常存"；有了它，才能让一切事物在我们面前放出彩虹，让一切美闪烁着赤诚的爱。

——蔡家宗，《精神的太阳——我心中的师德》，广西教师教育网．全国师德论坛广西分论坛，2004-09-11

① 唐凯麟，刘铁芳．教师成长与师德修养［M］．北京：教育科学出版社，2007：3.

2008年，教育部、中国教科文卫体工会全国委员会重新修订了《中小学教师职业道德规范》，共有六条。

（1）爱国守法。热爱祖国，热爱人民，拥护中国共产党领导，拥护社会主义。全面贯彻国家教育方针，自觉遵守教育法律法规，依法履行教师职责权利。不得有违背党和国家方针政策的言行。

（2）爱岗敬业。忠诚于人民教育事业，志存高远，勤恳敬业，甘为人梯，乐于奉献。对工作高度负责，认真备课上课，认真批改作业，认真辅导学生。不得敷衍塞责。

（3）关爱学生。关心爱护全体学生，尊重学生人格，平等公正对待学生。对学生严慈相济，做学生良师益友。保护学生安全，关心学生健康，维护学生权益。不讽刺、挖苦、歧视学生，不体罚或变相体罚学生。

（4）教书育人。遵循教育规律，实施素质教育。循循善诱，诲人不倦，因材施教。培养学生良好品行，激发学生创新精神，促进学生全面发展。不以分数作为评价学生的唯一标准。

（5）为人师表。坚守高尚情操，知荣明耻，严于律己，以身作则。衣着得体，语言规范，举止文明。关心集体，团结协作，尊重同事，尊重家长。作风正派，廉洁奉公。自觉抵制有偿家教，不利用职务之便谋取私利。

（6）终身学习。崇尚科学精神，树立终身学习理念，拓宽知识视野，更新知识结构。潜心钻研业务，勇于探索创新，不断提高专业素养和教育教学水平。

4. 教师的专业情意

在今天的教育界，“情意”已是一个耳熟能详的词语，越来越受到人们的重视，但对于情意这一概念的理解却是见仁见智。从众多的有关情意领域的研究界定中我们不难发现许多共性的方面，主要包括态度、价值观、信念、兴趣、自我意识和他人意识等。据此，我们把教师专业情意归纳为以下几个方面。

（1）专业理想。

教师的专业理想是教师对成为一个成熟的教育教学专业工作者的向往与追求，它为教师提供了奋斗的目标，是推动教师专业发展的巨大动力。具有专业理想的教师对教学工作会产生强烈的认同感和投入感，愿意终生献身于教育事业。具有专业理想的教师对教学工作抱有强烈的承诺，他们致力于改善教育素质以满足社会对教育专业的期望，努力提高专业才能及专业服务水准，努力维护专业的荣誉、团结和形象。

（2）专业情操。

教师的专业情操是教师对教育教学工作带有理智性的价值评价的情感体验，它是构成教师价值观的基础，是构成优秀教师个性的重要因素，也是教师专业情意发展成熟的标志。教师的专业情操包括：理智的情操，即由于教育功能和作用的深刻认识而产生的光荣感与自豪感；道德的情操，即由于对教师职业道德规范的认同而产生的责任感和义务感。

（3）专业性向。

教师的专业性向是指教师成功从事教学工作所应具有的人格特征，或者说适合教学工作的个性倾向。主要包括：热爱生活，爱好广泛；与人热情交往；情绪上的安全感和自我认可；具有现实性知觉；有自知之明；有长远的认识目标。

（4）专业自我。

专业自我就是教师在职业生活中创造并体现符合自己志趣、能力与个性的独特的教育教学生活方式以及自身在职业生活中形成的知识、观念、价值体系与教学风格的总和。一个有明确专业自我确认的教师是其走向成熟的重要标志，也是一个教师在专业素养上有别于其他个体的鲜明特征。专业自我的形成需满足以下条件：自我形象的正确认知；积极的自我体验；正确的职业动机；对职业状况的满意；对理想的职业生涯的清晰认识；对未来工作情境有较高的期望；具有个体的教育哲学与教学模式。

资料 7-3：

美国学生眼中的好教师

美国一位教育家在对九万名学生进行调查后，归纳出好教师的 12 种素质，这对我们是有一定启发意义的。

（1）友善的态度——“她的课堂犹如一个大家庭，我再也不怕上学了。”

（2）尊重课堂上的每一个人——“她不会把你在他人面前像猴子般戏弄。”

（3）耐性——“她绝对不会放弃要求，直至你能做到为止。”

（4）兴趣广泛——“她带我们到课堂外去，并帮助我们把学到的知识用于生活。”

(5) 良好的仪表——“她的语调和笑容使我很舒畅。”

(6) 公正——“她给予你应得的，没有丝毫偏差。”

(7) 幽默感——“她每天会带来快乐，使课堂不致单调。”

(8) 良好的品性——“我相信她与其他人一样会发脾气，不过我从未见过。”

(9) 对个人的关注——“她会帮助我去认识自己，我的进步赖于她使我得到松弛。”

(10) 伸缩性——“当她发现自己有错，她会说出来，并会尝试其他方法。”

(11) 宽容——“她装作不知道我的愚蠢，将来也是这样。”

(12) 颇有方法——“忽然，我能顺利念完课本，竟然没有察觉到这是因为她的指导。”

——余文森编，《基础教育课程改革的四大支柱》，福建教育出版社，2002：165

(三) 教师专业发展的途径

1. 教师专业发展学校

教师专业发展学校是一种教师培养的新方式，它并不是建立一所新学校，而是在原有中小学的基础上，与大学合作形成的一种新功能，注重于通过合作来开展新教师的培养、在职教职员的发展和教育实践的改进。它通过搭建大学与中小学校的桥梁，沟通理论与实践的联系，争取教育官员的支持和吸引家长与社区代表参与，应用问题探究方式，形成学习共同体，满足所有参与者的学习需要，促进教师的专业成长，优化教育教学过程，提升学生的学习结果并改善社区文化。国内外的研究和实践表明，专业发展学校的功能至少有促进教师职前培养、在职教师发展、教育教学行动研究、学生学习以及社区改良等五个方面。专业发展学校，主要包括“合作伙伴关系”“学习环境或学习共同体”“探究性教与学方式”和“学校体制功能创新”等含义。

2. 校本培训

校本培训当前已经成为中小学教育改革中的一个重要主题和发展趋势。综合各家观点，校本培训是指由学校和教师共同发起与组织，以学校教育教学发展和改革所面临的各种实际问题为中心，充分利用校内外的各种资源，注重教师教、学、研的时空统一，有效实现教师专业发展的培训活动。“校本培训”中的“校本”概念，主要包括“为了学校”“在学校中”和

“基于学校”三层含义。“为了学校”就是指校本培训的根本目的就在于促进学校以及学校中教师的发展。因此，它应以推动学校教育的改革与发展、解决学校和教师在教育教学工作中所面临的各种问题、促进教师的专业发展为基本点。“在学校中”强调的是以学校为中心、以促进教师教学研统一为原则、以充分利用校内的各项资源为基础的教师培训与发展，但也绝不排斥校外各种资源的参与和帮助，如教育行政部门的支持、各级师资培训机构的指导与协助、其他学校的合作等。“基于学校”意味着学校和教师享有充分的自主权，成为以校为本的培训的主体，自主发起、组织、实施各种形式的培训活动，以满足学校和教师的实际需求，达成学校和教师的共同发展。同时，“基于学校”也意味着以学校特色为本，即从校情出发，充分挖掘校内的各种有利资源，寻求能够展现本校优势、形成本校特色、利于本校个性发展的培训模式，以免陷入脱离实际、盲目服从、机械模仿、流于形式的弊端，致使培训难以取得实效。

3. 自我反思

自我反思被认为是“教师专业发展和自我成长的核心因素”。教师的自我反思不是一般意义上的“回顾”，而是反省、思考、探索和解决教育教学过程中诸方面存在的问题。通过反思，教师可以不断更新教育观念，改善教学行为，提升教学水平，同时形成自己对教学现象、教学问题的独立思考和创造性见解。美国著名心理学家波斯纳认为：教师的成长＝经验＋反思。他认为没有反思的经验是狭隘的经验，至多只能是肤浅的知识。反思自己的教学作为教师专业发展的一种方式，是教育界近几年极力提倡的做法。教师的反思不是一般性地对个人经验进行有意识的积累，而是要求教师更自觉地运用理论，指导性地去研究自己的实践，将理论与实践统一起来，对自己的教育实践和教育经验有一个新的认识，从而提高教育教学质量。如果教师不能抽身出来对自己每天所忙的事情做一些理性的反思，而是被种种具体的日常事务所淹没和控制，那么，即使教龄再长，也只是低水平的重复。从另外的一个意义来说，反思不仅可以改进教育实践，还可以改变教师自己的生活方式。在这种生活方式中，教师能够体会自己所存在的价值和意义，从而逐步实现自我发展。

案例 7-1：

“留一只眼睛给自己”

宫本武藏是日本历史上一流的剑客，柳生又寿郎拜他为师。学剑前，柳生就如何成为一流剑客请教老师：“以我的资质，练多久才能成为一流剑客呢？”武藏说：“至少 10 年”。

“我不能等那么久！”柳生急了：“我愿意下任何苦功去达成目的，甚至当你的仆人跟随你。那需要多久的时间？”“那，也许需要 20 年。”武藏说。

柳生更着急了：“如果我不惜任何辛苦，夜以继日地练剑，需要多少时间？”

“如果这样，你这辈子再没希望成为一流的剑客了。”

柳生心存疑惑：“为什么我越努力，成为一流剑客的时间反而越长呢？”

“你的眼睛全都盯着‘一流剑客’，哪里还有眼睛看你自己呢？”武藏平和地说：“要想成为一流剑客，就必须留一只眼睛给自己。一个剑客如果只注视剑道，不知道反观自我、不断反省自我，那他就永远成不了一流剑客。”

学剑如此，教学也是如此！如果一位教师只顾埋头拉车，默默耕耘，从不抬头看路，也不顾反思回顾，那么，充其量他只能成为一个地道的“教书匠”，而永远无法实现真正的超越和自我发展。

对教师来说，自我反思无疑能让教师“留一只眼睛给自己”。

上完一堂课后，静静地坐在办公桌前，从容地整理自己的教学思路，清理自己的教学行为，总结自己的教学得失，捕捉课堂教学的某个细节，及时记下课堂中精彩的小插曲或倏忽而至的灵感。

面对纷纭的教育现象，即使别人习以为常，也要问问自己：为什么会这样？我和别人有什么不一样的看法？我的观点是否轻易地被别人左右了？在这个问题或现象的背后还隐藏着什么？顺着思，反着思，整体思，局部思，从多个角度或换个角度看问题。

——陈惠芳，《教育随笔：改变教师的行走方式》，载《人民教育》，2004（7）

4. 教师行动研究

教师行动研究是一种具体的“教学研究方式”，是对教师自身的教学行为进行思考和探究，即“在教学中研究，在研究中教学”。教师行动研究是指教师在日常教育教学行动中，将自己组织开展的实际教育教学活动作为研究对象，采取有效途径加以观察、反思和改进的方式。教师行动研究蕴涵着两个基本理念：一是在实践中学习；二是实践者成为研究者。教师的行动研究，把教师置于自身实践的具体过程中，进行思考和再体验，为巩固教师的教育技能和处理教育事件、教育问题提供了参考，有利于教师专业发展。教师行动研究的基本程序可以概括为：“问题”“计划”“行动”“反思”。具体地说，就是实践者分析已有的教育教学实践，在充分调查研究的基础上，筛选出急需解决的典型性实际问题；而后通过专门讲座、个别咨询和专题学习等多种形式，有针对性地获得理论指导并设计操作性的研究实施计划；接下来实践者有计划地、螺旋式地至少实施两轮以上的教育教学行动，同时对行动过程进行观察和收集资料；进而对研究的问题、计划、教师学生的实际表现进行系统反思、讨论和交流，并将反思的信息及时用来改进紧接而来的教育教学实践。

第二节　学生

学生是教育活动中最基本的、不可或缺的要素之一，他既是教育的对象，又是学习和发展的主体。了解和研究学生的基本属性和地位是教育工作的出发点和归宿。教师面对的学生，是生命丰富而又脆弱、有着强烈的求知欲和创造欲的独特生命个体。教师为实现培养人的社会使命，必须有正确的学生观，才能为学生的学习和发展服务。

一、学生的本质属性

（一）学生的独特性

个性在很大程度上是天生的，孩子的个性有时比成年人有过之而无不及。苏霍姆林斯基说：每个孩子都是一个世界……完全特殊的独一无二的世界。每个人的生命都有自己不同的“样子”，每个儿童的生命都与成人不同，他们不是父辈的复制与延伸，他们有自己独立的人格和精神世界；他们的生活阶段并非仅仅是成人期的一种预备，他们有着与成人相异的价值观念和行为方式。卢梭说：“大自然希望儿童在成人之前就要像儿童的样子。如果我们打乱了这个次序，我们就会造成一些早熟的果实，它们长得既不丰满也不甜美，而且很快就会腐烂；我们将造成一些年纪轻轻的博士和老态龙钟的儿童。儿童是有他特有的看法、想法和感情的，如果想用我们的看法、想法和感情去代替他们的看法、想法和感情，那简直是最愚蠢的事情。”①

美国哈佛大学教授、发展心理学家加德纳于1983年提出的“多元智能理论”也认为每个儿童所具有的独特能力存在着质的不同，很难从量上加以排序、分类。每个儿童都拥有相对于他人或是相对于自己的智能强项，教育旨在帮助儿童发现培育自己的优势智能，并以优势智能带动弱势智能的发展，从而建构起自己的优势智能组合，实现自身全面、和谐的发展。因此，学生的智能类型本身并无好坏优劣之分，学生只有特点的不同，而无高下之别。很难说一个善于考试的学生将来的发展就一定比擅长演讲或擅长游戏的学生更好。

要关注学生的独特性；需要教师从学生个体的兴趣、爱好、言行，甚至是从那些被认为是顽皮、越轨的事件中去发现、剖析和挖掘学生表现出的潜在优势，然后采取多种措施去激发它、发挥它、强化它。只要教育方法得当，每个学生的身心发展水平都能得到较大幅度的提高。尊重生命独特性的教育可以避免做“最愚蠢的事情”，尊重生命独特性的教师可以让每一个学生都能获得成功的机会，体验到生命成长的快乐。

（二）学生的生成性

人是未完成的存在，也是非特定化的存在，人与动物在生命意义上的本质不同首先是人的未完成性和非特定化。严格地说，人的一生始终处于未完成之中，总是不停息地变化着，只不过各时期的成长幅度有所差异而已，学习期间的学生恰处于人生最为关键的“未完成期”，可塑性极大，不仅表现在身体上，更表现在心理上；不仅表现在速度上，而且还表现在广度和深度上。这说明，学生正是处于发展中的人，都具有某方面的潜在特长或能力，而“发展过程总是一个比较简单的结果向一个更复杂的结构的过渡，而这样的一个过程是按照没有止境的后退过程进行的（根据现有的知识）”②。因此，他们迫切需要接受人类社会的熏陶和教育，使其在未来的发展中能跟上社会的进步。教师所要做的就是掌握学生身心发展的规律，

① ［法］卢梭．爱弥儿：论教育［M］．李平沤译．北京：商务印书馆，1978：28.

② ［瑞士］皮亚杰．结构主义［M］．倪连杰等译．北京：商务印书馆，1984：4.

熟悉不同年龄阶段学生身心发展的特点，并依据学生身心发展的规律和特点开展教育教学活动，同时相信学生的巨大发展潜能，坚信每个学生都是可以积极成长的，是可以获得成功的。为此，教师就要为学生创设一个有助于其生命充分成长的情境，把学生蕴涵的生命潜能激发出来，使学习过程成为学生生命成长的历程。

（三）学生的自主性

生命的成长离不开外界环境与条件，然而生命本身具有自主性，外界因素可以影响它，但无法取代它，生命的意义就在于其自主性。人天生具有认识外部世界、求知于外部世界的本性，乐于自己去追问、去探寻、去创造，并在追问、探寻、创造的过程中展现自己生命的力量。学习的主体是学生，教育的终极目的也在于学生，因此，学生在学习中的自主性是显而易见的，无论学生年龄大小、能力强弱，都具有强烈的学习自主欲望，教师应积极地引导、开发学生学习的自主意识，促进学生的自主成长。而且，每一个学生都是独立于教师头脑之外，不依教师的意志为转移的客观存在，如果教师将自己的意志强加于学生，就会在无形中挫伤学生的主动性、积极性，扼杀学生的学习兴趣，窒息学生的思想。然而，在现实教育中，学生主动地行动、思考、选择、应答常常会受到压抑，被所谓的“标准答案”压抑，被各种“科学”的标签压抑，学生被既有的文化统治着，不得去反思与超越，人的创造的天性也就被压抑了。因此，具有现代生命意识的教师，应当担负起发现、尊重和解放儿童的重任，还儿童一个真实的自我，让学生在探索世界、探索自我的过程中增强自主性，在不断超越自我的过程中体验到生命的力量与意义。

案例 7-2：

一位老师在幼儿园的黑板上画了一个圆，问：“小朋友们，你们想象一下，这个圆可能是什么？”结果在两分钟内，小朋友们说出了 22 个不同的答案。有的说，这是一个苹果；有的说，这是一个月亮；有的说，这是一个烧饼；有的说，这是老师的大眼睛。这位老师拿同样的实验到大学一年级去做，要他们想象一下黑板上的圆可能是什么。结果两分钟过去了，没有一个同学发言。老师没有办法，只好点名请班长带头发言。班长慢吞吞地站起来迟疑地说：“这——大概是个零吧?”……没有受过教育的小朋友在两分钟之内说出了 22 个不同的答案，经过了小学、初中、高中教育，经过高考选拔，一路过关斩将进入了大学的优秀学生，面对这么一个简单的问题，两分钟过去了，却没有人回答，被迫回答的班长还“大概”是个零吧。大学生真的全都失去想象力了吗？不是的，经过多年教育，他们建立了一个信念：老师的任何问题都是有一个标准答案的，面对这样一个突如其来的问题，他们揣摩不出老师的标准答案是什么，所以不敢贸然回答，不愿当众出丑。他们关心的不是我怎么看问题，我怎样想问题，而是老师怎样看问题，老师期望的答案是什么。在心理上，他们已经习惯了接受老师的答案，而不是向老师的答案提出挑战。

——袁振国，《教育新理念》，教育科学出版社，2002：3

（四）学生的整体性

学生并不是单纯的抽象的学习者，而是有着丰富个性的完整的人。作为完整的人而存在的学生，不仅具备全部的智慧力量和人格力量，而且体验着全部的教育生活。人的生命具有丰富的内涵，人的发展也具有整体性的需要，不仅有学习知识、发展能力（认知系统）的需要，也具有强烈的认知的欲望和要求，而且有情感、有信念、有意志（动力系统），人的任何活动都是这两个系统协调运动、相互作用的过程。如果仅把学生看作是一个单纯的认识体，那就简化了对人的认识。学生虽然较为年轻，但他们也有丰富的理、知、情、意，只是尚未发展成熟而已。如果教学只注重培养学生的认知能力，那就弱化了教学的根本意义。注重人的全面发展的教学不仅是让学生对知识进行一般性的认知、积累和加工，而是通过体验与反省使知识进入个人的内心世界，与学生的生活境遇和人生经验融化在一起，塑造学生健康的人格。杜威说过：“我们所需要的是儿童以整个的身体和整个的心灵来到学校，并以更圆满发展的心灵和甚至更健全的身体离开学校”。因此，打通学生的“生活世界”和“书本世界”，杜绝动脑与动手的分离、记忆与思维的分离以及智育与其他各育的分离，找寻失落了的完整的生命意义是对当代教育，特别是对当代教师的一项最为严峻的挑战。

二、学生的社会地位

（一）对学生社会地位的传统认识

相对于具有社会正式成员地位的成年人来说，学生是不成熟的青少年儿童，是未进入正式成人社会的“边际人”。长期以来，学生没有被看做是有个性的独立存在的人，他们在社会上处于从属和依附的地位，其独立地位与独立人格常常得不到重视。在人类社会的早期，社会把未成年的子女当做社会或父母的隶属物，社会或双亲甚至对婴儿握有生杀之权。随着人类的进步和社会的发展，儿童的生存条件不断得到改善，尤其是文艺复兴时期产生的新的儿童观，它承认儿童的自由与兴趣，其后的许多教育家也致力于提倡自然主义的儿童观。但整个社会并未彻底把儿童本身看作是有个性价值的存在，许多成年人往往出于"为了孩子、关心孩子"的主观目的，而把自己的价值观强加给儿童，完全不考虑儿童的需要；也并未彻底改变儿童对双亲或学生对教师的绝对服从的关系，鞭挞、体罚的习俗依然存在。这同样是对青少年儿童独立自主地位的否定。

要改变这种状况，关键是承认和确立青少年儿童在社会中的主体地位，并切实保障青少年儿童的合法权益。具体来说，在观念的层面上，要正确认识学生的身份和法律地位，树立现代的学生观；在制度层面上，要懂得法律规定的学生的权利和义务，尊重学生的权利，确定恰当的学生管理制度，科学地教育和管理学生。

（二）学生的身份和法律地位

从法律角度看，我国未满 18 周岁的公民均被称为未成年人。未成年人在具有独立的法律地位的基础上，享有特别的受保护权；从社会学角度看，学生是一种独特的社会存在，他们既不是不承担任何社会义务的婴幼儿，也不是以职业劳动与社会进行交换的成人，他们是介于婴幼儿与成人之间的"半"社会成员。这一点正是 1989 年 11 月 20 日联合国大会通过的《儿童权利公约》的核心精神。体现这一精神的基本原则是：儿童利益最佳原则（任何事情凡是涉及儿童的，必须以儿童利益为重）、尊重儿童尊严原则（尊重儿童的生存和发展权利，以儿童的健康和生存发展为重）、尊重儿童观点与意见原则（任何涉及儿童的事情，都应当听取儿童的意见）、无歧视原则（不受种族、肤色、性别、语言、宗教信仰、政治主张等影响）。

我国 20 世纪 80 年代以来，随着有关法律的相继颁布，初步明确了教育领域中中小学生的身份和法律地位。从有关学生的法律法规看，对中小学生身份地位的确认是从三个层面进行的：第一个层面，中小学生是国家公民；第二个层面，中小学生是国家和社会未成年的公民；第三个层面，中小学生是接受教育的未成年公民。因此，中小学生是在国家法律认可的各级各类中等或初等学校或教育机构中接受教育的未成年公民，中小学生身份的特殊性决定了他们权利与义务的特殊性。

（三）学生的权利和义务

1. 学生的合法权利

（1）参加教育教学计划安排的各种活动，使用教育教学设施、设备、图书资料；

（2）按照国家有关规定获得奖学金、贷学金、助学金；

（3）在学业成绩和品行上获得公正评价，完成规定的学业后获得相应的学业证书、学位证书；

（4）对学校给予的处分不服向有关部门提出申诉，对学校、教师侵犯人身权、财产权等合法权益，提出申诉或者依法提起诉讼；

（5）法律、法规规定的其他权利。

2. 学生的义务

（1）遵守法律、法规；

（2）遵守学生行为规范，尊敬师长，养成良好的思想品德和行为习惯；

（3）努力学习，完成规定的学习任务；

（4）遵守所在学校或者其他教育机构的管理制度。

第三节　师生关系

师生关系是指教师和学生在教育教学过程中结成的相互关系，包括彼此所处的地位、作用和相互对待的态度等。它是一种特殊的社会关系和人际关系，是教师和学生为实现教育目标，以各自独特的身份和地位通过教与学的直接交流活动而形成的多性质、多层次的关系体系。良好的师生关系不仅是顺利完成教学任务的必要手段，而且是师生在教育教学活动中的价值、生命意义的具体体现。正如赞可夫所说："就教育工作效果来说，很重要的一点就是要看教师和学生之间的关系如何。"所以，能否处理好师生关系就成为教育成败的一个关键所在。

一、师生关系的内涵

（一）师生在教育教学过程中的互动共生关系

从一定意义上讲，没有丰富的个体体验、自由的表达、平等的对话和共同的学习，就没有真正的教学。师生双方从各自的知识背景和价值立场为前提条件和出发点来进行"生命的融动"，才使得教学从有发展价值的知识转变为学生真正的发展，这时的教学也才真正焕发出生命力。新的教学观告诉我们：一是教学过程不仅仅是知识的传授过程，而且是知识的生成、创新过程。知识不是既成的，而是不断生成和建构的。通过教与学的过程，师生之间可以进行双向和多向建构，生成具有丰富意义的知识和经验。二是在知识生成过程中，教师和学生都是平等的主体。学生与教师一样能够通过各种途径取得信息，教师已不再是知识的垄断者，教师的地位由权威者向平等者，由传授者向求知的参与者等角色转换。倾听学生，重视学生的内心世界，让学生敢于说话，让学生好学、喜问的天性发挥出来，从而乐于学习。三是教师成为“平等者中的首席”。作为平等者中的首席，教师的作用没有被抛弃，而是得到重新构建，从外在于学生情景转化为与这一情景共存。教师不再是通过“灌输”与“说教”的方式传递被认为是独一无二的和唯一确定的知识，而是去帮助学生建构知识，更重要的是在建构知识的过程中发展学生的想象力、参与精神、个性和主体性，千方百计地促进学生的发展。这些都为我们重新认识教学中的师生关系提供了一种新的视野，从中我们可以看到教育教学过程中的师生关系是一种现代意义上的师生互动、经验共享、生命相融、共生共长的关系。

（二）师生在人格上的平等关系

民主平等的师生关系，既是现代师生关系的主要标志，也是现代社会民主、平等这一社会关系准则的体现。当然，建立民主平等的师生关系，并不代表教师在教学管理上就完全听之任之，让学生自发发展，而是以尊重学生的人格、平等地对待学生、热爱学生为基础，同时对他们正确指导、严格要求、尊重信任、相互合作。师生在人格上的平等，强调的是要把教师和学生都看做是具有自主意识、社会权利和独特个性的生命个体，并在这些方面给予平等而又充分的尊重和承认。在现实中体现师生在人格上的平等，教师就必须：尊重学生，不仅尊重学生的言行、权利，而且尊重学生的知识、人格；关心学生，不仅关心学生的学习、生活，而且关心学生的情感世界；理解学生，不仅理解学生学习中的难处，而且理解学生精神上的压力和困惑；帮助学生，不仅帮助学生的学习和生活，而且帮助他们纠正不良的思想和习惯；相信学生，不仅相信学生能学好，而且相信他们有能力做好一切事情；依靠学生，不仅依靠学生自己的不断努力、进取求得其自身发展，而且依靠学生与教师的通力合作营造和谐的课堂气氛，建立在人格平等上的民主和谐的师生关系。

（三）师生在社会道德上的相互促进关系

师生关系在本质上是一种人和人的关系，是师生间思想交流、情感沟通、人格碰撞的互动关系。儿童、青少年将成长为怎样一个人，与家长、教师以及其他教育成员有着非常密切的关系。一名教师对学生的影响不仅仅是知识上的、智力上的影响，更是思想上的、人格上的影响。教师对学生的发展有着特别重要的意义，对成长中的儿童和青少年有着巨大的、潜移默化的影响。但这种精神上的、道德上的影响并不是靠说教就能产生的。精神需要精神的感染，道德需要道德的濡化。教师真正的威信在于他的人格力量，它会对学生产生终身影响。教师的言行和品质已经向学生暗示了教育目的与教育意义的某种真谛。

资料 7-4：

儿童在生活中所学到的

如果儿童生活在批评的环境中，他就学会指责。

如果儿童生活在敌意的环境中，他就学会打架。

如果儿童生活在嘲笑的环境中，他就学会难为情。

如果儿童生活在羞辱的环境中，他就学会内疚。

如果儿童生活在宽容的环境中，他就学会大度。

如果儿童生活在鼓励的环境中，他就学会自信。

如果儿童生活在赞扬的环境中，他就学会抬高自己的身价。

如果儿童生活在公平的环境中，他就学会正义。

如果儿童生活在安全的环境中，他就学会信任他人。

如果儿童生活在赞许的环境中，他就学会自爱。

如果儿童生活在互相承认和友好的环境中，他就学会在这个世界上去寻找爱。

——［美］黛安·E. 帕普利、萨利·W. 奥尔兹著，曹秋萍等译，《儿童世界》，人民教育出版社，1985：78

二、新型师生关系的特征

（一）民主平等

师生关系民主平等的要旨是把教师和学生看作平等意义上的“人”，是价值平等的主体。尤其是教师，要目中有“人”，真正地把学生当作平等的对象。具体表现在：教师要创设宽松的课堂环境，使学生有话敢说；教师要淡化权威意识，允许学生怀疑教材，反驳师说；教师要谅解学生失误过错，赞赏勇敢精神，宽容顽皮淘气；教师要保护学生的创造性想象，对学生的奇思异想，不要冷嘲热讽。总之，教师对学生的仁爱之心的底线就是“己所不欲，勿施于人”，经常换位思考，从学生的角度体察学生的需求、情感，并且从学生的反应来反思自己的言行，采用民主的教育方法，从而调动师生双方的积极性，促进学生全面和谐的发展。

（二）理解宽容

理解和宽容是双向的，但主要是教师对学生的理解和宽容。对教师而言，理解的实质就是体谅学生、尊重学生、欣赏学生。教师要用一种新的眼光看待学生，多些理解，少点挑剔；多些赞赏，少点指责；多些肯定，少点否定；多看优点，少看缺点。尊重学生的人格，不讽刺、嘲笑、辱骂学生。尊重学生的独立性，鼓励学生发表不同见解。当然，理解宽容绝不是包庇纵容、放任自流，而是一种教育手段。对于关系到学生现在与未来人格的，比如意识、品行、情感、理想、毅力等要严格，要一丝不苟，要常抓不懈。对于反映学生天真烂漫之童心、童举的，比如追逐打闹、偶犯错误，要点到为止，不要揪住不放。教师只有保持这种心态，教育教学中才会有师生双方的理解宽容，课堂才会奏出和谐美妙的音符。

（三）互尊互信

苏霍姆林斯基说：“教育的核心，就其本质来说，就在于让儿童始终体验到自己的尊严感。”相互尊重主要在于教师摒弃“师道尊严”的旧观念，尊重学生的差异、个性、情感、人格。教师尊重学生，不仅仅满足了学生自尊心的需要，而且也能唤起学生对教师的尊重，换来学生一颗平静的心。另外，教师应该放手让学生自我管理、自我教育，给学生以充分的信任，使他们在教育活动的实践中充分得到锻炼。用热爱、平等、尊重的民主教育行为，去赢得学生的喜爱和信任，创造一种宽松、和谐的教育氛围。如果教师不敢放手，不仅使学生对学习丧失兴趣，还将导致人才培养的畸形发展。教师的信任，有利于激发学生的潜能，有利于培养学生的创造力，也有利于增进师生情感，提高教学效率。

（四）和谐合作

新课程强调，教师是学生学习的合作者、引导者、参与者，教学过程是师生交往、共同发展的互动过程。和谐合作的师生关系是实现教学目标的润滑剂、催化剂，对学生是知识与智力、智慧与心灵的成长，对教师是经验与能力、理论与艺术的提高。和谐合作的师生关系使教师和学生共同体验和分享教育中的欢乐、成功、失望与不安，它是师生情感交流深化的表现，同时，师生在相互适应的基础上相互启发，可以使师生的认识不断深化。因此，和谐合作的关系给师生带来安怡、幸福，使师生共同进步。教师要切实转变思想观念，敢于放下架子，丢掉面子，善于寻找路子，重新塑造自己并界定角色职能，建立起一种和谐合作的师生关系。

三、良好师生关系的建立[①]

师生关系受多种因素制约，但就教育内部而言，建立良好的师生关系要靠双方共同努力。教师在师生关系建设与发展中占有重要地位，起着主导作用。所以，要建立民主、和谐、充满活力的师生关系，对教师来说，关键取决于两点：一是需具备现代教育观念，把学生作为平等的主体来看待；二是需对学生体现出更多的主动性和应有的关爱。具体实施中有以下几种策略。

（一）了解和研究学生

教师要与学生取得共同语言，使教育影响深入学生的内心世界，就必须了解和研究学生。了解和研究学生包括了解学生个体的思想意识、道德品质、兴趣、需要、知识水平、学习态度和方法、个性特点、身体状况和班集体的特点及其形成原因，了解和研究学生存在于教师教育生活的每一时空。

（二）树立正确的学生观

学生观就是教师对学生的基本看法，它影响教师对学生的认识及其态度与行为，进而影响学生的发展。正确的学生观主要包括：学生都有巨大的发展潜力；学生的不成熟性具有成长价值；学生具有主体性，特别是创造性；学生是责权主体，有正当的权利和利益；学生是一个整体的人，是知、情、意、行的统一体。正确的学生观来自教师对学生的观察和了解，来自教师向学生的学习和对自我的反思。

（三）热爱、尊重学生，公平对待学生

热爱学生包括热爱所有学生，对学生充满爱心，经常走到学生之中，忌讳挖苦、讽刺、粗暴对待学生。尊重学生特别要尊重学生的人格，保护学生的自尊心，维护学生的合法权益，避免师生对立。教师处理问题必须公正无私，使学生心悦诚服。

---

① 本部分主要参考：全国十二所重点师范大学联合编写．教育学基础［M］．北京：教育科学出版社，2002：138

（四）主动与学生沟通，善于与学生交往

师生关系一般要经历生疏、接触、亲近、依赖、协调、默契六个阶段。在师生交往的初期，往往出现不和谐因素，如因为不了解而不敢交往或因误解而造成冲突等，这就要求教师掌握沟通与交往的主动权，经常与学生保持接触、交流。同时，教师还要掌握与学生交往的策略和技巧，如寻找共同的兴趣或话题、一起参加活动、邀请学生到家做客、通信联系等。

资料 7-5：

一个人不是在被教育时受到教育，而是在感悟他人生命的经历、体验时受到教育的：他从中模仿、比较、反思、设计、行动、追求。所以，只有在师生生命的交融中，才能生长出健康的生命。教师要促进学生生命成长，重要的一点是能以自己的生命体验为师。如果说教师职业是奉献的职业，那么，它真正的奉献之处就在于，将生命经验、感悟、体验毫无保留地贡献给学生。单纯的知识传授不是奉献，而是谋生。

当教师敞开自己的心扉，述说自己的生命故事，与学生一起分享他特有的生命经历、生命体验时，他的教育历程就开始了——学生从他的生命中，受到启迪，获得动力，激活生命的潜能。许多教师从其自身从教的体验以及对自己颇有影响的教师的感悟中，都能得出这样的结论：教师“不为师，方为师”。也就是说，当一位教师真的“忘记”了他的教师身份，而以一个活生生的生命展现在他的学生面前，当他的生命融入到了学生的生命中时，教师对学生的影响才是可能的，这时的教育也才是有效的。

——朱小蔓等，《教育职场：教师的道德成长》，教育科学出版社，2004：106

（五）努力提高自我修养，健全人格

教师的素质是影响师生关系的核心因素。教师的师德修养、知识能力、教育态度、个性、心理品质无不对学生发生深刻的影响。教师要使师生关系和谐，就必须通过自己崇高的理想、科学的世界观、人生观、渊博的知识、严谨的治学态度、活泼开朗的性格、多方面的爱好与兴趣等来吸引学生。为此，教师必须加强学习和研究，使自己更加有智慧；经常进行自我反思，正确评价自己，克服个人的偏见和定势；培养自己多方面的兴趣和积极向上的人生观；学会自我控制，培养耐心、豁达、宽容、理解等个性品质。

案例 7-3：

人格，才是最高的学历

有一年秋天，北大新学期开始了，一位外地来的年轻学子背着大包小包走进了校园，实在太累了，就把大包小包放在路边。这时正好一位老人迎面走来，年轻学子走上去说："您能不能替我看一下包呢?"老人爽快地答应了。

那位年轻的学子就轻装地去办理各种入学手续。一个多小时以后回来了，老人还在尽职尽责地完成着自己的使命。谢过，两人各自走了。

几日后是北大的开学典礼，这位年轻的学子惊讶地发现，主席台上就座的北京大学副校长季羡林先生正是那一天替自己看包的老人。在那一瞬间，这位年轻人的心里是一种怎样的震撼。但在我们听到这个故事之后，却强烈地感觉到：人格，才是最高的学位。

——白岩松，《最高的力量是人格》，载《新闻与写作》，1999 (6)

【思考题】

1. 谈谈你对教师职业特点的认识。

2. 作为未来的教师，你怎样看待"教师即研究者"这一命题?

3. 人们常把教师比喻成"园丁""蜡烛""春蚕"，你认为这样的比喻对于教师职业是否妥当?

4. 试分析下面的案例体现了教师的哪些专业行为？请结合案例，谈谈教师如何才能把对学生的热爱落到实处。

骆佳老师上一年级体育课时，发现一个小女孩违反规定戴了手套，骆老师什么也没说，临时决定加一个小游戏：手指做加法（师生出手指的和为 10)。骆老师伸出 5 个手指头，所有学生都快速伸出一只手，和她凑 10，只有那个小女孩朝骆老师一笑，一耸肩，手背在身后一动一动的，骆老师也满含爱意地冲她一笑。当骆老师再一次伸出手指时，得到的是全班的呼应：那个小女孩的手套已经摘掉了。

5. 下文是《神奇的教育世界》一书中转载的一篇文章"崔永元的两扇窗"。你读后想到了些什么?

崔永元是中央电视台的节目主持人，但数学成绩很差。崔永元在他的《不过如此》中道出原委。事情是这样的，小学时，数学老师发现崔永元上课走神，就把粉笔头准确无误地砸过去，还批评说"你把全班同学的脸都丢尽了”。从此，崔永元患上了“数学恐惧症”，数学成绩一落千丈。从此，在崔永元的人生走廊里关闭了数学这扇窗。教语文的王老师对崔永元的第一篇作文大加赞赏，从此，在崔永元的人生走廊里语文这扇窗分外透亮……

【拓展阅读】

1. 叶澜等. 教师角色与教师发展新探［M］. 北京：教育科学出版社，2001.

2.［美］霍华德·加德纳. 多元智能［M］. 北京：新华出版社，1999.

3.［苏联］苏霍姆林斯基. 给教师的建议［M］. 修订版. 北京：教育科学出版社，1984.

第八章　课程

前面学习了教育目的的基本知识，一定时期教育目的的落实，学生基本素质的实现，都必须凭借一定的教育内容，本章专门探讨教育内容方面的问题——课程。

课程是学校教育活动的核心，课程改革是提高教育、教学质量的根本保证。通过课程的学习，形成自己的课程价值观念，是走上教师工作岗位前应有的基本准备。本章主要围绕着课程是什么，课程如何编制以及当前基础教育课程改革的基本问题展开。

【学习目标】

1. 了解主要的课程流派。
2. 理解课程的主要类型。
3. 识记课程编制的基本范畴。
4. 能运用当前新课程改革的要求指导以后的课程教学活动。

第一节　课程概述

在课程的发生发展过程中，人们对其界定多种多样，课程的流派也是异彩纷呈。把握课程概念发展变化的过程，进而对课程的主要流派做一番了解，是掌握课程理论的前提。

一、课程的概念

在没有出现“课程”这一专门名词前，中西方古籍中便有了关于课程实践方面丰富的记载。如中国古代《礼记·内则》记载：“六年，教以数与方名；九年，教以数日；十年，外出就傅，居宿于外，学书计”。在古希腊时期，斯巴达在各教育阶段分别实施赛跑、跳跃、掷铁饼、角力等七方面的训练。

随着课程一词的产生以及人们教育观的变化，课程的含义也日益多样化起来。不同时代不同流派的课程观点同时存在于当前的教育领域中，给人们的理解造成了不少困难。

资料 8-1：

研讨会上的交锋

在一次学术研讨会上，与会者就课程改革中遇到的问题进行了激烈的讨论。

一位教师说：“我是一名中学教师。对这次课程改革，我表示支持并积极参与。这次课程改革提出的一些新观点、新理念，我也非常赞同。但是，理论家告诉我们，课程既包括书本知识，又包括学生的活动经验；既有教材内容，又有教师、学生、环境；既有看得见的，又有看不见的；既有校内的，又有校外的。总之，我感觉理论家似乎在告诉我们处处是课程，时时有课程。这样的课程概念似乎有点玄、空。真到了实际工作中，我还是不知该如何理解和把握课程，还是不知道该怎么做。”

张教授接着说：“现在理论界给‘课程’下的定义的确是五花八门，有些繁杂，给教师造成了理解上的困难。不过，这种现象的背后实际上隐藏着各种价值观的斗争。不同的课程定义反映了定义者的价值倾向。倾向于儿童中心、学生中心的，就把课程定义为学生的经验；倾向于学科中心的，就把课程定义为学科知识；倾向于社会改造的，就把课程定义为各种社会问题及其解决过程。对于教育工作者来说，重要的不是选择这种或那种课程定义，而是意识到各种课程定义所要解决的问题，以便根据课程实践的要求，做出明智的决策。总之，期望有一个精确的课程定义是不可能的。老师们要充分发挥主动性，创造性地运用理论解决各种问题。”

> 张教授话声刚落，会议室里就炸开了锅，议论纷纷。有的认为张教授的话有道理，头脑要解放，思维要活跃，不要期望有一个明确的课程概念；有的则强烈反对，认为这种态度不可取，是消极对待，隔靴搔痒，把问题像踢皮球一样又踢回来了，并没有解决实际问题。不确定一个较为明确的概念，难道爱怎么说就怎么说？这样的话，还要理论干什么？
>
> ——王本陆主编，《课程与教学论》，高等教育出版社，2004

下面介绍几种典型的课程界定。

(一) 教学科目及其进度安排

“课程”在中国首见于唐代孔颖达的《五经正义》，但其表达的事物与教育无关，此后，“课程”一词逐渐应用到教育领域。宋代朱熹在《朱子全书·论学》中多次使用“课程”，如“宽着期限、紧着课程”，“小立课程、大作功夫”等。从中国古代教育领域中“课程”一词的含义看，大致表达的是学校教学的科目及其进程安排。英语国家“课程”一词首见于1861年斯宾塞撰写的《教育论》一书，斯宾塞认为教育是为人的幸福生活做准备，他把人的幸福生活划分为五大方面，为了获得幸福，人相应的要学习不同领域的学科知识。这样，斯宾塞通过教育为生活做准备的前提分析出学校要教授的各种学科知识，并把这些学科知识按照重要程度和学习时间进行排列，形成一个学校教学科目的知识谱系，最后他用“课程”一词来标志这一谱系。可见，斯宾塞的“课程”表达的是学校教学科目的总和以及不同科目的顺序安排。

当前还有很多教育实践和理论工作者依然坚持课程是教学科目及其进度安排这一观点。

这一观点还演化成其他不同的表现形式，主要有如下几种：(1)课程是教材；(2)课程即教学内容；(3)课程即知识；(4)课程即教学计划。

(二) 教学经验

20世纪初，以杜威为代表的新教育学者对传统教育展开了一系列的批判，其核心就集中在课程领域。杜威认为，教育不是为生活做准备，而是生活本身，儿童的需要应该得到关注。在这一理念下，课程必须关注学生的直接经验。在杜威等新教育运动倡导者的教育改革中，社会生活的各种活动以直接或模拟的形态被纳入到学校的教育教学活动中。

20世纪中期，现象学、存在主义在西方哲学研究领域中盛行起来，从20世纪70年代开始，以派纳、格鲁梅特、格林为代表的学者基于现象学、存在主义的基本观点指出，课程（curriculum）一词应回归到其拉丁文词根、作为动词的“currere”。“currere”不再强调静态的“跑道”，而是强调围绕“跑道”跑的动态过程、跑的经验。[①] 课程被理解为个人存在的经验，这一经验是个体与文本、教师、其他学生及个体自身展开相互作用的过程。

杜威和派纳等人都反对把课程当成是外在于学生的知识、学科，重视课程中学生的参与、体验，把课程当成是一个教学经验过程。

把课程当成教学经验是当前教育领域中一种主流的观点，这种观点也演化成其他的不同表现形式，主要有如下几种：(1) 课程即经验；(2) 课程即活动；(3) 课程即学生的生活连续体。

（三）文化的再生产过程

以布迪厄、鲍尔斯、金蒂斯为代表的研究者认为课程是文化的再生产过程。任何社会文化中的课程，事实上都是该种社会文化的反映，学校教育的职责是要再生产对下一代有用的文化和价值，课程就是从一定社会文化中选择出来的材料。

（四）课程即社会改造的过程

在布迪厄、鲍尔斯等人研究的基础上，弗雷尔等进一步形成了“课程即社会改造的过程”的观点。以弗雷尔为代表的一些激进的教育研究专家认为，课程不是使儿童被动地适应选择的社会文化（课程选择的文化总是落后于社会），而是要帮助他们认识社会的问题，进而改造社会。因此，课程的重点应放在社会的主要问题和弊端上，让学生关心社会，培养学生的批判和反省意识。有的学者甚至提出“学校敢于建立一种新的社会秩序吗”的命题。

以上是不同课程界定的阐述，这些观点从不同的角度对课程进行了研究。有的是从课程内容角度研究，有的是从课程的功能角度研究，有的从静态的角度研究课程，有的从动态角度研究课程。为了理解的方便，本书主要从课程的内容角度对课程进行界定。

从课程内容看，课程是影响人的教育内容，在学校教育中，有的教

---

① 钟启泉．课程流派研究［M］．济南：山东教育出版社，2000：276.

育影响是教育工作者有意识、有计划、有组织设置的，而有的内容是无意识、无组织、潜移默化地对学生起到影响的，前者表现为学校开设的学科与活动，后者表现为学生生活的学校环境、学校文化等中的一些因素。

所以本书这样定义课程：课程是在学校培养目标的规范下有计划开设的学科与活动以及学校环境中对学生起着影响的因素。

二、课程研究的主要流派

课程是教育观念的集中体现领域，教育价值观不一样，对课程认识也不一样。从教育发展的历史看，人们始终在协调教育的人的发展功能和社会发展功能，而知识是实现人的发展和社会发展的基本因素，因此，在研究课程问题时，有的研究者注重知识的问题，有的关注课程中人的问题，还有的着眼于社会问题。这样，课程研究在宏观上就形成了三种不同的取向：知识中心课程论、学习者中心课程论以及社会中心课程论。

（一）知识中心课程论

知识中心课程论又称为学科中心课程论，这一课程流派认为知识是前人获得的关于世界正确的认识，知识的学习有助于学习者快速地提升自我的认识能力，有效地为未来的生活做准备。因此，学校的课程应从人类已经获得的各领域的认识中进行选择，并分门别类地加以组织，形成有系统、有逻辑的教学科目。

知识中心课程论在不同时期表现不同，其内在原因是人们对什么知识最有价值的不同反映。在教育史上，有代表性的知识中心课程理论有夸美纽斯的泛智主义课程理论、斯宾塞的实用主义课程理论、巴格莱的要素主义课程理论以及布鲁纳的结构主义课程理论。

（二）学习者中心课程论

学习者中心课程论强调，教育首先要考虑的是学习者作为人的基本需要，凸显教育的人的发展功能。因此，学校的课程应该以学习者发展的需要和特征为出发点，以追求人的和谐发展为目标，课程应使人的本性、人的尊严、人的潜能在教育过程中得到发展。学校课程的选择应从人的需要出发，而不是从学科逻辑出发。

这一流派比较有代表性的理论有杜威等人的经验自然主义课程理论、

派纳等人的“存在现象学”课程理论以及马斯洛、罗杰斯等人的人本主义课程理论。

(三) 社会中心的课程论

社会中心课程论又称社会改造主义课程论，以布拉梅尔德为代表。社会中心课程论者认为，学校教育的最终目的是促使学生认识到当前社会的问题和不尽如人意的方面，提升学生反思和批判社会的能力，进而达到教育改造社会的功能。因此，课程的重点应放在当代社会的问题、社会的主要功能、学生关心的社会现象以及社会改造上，应让学生广泛地参与到社会中去，课程不应该帮助学生去适应社会，而是要建立一种新的社会秩序和社会文化。

三、课程的类型

从前面对课程界定的阐述和对主要课程理论的分析，不难发现，课程是一个复杂的事物，有着宽广的外延，因此，在当前的课程实践中，课程存在不同的类型。下面分别介绍几种主要的课程类别。

(一) 学科课程与活动课程

根据课程内容的属性，可以把课程分为学科课程与活动课程，学科课程主要是间接经验，活动课程则主要是直接经验。

1. 学科课程

学科课程主要是从各学科领域中精选的部分内容，按照该领域的逻辑结构构成的知识体系。在教育史上，绝大部分教育家主张学校教育以学科为本，其代表人物是赫尔巴特和斯宾塞，人们称其为学科课程论者。学科课程论者认为各学科的知识、体系反映了客观事物的基本规律，学校教育应按照各学科分别组织教学，教学以知识为中心。

学科课程具有三方面显著的优点。

(1) 学科课程是从各文化领域精选的基本知识，有利于学生的认识水平在较短时间内达到历史文化高度；

(2) 学科课程能有效地保证学习的逻辑性、系统性和整体性，能深化学生对某一专门领域的认识，培养其专业素养；

(3) 学科课程有利于教师的教授，有助于学生学习和巩固基础知识。

学科课程也表现出明显的缺点。

(1) 学科课程的内容是前人获得的经验，教学过程又主要是课堂讲授，不利于学生直接经验的获得和动手实践能力的培养；

（2）学科课程的知识是预先给定的，很难关照到学生自身的兴趣和爱好；

（3）学科课程的教学注重知识的积累，关注学生学习的结果，而不重视学生学习过程和学习方法的培养。

2. 活动课程

活动课程是关注学生兴趣、动机和实践，体现学习者中心的一种课程形态。卢梭认为，学生学习的不应该是课本，而是在实践中学习，通过发现的形式获得知识，这是活动课程较早的理论。活动课程正式规范化，并在教育领域中真正成为一种重要的课程形态是从杜威开始的。杜威基于自己的经验主义哲学指出："教育就是经验的改造或改组。这种改造或改组，既能增加经验的意义，又能提高指导后来经验进程的能力。"①而经验与个体的兴趣紧密相连，杜威区分了学生的四种兴趣类型，并主张学校相应地开设有利于满足学生不同兴趣的活动。杜威活动课程理论影响着西方甚至世界的学校教育实践，活动课程此后成为许多国家重要的课程形态。

活动课程具有以下优点。

（1）有利于满足儿童的兴趣、需要，关照儿童的学习心理过程；

（2）有利于加强教育与社会以及学生生活的联系；

（3）有利于学生动手实践能力的培养和问题解决能力的提高。

活动课程也有明显的不足：夸大了儿童个人的经验，忽视了知识本身的逻辑顺序，不利于系统的知识学习。

当前，我国新一轮课程改革考虑到过去只是重视学科课程而忽视活动的弊端，开始从小学三年级到高中开设综合实践活动，并作为国家课程、必修课程。

（二）分科课程与综合课程

按照课程的组织方式，可以把课程分为分科课程和综合课程。

1. 分科课程

分科课程是从某一学科领域选择知识，并按照该学科知识的逻辑结构加以组织的课程形态。分科课程的种类与科学知识分化情况密切相关。

① ［美］杜威．民主主义与教育［M］．王承绪译．北京：人民教育出版社，1999：82.

分科课程的优点是比较明显的，其有利于深化学生对某一领域的理解，培养学生的专业素养。但缺点也不可忽视，分科课程不利于培养学生综合的知识素养，同时造成学习任务繁重。

2. 综合课程

综合课程是指打破传统分科课程的知识领域，组合两个或两个以上的学科领域构成的课程。根据综合课程的综合程度，可以分为以下几种：一是相关课程（Correlated Curriculum），就是在保留原来学科独立性的基础上，寻找两个或多个学科之间的共同点，使这些学科的教学顺序能够相互照应、相互联系、穿插进行。二是融合课程（Fused Curriculum），也称合科课程，就是把部分科目统合兼并于范围较广的新科目，选择对学生有意义的论题或概括的问题进行学习。三是广域课程（Broad Curriculum），就是合并数门相邻学科的教学内容而形成的综合性课程。四是核心课程（Core Curriculum），这种课程是围绕一些重大的社会问题组织内容，又被称为问题中心课程。前三种课程都是在学科领域的基础上进行知识综合的课程形式，它们打破了原有的学科界限，是旧的学科课程的改进和扩展；而核心课程则是以解决实际问题的逻辑顺序为主线来组织教学内容。

综合课程有着显著的优点：

（1）打破学科界限，有利于培养学生对事物的整体认识能力；

（2）减少了课程的门类，有利于减轻学生的负担；

（3）从生活、社会的实际出发，具有较强的实践性，有利于培养学生分析解决问题的能力和动手能力。

当前我国基础教育课程改革根据综合课程和分科课程的特点，建构了新型的课程结构。在1～6年级主要是综合课程，7～9年级采用综合和分科并举的方式，10～12年级主要是分科课程。

（三）国家课程、地方课程和校本课程

根据课程管理、开发主体的不同，可以把课程分为国家课程、地方课程、校本课程。

国家课程是由国家根据自身利益及公民的基本素质要求而开发设计的课程，是一个国家课程的主体。地方课程是由地方根据国家课程标准及各地发展需要而开发的课程。校本课程是由学校参照国家课程标准、地方课程框架和本校学生的兴趣和需要而开发的旨在体现学校办学特色的课程。

国家课程能体现国家的利益和价值指向，地方课程能关照到不同地区政治、经济、文化的多样性，校本课程能满足不同学校的特点和学生多样化的需求。因此，当前世界各国课程改革在三类课程的设置上出现了从一元向多元转化的趋势。我国在1992年以前只有国家课程，造成各地学校对统一的课程不适应的弊端，1992年开始在高中阶段推行地方课程。这次课程改革，课程管理开发权限进一步下放，在基础教育阶段实施三级课程管理方式，建构国家、地方、学校三级课程体系。

（四）必修课程与选修课程

根据学习要求，可以把课程分为必修课程和选修课程。

1. 必修课程

所谓必修课程是国家、地方或学校规定学生必须学习的课程。①

必修课程的价值在于培养学生的共性，提升国民的共同素养。在我国传统文化重统一性价值观的影响下，教育领域中相应的重视对学习内容的规范和统一。从秦汉到北宋，“五经”是读书人必学的科目；到朱熹后，“四书”成为科考的标准教材；新中国成立后，我国基础教育中的课程基本上都是必修课程。

必修课程有利于落实基本素养，统一人的思想和言行，便于实施标准化的统一考试。其弊端表现在对学生个性的忽视。

2. 选修课

选修课程是学生根据自己的兴趣、学术取向和职业需要而自由选择学习的课程。

选修课程的价值在于发展学生的个性，实现素质的多样化。当前我国教育目的是促进学生有个性的全面发展，如果学生学习的课程都一样，显然不利于学生个性的多方面发展。故此，基础教育课程改革特别注重课程的选择性，倡导学校实施选修课程。

基础教育中，1～6年级和7～9年级的选修课程集中在校本课程上，10～12年级选修课程的表现形式则比较多样。

10～12年级阶段，学生的发展倾向、个性化特征比较明显，选修课程的开设尤为必要，为了有效实施选修课程，当前我国10～12年级教育开始试行学分制度。

---

① 扈中平，李芳编．现代教育学［M］．北京：高等教育出版社，2005：220．

资料 8-2：

10～12 年级必修、选修课程结构及其学分情况

<table>
<tr><th>学习领域</th><th>科目</th><th>必修学分
（共计 116 学分）</th><th>选修Ⅰ学分</th><th>选修Ⅱ学分</th></tr>
<tr><td rowspan="2">语言与文学</td><td>语文</td><td>10</td><td rowspan="17">国家为满足学生的兴趣、爱好和未来发展的需要，在共同必修的基础上，各科课程标准设置若干选修模块，供学生选择。</td><td rowspan="17">学校根据当地社会、经济、科技、文化以及自身条件开设，供学生选择。</td></tr>
<tr><td>外语</td><td>10</td></tr>
<tr><td>数学</td><td>数学</td><td>10</td></tr>
<tr><td rowspan="3">人文与社会</td><td>政治</td><td>8</td></tr>
<tr><td>历史</td><td>6</td></tr>
<tr><td>地理</td><td>6</td></tr>
<tr><td rowspan="3">科学</td><td>物理</td><td>6</td></tr>
<tr><td>化学</td><td>6</td></tr>
<tr><td>生物</td><td>6</td></tr>
<tr><td rowspan="2">技术</td><td>信息技术</td><td>4</td></tr>
<tr><td>通用技术</td><td>4</td></tr>
<tr><td>艺术</td><td>艺术或
音乐、美术</td><td>6</td></tr>
<tr><td>体育与健康</td><td>体育与健康</td><td>11</td></tr>
<tr><td rowspan="3">综合实践活动</td><td>研究性学习</td><td>15</td></tr>
<tr><td>社区服务</td><td>2</td></tr>
<tr><td>社会实践</td><td>6</td></tr>
</table>

说明：

①学生每学年在每个学习领域都必须修得一定学分；

②三年中获得 116 个必修学分（包括社区服务 2 学分，社会实践 6 学分），并在选修Ⅰ中至少获得 22 学分，在选修Ⅱ中至少获得 6 学分；总学分达到 144 分方可毕业。

——朱慕菊主编，《走进新课程——与课程实施者对话》，北京师范大学出版社，2002

（五）显性课程与隐性课程

根据课程影响人的方式，可以把课程分为显性课程和隐性课程。

显性课程是学校情境中以直接、明显的方式呈现的课程，而隐性课程则是学校情境中以间接、内隐的方式呈现的课程。①

1. 显性课程

凡是学校课程表设置的课程和开展的有计划、有组织的活动，都可以称为显性课程。这些课程是有意识设置的，对学生发展一般起正向的影响。

2. 隐性课程

隐性课程又叫潜课程或潜在课程，它主要是指通过校园文化、校园生活、校风、人际关系、集体活动等以潜移默化的方式影响学生的课程。隐性课程一词最早是由美国教育学者杰克逊在其《课堂生活》一书中提出的，目前对它的研究非常宽泛，《国际教育百科全书》认为隐性课程的概念具有模糊性和不明确性。②

当然，学校课程的类别还可以从其他角度进行不同的分类，值得一提的是美国教育专家古德莱德从层次上把课程分为理想课程、正式课程、领悟课程、运作课程和结果课程。

第二节　课程编制

前面主要对课程的含义和类型进行了阐述，对课程有了一些基本的认识。那么，基础教育中的课程是如何产生的，课程涉及哪些要素，这是课程编制的问题。

“课程编制”这个词来自英文“curriculum making”（博比特用的词）、“curriculum construction ”（查特斯用词），以及其他人使用的“curriculum building”等类似的词。这些词的本意是指课程的制作、构筑、建造的意思，都含有机械的成分。当卡斯韦尔与坎贝尔在 1935 年出版了《课程编制》（Curriculum Development）一书之后，“编制”（development）一词很快就被其他课程工作者采用。因为“development”这个词隐含着开发、创

① 施良方．课程理论：课程的基础、原理与问题［M］．北京：教育科学出版社，1996：272～273．

② ［瑞典］托斯顿·胡森，纳维尔，波斯特尔斯威特．简明国际教育百科全书·课程［M］．江山野编译．北京：教育科学出版社，1991：92．

建、发展、形成等意思，它意味着课程编制是一个不断改进的过程。

在课程史上有很多学者探讨了课程编制的问题。1918 年，美国课程理论家搏比特出版了第一本专门探讨课程的书《课程》，它的面世是课程作为专门研究领域诞生的标志，搏比特在该书中集中探讨了课程编制的问题。1924 年，美国教育学者查特斯出版了《怎样编制课程》一书，课程编制理论得到了进一步发展。1949 年，美国课程专家拉尔夫·泰勒在“八年研究”的基础上，出版了《课程与教学的基本原理》，系统地探讨了课程编制的基本问题，形成了课程编制的基本范式（目标模式），鉴于泰勒对课程的巨大贡献，人们把他称为“现代课程之父”。

泰勒在《课程与教学的基本原理》一书中开宗明义地指出，任何课程的编制，都必须回答四个基本问题：1. What educational purposes should the school seek to attain? 2. What educational experiences can be provided that are likely to attain these purposes? 3. How can these educational experiences be effectively organized? 4. How can we determine whether these purposes are being attained?① 这四个基本问题（确定教育目标、选择教育经验、组织教育经验、评价教育计划）构成了著名的“泰勒原理”。

后来的课程研究者进一步发展了泰勒的“课程原理”，把泰勒课程编制的四个问题具体为课程编制的四个阶段：确定课程目标、选择和组织课程内容、实施课程、评价课程，并把课程目标的确定、选择和组织课程内容这两个阶段合起来称为课程设计。课程设计是课程编制的起始环节，它与课程实施和课程评价共同构成课程编制体系。

下面分别阐述课程编制的四个方面。

一、课程目标

课程目标是课程本身要实现的具体目标和意图，规定了学生通过课程学习以后，期望达到的程度。课程目标是指导整个课程编制过程最为关键的准则，是课程内容选择、课程实施、课程评价的依据。

课程目标从不同的维度可以分为不同的类型，下面介绍几种主要的课程目标分类。

---

① Tyler, R.. Basic Principles of Curriculum and Instruction [M]. Chicago: The University of Chicago Press, 1949: 1.

(一) 行为目标、生成性目标以及表现性目标

按照课程目标的表述形式（也有人称为课程目标的形式取向），可以把课程目标分为行为目标、生成性目标和表现性目标。

1. 行为目标

行为目标的倡导者是课程专家拉尔夫·泰勒。行为目标指尽可能地用可观测的动词来标志学生学习特定课程内容后的行为变化。泰勒在《课程与教学的基本原理》中指出，陈述目标最有效的形式，是“既指出要使学生养成的那种行为，又言明这种行为能在其中运用的生活领域或内容。”由于“内容”是所有课程工作者最为关注的方面，而“行为”则往往被忽视，所以泰勒实际上是强调用行为来陈述目标。

课程目标采取行为目标的方式陈述，优点在于它的具体性和可操作性，但其缺点也很明显。首先，很多教育影响不能用行为的方式来表现，例如人的思想、情感等方面。其次，行为目标把学习分解成各个独立的部分，而不是把学习视为一个整体，这不利于学生整体个性的养成。最后，事先明确地规定课程目标可能不适合实际情况，成为强加给教师的东西。这些都促使课程专家去寻求其他形式的课程目标。

2. 生成性目标

生成性目标的思想可以追溯到杜威，主要倡导者是斯滕豪斯和罗杰斯。生成性目标是指随着教育过程的展开自然生成的目标。杜威认为，目的不应该是预先规定的，目的是在过程中内在地被决定的。英国学者斯滕豪斯认为课程不应以事先规定的目标（或结果）为中心，而要以过程为中心，即要根据学生在课堂上的表现和问题而设置。这种观点在人本主义课程理论中发展到了极端，例如，罗杰斯认为，凡是可教给别人的东西，相对来说都是无用的，即对人的行为基本上没有什么影响。能够影响一个人行为的知识，只能是他自己发现并加以同化的知识。

生成性目标关注了教师和学生在课程实施中的主动性，重视课堂教学的过程性，有着重要的意义。但是，毕竟课程教学活动是一种有目的的活动，一味地重视生成必然造成课程教学系统性、规范性的丧失。故此，在当前课程教学的问题上，如何处理好预设与生成的关系，是一个重要的问题。

3. 表现性目标

表现性目标的主要倡导者是艾斯纳。表现性目标是指每个学生在具体的教育情境中的个性化表现。艾斯纳认为，行为目标“可能适合于某些教

育目的，但是不适合用来概括我们所珍视的大多数教育期望”①。在他看来，除了行为目标之外，还应该有表现性目标。表现性目标关注的是学生在活动中表现出来的某种程度上首创反应的形式，而不是事先规定的结果。所以，它只是为学生提供活动的领域，至于结果则是开放的。典型的表现性目标如：“在一个星期里读完《红与黑》，讨论时列出给您印象最深刻的事情”，“参观动物园，讨论在那里看到的最有趣的几件事”。可见，这类目标不像行为目标那样是封闭的，而是开放的，重点放在“课程活动的结果上”。然而，表现性目标由于过于模糊，很难起到课程指南的作用。最重要的是，各门学科都有其自身固有的特点，在有些学科领域，表现性目标很难保证学生掌握他们必须掌握的内容。

上述每一种课程目标取向都有其长处，也都有其固有的短处。可以把生成性目标和表现性目标作为行为目标的补充形式，而不是作为其对立面。事实上，这也符合斯滕豪斯与艾斯纳等人的本来意图。至于具体采取什么形式的课程目标，则取决于这门课程所要解决的具体问题。如果重点放在基础知识和基本技能上，行为目标的形式比较有效；若要培养学生解决问题的能力，生成性目标的形式比较有用；若要激发学生的创造性，表现性目标的形式较为适合。

（二）布卢姆的教育目标分类

1956 年，布卢姆出版了专著《教育目标分类学》一书，由于布卢姆没有对教育目标做明确地界定，人们一般理解为课程教学目标。按照学习的领域，布卢姆提出把教育目标分为认知、情感和动作技能三个目标领域，并按照由低到高、由简到繁的顺序把每个目标领域再细分为多个层次和水平。布卢姆详细地阐述了认知领域的目标层次，情感领域和动作技能领域目标则是由其他的学者完成的。

1. 认知领域

认知领域目标按照从简单到复杂的顺序可以分为六个层次，即知识（了解）、理解、运用、分析、综合和评价，后五个层次属于理智技能。不少学者对布卢姆的认知目标分类提出了不同的看法，有人认为分析、综合是解答一个综合问题的两个方面，很难人为划分，可合为一个层次。有人认为评价是建立在前五个层次上的，具有创造性，故此，我国学者多将认

① 施良方. 课程理论——课程的基础、原理与问题［M］. 北京：教育科学出版社，1996：131.

知目标分为知识、理解、运用、分析与综合、创见五个层次。①

2. 情感领域

美国教育学者克拉斯沃尔于1964年出版了情感教育目标分类专著，他把情感领域的教育目标按照价值内化的程度不同，分为五个层次，分别是接受、反应、价值判断、价值的组织和价值的个性化。

3. 动作技能领域

1972年，美国教育学者辛普逊和哈罗出版了动作技能目标分类的专著，哈罗把动作技能活动分为七类，其分别是：知觉、定势、引导的反应、机械动作、复杂的行为反应、适应、创作。

（三）新课程改革的分类

本次新课程改革，在反思我国原来课程目标的基础上，借鉴西方一些课程思想，根据新课程改革倡导的理念，把课程目标分为三个维度：基础知识与基本技能目标、过程与方法目标、情感态度与价值观目标。关于三维目标的具体含义与关系的问题，在课程改革部分再详细阐述。

二、课程内容

课程内容是指各门学科中特定的事实、观点、原理和问题，以及处理它们的方式。课程目标一旦有了明确的表述，就在一定程度上为课程内容的选择和组织提供了一个基本的方向。

下面谈谈课程内容选择的基本原则、组织方式以及课程内容的层次。

（一）课程内容选择的基本原则

学校历来被看做是传授知识的场所，但这一观点受到了科技革命的挑战。现在，人类社会累积起来的知识、经验浩如烟海，现有的学科门类有数千门之多，所以课程内容必须经过严格地、精心地选择。在课程内容选择时，应坚持几个基本原则。

1. 基础性

基础教育的主要任务是使学生掌握文化精华，提升素养，以便适应社会的发展。因此，所选择的课程内容应是使学生成为合格公民所必备的基础知识和基本技能，同时也应包括学生日后学习所必需的能力。强调课程内容的基础性，重点要放在让学生较牢固地掌握各门学科的要点上，在此基础上，适当地让学生了解一些新开发的学科前沿知识。

---

① 侯光文. 教育测量与教学评价［M］. 济南：明天出版社，1991：79.

2. 社会性

学生是社会的人，课程内容应关注到让学生了解社会、接触社会，并掌握一些解决社会问题的基本技能。即使在选择学术性的内容时，也应该尽可能地联系社会需要，以便使学生所掌握的知识技能较好地发挥社会效用。

3. 生本化

课程内容最终是学生的学习材料，选择课程内容时要注意到学生的兴趣、需要和能力，并尽可能与之相适应，这不仅有助于学生更好地掌握科学文化知识，而且还有助于他们对学校学习形成良好的态度。

(二) 课程组织

为了使学生的各种学习有效地联系在一起，还需要对选择出来的材料加以有效地组织。关于如何组织课程内容，学者们从不同的层面提出了不同的方式。

1. 纵向组织与横向组织

这是在课程内容的范围上如何组织的观点。

(1) 纵向组织。所谓纵向组织，或称序列组织，就是按某一学科内容的先后顺序排列课程内容。在教育史上，有很多教育家都强调纵向组织的重要性。夸美纽斯告诫教师要按由简至繁的序列安排某一学科的内容；布卢姆等人的《教育目标分类学》，也是强调学习内容按由简单到复杂的顺序排列。

(2) 横向组织。20 世纪 70 年代以后，一些教育家开始强调课程内容的横向组织原则，即要求打破学科的界限，以便让学生有机会更好地探索社会和个人最关心的问题。横向组织强调的是知识的广度而不是深度，关心知识的应用而不是知识的形式。

2. 逻辑顺序与心理顺序

这是在知识自身的逻辑与学生的学习顺序上如何组织课程内容的观点。

课程内容是按逻辑顺序组织还是按心理顺序组织，或许是教育史上争论最激烈的课程问题，也是“传统教育”与“新教育”最大分歧之所在。所谓逻辑顺序组织，是指根据学科本身结构和内在的联系来组织课程内容；所谓心理顺序组织，是指按照学生心理发展的特点来组织课程内容。

在课程史上，“传统教育”主张根据学科的逻辑顺序来组织课程内容，至于这种逻辑对学生有什么意义则不在考虑范围内。“新教育”则强调要根据学生身心发展的特征，以及他们的兴趣、需要、经验背景等来组织课程内容。对于学生的生长和发展来说，一切学科的逻辑都处于从属地位。现在几乎没有人会仍然固执一端，越来越多的人倾向于学科的逻辑顺序与学生的心理顺序的统一。

3. 直线式与螺旋式

这是在课程内容是否重复问题上的组织观点。

在课程史上，关于课程内容的组织，形成了直线式与螺旋式两种形式。直线式组织是把一门课程的内容组织成一条在逻辑上前后联系的直线，前后内容基本上不重复。螺旋式（或称圆周式）则要求在不同阶段上使课程内容重复出现，逐渐扩大范围和加深程度。

苏联教学论专家赞可夫主张，教师所讲的内容，只要学生懂了就可以往下讲，不要原地踏步。因为过多地重复同一内容，会使学生感到厌倦。而美国学者布鲁纳则主张采用螺旋式课程。他认为，课程内容的核心是学科的基本结构，应该从小就开始教各门学科最基本的原理，以后随着学年的递升而螺旋式地反复，逐渐提高。

直线式与螺旋式都有其利弊。直线式可以避免不必要的重复；螺旋式则容易照顾到学生认识的特点，加深对学科的理解。而两者的长处也正是对方的短处。

（三）课程内容的层次

课程内容组织好以后，其文本的表现形式从宏观到微观有三个基本的层次。

1. 课程计划

课程计划以往称为教学计划，它是根据教育目的和不同学校的培养计划，由国家教育主管部门指定的有关教育教学工作的指导性文件。课程计划主要由课程设置、课程开设顺序、教学时数、学年编制与学周安排等几部分构成。

2. 课程标准

课程标准是国家课程的基本纲领性文件，是国家对基础教育课程的基本规范和质量要求。本次课程改革将我国沿用已久的教学大纲改为课程标准，反映了课程改革所倡导的基本理念。

从《基础教育课程改革纲要（试行）》关于课程标准的阐述看，课程标准具有如下的基本内涵：（1）课程标准是按门类制定；（2）课程标准规定本门课程的性质、目标、内容框架；（3）课程标准提出了指导性的教学原则和评价建议；（4）课程标准不包括教学重点、难点、时间分配等具体内容；（5）课程标准规定了不同阶段学生在知识与技能、过程与方法、情感态度与价值观等方面所应达到的基本要求。

现将当前课程标准的结构与过去教学大纲的结构做一番对照。

<table>
<tr><th colspan="2">课程标准</th><th>教学大纲</th></tr>
<tr><td rowspan="3">前言</td><td>课程性质</td><td rowspan="3"></td></tr>
<tr><td>课程基本理念</td></tr>
<tr><td>标准设计思路</td></tr>
<tr><td rowspan="3">课程目标</td><td>知识与技能</td><td rowspan="3">教学目的</td></tr>
<tr><td>过程与方法</td></tr>
<tr><td>情感态度与价值观</td></tr>
<tr><td>内容标准</td><td>学习领域、目标及行为目标</td><td>教学内容及要求</td></tr>
<tr><td rowspan="4">实施建议</td><td>教学建议</td><td rowspan="4">教学建议
课时安排
教学中应注意的问题
考核与评价</td></tr>
<tr><td>评价建议</td></tr>
<tr><td>教材编写建议</td></tr>
<tr><td>课程资源开发与利用建议</td></tr>
<tr><td rowspan="2">附录</td><td>术语解释</td><td rowspan="2"></td></tr>
<tr><td>案例</td></tr>
</table>

3．教材

教材是根据课程标准编写的系统阐述某一课程内容的教学用书，它是教学活动的主要资源，是课程标准的进一步展开和具体化。教材主要由印刷品和电子品构成。印刷品有教科书、教学指导用书、补充读物、图表等，电子品是补充性的教学视频、音频材料。

三、课程实施

课程实施是指把课程计划付诸实践的过程，它是达到预期课程目标的基本途径。课程实施包括多层面的问题，例如学校如何处理国家、地方、校本课程的比例，如何为新课程计划的推进创造条件，教师课堂教学行为等，其中教学是课程实施的核心工作。

下面谈谈在课程实施中几种典型的方式，课程与教学的关系以及影响课程实施的主要因素。

(一) 课程实施的三种取向

在课程实施过程中，不同的主体有不同的教育价值观，相应的课程实施方式也不一，概括起来，主要有三种不同的方式。

1．忠实执行取向

忠实执行取向的人认为，课程是学术权威的产品，其重要性与有效性毋庸置疑，作为实施者，应无条件地按照课程计划、课程标准和教材来实施课程。忠实执行取向把课程实施过程与预定课程计划的吻合程度作为评价课程实施成功与否的标准，容易造成实施机械化和教师主动性的丧失，人们经常说的照本宣科就是这种反映。

2．相互适应取向

相互适应取向把课程实施看成一个连续的动态的过程，是课程设计者和实施者之间的互动协调过程。相互适应取向认为，所有预定的课程计划都要在实施过程中得到积极地修正、调整、改造，才能保证课程计划适应不同的地区、学校、学生。相互适应取向考虑到了具体实践情境，如社区条件、学校环境、师生特点对课程实施的影响，是目前倡导的一种课程实施方式。

3．课程创生取向

课程创生取向把课程计划当成一个点燃课程实施者的火种，课程实施是学校、教师、学生在具体的教育、教学情境中共同创生新的教育经验的过程，既有的课程方案只是创生经验的工具或参照系。创生取向强调学校、教师和学生在课程开发中的创造性，这一取向对学校、教师和学生的要求很高，不太适合我国的教育实际，但却是一种很有生命力的课程实施取向。

案例 8-1：

不是果敢，是残忍

一个青年教师在进行公开课《伊犁草原漫记》教学时，课文第二段第三层写秋天猎人猎熊的果敢，但一名学生没有按要求归纳猎人果敢的特点，而是说猎人残忍，同时指出猎人的行为是违法行为。课文中这一段原本是歌颂猎人的，学生却痛斥猎人的猎熊行为，这是教师没有预料到的。可喜的是，这位教师并没有因为学生当着听课教师的面提出不同的观点而气恼或逃避，而是因势利导，让学生充分讨论，发表自己意见。最后全班学生从保护野生动物的角度出发，推翻了课文的观点。

——董国民，《走进新课程，实践新课程》，载《人民教育》，2002（2）

（二）课程与教学的关系

上面谈到课程实施的问题，不难发现，在课程编制理论的范畴下，人们普遍把教学当成是课程实施的一个部分。其实，关于课程与教学的关系当前大致有三种看法。第一种是大教学小课程观，其代表是苏联和我国教育者，我国和苏联一直把课程当成是教学科目、教学内容，课程是教学的一部分；第二种是大课程小教学观，在北美比较普遍，这种观点把课程看成是一个确立培养目标、选择教育经验、有效组织和实施教育经验的过程，教学问题是课程领域中课程实施的一个环节；第三种是相互渗透观，这种观点认为课程和教学是目的和手段的关系，课程强调每个学生及其学习的范围，教学强调教师对学生引导的行为，在一定程度上还可以看做是内容和形式的关系。

（三）影响课程实施的因素

课程实施受众多因素影响，这些因素既有促进方面的，也有阻碍方面的。自20世纪60年代以来，曾有过大量的研究，归纳起来，主要有以下几个方面。

1. 课程计划本身的特性

编制新的课程本身就是为了变革原有的课程，而课程实施则是为了把这种变革引入实践。因此，课程计划本身的特性是影响课程实施的一个变量。倘若课程计划与现实需求和公众认识是吻合的、课程目标与手段之间的关系是明确的，对课程实施者的要求是他们力所能及的，课程质量高且易于使用，那么课程实施就会比较有效。

2. 交流与合作

交流可以是课程编制者与实施者之间的交流，也可以是实施者之间的交流。经常交流有关课程计划方面的情况，对成功的课程实施来说是极为重要的。通过交流，课程设计者可以向实施者表达隐含在课程中的一些基本假设、价值取向，可以提供一些有利于实施的建议，还可以传递其他地区和学校课程实施的一些情况。通过交流，课程实施者之间也可以了解各自实施课程的情况、存在的问题，以及一些值得借鉴的做法等，达到取长补短的目的。

3. 课程实施的组织和领导

各级教育行政部门和学校领导对课程计划的实施负有领导、组织、安排、检查等职责。各种规章制度固然不可少，这是课程实施成功的保证。但是，最重要的还是做人的思想工作，如果教师对新的课程计划抱有成见，这些渠道就会失去意义。

4. 教师的培训

教师是课程实施过程中最直接的参与者。新的课程计划能够成功，教师的素质、态度、适应和提高是一个关键因素。课程实施的一些技能、方法、策略，需要通过一定的培训来获得。

5. 各种外部因素的支持

新的课程计划的实施，需要得到政府、新闻媒介、社会团体、学生家长的理解和支持。例如国家和地方政府政策的倾斜、财政和物质资源、技术支援等，会对课程实施产生很大的影响。

四、课程评价

提到评价，人们大都把它与“判断”“价值”等概念联系起来，美国“教育评价标准联合委员会”1981 年给评价下的定义就是：对某一对象（方案、设计、内容）的价值或优点所做的系统探查。这样一来，所谓课程评价，是以一定的方法途径对课程计划、实施以及学生学习结果情况等有关问题的价值或优点做出判断的过程。因此，课程评价主要包括两个方面，一是学生学业评价，二是课程本身的评价。

（一）课程评价的功能

作为课程编制的一个重要组成部分，课程评价的功能主要表现为以下几个方面。

1. 导向功能

一旦课程评价的标准和方式确定下来，就成为课程设计和实施的参照依据。例如国家和地方教材审定委员会确定了教材审定的依据，那么教材编写人员就把这种依据作为教材编写的方向；考试制度和大纲确定以后，就成为教师教学和学生学习的方向。

2. 激励功能

评价很多时候总是与奖、惩相伴，评价带来的结果，尤其是好的结果，会成为课程设计人员、教师、学生进行课程设计、实施和学习的动力。例如教师在教学方面获得了好的评价，得到了同事的认可，就会成为自我提升的动力。

3. 诊断功能

在课程设计、课程实施前通过评价收集相关方面的信息，有利于了解课程设计、实施前的状况和存在的问题，从而明确课程设计和实施的方向所在，起到诊断的作用。例如，教育部基础教育司从1996年7月开始，组织了六所高等师范院校的有关专家研讨并制订了九年义务教育课程实施状况的调查方案，并于1997年5月在九个省市对城乡16000多名学生、2000多名校长和教师、部分社会知名人士进行了调查，通过调查凸显出现行课程方案最突出的问题，从而为本次新课程改革提供了依据。

4. 调节功能

在课程设计、实施的过程中进行课程评价，能为课程设计和实施提供大量的反馈信息，从而为修改课程计划和实施的方案提供参考。例如，在课堂教学中，学生听讲时流露出茫然的表情，有经验的教师就知道学生没有听懂或自己讲得不够清晰、生动，从而及时地调整自己授课的速度和方法。

（二）课程评价的类型

按照不同的标准，可以对课程评价进行不同的分类。常见的分类有：按评价的作用分类，把课程评价分为诊断性评价、形成性评价以及总结性评价；按评价与预期目标关系分类，把课程评价分为目标本位评价与目标游离评价；按评价人员身份分类，把评价分为内部人员评价和外部人员评价。

诊断性评价、形成性评价以及总结性评价是布卢姆提出来的一种评价分类方法，这种课程评价在我国许多地方推行，故此，下面主要阐述诊断性评价、形成性评价以及总结性评价。

1. 诊断性评价

诊断性评价是在课程开发或实施开始之前，对需要或准备状态的一种评价，其目的在于使计划或活动的安排具有针对性。

2. 形成性评价

形成性评价是在课程开发或实施还在发展或完善过程中时所进行的评价，其主要目的在于搜集课程开发或实施过程中各个局部优缺点的资料，作为进一步修订和完善的依据。

3. 总结性评价

总结性评价则是在课程开发或课程实施完成之后所实施的评价，其主要目的在于搜集资料，对课程计划的成效做出整体的判断，作为推广采用课程计划或不同课程计划之间比较的依据。

第三节　课程改革

1999 年中共中央国务院颁布了《深化教育改革，全面推进素质教育的决定》，我国正式启动了第八次基础教育课程改革。在介绍我国课程改革具体问题前，有必要对课程改革的原因作一番阐述。

一、课程改革的动因

基础教育课程改革，不是主观意志的产物，而是人们对特定社会政治经济发展的客观需要与当前基础教育课程现状之间的差距所做的反应。

我国课程改革的动因概括起来有三个方面：时代发展的需要；世界课程改革的影响；克服我国教育弊端的要求。

(一) 世界课程改革的时代背景

对当代社会发展的特征做出准确概括并非易事，这里只分析几个对当前世界各国教育发展产生重要影响的时代发展特征。

1. 知识经济

肇始于第二次世界大战后期的新技术革命，对人类的生产、文化乃至社会生活等各个方面都产生了深刻的影响，并预示着人类发展新时代的到来。1996 年，联合国经济合作与发展组织（OECD）在其发表的《科学、技术和产业展望》的报告中，正式使用了“知识经济”这一概念，此后，“知识经济”一词便成为人们耳熟能详的概念。

过去的课程体系主要是基于工业经济之上，把知识和技能的积累作为课程教学的基本目的，而知识经济时代，知识更新的速度快，如果把知识技能的积累作为唯一的目标，若干年后学生走上社会，很多知识已经没有效用。在这样的背景下，21 世纪教育委员会向联合国教科文组织提交的报告《教育——财富蕴藏其中》指出，未来教育的四大支柱是“学会认知”“学会做事”“学会合作”“学会生存”。学会学习、学会做事、学会合作构成课程设置的重要目标，如何落实这些目标成为各国课程改革要解决的重要问题。

2. 国际竞争空前激烈

刚刚过去的 20 世纪，人类经历了空前惨烈的两次世界大战，第二次世界大战以后又进入“冷战”时期，“冷战”结束后，被“冷战”长期掩盖的国与国之间、民族与民族之间以及宗教团体之间长期潜在的矛盾、冲突日益突现出来，国际竞争空前激烈。如果说既往的国际竞争主要表现在意识形态、军事实力等方面，那么，当前的国际竞争则主要体现在综合国力方面，而且这种竞争越来越表现为经济实力、国防实力和民族凝聚力的竞争。

由于教育在综合国力竞争中起着基础性的作用，综合国力竞争必将聚焦到教育上来，从这个意义上讲，教育乃是世界各国国力竞争的制高点，谁抢占了这个制高点，谁就将有可能最终赢得这场竞争的胜利。那么，在新的国际竞争中，所需要人才的素养有哪些，这些人才应具有什么样的知识结构，新时代的基本知识是什么，这些都是各国课程改革需要思考的问题。

3. 人类的生存和发展面临着困境

在工业经济时代，社会的发展主要依赖于科学技术的进步，然而，科学技术本身是一把双刃剑，它既会造福于人类，也会给人类带来灾难。除了人与自然的和谐关系被破坏之外，由于工具理性对价值理性的长期压制，人类生存和发展的困境还表现为人的精神力量、道德力量的削弱或丧失，而这恰恰是任何现代科学技术或物质力量都无能为力的事情。

因此，在课程设置方面，如何协调科学和人文的关系，如何培养学生的社会责任感和科学发展的观念，构成世界各国课程改革必须面对的一个课题。

（二）世界各国课程改革经验

尽管各国政治、经济以及观念差别很大，但在当前这场全球的课程改革运动中，还是表现出一些相似的特点，主要有以下几个方面。

1. 政府参与并领导课程改革

由于新技术革命的发展和产业结构的变化，从 20 世纪 90 年代起，教育受到了各国政府前所未有的关注。1990 年，美国前总统乔治·布什曾召集各州州长在弗吉尼亚大学举行了“教育首脑会议”，提出《美国 2000 年教育战略》。此后，美国又提出了关于英语、数学、自然科学、历史等学科的全国统一标准。其他如俄罗斯、德国、英国、法国等国政府也都制定了课程标准或类似课程标准的文件。就亚洲的情况而言，日本的课程审议会议于 1998 年发表了关于改善中小学课程标准的审议报告，同年，文部省颁布了相当于课程标准的《学习指导要领》。韩国教育部在 1996 年的《韩国教育》白皮书中提出了韩国第六次课程改革的目标。而在我国台湾、香港地区的课程改革中，行政部门的组织、发动无疑也起着决定性的作用。

2. 协调国家发展需要和学生发展需要之间的关系

20 世纪教育发展的历程表明，满足各自国家在政治、经济、军事等方面发展的需要乃是各国不同时期教育发展和课程改革的主导追求，而学生的整体发展几乎成为一种教育奢侈品。严峻的人类生存和发展的事实已经表明，不能离开人类整体利益和长远发展需要而片面追求物质生产高速度发展，在重视人才科学素养发展的同时，也应该重视人文精神的建设。世界课程改革的大潮不再把学生看做是装载知识的容器，或攫取自然资源、从事物质生产的工具，而是把今天的学生当作国家和人类社会未来的主人，因而非常注重学生整体的发展。因为这不仅是发展经济和增强国家综合实力的需要，也是人类自身生存和发展的需要。因此，对于满足社会发展的需要来说，促进学生的整体发展既具有“手段”的价值，又具有“目的”的意义。

3. 课程改革具有整体性

20 世纪 60 年代发生在美国、苏联的课程改革，不仅历时长久，而且规模浩大，然而就其作用来说，却是非常有限的。尽管两国的国情以及理论基础互不相同，然而它们却表现出惊人的相似：让学生在更短的时间内更好地掌握更多的科学和文化知识。因此，两国都耗时费力地组织了各门学科的第一流专家重新编写教材，更新教学内容，以容纳各类“最新”“最先进”的知识，然而效果甚微。这就迫使人们反省，课程改革不是编教材、对知识进行删删减减的过程，而是一个系统工程。

当前，各国在课程编制方面，人们把课程编制的四个领域扩大到更具体的六个方面，其分别是课程目标、课程结构、课程内容、课程实施、课程评价以及课程管理，课程改革也主要围绕这六个方面进行。

(三) 我国基础教育课程存在的问题

我国基础教育的现状同时代发展的要求和肩负的历史重任之间还存在着巨大的反差。主要表现在两大方面。

1. 知识本位、学科本位

工业经济时代学校教育的中心任务是传授知识，因而，系统的知识几乎成为“课程”的代名词。知识成为外在于人的、与人毫无关系的、类似于地下的矿物那样的客观存在物。对于知识而言，人们唯一能够做的事情，就是“发现”。对于学校里的学生而言，他们的任务乃是接受、存储前人已经“发现”了的知识。在这种知识观的指导下，学校教育必然会出现书本中心、教师中心、死记硬背的现象。这种知识本位的课程观最大的弊端是：

教师向学生展示的知识世界具有严格的确定性和简约性，这与以不确定性和复杂性为特征的学生真实的生活世界毫不匹配，教育、课程远离学生的实际生活。在实践中，与知识、技能的传授无直接关系的校内外活动，往往被看做是额外的负担而遭到排斥。这种知识本位的课程显然是不符合时代需要的。

知识属于人的认识范畴，是人在社会实践中形成并得到检验的。从这个意义上讲，“知识”更像动词（即知识乃是一种“探究的活动”），而不是名词（即知识是绝对的、不变的“结论”）。换言之，无论新知识的获得或是现成知识的掌握，都离不开人的积极参与，离不开认识主体的活动。学生掌握知识的过程，实质上是一种探究的过程、选择的过程、创造的过程，也是学生的科学精神、创新精神乃至正确世界观逐步形成的过程。为此，必须拆除阻隔学校与社会、课程与生活之间的藩篱。唯有如此，学生才会感到学习是生活的需要而不是额外的负担，并且，原先在被迫接受的“学习”活动中处于边缘位置，有时甚至作为教育的消极因素而遭到排斥的情感、体验才能获得与理智同等的地位。

2. 素质教育得不到真正的落实

自1840年鸦片战争以来，始终萦怀于中国人心中的“强国梦”，伴随于科学技术高速发展的“知识爆炸”，使我国学校的课程体系表现出下列一些特征：对于书本知识的热衷追求使学生的学习负担和厌学情绪不断加重，学生为考试而学、教师为考试而教。

前教育部部长陈至立曾说：“推进素质教育步履维艰，基础教育还没有摆脱‘应试教育’的惯性和影响，在一些地方就像有的同志形容的‘素质教育喊得震天动地，应试教育抓得扎扎实实’。”1997年，全国大规模的教育调查显示出我国教育的主要问题：教育观念滞后，人才培养目标同时代发展的需求不能完全适应；思想品德教育的针对性、实效性不强；课程内容存在着“繁、难、偏、旧”的状况；课程结构单一，学科体系相对封闭，难以反映现代科技、社会发展的新内容，脱离学生经验和社会实际；学生死记硬背、题海训练的状况普遍存在；课程评价过于强调学业成绩和甄别、选拔的功能；课程管理强调统一，致使课程难以适应当地经济、社会发展的需求和学生多样化发展的需求。这些问题的存在，以及它们对实施素质教育的制约，都足以说明推进课程改革的必要性和针对性。

案例 8-2：

父亲撕了儿子手绘的地图

这张手绘的“合肥市交通地图”被其父亲撕毁的时候，地图的作者，合肥市某中学初二学生小锐伤心地哭了。

小锐有个特别的本领，要到合肥市的任何一个地方去，他能一口报出乘哪路公交车，经过哪些路可到达目的地。他这个本事帮了开出租车的叔叔，叔叔送客人到一些偏僻的地方，只要他放学在家，一个电话就解了叔叔的急，连跑一条路到哪儿上厕所方便，小锐也能一口报出。

小锐这种特殊的本领来自随父母亲逛街，很小的时候他便喜欢问这是哪条街叫什么路，回家后就把逛过的街道及路画出来，还标出沿街的建筑物。久了，他便有了许多这样的“地图”。不仅如此，他还让经常出差的亲友们将所到城市的地图买回来，如今他手头收集了国内外一百多座城市的地图，同一个城市的地图他能找出上十个版本。

这张地图是他在房间里做了好几天的结晶，每夜都要到清晨两三点才上床睡觉。家人认为他学习，后来发现他躲在房间里画新版“合肥市交通地图”，父亲一气之下撕毁了这份地图。

小锐的父亲告诉记者，自己也深知儿子对地图感兴趣不是坏事，但是他马上要中考了，不全力拼搏考上重点，前途肯定受影响。说实话，撕毁儿子费尽心机画出的那张极精美的地图，自己也很难过，但学习这么紧迫，不忍痛将他的这个兴趣扼杀掉又怎么行呢？

——佚名，《父亲撕发儿子手绘的地图》，载《新民晚报》，2003-05-24

二、我国基础教育课程改革的阶段与课程改革目标

我国这次课程改革是新中国成立后第八次基础教育课程改革，从课程改革思想的形成到新课程全面的推广，已经走过了10多个年头。下面从这次课程改革推进阶段、课程改革的目标两个方面来概述本次课程改革的基本情况。

（一）我国新一轮课程改革的阶段

本次课程改革，大致经历过四个阶段。

第一阶段是课程理想的萌芽及其酝酿阶段（1996年至1998年）。在这一阶段，主要进行了如下的工作：九年义务教育课程实施状况调查；

课程发展的国际比较研究；逐步形成基础教育课程改革的基本理念。这个阶段是自发的、充满草根气息的，正是这种状态造就了良好的学术氛围，才使得课程改革有了灵魂——为了中华民族的复兴，为了每一个学生的发展。

第二阶段是课程文件的研制、出台与实验准备阶段（1999 年至 2001 年 7 月）。在这一阶段主要进行的工作有：教育部公布《面向 21 世纪教育振兴行动计划》，提出“经过 10 年左右的实验，在全国推行 21 世纪基础教育课程教材体系”；成立基础教育课程改革专家工作组；优先启动语文、数学、品德与生活等几个学科课程标准的研制工作，探索并初步建立起一整套学科课程标准研制的工作程序；全面启动课程标准及相关文本的起草工作；2001 年 6 月 1 日，教育部全面审议并原则通过了《基础教育课程改革纲要（试行）》以及义务教育课程方案和 15 个学科的课程标准，并要求 2001 年秋季组织实验；筹备新课程实验工作。这一阶段明确了课程发展是一个系统工程（课程系统由课程目标、课程结构、课程内容、课程实施、课程评价以及课程管理构成），初步建立起可持续发展的课程运行机制，加快了课程发展的民主化和科学化进程，在教师培训方式上实现了历史性突破（形成了以基于平等、对话、合作为特征的研修文化）。

第三阶段是义务教育课程实验与高中新课程方案形成阶段（2001 年 7 月至 2004 年）。本阶段主要的工作有：2001 年 7 月，召开全国基础教育课程改革实验工作会议，确定了新课程实验的总体目标和工作策略，全面部署基础教育课程改革的实验推广和师资培训等各项工作；实验规模逐步扩大，2001 年 42 个实验区，占学校总数的 0.5％～1％，2002 年 570 个实验区，占学校总数的 18％～20％，2003 年 1642 个实验区，占学校总数的 40％～50％；成立“教学专业支持工作组”。

第四阶段是义务教育课程反思、全面推广与高中新课程实验阶段（2004 年至今）。这一阶段的主要工作有：义务教育新课程开展了阶段性的总结与反思；义务教育新课程实验规模进一步扩大，2004 年实验学校占学校总数的 70％～90％，2005 年实验学校占学校总数的85％～100％。

（二）我国新一轮基础教育课程改革的目标

要把握基础教育课程改革的目标，有必要了解过去课程体系存在的问题。我国过去课程体系存在如下几个方面的问题。

（1）课程目标方面注重知识的传授和技能的训练，忽视学生全面发展。

（2）课程结构方面注重学科本位，造成科目繁多、缺乏整合。

（3）课程内容方面注重书本，造成繁、难、偏、旧，课程内容远离社会实际和学生生活经验。

（4）课程实施方面强调接受学习、死记硬背、机械训练，忽视学生的主体性。

（5）课程评价方面过于强调评价的选拔、甄别功能。

（6）课程管理方面管理权限过于集中。

基于过去课程体系存在的问题、时代的要求以及世界各个国家课程改革的经验，中共中央国务院提出了新课程改革的目标。这一课程改革目标主要包括宏观的课程改革指导思想和课程体系改革的具体目标。

课程改革的指导思想：基础教育课程改革要以邓小平同志关于“教育要面向现代化，面向世界，面向未来”和江泽民同志“三个代表”的重要思想为指导，全面贯彻党的教育方针，全面推进素质教育。

在课程体系建设方面，提出了六个具体目标。

1. 课程目标方面

《基础教育课程改革纲要（试行）》指出：改变课程过于注重知识传授的倾向，强调形成积极主动的学习态度，使获得基础知识与基本技能的过程同时成为学会学习和形成正确价值观的过程。

我国过去的课程目标主要是借鉴苏联的理论，重视基础知识与基本技能的传授，重视课程教学的思想性。长期的课程教学实践表明，以“双基”为本的课程目标造成教学过程中“双重间接”的弊端。双重间接主要表现在学习的内容是间接的，教学过程主要是教师的讲而忽视了学生的主动性和学习过程。故此，本次课程改革特别重视学生学习的一面，把学生学习的过程与学习方法作为课程目标的一个基本的维度，从而形成了当前基础教育的三维目标：知识与技能、过程与方法、情感态度与价值观。

必须说明的是，当前新课程改革的三维目标是一个整体，而不是课程教学的三个方面或三个过程。知识和技能目标关注的是“学什么”的问题；过程与方法目标关注的是“怎么学”的问题；情感态度与价值观目标的一个重要的层面是“乐学”的问题（重视学生学习的兴趣、动机和良好的体验），情感态度价值观目标还关注学生思想品德提升的问题。

在当前教学活动中，对三维目标的理解存在一定的偏差，主要表现在两个方面：过程与方法游离于知识和技能的学习；强调学生的情感体验而忽视正面的思想引导。

案例 8-3：

《司马光砸缸》教学片段

师：你觉得司马光砸缸救人的做法好吗？

生 1：大家都慌了，有的去找大人，有的哭起来，只有司马光的办法又快又好。

生 2：我觉得司马光的办法不好，砸坏了公园的缸，又可能把缸里的小朋友砸死。

师：你们觉得第二位同学说得有道理吗？

生 3：对，小石头都会砸伤人，这么大的石头真的会把缸里的小朋友砸死。

生 4：缸片飞出来，还会把外面的小朋友砸伤。这办法危险！

师：这几位小朋友真会动脑筋！

——任春燕，《评价不能“是非不分”》，载《教育时报》，2008-04-09.

思考：该教师教学是否体现了新课程改革的思想？为什么？

2．课程结构方面

《基础教育课程改革纲要（试行）》指出：改变课程结构过于强调学科本位、科目过多和缺乏整合的现状，整体设置九年一贯的课程门类和课时比例，并设置综合课程，以适应不同地区和学生发展的需求，体现课程结构的均衡性、综合性和选择性。

在国家关于基础教育课程结构的规范下，基础教育形成了新的课程结构。下面是基础教育课程结构的小资料。

资料 8-3：

基础教育课程结构

1．1～6 年级以综合课程为主。(1～2）年级开设 5 门国家课程，其分别是品德与生活、语文、数学、体育、艺术（或音乐、美术）课程；(3～6）年级开设 8 门国家课程，其分别是品德与社会、语文、数学、科学、外语、综合实践活动、体育、艺术（或音乐、美术）等课程。

2．7～9 年级分科与综合课程并举（7～9 年级）。(7～9）年级开设九门国家课程，其分别是思想品德、语文、数学、外语、科学（或物理、化学、生物)、历史与社会(或历史、地理)、体育与健康、艺术(或音乐、美术)以及综合实践活动。

3. 10～12年级以分科课程为主。在开设必修课的同时，设置丰富多样的选修课程，开设技术类课程；积极试行学分制管理。

4. 基础教育阶段设置综合实践活动并作为必修课程。综合实践活动课程由四大领域构成：信息技术教育、研究性学习、社区服务与社会实践以及劳动与技术教育。

5. 农村中学课程为当地社会经济发展服务，试行“双证”(高中毕业证与技能资格证书)做法。

——教育部，《基础教育课程改革纲要(试行)》，2001-06-08.

当前的课程结构体现出均衡性、综合性与选择性的特征。均衡性主要表现在各种课程类型之间的均衡，理科与文科课程、学科课程与活动课程等均设置了一定的比例。综合性表现在多个层面：首先是分科课程和综合课程的关系上，当前重视设置和实施综合课程；其次，在具体的课程内容的选择上，注重与社会以及其他学科的联系；最后，还专门设置了一门综合实践活动。课程的选择性主要表现在两个方面：首先表现在国家、地方、校本课程上。不同的地方和学校有课程选择的余地；其次表现在必修课与选修课程上，不同的学生有选择的余地。

3. 课程内容方面

《基础教育课程改革纲要(试行)》指出：改变课程内容“难、繁、偏、旧”和过于注重书本知识的现状，加强课程内容与学生生活以及现代社会和科技发展的联系，关注学生的学习兴趣和经验，精选终身学习必备的基础知识和技能。

课程内容的这一转变，力争反映现代科技发展的新成果，使课程具有时代精神。同时，不再单纯以学科为中心组织教学内容，不再以学科体系的严密性、完整性、逻辑性为唯一追求，注重与学生的经验结合在一起，使新知识、新概念的形成建立在学生现实生活的基础上。

4. 课程实施方面

《基础教育课程改革纲要(试行)》指出：改变课程实施过于强调接受学习、死记硬背、机械训练的现状，倡导学生主动参与、乐于探究、勤于动手，培养学生搜集和处理信息的能力、获取新知识的能力、分析和解决问题的能力以及交流与合作的能力。

在课程实施方面的这一改革，集中体现出新课程重视培养适应时代要求的能力，而这种能力培养实现的关键在于改变学习方式。

21世纪教育委员会向联合国教科文组织提交的报告《教育——财富蕴藏其中》指出，未来教育的四大支柱是使学生"学会认知""学会做事""学会合作""学会生存"。学会生存是前三者的集中表现和归宿。在信息时代，学会认知的一个重要表现在于收集和处理信息并从中获得新知识的能力；学会做事表现为能够有效地分析和解决问题的能力；学会合作的前提是具有能融洽地与人交流和合作的能力。显然，这几个方面的能力是不可能完全在教室里通过教师的讲授获得的，必须倡导新的学习方式。新课程改革根据新时代对学生的能力要求，在课程实施过程中倡导自主学习、探究学习与合作学习。

案例 8-4：

这是课堂吗

"今天，通报一件事情。有的老师上课竟然让学生在课堂上跳橡皮筋，弄得教室咚咚响，这是课堂吗？"在一次周日例会上，校长对一位教师的课堂教学进行了严厉的通报批评。

原来，一位二年级教师在进行古诗教学，其中的一个环节是"让学生自己想办法帮助学习困难的学生学习、背诵古诗"。老师的指令发出，学生们就纷纷行动，根据自己的意愿自由结合，进行帮扶学习。有的根据插图帮助学困生加强理解进行背诵，有的则运用拍手歌的方式进行学习。突然，一个学生提议说，她把这首古诗和跳橡皮筋的动作相结合，编排了一个游戏，几个学生可以一起边跳边唱，通过游戏加强训练。听到这话，孩子们都跃跃欲试。老师看到孩子们兴趣盎然，就爽快地答应了她们的要求。这节课在多媒体教室进行，教师办公室就在楼下，校长被震动声惊扰后到楼上查看，看到了学生在课堂上跳橡皮筋，于是有了这样的通报。

——李江，《这是课堂吗》，载《中国教师报》，2009-05-25.

思考：你认为上面教师的操作得当吗，结合课程实施的知识谈谈你的看法？

5. 课程评价方面

《基础教育课程改革纲要（试行）》指出：改变课程评价过分强调甄别与选拔的功能，发挥评价促进学生发展、教师提高和改进教学实践的功能。

为了落实课程评价改革的目标，当前主要从三个方面努力。一是要建立促进学生全面发展的评价体系，使评价不仅要关注学生在语言和数理逻辑方面的发展，而且要发现和发展学生多方面的潜能，发挥评价的教育功能。二是要建立促进教师不断提高的评价体系，以强调教师对自己教学行为的分析与反思，建立以教师自评为主，校长、教师、学生、家长共同参与的评价制度，使教师从多渠道获得信息，不断提高教学水平。三是要将评价看作是一个系统，从评价目标的制定、方法工具的选择、资料的收集与分析来实施评价。

6. 课程管理方面

《基础教育课程改革纲要（试行）》指出：改变课程管理过于集中的状况，实行国家、地方、学校三级课程管理，增强课程对地方、学校及学生的适应性。

本次课程改革从我国的国情出发，妥善处理课程的统一性与多样性的关系，建立国家、地方、学校三级课程管理体制，实现了集权与放权的结合。三级课程管理制度的确立，有助于教材的多样化，有利于满足地方经济、文化发展的需要和学生发展的需要。为了实现上述目标，本次课程改革重新划分了国家、地方、学校在基础教育课程管理中的职责分工，调整了国家课程在整个课程计划中所占的比重，在课程内容和课时安排上增加了一定的弹性，让地方和学校拥有相应的课程开发的余地。三级课程管理政策的运行，为课程适应地方经济、文化发展的特殊性，以及满足学生个性发展的需要、体现学校办学的独特性，创造了良好的条件，并且对加速我国课程建设民主化、科学化进程产生了深远影响。

三、基础教育课程改革在课程领域的主要创新

本次课程改革，出现了一些全新的课程形态，它们是新课程改革的亮点和创新之体现。下面简单介绍几个主要的创新领域。

（一）综合实践活动

《基础教育课程改革纲要（试行）》在规定新课程的结构时做出了如下阐述：从小学至高中设置综合实践活动并作为必修课程，其内容主要包括：信息技术教育、研究性学习、社区服务与社会实践以及劳动与技术教育。

强调学生通过实践，增强探究和创新意识，学习科学研究的方法，发展综合运用知识的能力。增进学校与社会的密切联系，培养学生的社会责任感。在课程的实施过程中，加强信息技术教育，培养学生利用信息技术的意识和能力。了解必要的通用技术和职业分工，形成初步技术能力。

当前，在我国基础教育新课程体系中，“综合实践活动”课程是一门与各学科课程有着本质区别的新课程，是我国基础教育课程体系的结构性突破。

概括起来说，综合实践活动是基于学生的直接经验、密切联系学生自身生活和社会实际、体现对知识的综合运用的课程形态。这是一种以学生的经验与生活为核心的实践性课程。

综合实践活动的四大指定领域：信息技术教育、研究性学习、社区服务与社会实践、劳动与技术教育等领域。同时还有班团队活动、校传统活动（科技节、体育节、艺术节）、学生同伴间的交往活动、学生个人或群体的心理健康活动等非指定领域。指定领域与非指定领域互为补充，共同构成内容丰富、形式多样的综合实践活动。

综合实践活动是新的基础教育课程体系中设置的必修课程，自 3 年级开始设置，每周平均 3 课时。

（二）研究性学习课程

研究性学习有两种表现形式，一种是作为一种学习方式的研究性学习，另一种是作为一门课程的研究性学习。作为一种学习方式，“研究性学习”是指教师不把现成结论告诉学生，而是学生自己在教师指导下自主地发现问题、探究问题、获得结论的过程，它是渗透于学生的所有学科、所有活动之中的。作为一种课程形态，“研究性学习”课程是为“研究性学习方式”的充分展开所提供的相对独立的、有计划的学习机会。具体地说，是在课程计划中规定一定的课时数，以更有利于学生从事在教师指导下，从学习生活和社会生活中选择和确定研究专题，主动地获取知识、应用知识、解决问题的学习活动。

由于我国基础教育长期以来习惯于分科课程和“讲解式教学”“接受性学习”，教师往往把教学理解为讲解知识、技能、概念、原理，学生往往把学习理解为背诵、模仿和做题，这种被不断强化的习惯势必会成为“研究性学习方式”有效渗透的强大阻力。为使“研究性学习方式”尽快深入人心，有必要设置专门的“研究性学习”课程。

(三) 校本课程

1999 年 6 月 13 日中共中央、国务院发布的《关于深化教育改革，全面推进素质教育的决定》指出，要建立新的基础教育课程体系，实行国家课程、地方课程和学校课程。2001 年 6 月教育部颁布的《基础教育课程改革纲要（试行）》课程管理部分的相关阐述中明确提出要实施三级课程管理。当前校本课程已经成为学校课程体系中的一个重要组成部分。

首先必须说明的是，关于校本课程的理解有广义和狭义的区别。广义上一切课程都是校本课程。前面谈到课程实施时就指出，忠实实施取向是不可取的，课程实施过程是相互适应甚至是创生的过程，也就意味着国家课程、地方课程在具体学校实施的过程中，学校师生还要根据学校及其自身的因素创造性地实施，正是在这个意义上很多学者认为所有的课程都可以称为校本课程。狭义的校本课程是区别于国家课程、地方课程，学校独立开发和设计的课程。在这里是从狭义的角度加以阐述的。在当前实践中，学校的校本课程主要集中在部分选修课程与活动课程方面。

当前之所以大力倡导设置校本课程，关键在于校本课程有着极其重要的价值。

1. 校本课程是发展学生兴趣，形成学生特长的途径

校本课程是学校根据本校学生的实际、学生的爱好而设立的课程。能够很好地照顾到学生的兴趣，形成学生的特长。

2. 校本课程有利于满足国家对多样化人才的需求

社会需要多样化，对人才的种类要求也是多样化，国家课程更多关注人才培养的基本质量和统一要求，因而在满足社会多样化需求方面就给校本课程留下了较大的空间。

3. 校本课程能有效地体现和发挥学校的办学特色

学校校本课程的开发，总是力图体现出自身的教育价值观，并基于学校资源和师生特点，这些都是学校办学特色的体现。

(四) 信息技术教育

信息化是当今世界经济和社会发展的大趋势，这一趋势也在教育实践中体现出来。在教育领域，一方面，以互联网和多媒体技术为核心的信息技术已成为教学和学习的重要工具；另一方面，在知识经济时代，信息素养已成为科学素养的重要基础，对学生的信息技术素养提出了新的要求。面对世界教育信息化发展提出的挑战，我国基础教育课程改革把培养学生应用信息技术的能力放在重要的位置。

信息技术教育有两个方面的内涵。一方面是作为一种课程的信息技术教育；另一方面是作为教学手段的信息技术教育，其主要表现为多媒体教学。

当前我国基础教育中的信息技术教育面临三个相互承接的任务。

1. 加强中小学信息基础设施和信息资源建设

中小学的信息基础设施以及信息化课程资源，是实现信息技术教育发展必需的物质基础。我国已经开始全面实施中小学“校校通”工程，计划用5～10年时间，加强我国中小学的信息基础设施和信息资源建设，使全国90%左右独立建制的中小学校能够上网，使中小学师生都能共享网上教育资源，提高中小学的教育教学质量。

2. 开设信息技术必修课程

我国中小学的信息技术必修课的目标主要是全面提高中小学生的信息技术素养，即帮助学生掌握基本的信息技术知识与技能，使学生具有获取信息、传输信息、处理信息和应用信息解决问题的能力，培养学生对信息技术形成积极的态度和价值观，进而使学生能有效利用信息技术作为支持其他学科的学习和终身学习的工具。

3. 加快信息技术教育与其他课程的整合

在中小学具备充足的信息基础设施，教师和学生具备必需的信息技术素养的基础上，我国的基础教育课程改革将大力推进信息技术在教学过程中的普遍应用，逐步实现教学内容的呈现方式、学生的学习方式以及教学过程中师生互动方式的信息化变革。

（五）“绿色证书”教育

我国是一个农业大国，80%的人口在农村，农业问题、农村问题和农民问题仍然是关系国家经济社会发展和全民族素质提高的举足轻重的问题。《基础教育课程改革纲要（试行）》明确指出：农村中学课程要为当地社会经济发展服务，在达到国家课程基本要求的同时，可根据现代农业发展和农村产业结构的调整因地制宜地设置符合当地需要的课程，深化“农科教相结合”和“三教统筹”等项改革，试行通过“绿色证书”教育。

农村普通中学试行“绿色证书”教育及其他技术培训，是本次课程改革的一个重大举措，充分体现了新课程的综合性、实践性、针对性和时代性。作为一门综合性的课程，“绿色证书”教育强调多学科的渗透，包含了生物、物理、化学和环境科学等自然学科以及经济学、管理学等多方面的知识。作为一门实践性的学科，它把实际操作摆在十分重要的位置。在课程内容选择上，十分注意适应当地的需要和反映当今农业科技发展的新成果。作为一门针对性、实践性很强的综合课程，它可以作为地方课程或校本课程来开发，也可以融入综合实践活动中的劳动与技术教育的学习领域中去，以避免增加学生的课业负担。

【思考题】

1. 你认为，在界定课程概念的时候，要考虑哪些方面的因素？
2. 谈谈课程的综合性、均衡性和选择性体现在哪些方面？
3. 作为一名即将走上教育岗位的准教师，你是怎样看待教材的？
4. 谈谈新课程改革三维目标的关系。

【拓展阅读】

1. ［美］泰勒．课程与教学的基本原理［M］．罗康译．北京：轻工业出版社，2008.

2. 施良方．课程理论——课程的基础、原理与问题［M］．北京：教育科学出版社，1996.

3. 朱慕菊．走进新课程——与课程实施者对话［M］. 北京：北京师范大学出版社，2002.

4. 中共中央国务院．深化教育改革，全面推进素质教育的决定．1999-06-13.

5. 教育部．基础教育课程改革纲要（试行）．2001-06-07.

第九章 教学(上)

在学校这样一个专门的、制度化的教育机构里，师生之间的交往更多地表现为教学活动。有组织的教学是学校教育区别于其他教育范畴的根本标志。通过教学，课程从文本走向实践，学生逐渐掌握知识、形成能力、提高思想、养成个性。本章重点关注教学基本理论问题，将介绍教学的概念、任务，重点阐述学生掌握知识的基本阶段以及教学过程的基本规律，并对教学理论的形成与发展进行系统说明。

【学习目标】

1. 掌握教学的概念，理解教学的任务及教学在学校工作中的地位与作用。

2. 理解学生掌握知识的基本阶段。

3. 掌握教学过程的基本规律，并能运用相关原理解释一些实际问题。

4. 系统了解教学理论的形成与发展。

第一节 教学概述

一、教学的概念

“教学”是教学论研究的最基本概念。对这一概念的理解必然影响到对教学本质、教学过程规律等一系列教学基本理论问题的认识，进而会影响到对教学实践活动的认识。

（一）教学的界定

从汉语的词源考察，“教”和“学”两字在甲骨文中已经出现。从中文“教”“学”二字的构成上看，“教”是源于“学”的，“教”与“学”始终是相互伴随的活动。“教”“学”两个字的连用，最早见于《尚书·兑命》中的“教学半”，而《学记》则对之做了生动的阐释：“学然后知不足，教然后知困，知不足然后能自反也，知困然后能自强也。故曰：教学相长。”东汉学者许慎在《说文解字》中提及：“教，上所施，下所效也”。值得注意的是，综合中国古代的各种文献，似乎“教”就是现代的“教学”，而“学”更倾向于人的自学，“教学”一词的外延也很广，“可以说是教育的同义词”。[①] 在英文中，“教学”一词有很多表达，如 teach，learn，instruct 等，一般认为，teach 常与教师的行为相联系；learn 则含有学习之义；instruct 常与教学情境有关，强调教学过程。[②] 因此，英语词汇中实际上没有一个专门的词同时表达“教”与“学”两个不同概念。

现代教学论研究中，对教学概念有很多不同的理解。目前，国内学术界对教学的理解主要包括“统一活动说”和“广义—狭义理解说”等。王策三先生认为，所谓教学，乃是教师教、学生学的统一活动；在这个活动中，学生掌握一定的知识和技能，同时，身心获得一定的发展，形成一定的思想品德。[③] 李秉德先生认为，教学就是指教的人指导学的人进行学习的活动。进一步说，指的是教和学相结合或相统一的活动。[④] 这些观点即属于“统一活动说”。“广义—狭义理解说”一般认为，广义的教学泛指一切经验获得的活动，是能者为师，不拘形式、场合，不拘内容。狭义的教学是指学校教育中培养人的基本途径，即在各级各类学校中进行的教学活动。

综合相关文献，将教学做如下界定：教学是教师的“教”和学生的“学”共同组成的一种双边教育活动，是学生在教师有目的、有计划、有组织的指导下，学习和掌握系统的科学文化知识和基本技能，获得个性发展

---

① 王策三．教学论稿［M］．北京：人民教育出版社，1985：85．

② 靳玉乐．现代教育学［M］．成都：四川教育出版社，2006：226．

③ 王策三．教学论稿［M］．北京：人民教育出版社，1985：88．

④ 李秉德．教学论［M］．北京：人民教育出版社，1991：2．

的一种教育活动。其中，教师教的行为应该引起、维持和促进学生学的行为，学生学的行为又反过来作为教师调节自身教的行为的依据。

这个定义包含如下三层意思：第一，教学是师生的双边共同活动，是教师指导学生学习的活动。教师是教学的组织者和引领者，学生是教学的对象、学习的主体。教学既包括教师“教”的一面，也包括学生“学”的一面，但又不是教与学的简单相加，而是教与学的统一。没有学生参与的教师教的活动，只能称之为教师的独白；没有教师参与的学生学的活动，只能称之为学生的自学。教学正是在这样一个双边相互依存、相互影响的互动、交往中，进行着师生间信息的传递与情感的交流。第二，掌握知识构成了教学活动的基础。在教学中，知识是教师的教与学生的学相互作用的中介、工具与资源，不借助人类社会积累的经验，教学无以进行，学生不借助知识的积累，个体发展只能是一句空话。第三，教学是促进学生全面发展的活动。学校教学不仅使学生掌握一定的知识，了解事物运动与变化的规律，还要对学生的智能发展、身体发展、品德养成等方面产生影响。

（二）教学系统的构成要素

关于教学系统构成要素的分析，目前我国教学论领域也存在着不同的观点。集中起来可以划分为两大类。一是“多因素论”，这种理论是用现象描述的方法，把教学系统中的全部参与要素都包含其中，认为教学系统所有的要素都是必不可少的。比如有学者认为教学系统的构成要素包括教师、学生、内容、方法、媒体、目的六个方面，著名学者李秉德先生提出，教学系统的要素包括学生、目的、课程、方法、环境、反馈和教师七个方面。二是“简单要素论”，这种理论试图从教学系统的众多要素中，找出那些作为“构成事物的主要成分，可以决定事物发展的条件”的最基本要素。实际上，这两种观点并不矛盾，要找出教学系统的基本要素，必须以分清作为教学系统组成部分的全部要素为前提。并且，基本要素是教学活动开展的首要条件，有了基本要素，其他要素才有存在的必要性和可能性，弄清楚哪些因素是基本要素，既是对教学系统进行理论研究的根本任务，也是组织和开展教学实践活动的现实需要。

那么，在教学系统中，到底哪些要素才是基本要素呢？目前有“三因素论”和“四因素论”两种不同观点。这两种看法的相同点是，都把“教师”“学生”和“内容”作为教学系统的基本要素，其中教师是教学活动的组织者，学生是学习的主体，内容是联系教师和学生的中介。它们的不同之处在于“四因素论”认为环境也应是教学系统的基本要素，“环境”指教学系统运行所必需的物质条件和精神条件。教学的物质条件作为一种有形环境，主要是指校园环境的美化，教室及其配套设施等课堂教学环境的完善，现代化教学技术条件、手段与设备的科学装备，体育器材与场地、卫生条件、图书资料等的合理配置等。教学的精神条件是一种无形的教学环境，它包括学校中师生之间、学生之间、教师之间的人际关系，学校的校风，班级的班风，课堂教学的状态与气氛等。这些因素对师生双方的教与学的活动有着非常重要的影响。

教学系统的各个要素在教学活动中不是孤立的，而是相互联系、互相制约的，在教学活动中一环紧扣一环，互相协调、互相促进，显现出教学系统的整体效能。

（三）相关概念辨析

1. 教学和教育

教学与教育既有区别，也相互联系，两者之间是部分与整体的关系。教育包括教学，教学是学校进行全面发展教育的基本途径，除教学外，学校还通过课外活动、校外活动、生产劳动、社会实践等途径对学生进行教育；教学工作是学校教育工作的重要组成，学校教育工作除教学外，还有德育工作、行政工作、后勤工作等，但教学工作是学校教育工作的中心。

2. 教学与智育

教学与智育是一对容易混淆的概念。智育是向学生传授系统的科学文化知识与技能、发展学生智力的教育活动，它是教育的一个组成部分。教学是智育的途径，但不是唯一的途径，课外活动、生产劳动、社会实践等途径同样可以使学生增知识、长智慧；教学要完成智育的任务，但智育任务不是教学的唯一任务，教学也要完成德育、体育、美育、劳动技术教育的任务。

二、教学的任务

教学任务是在教学中为实现教育目的所提出的不同层次的要求。我国中小学教学的基本任务有以下几个方面。

（一）使学生系统掌握基础知识

知识是人类对客观世界的现象、事实及规律的认识，是人类社会历史实践经验的概括和总结。把人类社会长期积累起来的知识迅速有效地传授给年青一代的学生，并使学生将知识内化为个人的经验和智慧，是教学的基本任务之一。基础知识是知识体系中最基本、最重要的部分，具有相对稳定性，在中小学，表现为每一学科的基本事实、基本原理、基本结论、基本法则、基本符号系统等。之所以特别强调基础知识，一方面是因为基础知识是关于事物一般规律的认识，是已成定论、比较成熟的知识，是进一步探索未知领域的开端；另一方面，也是解决现代社会知识迅猛发展与学生在校学习时间有限之间的矛盾的必然选择。

（二）使学生掌握基本的技能技巧

教学不仅要传授知识，还要使学生掌握运用知识的技能、技巧。按照教育心理学的观点，技能是指通过练习而巩固下来的迅速、准确、流畅、娴熟地完成某种任务的活动方式，在总体上可分为动作技能和心智技能两类。前者主要表现为书写、实验、唱歌、绘画、体操等一系列身体外部动作合乎法则要求的活动方式；后者主要是指借助于内部语言进行的认知活动方式，是在认识特定事物、解决特定课题时，感知、记忆、想象、思维等心理活动合乎法则要求的组合方式。在现实中，许多技能兼具有动作技能与心智技能两方面的成分。技巧是经过反复练习达到熟练或者几乎自动化程度的活动方式。

技能技巧是多种多样的，中小学教学目标强调的基本技能技巧主要包括：阅读、写作、口头表达、计算、审题方面的技能技巧；进行概念学习、规则学习的技能技巧；进行人际交往的技能技巧等。掌握一定的技能、技巧对学生的身心发展意义重大。首先，能使学生迅速而准确地完成学业任务，提高教学活动的效率；其次，能有效地促进知识向智力、能力的转化；再次，是提高学生活动效率的基础。

（三）发展学生的体力、智力与能力

发展学生的体力、智力与能力，不仅是有效地、高质量地进行教学的必要条件，而且是培养全面发展的人的要求，是现代教学中一项十分重要的任务。

体力是人体活动时所能付出的力量，包括持久力、适应力和抵抗力，三者均与身体健康水平有关。学生身体发育正常，功能良好，体力充沛，精力旺盛，才能正常地学习、生活，才能保证学生顺利地完成在校期间的学习任务，掌握知识、发展智力与创造能力；同时，健康的体魄也为终身的事业发展和幸福生活打下了良好基础。因此，学校教学必须把发展学生体力、养成健康体魄放在重要位置，通过体育教学和其他各科教学培养学生的卫生习惯和健康意识，注意劳逸结合，共同促进学生体力的健康发展。

智力是人在认识过程中表现出来的认知能力系统，其构成要素主要包括观察力、注意力、记忆力、想象力、思维能力，其核心是思维能力。具有一定的智力是学生从事学习活动的必要条件和前提，要提高教学效率，促进学生健康发展，必须对智力的培养予以足够的重视。

能力是人们成功地完成某种活动所必需的个性心理特征，具有两方面含义，一是指表现出来的实际能力和已达到的某种熟练程度，可用成就测验来测量；二是指潜在能力，即尚未表现出来的心理潜能。实际能力和心理潜能是不可分割的统一体，一般来说，心理潜能是实际能力形成的基础和条件，为实际能力的展现提供可能性，在遗传素质的基础上，通过学习和训练变成实际操作能力。现代教学要求学生不仅掌握学科的基本技能，而且应具有综合运用知识、技能去解决现实问题的实际能力。

（四）培养学生良好的思想品德，促进学生个性健康发展

中小学阶段是学生思想观念、道德品质形成的关键时期，因此这一阶段的教学要注意对学生进行思想品德教育，为学生奠定科学的世界观、道德观。世界观是指人们对整个世界的根本看法与基本观点，是人们关于自然、社会和人类思维的观念体系。道德观是指道德思想、道德观念的总和，是人们在道德活动中处理各种关系的准则。

个性指“一个人的整个精神面貌，即具有一定倾向性的心理特征的总和”①，包括兴趣、动机、情感、意志、理想、信念、性格等。个性培养既是一个思想品德教育的问题，又是一个提高心理素质的问题。教学中应结合思想道德教育培养学生良好的个性。个性培养意义重大，首先，良好的个性对学生学好基础知识、基本技能、发展智力、形成良好的品德具有动力作用，可以发挥定向、引导、调节、控制、维持、强化等一系列积极效应。有关“学业不良”问题的研究也表明，学生学业成绩的好坏同他们的个性品质有着密切的关系；其次，个性是影响学生身心健康的重要因素，是人健康发展的必要组成部分。因此，教学必须承担这方面的任务。

教学的基本任务是一个整体，是在统一的教学过程中完成的，诸项任务之间互为前提和基础，相辅相成、相互促进。因此，在教学工作中，要把各项任务落实到每一具体的教学过程中去，全面考虑，统一计划，不可有所偏废。

---

① 朱智贤．心理学大词典［M］．北京：北京师范大学出版社，1989：225.

三、教学的地位与作用

学校是传授知识、培养人才的专门机构。教学则是学校中最经常、最主要、占用时间和精力最多的一项工作，对学校教育质量的影响也最大，是实现教育目的、培养全面发展人才的基本途径。根据最新的教师专业发展理论，教学活动也是教师专业发展所根本依赖的平台，从事教学活动，教师可以感受到职业活动的内在尊严带来的快乐，丰富自己的内心世界，得到精神和理智上的满足。

基于上述两点，教学在学校教育工作中处于中心地位。学校工作要坚持以教学为中心，意味着学校各项工作的安排，无论是总务后勤工作，还是党务行政工作，均应围绕教学工作来进行。同时，也意味着在学校开展各项教育活动时，要处理好与教学的关系。当然，坚持教学为中心，不能搞教学唯一，轻视或不要其他教育活动，因为对学生进行全面发展教育，不仅要通过教学，而且要通过课外活动、社会实践等其他途径来进行。总之，学校工作要以教学为中心，统筹安排。

第二节 教学过程

教学过程是教学论研究的重要问题。对教学过程的研究，有助于揭示教学的本质、规律以及教学功能等基本理论问题，也有利于探讨教学的阶段等实践问题，从而为教学的开展提供理论和实践支撑。

一、教学过程的本质

新中国成立以来，教学过程本质问题，一直是大家重视的一个研究领域，教育界曾经开展过两次大规模的研究和讨论。第一次是在 20 世纪 50 年代末和 60 年代初，教育界以“实践一理论一实践这一公式是否适用于学校教育”为题，对教学过程的本质问题进行了全国范围的讨论。到了 70 年代末和 80 年代初，在新形势下教育界对教学过程本质问题又进行了第二次大讨论。这两次讨论形成了多种观点并存的结果，一直延续到今天，人们还在进行不断地探索。讨论中形成的不同观点，罗列出来有十多种。[①] 在

① 张武升. 教学论问题争鸣研究 [M]. 天津：南开大学出版社，1994：1～8.

这些不同观点中，具有典型性和代表性的主要是八种，它们是“认识说”“特殊认识说”“儿童发展说”“双边活动说”“认识－发展说”“多质或复合说”“认识一实践说”以及“审美过程说”。

“认识说”认为教学过程实质上就是学生的认识过程，与人类的认识特别是科学认识是同一的。这是一种比较传统的观点，它看到了教学过程中学生学习知识、特别是学习科学知识的一个方面，但忽略了学生掌握已有知识与科学家发现新知识的根本区别。

“特殊认识说”认为教学过程是一种特殊的认识过程。主张教学过程本质上是一种认识，是基于这样的理解：首先，教学过程和认识过程都是人脑对客观世界的反映，只不过认识是主体直接作用于客体，而教学是学生通过教师间接地作用于客体，故它的反映是一种间接的反映；其次，社会实践是认识的目的、基础和检验的标准，教学也不能超越一定的社会历史实践，始终必须在一定的社会实践基础上进行；再次，认识过程是一个由感性认识发展到理性认识，再由理性认识发展到实践的复杂、曲折的过程，教学过程同样是如此；最后，人类通过认识过程不仅改造着客观世界，同时也改造着自己的主观世界，教学过程中师生同样是在传授、接受知识的过程中去认识客观世界，并同时发展自身的各种能力和素质。因此教学过程本质上是一种认识过程，但这种认识又不同于一般认识或其他形式的认识，具有特殊性。

“儿童发展说”认为认识过程实质上是一种心理活动过程，而学生的发展过程包括生理和心理两个方面，所以认识过程也就包含在学生的发展过程之中了。教学过程的根本目的就在于培养人，促进学生德智体全面发展。认识过程只是一种心理活动，无法涵盖学生发展的全部。学生智能和品德的发展虽然是在认识过程中实现的，但发展高于认识。因此，把教学过程的本质概括和规定为促进学生发展的过程更为恰当。这种观点的理论基础主要有四个方面：一是维果茨基的“文化—历史理论”和“最近发展区学说”，二是皮亚杰提出的“儿童认知发展阶段论”，三是科尔伯格提出的“儿童道德发展阶段论”，四是赞可夫概括地提出的“儿童一般发展论”。[①]

“双边活动说”认为上述认识说、特殊认识说与发展说的争论把“简单”的教学过程问题“复杂化”了，实际上，教学过程就是教师的教与学

① 扈中平．现代教育学［M］．北京：高等教育出版社，2005：282.

生的学的双边活动相统一的过程。

“多质说或复合说”指出教学既不是纯粹的认识过程，也不是纯粹的发展过程，而是一个多层次、多方面、多形式、多序列和多矛盾的复杂过程，要进行全面的研究。教学过程本质是多层次、多类型的，比如从认识论看，是特殊的认识过程；从心理学看，是发展过程；从生理学看，是发育成熟过程；从经济学看，是人的再生产过程；从伦理学看，是培养道德品质、思想意识和行为习惯的过程……因而，单一地去寻找教学过程的认识本质或发展本质都是有致命缺陷的。

“认识—实践说”指出本质是一事物得以存在的质的规定性，只有认识深度的不同，只能说对本质的认识有一个不断深化的过程，而不能说一事物的本质有多种类型。“多质说或复合说”实质是把揭示事物本质的多层次、多侧面的认识方法与本质混淆了。有人还进一步指出，马克思主义认识论是实践的认识论，“实践的观点”是其与其他哲学相区别的根本点。“认识说”实质上抛弃了教学中的实践观，犯了原则性错误。进而他们认为，人类活动有两类：认识活动和实践活动。而教学过程的本质表明，教学过程具有这两个方面的特征：就认识而言，是学生反映与知识被反映的关系；就实践而言，是教师改造与学生被改造的关系。所以，从根本上说，教学过程实质上是一种“认识—实践”相统一的过程。

“认识—发展说”在分析批判“特殊认识说”和“发展说”的基础上，认为在教学过程中，一方面，在教师引导下，学生通过认识和学习，把从人类文化中选取的知识、经验内化为自身的知识和经验，实现着对客观世界的认识和把握，这显然是一个认识过程；另一方面，学生在学习掌握知识经验的同时，实现着认知、情意、技能和能力的全面发展，这显然又是一个身心发展过程；而且，学生的认识过程和发展过程内在地统一于教学过程中。所以，教学过程本质上是学生认识与发展相统一的过程。

“审美过程说”认为教学过程不但是教师指导下学生个体的一种特殊的认识过程和发展过程，也是一种特殊的审美过程。认识和发展过程，是求真和求善的过程，而在人的现实和理想的生活中，求真和求善的过程必将升华为求美的过程，所以，教学过程实质上是一种审美过程。

根据对教学含义的分析，我们认为理解教学过程的本质要看到以下几点。

1. 教学过程是以认识过程为基础的，而学生的认识过程有其特殊性

社会的延续和发展，必须有知识和经验的传递。杜威指出："社会通过传递过程而生存，这和生物的生存一样。这种传递依靠年长者把工作、思考和情感的习惯传达给年轻人。没有理想、希望、期待、标准和意见的传达……社会生活就不能幸存。"① 这个传递过程即为教育过程，并随着学校教育的出现，逐渐发展为教学过程。从教学过程所承担的使命出发，传递要包括知识、经验，同时也必然包括人的精神生活和社会交往及与之相关的各种价值标准等，但无可否认，其中知识和经验是基础，知识和经验构成了人的发展中各种素养形成的前提。故此，教学过程承担的任务很多，但其中必定以学生的认知为基础。"师生以传承知识而相互作用的认识活动是教学活动区别于其他活动的最突出、最基本的特点。"② 在教师的指导下，学生接受知识乃至通过自己的探究和发现获得个性化知识，这种理解和掌握知识的认识活动贯穿于教学过程的始终。

确切地说，教学过程体现的应是一种特殊的认识过程。作为学生个体的认识，不同于一般意义上的人类总体认识。概括起来，教学过程不同于一般认识过程的显著特点有四个方面：第一，间接性。教学过程主要是学生掌握人类长期积累起来的科学文化知识，以此为中介来间接地认识客观世界。第二，引导性。教学过程中学生的认识需要在具有知识和教学能力的教师引导下进行，而不能完全独立完成。第三，简捷性。作为学生，大多情况下是将已经生产出来的知识转移成个人的经验，而不是重新对知识的形成过程进行完全的再发现。教学认识完全走的是一条认识的捷径，避免了一般认识过程中的无数次尝试、失败和曲折。如太阳系运行的轨迹和规律，人们摸索了上千年，而现在学生通过几小时的学习就掌握了。第四，教育性。学生进行认识的过程同时是接受德智体美劳全面发展教育的过程。

2. 教学过程承担着促进学生身心发展的重任

教学如果仅止于学生认知能力的发展，那么它的教育价值是无法实现的。教育的核心价值是培养人，而人的发展是人的丰富需求不断实现的过程。人的发展要基于知识的获得，但知识不是目的，学生身心的协调发展才是目的。教学要为学生提供主动探究、克服困难去获取真知的历练过程，

---

① ［美］杜威．民主主义与教育［M］．王承绪译．北京：人民教育出版社，2001：8.

② 王道俊．教育学［M］．北京：人民教育出版社，2009：181.

要使他们在思想情感上有所感动与震撼，能激起学生的共鸣、反思与醒悟，使他们自觉主动地成长为社会期望的个性全面发展的人。

3. 教学过程必须以师生之间的交往为背景和中介

所谓交往，是指人与人之间的相互来往、交际、沟通与交流等。教学活动的特殊性，决定了教学必须以师生之间的交往为基础。师生之间的交往是以人类社会交往为背景的，是人类生存与生活方式在教学中的体现，应该具有人类社会一般交往活动所追求的平等性、互动性等特征。教师引导学生掌握文化知识，应有意识地组织师生之间、生生之间的问答、讨论、交流、互助，以便学生获得启发，进行思想碰撞和反思，加深理解，并学会运用，从而使教学活动更加有效。教学不仅通过交往引导学生求知，还通过交往对学生进行情感方面的感染和培养，在这一过程中，教师应当注意师生之间的平等对话、思想情趣的坦诚沟通，以便激起师生在认识上的互动、情感上的共鸣、智慧与情趣的共享等，从而使学生获得教育者所期望的品质。

二、教学过程的基本阶段

对教学过程基本阶段的认识，是教学理论研究的一个课题。教学旨在促进学生的学习，而学生的学习又以认知为基础，故学生内在的认知过程在根本上制约着教学过程的开展。以此为出发点，教学过程的基本阶段如下。

（一）激发学习动机

学生掌握知识首先是一个认识过程，单纯从人的认知历程来看，教学过程应该从感知学习材料开始，但如果简单认为教学过程就应该以感知材料开始是不符合教学实践的要求的。为了充分体现学生在教学过程中的主体地位，应在教学一开始就充分调动学生的积极性，使他们做好充分的心理准备，以一种主动参与者的身份投入到教学和学习中去。一旦学生的求知欲被调动起来，认知的内在矛盾会推动学生主动投入到学习进程中，这种基于内在动力的学习过程将是持久的、强大的。在教育史上，许多教育家都把引起求知欲、激发学生的学习动机作为教学的起始阶段，或称准备、导入，或叫困难、问题、引起学习诱因，尽管个人提法不同，但有异曲同工之妙。

案例 9-1：

轮轴与瓶子

四川省某中学物理教师江天华教《轮轴》时，设计了一个游戏：看谁力气大，手劲好。他故意挑选了身高相近的男女同学各一名，请他们上讲台掰手腕。女同学胆小，不肯和男同学较量，引起部分同学的议论和笑声，都认为用不着比赛，肯定女同学会输。

然后，他拿出一个啤酒瓶，再请这两位同学比试一下，男同学握住瓶子的颈口部分，女同学握住瓶身部分，各自用力向两个方向旋转，结果女同学赢了。这一下，教室里顿时沸腾了，引起了同学的纷纷议论。这时，江老师问同学："为什么力气大的男同学反而比不过力气小的女同学？"通过这个游戏，同学们的兴趣一下子被激发起来。

——傅维利，《教育问题案例研究》，人民教育出版社，2006

思考：江老师的教学设计成功吗？为什么？

教学活动中，激发学生学习动机的方法很多。可以对学生提出引人思考的问题；可以讲述有趣的故事；可以演示引人注目、给人新知的直观材料；可以指出将要学习的新知识的重要价值等。究竟用什么方法，教师可以根据不同的课程类型、教学内容、学生特点灵活选择，这方面的能力也往往是教师教学艺术和对课堂调控能力的重要体现。但这里面也有一些基本的原则要遵守，比如，小学低年级学生，主要靠教学活动本身的有趣，吸引和推动他们学习；小学高年级和初中的学生，除了靠他们自己对知识的兴趣外，对成长过程中个人荣誉感的渴望也可以鼓舞他们学习；高中学生则可以着力提高学习的责任感，力图将掌握知识的价值和个人的前途、职业、理想等联系起来。[①]

（二）感知教材

感知教材指学生对教材内容进行的初步的、感性的认识，通过对所学内容的感知，形成表象，达到了解教材内容的重点问题所在的目的，从而为下一步的深入学习奠基，这是整个教学过程的基础阶段。教材是一种符号表征的书本知识，是他人的实践经验。学生只有凭借自己的生活经验或

① 王道俊. 教育学［M］. 北京：人民教育出版社，2009：184.

有关的感性知识才能理解书本知识。如果没有感性知识，形成不了清晰的表象，就很难对教材知识有深入地了解。学生感性知识的来源很多，有的是他们在生活中积累的，有的是以往学习获得的，有的是教学中通过演示、实验或参观实习取得的，有的和教师直观性语言描述所产生的再造想象有关。

（三）理解教材

知识的学习必须逐步上升到理性认识，不断发现事物的本质和规律，获得思维的充分发展。所以，在感知的基础上，学习向前推进的一个必然阶段就是理解教材。理解教材指的是在感知教材的基础上，引导学生进行抽象思维的加工，形成概念，掌握所学内容的本质及与其他学习内容之间的联系。

理解教材旨在引导学生在学习上取得较大的发展，使认识活动得到飞跃，是学习的关键，是教学过程的中心环节，也是难度最大的一个阶段。另外，为了使学生的思想情感活跃起来，教学多半由激发学生的疑问、好奇与冲动开始，这样做是必要的，但也可能造成另一种情况："随着好奇而来的是注意力分散与单纯的嬉戏"[①]，因此，教师必须通过深入细致的引导，使学生形成对问题实质的把握，掌握概念和原理。

案例 9-2：

一位教师在讲授"按比例分配"内容时，讲新课前向全班学生提出这样一个问题：把 12 棵树分给两个小组去栽，每个小组分几棵？全班同学都不假思索，异口同声回答：6 棵。

"有没有不同意见呢?"教师征询道。同时，目光很快地在每个同学的脸上掠过。忽然发现，一位姓孙的同学眉头微蹙，凝视窗外，可能有与众不同的想法。于是，老师提醒大家说："你们认真思考一下，有同学可能会把你们的答案推翻了。"这时，学生顿时警觉起来，重新思考老师提出的问题。随即便有几个同学举手要求发言，包括姓孙的同学。老师立即鼓励他发言。他站起来说："老师，每组分 6 棵不一定对。"

"为什么?"老师赶紧插入一个问题，以引起大家的注意。

---

① ［德］赫尔巴特．普通教育学［M］．李其龙译．北京：人民教育出版社，1989：65.

"因为题中没有说怎么分。如果平均分，那么每组可以分6棵。如果不平均分，就有多种分法。"

老师当即带着表扬的口吻说："好！他说的很好。过去我们学的都是平均分，也就是等分，今天要学习的是不平均分。"然后，立刻在黑板上写出了"按比例分配"。

学生好像在朦胧中被人唤醒，顿时振作起来，就这样，老师从孩子的习惯认识中，巧妙地把单一思维活动引申到多项思维中去。

——柳斌，《中国著名特级教师教学思想录》（下卷），江西教育出版社，2005

（四）巩固知识

巩固知识是为了强化对所学内容的记忆与理解，做到及时复习，以提高学习效率。巩固的过程同时也是进一步深入理解的过程。同时，知识只有在得到巩固的情况下，才能自如地加以使用，并为不断地吸收新知识提供条件。巩固知识可以通过简明的小结、系统的总结和各种形式的复习完成，同时，巩固知识和下面的尝试运用知识解决问题有着紧密的联系。

（五）运用知识

对知识的运用既是巩固知识的要求，更是学习过程中认知目的和价值增值的实质要求。长期以来，在我国教育领域里，对知识的识记非常重视，但对解决问题能力的培养有所忽视，在教育改革背景下，培养运用知识解决问题的能力势必成为教育改革的核心价值取向之一。究其表现形式，知识的运用有两种情况，一是解决理论问题，二是解决实际问题，比如学习物理、化学后解决各类实际问题；运用语文、社会等学科知识进行社会调查和各种社会实践活动等。

（六）检查效果

检查是教学过程必不可少的，检查可以发现学生对知识理解和掌握的情况，以便及时调节教学的内容、进度、方法，这样的检查在教学过程中随时可能进行，其方式非常灵活，比如提问、检查课堂练习的完成情况。在阶段性的教学任务完成以后，还要进行总结性的检查，以便了解教学阶段性效果。为了培养学生学习的主动性和自觉性，教师还要培养学生自我检查的能力，如组织学生自查、互查、小组检查等。实践表明，只有那些能对自己所学知识、所做作业自主进行认真检查、验证的学生，才能在学习中及时纠错、精益求精，获得优异的学习效果，养成良好的学习习惯。

三、教学过程的基本规律

教学过程的基本规律指教学过程基本要素之间存在的内在的、本质的联系。下面从四个方面对教学过程的基本规律进行分析。

（一）教师主导作用与学生主动性相结合的规律

教学过程是教师的主导作用与学生积极主动性的统一，只有在教与学的积极相互作用中，才能构成一个完整的教学过程。割裂教与学的联系，破坏教学过程的完整性，也就失去了教学过程存在的基本特征和条件。

强调教师的主导作用基于两方面的原因。一方面，从条件和职责来看，教师闻道在先，有一定的专业知识，受过专门的职业训练，受社会和国家的委托，肩负着培养下一代的历史重任。教育方针的贯彻、课程计划的执行、教学过程的一系列活动的设计实施、调整完善等，都由教师具体落实；教师能把社会环境和教育对学生提出的要求、提供的条件综合起来发挥其影响作用。另一方面，从学生的实际状况看，学生处于成长发育时期，体力、智力、心理品质尚不成熟，要走一条认识世界和学习改造世界的最经济的捷径，离不开教师的指引。在学生认识的领域内，矛盾转化的顺利与否，取得的成效如何，教师起着决定性的作用。

但是学生在教学过程中对于教师的影响绝不是消极被动的承受者，他们不是照相机或录音机，不是教师可以任意注入知识的容器，而是学习实践的主体，是认识的主体，他们对教师传递的知识信息具有选择和加工能力。因此，教师对学生的指导和调节作用只有在学生本身积极参与学习活动，并发挥出主观能动性的条件下，才能得到应有的效果。此外，由于不同学生个体的选择和加工能力有所不同，使得他们在学习过程中接受教师指导时存在着个别差异。学生对教学内容的能动反映过程是教师无法取代的。

教学实践中，要防止在教师和学生关系处理上走极端。如何处理师生关系，在教育史上曾经有两种对立的观点，以赫尔巴特为代表的传统教育派认为，教师在教学中处于中心地位，向学生传授知识、进行教育主要依靠教师，主张树立教师的绝对权威，以此使学生对教师顺从，听从教师的安排，而只要具有这些，学生就能学到知识，养成良好的品德。以杜威为代表的现代教育派，针对传统教育存在的弊端，提出了全新的教学理念，要求教育从学科（教材）中心、教师中心和课堂中心摆脱出来，主张进行变革性的教学重心的转移，把儿童变成教学中心，充分发挥学生的主动性，教育的一切措施都要围绕着学生转。今天的教学，虽然冠以派别之争的力量对立不见了，但实践中问题并未完全解决，“并常在新的历史条件下，以新的形式复演出上述两种倾向”①。在过度注重效率及升学功利性目标的驱使下，过于强调教师的作用，就会忽视尊重、关怀学生，以至于教师仍然居高临下，讲得过多、管得过死，压抑了学生的主动性、创造性。这是一种传统弊病的表现，亟待改进。但也应该注意另一种倾向，改革如果一味强调学生在教学过程中的主体地位和作用，过于强调课堂中活动的比重，以营造热烈的气氛为目的，教师的引导、规范及对教学的理智的掌控被忽视，实际上对教学质量的提高也是不利的。

（二）直接经验与间接经验相结合的规律

教学过程以传授书本知识、间接经验为主，是学生认识客观世界的一条捷径，因此说，学生的认识对象和认识方式是简约化了的。在教学中，学生的认识对象主要体现为课程标准和教科书中的系统知识，这些知识是根据社会的需要从人类知识宝库中挑选和提炼出来的最基本的部分，对学生认识世界具有普遍的指导意义。以书本形式为主的教学内容使学生个体的认识既可突破时间和空间的限制，又能避免走前人认识客观世界时所经历过的曲折道路。这样，就节省了认识的时间和精力，加快了认识的速度和进程，能在较短的时间内掌握大量系统的科学文化知识，达到现代社会对一个公民所具有的知识水准的要求。

学生学习以间接经验为主，并不排斥直接经验，而是包含了直接经验。学生如果只学习书本知识，缺少必要的直接经验，就容易产生脱离实际、死记硬背现成科学结论的缺点。从学生思维能力发展的特点来看，小学生的思维以形象思维为主，对直接经验的依赖是显而易见的。中学生的抽象逻辑思维虽然逐渐占了主要地位，但尚属经验型，仍需具体直观材料的支持，直接经验、感性认识是进行抽象概括、实现理性认识的基础和支柱，所以，仍然不能忽视直接经验在学生认识过程中所发挥的重要作用。当前教学改革发展的一个趋势就是在教学过程中增加和渗透学生探究、发现和创造性的活动，以培养锻炼学生独立思考、探求新知、实际操作等能力，直接经验、感性认识的重要意义就更为明显和突出了。学生的直接经验主要来自亲身的观察、实验、练习、实践等形式，它们大都是经过精心设计、

---

① 王道俊．教育学［M］．北京：人民出版社，2009：209.

挑选和改造过的，具有典型性、简约性，为理解、巩固或验证、运用书本知识、间接经验服务，学生的社会实践虽然是少量的、有限的，然而是不可缺少的。

教学实践中，要防止将直接经验和间接经验之间联系割裂的倾向。在我国，一直以来都非常重视间接经验的学习，古代即有书读百遍，其义自见的观念，反映到教学中，教师讲、学生听成为基本的方式，强调对书本知识的服从，不注重引导学生通过一定的实际活动、独立操作去探寻与积累知识，从某种程度上说，导致了注入式教学的存在，造成学生掌握知识方面的一知半解、形式主义。从世界教育发展史来看，还有一种倾向是，在实用主义教育观的影响下，过于注重学生个人经验的积累，片面地强调从做中学，其结果往往是学生系统知识难以获得，教师的主导作用流于形式。我们的教育、教学改革应避免走向问题的某一个极端。

（三）掌握知识和思想教育相结合的规律

教学过程是学生认识的过程，同时也是学生接受德、智、体、美、劳全面发展教育的过程。教学中学生不仅掌握知识、技能，而且也发展智力、体力，形成思想观点和行为习惯。所以，实现教育目的、促进学生的全面发展是教学活动的出发点和归宿。教学具有教育性，这是教学活动的客观规律。德国教育家赫尔巴特指出："教学如果没有进行道德教育，只是没有一种目的的手段，道德教育（或者品格教育）如果没有教学，就是一种失去了手段的目的。"① 他把教学作为道德教育的基本途径，把培养德性作为教学的最高目的，这一观点直到今天仍有着重要的理论与现实意义。

教学中知识教育与思想教育之间存在着内在的联系，文化知识本身具有重要的思想道德教育的价值。学校课程计划设置的每门课程及其教材内容体系，总是反映一定的社会对教育目的的要求，是在一定思想体系的指导下编写的，学生接受各门学科知识的过程，也就是不断地吸取养料、受到深刻的思想教育的过程。教学中的思想教育只有紧密地结合科学文化知识的传播而进行，防止脱离知识的空泛说教或为教知识而教知识的倾向，才能收到良好效果。不仅如此，教师以教书育人为根本任务，通过自身的价值观、思想品质、精神风貌、行为方式等也可以对学生产生率先垂范的教育效应，影响学生思想的发展。

---

① ［德］赫尔巴特．普通教育学［M］．李其龙译．北京：人民教育出版社，1989：215.

教学实践中，要防止将二者割裂的倾向。现实中，对升学率的重视，往往会导致知识至上的做法，为了能考高分，将一些德育方面的课程削减，或者在知识学习中忽视了其德育价值，只强调对知识的记忆；要不就是在教学中，将价值方面的内容也通过机械重复的方式进行学习，不能引起学生情感的共鸣、态度的转化及道德行为能力的形成，教学的教育性原则无法得到很好的贯彻。在教育改革的背景下，这些问题是我们必须直接面对的。

（四）掌握知识与发展智力相结合的规律

教学要致力于掌握知识和发展智力之间的协调统一，是近几年来教学改革中受到重视的一个问题。掌握知识与发展智力是辩证统一的关系，知识是智力发展的材料和基础，智力是在掌握知识的过程中形成和发展的，智力离开知识则成为无源之水、无本之木，但智力又反作用于知识的掌握过程，是掌握知识的必要条件，影响掌握知识的速度和质量。这里特别要提及的是，在教学中传授知识与发展智力有着密切关系，但两者又不完全是一回事，智力在掌握知识过程中的形成和发展不是自发的，不能认为传授了知识就发展了智力，二者也不是同步进行的。知识与智力的转化需要一定的条件，主要与知识的选择和教学的组织有关，一方面，不同性质的知识对发展学生认识能力所起的作用不尽相同，系统的、规律性的知识对智力发展具有重要意义；另一方面，组织得好的教学可以对智力发展起促进作用，反之，则可能会阻碍学生智力的发展。

教学实践中，要防止将二者割裂与对立。在教育史上曾经有形式教育论和实质教育论的长期争论。前者认为，教育的主要任务在于训练学生的思维形式，知识的传递无关紧要；后者认为，教育的主要任务是传授给学生对他们生活有用的知识，智力无须进行特别的培养和训练。显然，这两种看法都是片面的，把知识的掌握和智力的发展人为地割裂开了。

第三节　教学理论的形成与发展

一、古代教学理论的萌芽

不论是中国还是西方，古代社会都积累了丰富的教学思想，这些思想虽没有形成完整的体系，但很多都触及教学的核心问题，为教学理论的形成与发展奠定了基础。

孔子是中国古代最伟大的教育家，在教学方面有着丰富的论述。孔子提出“学而不思则罔，思而不学则殆”，并注重“躬行”，初步形成了“学、思、习、行”的学习过程思想。《中庸》明确提出“博学之，审问之，审思之，明辨之，笃行之”的学习过程理论。《学记》阐述了“教学相长”的辩证关系，总结了“藏息相辅”“长善救失”等教学原则与方法，并明确论述了教师教学应该循循善诱，提出：“君子之教，喻也：道而弗牵，强而弗抑，开而弗达。道而弗牵则和，强而弗抑则易，开而弗达则思，和、易以思，可谓善喻矣。”《学记》注重教与学的双向互动，不仅重视如何学，并且突出阐明了如何教的原理与方法。到了宋代，朱熹提出系统的“朱子读书法”，对传授和学习书本知识进行了系统地总结，其经验被归纳为六条，即循序渐进、熟读精思、虚心涵泳、切己体察、着紧用力、居敬持志。所有这些，对今天的教学实践仍然具有重要的指导价值。

在西方，公元前5世纪，古希腊出现了第一批职业教师——以传授知识为职业的智者派，开始了对教学的探索。希腊伟大的思想家苏格拉底的教学思想更是对后世产生了广泛的影响，他重视知识与美德的教学，在教学中，他不把知识直接告诉给学生，而是通过对话、反诘，让学生陷入心理矛盾之中，然后引导学生经过自己的思考去获得真知。昆体良是古罗马的教育家，在《雄辩术原理》中，他总结了自己长期任教培养演说家的经验，提出了“模仿、理论、学习”三个循序渐进的学习过程理论。这一过程，重视直观，重视知识的掌握、理论水平的提高和技能的训练，昆体良注重教学方法的研究与改进，十分可贵。到了中世纪，教学理论的发展变得非常缓慢，因为囿于研读神学经典，脱离社会实际，陷入繁琐哲学的泥潭。

二、近代教学理论的形成与发展

教学论作为一个独立的研究领域，是在17世纪确立起来的，其标志是1632年捷克民主主义教育家夸美纽斯《大教学论》的出版，但教学论从理论体系结构到内容的逐渐完善则经历了17～19世纪长达300多年的时间。其间，捷克教育家夸美纽斯、英国教育家洛克、法国启蒙思想家卢梭、唯物主义者爱尔维修、瑞士教育家裴斯泰洛齐、英国空想社会主义者欧文、德国教育家赫尔巴特、福禄贝尔、第斯多惠、英国教育家斯宾塞、俄国教育家乌申斯基等，均作出了重要贡献。这一时期教学理论的发展表现出三个方面的特点：第一，对封建教育的批判——要求教学应尊重人的天性，关注儿童的发展；第二，寻求教学理论的科学基础；第三，教学理论体系得以初步建构。[①] 篇幅所限，只对夸美纽斯和赫尔巴特的教学思想进行简要介绍。

（一）夸美纽斯的教学思想

夸美纽斯是17世纪捷克伟大教育家，近代教育学的奠基人。在《大教学论》中，他明确宣称，"教学是要把一切事物教给一切人类的全部艺术"，在他的努力下，教学论初步形成一门独立的科学。夸美纽斯把自己的教学思想建立在直观原理的基础上，把直观原则视为教学的金科玉律，他认为在感觉中没有过的东西，在理智中也不会有，认为教学不应从事物的语言说明开始，而应从对事物的观察开始。但同时夸美纽斯认为，尽管教学从事物的感性知觉开始，但这并不意味着使学生停留于单纯的直观性知觉，还必须在感性知觉的基础上，进一步使学生理解事物，认识事物的一般原理，认识事物的本质和规律性。

夸美纽斯主张应将"教育适应自然"作为创设新学校的主导原则，认为教育应适应自然，表现为三个方面：第一，教学要根据儿童的天性、年龄、能力进行，也即根据人的自然生长的过程进行；第二，自然是一步一步的发展，而不是跳跃，所以教学应该坚持由易到难，遵循循序渐进的原则；第三，自然的事情无须强迫，如水往低处流、鸟往树上飞，所以教学也无须强迫，不能用强制和惩罚的手段逼迫学生学习，应该激发学生的求知欲望，使学习成为一种轻松愉快的事情。另外，夸美纽斯还提出了教学的活动性原则、教学内容的"泛智"思想，并论述了班级授课制的可行性与基本原则。

（二）赫尔巴特的教学思想

赫尔巴特认为，要能有效地给学生传授知识，必须按照儿童的心理活动去组织教学。故此，赫尔巴特更加明确地把他的教学论建立在心理学的基础之上。他说："教育者的首要科学，虽然不是全部科学，是心理学，人类活动的全部可能性的概要，均在心理学中从因到果地陈述了。"[②] 他从"多方面兴趣"原理出发，论证了教学的任务和课程。

赫尔巴特还从观念运动的原理出发，论证了教学过程的形成阶段，提出了教学过程应由"明了—联想—系统—方法"四个步骤组成，试图为教

① 裴娣娜．现代教学论：1卷［M］．北京：人民教育出版社，2005：9～15.

② 张焕庭．西方资产阶级教育论著选［M］．北京：人民教育出版社，1979：298.

师提供在任何条件下都可以普遍采用的教学范式。明了（clearness），指教师将教学内容分解成各个部分，尽可能简练清楚地讲授，让学生对新知有清楚明了的认识。在教学方法上可采用讲解、实例、演示等。这一阶段，教师应设法引起学生的学习兴趣，并使其将注意力集中到学习内容上。联想或联合（association），指教师将提示的事实与已有的观念联系起来，把若干个别的观念联合为一般的概念。赫尔巴特强调新旧知识的联系，认为新知识的获得要建立在已有知识经验的基础上，以使学生心理处在期待状态。教学方法包括师生间无拘束的谈话、问答，调动学生的创造性思维与想象活动。系统（system），通过上一阶段形成的联合，知识还不系统、严密，这一阶段的任务是在教师指导下，将所有观念系统化，寻找结论、定义和规则。此阶段，教师要使学生感觉到系统知识的优点，使学生心理处于探究状态。可以采用的教学方法是教师的综合分析与归纳教学，形成概念、定义、定理，使学生在静态中完成对教材的理解。方法（method），学生通过实际练习，将系统知识运用到实际中去，根据实际条件，将所学知识重新加以组合，以使知识变得更熟练、更牢固。此时，学生的心理特征是“行动”，表现为“动态的审视活动”。教师可采用的方法是练习法。

赫尔巴特的理论后经其学生席勒等人的补充，发展为著名的“五段教学法”，分别是预备（提出问题，说明目的）、提示（提示新课程，讲解新教材）、联合、总结与应用。这一观点风靡一时，影响欧美教学理论界达半个世纪之久。

赫尔巴特的教学思想注意从心理学出发，使教学理论与心理学建立起联系，表明它已不再停留在经验描述水平上，也不再像夸美纽斯那样，有时只能将教学现象与一些自然现象进行牵强的类比，这意味着教学论的科学性增强了。赫尔巴特论证了教学在整个教育体系中的中心地位，指出教学是教育的主要途径，教学要重视系统知识和技能的掌握，有积极的意义。他对教学过程的分析有利于教师发挥在教学中的主导作用。这些都使教学有所改进，质量有所提高。当然，赫尔巴特用心理学来论证教学论问题的工作，还是很初步的，而且，把教学论建立在心理学的基础上远远没有解决教学论的科学化问题。何况，赫尔巴特的心理学本身是唯心主义和形而上学的。所以，他的教学理论也必然存在一定的缺陷，我们要批判地继承。

三、现代教学理论的兴起

现代教育发轫于欧洲新教育运动和美国进步主义教育。在这一时期，现代教学论开始兴起，其主要特征是：针对以赫尔巴特为代表的传统教育“三中心”（教师、课堂、书本）带来的弊端，突出学生在教学过程中的中心地位，强调教育要尊重学生的兴趣、需要、个性，重视儿童的活动和生活的教育价值。

现代教学理论发展的里程碑式的代表人物是杜威。杜威是美国著名的哲学家、心理学家、社会学家，是20世纪最伟大的教育哲学家。他的教学论建立在其实用主义或经验主义哲学的基础之上。杜威反对教材中心、教师中心和传统的课堂教学，提出以儿童发展为核心的教育观。高度尊重儿童自然的天性（本能、兴趣、需要）和儿童的现实生活，强调教育要基于儿童的兴趣、需要等自然天性，以儿童的主动活动作为对儿童教育的基础，“兴趣”“自由”“自主活动”“生活”“个性”等成为其教学理论体系中最常用的词汇。基于此，杜威提出应将教学活动的重心定位于儿童的发展，应对教学过程和发展过程进行区分，教学过程应走在发展的前面。同时，杜威还强调以经验的改造或改组为核心的课程观、知识观，强调“从做中学”，通过活动性学习促进儿童的发展。

杜威根据学生从做中学的认识发展特点，提出了教学过程的五个阶段：从情境中发现疑难；从疑难中提出问题；提出各种解决问题的假设；推断哪一种假设可以解决问题；通过检验来修正假设、获得结论。被简明概括为：情境—问题—假设—验证—结论，教育史上也将之称为“五步教学法”。

四、现代教学理论的不同流派

20世纪50年代以来，形成了教学理论的不同派别。每一个理论派别都有自己独特的研究视角、研究方法以及在此基础上形成的理论体系，有自己的代表人物，并且都对教学实践产生了很大的影响。目前对教学理论流派的介绍，分类的依据主要有三条，一是根据国别，如苏联教学理论流派、美国教学理论流派、德国教学理论流派等；二是按其哲学、心理学基础划分，比如有人将教学理论划分为哲学取向的教学理论、心理学取向的教学理论，后者包括行为主义心理学教学理论、认知心理学教学理论、情感心理学教学理论等；三是按照人物，举证一些有影响力的典型人物，分述其理论观点。[1]

本部分的任务不是要对现代教学理论派别做出全面的评价和比较，而是对有代表性的教学理论进行说明，并借此探寻现代教学理论发展的一般趋势，故选取美国、苏联、德国三个国家有影响的教学理论，大致按照时间的顺序进行简要介绍。[2]

（一）20世纪五六十年代的教学理论流派

20世纪50年代，为适应科技革命的挑战，解决人类认识成果总量的急剧增长与学生有限的认识接受能力和有限的学习时间之间的矛盾，就要提高知识学习的效率，并且在传授知识、技能和技巧的同时，必须促进学生的心理能力的发展，要把最先进的科技文化成果反映到教学内容中去。当时的教学理论，不管是杜威的实用主义教学还是传统教学理论，都无法完成这一任务，前者忽视系统知识的传授，后者忽视学生心理能力的发展。在这种背景下诞生了以赞科夫为代表的发展性教学理论、以布鲁纳为代表的认知结构教学理论和以瓦根舍因为代表的范例教学理论。这里仅就前两个理论进行简要介绍。

1. 赞科夫的发展性教学理论

赞科夫教学理论的基本思想是以最好的教学效果（掌握知识的过程）来促进学生的观察力、思维能力、实际操作能力的发展。为此，赞科夫认为，教学理论研究应当依靠心理学和生理学的科学成果，拓宽理论基础，不能做“纯教育学”的研究。在心理学上，赞科夫受到维果茨基的心理发展文化历史决定论的影响，维果茨基强调儿童的心理发展不是自发的、生理成熟的过程，而是具有真正的社会本性，教学应走在儿童发展的前面，建立在儿童的“最近发展区”上，教学要有一定的难度，要让学生“跳一跳”才能摘到“桃子”。为了提高教学效果，赞科夫主张在教学实验研究的基础上建构发展性教学理论体系，其具体内容涉及新教学原则、教学计划、教学大纲、教科书、教学方法。发展性教学理论的核心是赞科夫在科学实验基础上提出的五大教学原则：高难度进行教学的原则、教学中快速前进的原则、理论知识起主导作用的原则、使学生理解学习过程的原则、使全

---

① 施良方．教学理论：课堂教学原理、策略与研究［M］．上海：华东师范大学出版社，1998：48.

② 本部分参考了：裴娣娜．现代教学论：1卷［M］．北京：人民教育出版社，2005：413～441.

班学生都得到发展的原则。

赞科夫在苏联开展了长达20年的实验研究，实验班达到1281个，实验学校有数百所，实验教师有数千名。尽管其教学论体系一开始遭到了苏联教育界的强烈批判，但是研究成果最终成为苏联教学改革政策制定的依据，其理论得到了苏联教育界的公正评价。

案例9-3：

有一次课上，老师给学生出了一道题目："甲乙同学进行长跑比赛，甲同学每秒钟跑8米，乙同学跑完100米用了12秒，请比较谁跑得快？"王老师发现，A同学马上给出了答案，B同学在认真思考，而C同学却东张西望，观察着别的同学。

王老师让A同学回答他的解题过程。A说："我先算在12秒内甲同学跑的路，用12乘以8，得到96，因为96小于100，所以乙跑得快。"

王老师在肯定了A的解释后问B同学："你还能找到不同的解决方法吗？"B想了想说："是不是可以先算出乙每秒钟跑多少米呢？"。王老师满意地点了点头，说："如何可以得到乙同学每秒钟跑多少米呢？"B同学说："用100除以12。""好的，B和C，你们一起计算一下，100除以12等于多少？"B同学一会儿就给出了答案。

而C同学在列出算式以后却显得有点困惑。

在上述情境中，三个学生在学习过程中表现出不同的反应水平。对于王老师给出的问题，A同学的表现反映了他的能力可能在最近发展区之上；C同学的能力在最近发展区之下，即使给予了适当的帮助，他也很难解决问题；B同学的能力恰好处在最近发展区之内，通过教师的引导和A同学的启发，他成功地完成了学习任务。发现学生的最近发展区，将有助于促进其解决学习问题。

——根据http://www.xzedu.net.cn/ktoblog/UploadFiles/2008-3/36308009.ppt内容整理

2. 布鲁纳的认知结构教学论

在美国，教学理论一开始是隶属于课程理论的，为适应现代教学改革与发展的要求，布鲁纳主张教学论研究要有自身的研究对象，有独立的必要。布鲁纳的认知结构教学论的理论基础主要是结构主义认识论和皮亚杰的认知发展心理学。布鲁纳认为知识是人主动建构的结构模式，这种模式给人的经验以意义和力量。在心理学上，布鲁纳接受了皮亚杰认知发展阶段学说的影响，认为教学说到底是一种帮助和促进人成长的努力，应从成长过程模式推演教学过程的原理。从教学的角度看，布鲁纳认为如果教师只作引导，让学生自己主动学习，概括出原理或法则，他们就会因自己发现所感到的愉快和成就欲使学习具有强大的动力，所得知识也会深刻而不易遗忘，并能广泛地应用于实际，有助于智力的发展。因此，他甚至要求小学生也都要利用教师或教材提供的材料，去做一个知识的发现者，而不仅仅是接收者。

布鲁纳的教学理论就教什么、什么时候教、怎样教提出了新的见解，教什么——认为课程的中心是各门学科的基本结构；什么时候教——任何学科的基本原理，都可用某种形式交给任何年龄段的任何人，提出了早期教育的可能性；怎样教——提倡发现式的学习方法，即以探究性的思维方法为目的，以基本教材为内容，鼓励学生自我发现。在此基础上，他提出四条教学原则：动机（心向）原则、结构原则、序列原则、反馈原则。布鲁纳的理论在美国最终以失败而告终，既有理论自身的缺陷，也有与社会、教育实践相脱离的地方，但是，布鲁纳主张发展学生的智力、调动学生学习积极性，有着积极的现实意义，他的很多尝试具有一定的开创性，对我国现在进行的课程与教学改革产生了积极的影响。

（二）20世纪七八十年代的教学理论流派

20世纪七八十年代是现代教学改革的停滞和危机时期。70年代的经济萧条对教育产生了一系列负面影响，学生厌学情绪强烈，家长、社会甚至政府都对教育发展持失望态度。学生厌学除了与就业矛盾加剧有关以外，很大程度和60年代以来教学改革强调智力开发带来的教学内容、方法等方面的难度增长有关。而改革过程中对教学民主化、人性化、人道化要求的忽视也受到了很多的质疑。这种情况下，从对当时教学的反思和批判出发，教学理论有了新的发展。与难度过大及教学民主化受到忽视两个焦点问题相对应，教学理论的发展循着两个方向进行：一是着眼于教学质量和效率提高的流派，二是着眼于教学过程中人性化、民主化等形成的派别。前者代表性的有布卢姆的掌握学习教学理论、巴班斯基的教学过程最优化理论，后者主要包括美国罗杰斯为代表的非指导性教学、德国沙勒为代表的“批判—交往”教学论以及苏联的合作教育学等。可以将这两个方面理解为科学主义和人文主义两大思潮的对峙，事实上，同一时期，两大思潮既有对峙也有融合。

1. 巴班斯基教学过程最优化理论

20世纪60年代，苏联教学改革带来的负面因素开始显现，出现了师生负担过重，片面注重智育和大量差生出现的现象。[①] 为了克服这种现象，巴班斯基主张在考虑师生时间、精力支出的情况下，设计最优化的教学方案，达到完成教学、教养和发展三项任务全面发展的教育目标，而最优化应包括质量和效率的双重标准。要想设计出最优化的教学方案，就必须对教学过程的基本结构有完整的把握。为此，在自己《论教学过程最优化》、《中学教学方法的选择》等著作中，巴班斯基用系统和整体的观点分析教学过程，揭示教学过程中各要素之间的必然联系，进而提出一整套使各要素发挥最佳功能的原则、措施和方法。他认为，教学系统是由教学目的、教学内容、教学条件等要素组成的，教学过程的本质是使这些要素彼此协调平衡，并以此对各要素提出一定的要求，形成一套教学原则体系。

巴班斯基的教学过程最优化理论被苏联教育理论专家认为是同一时期最有效的观点，并得到了苏联教师大会的支持和赞赏，不少学校成功运用了他的最优化理论。[②] 可以说是获得了理论和实践的双丰收。

2. 布卢姆掌握学习教学论

布卢姆是美国芝加哥大学著名的心理学家。掌握学习教学论是布卢姆针对美国20世纪60年代教学以智力优异为取向，出现大量差生的情况，在教育公平等理念的影响下而着力建构的教学理论。其理论的出发点是否认学生成绩不及格是学校教学不可避免的一种现象，认为如果运用正确的教学方法，可以使“80%的学生掌握80%的教学内容”。为了达到这一目的，布卢姆主张在考虑教学条件提供的现实可能性的情况下，着重探讨影响学生掌握学习结果的主要变量，区分稳定变量和可变变量，并测试各变量对掌握学习的不同影响，进而提出改进学习过程的建议方案。从教学的角度看，为了促进学生掌握学习，一是要对教学内容进行认知分类，二是对学生的“掌握学习”进行“诊断性测验”。使教师能根据反馈信息，及时调节教学方法，提高教学质量。

布卢姆用分类学来分析学生在课堂讨论中发生的各种学习，他根据学习的结果和内容难度及学习水平的高低，把教育目标分为认知类、情感类

① 裴娣娜. 现代教学论：1卷［M］. 北京：人民教育出版社，2005：421.

② 杜殿坤. 原苏联教学论流派研究［M］. 西安：陕西人民教育出版社，1993：145、208.

和动作技能类。相应的学习也就分为三大类：认知领域、情感领域和动作技能领域，其中认知领域的教育目标由低级到高级分为知识、领会、运用、分析、综合、评价六级。1986年，华东师范大学出版社出版了布卢姆的《教育目标分类学》，布卢姆也到中国来讲学，其理论在我国的影响迅速普及。

布卢姆为代表的掌握学习理论在美国产生了广泛的影响，渗透到各学科、领域及各级各类教育中，在其他国家也有很大影响。据统计，全世界有几十个国家，大约5500万学生接受了掌握学习实验，结果表明，实验班80%的学生达到了一般情况下20%的学生才能达到的水平，具有很好的实践效果。①

3. 罗杰斯的非指导性教学

美国人本主义心理学家卡尔·罗杰斯以自己“以病人为中心”的治疗理论为基础，将其应用于学校教学领域，形成了颇具特色的“以学生为中心”的教学理论。罗杰斯批判传统教学只重视传授一些陈旧过时的知识，不能适应当代急剧变化的社会需求。而且这种教学导致学生知、情分离，理智是由学校培养出来的，情感是在生活中体验到的，两者各自独立。在批判的基础上，他提出了新的教育目标——“完整的人”，即知行合一的人。

如何培养完整的人呢？罗杰斯提出了非指导性教学的主张，这是由他的“非指导性治疗”演变而来的。非指导性教学的根本目的在于，使学生通过自我反省活动及情感体验，在融洽的心理气氛中自由地认识自我、表现自我，最后达到改变自我、实现自我的目标。罗杰斯强调，“非指导性”仅仅是对传统的指导性教学的否定，并不等于取消指导。传统的指导性教学是以教师为中心的，注重知识和技能，采取比较固定的步骤；而非指导性教学则以学生为中心，不重视技术，只重视态度，强调移情性理解、无条件尊重和真诚。非指导性教学重视作为个体的学生自己具有生长的可能性，在非指导性教学中，教师的角色由指导者变成了促进者。罗杰斯强调情感因素在教学中的作用，认为教学应具有真诚、理解、接受的气氛，不掩饰，坦诚公开，课堂必须是开放的、无讥讽的、安全的。

可以看出，非指导性教学极大地依赖个体的成长、健康与内驱力，坚决排除各种有碍于学生成长和发展的障碍，强调情感因素，要求教学要尽

① 裴娣娜：现代教学论：1卷［M］. 北京：人民教育出版社，2005：426.

可能直接进入学生的情感世界，而不是借助理性的方法去干预或重组学生的情感，强调人际接触和人际关系在教学中的地位。这实际上是一种积极人性观的体现，所有这些，都迥异于传统教育，因此非指导性教学一经问世，便引起了强烈的反响，并在国际上得到广泛的关注。

（三）20 世纪 90 年代以来的建构主义教学理论

20 世纪 90 年代，是现代教学适应信息社会的挑战而进行新一轮改革与发展的时代。一个显著特征就是教学要应对信息化的挑战，适应信息传播新技术对学生发展提出的新要求，要对学生获得知识的全过程作出全面的探讨。为了适应新的教学改革的要求，90 年代以来，一种以多媒体系统和网络技术为背景，以新的学习过程理论为基础的建构主义教学理论逐渐形成，并在全世界形成了广泛的影响。建构主义教学论是否代表了教学论发展的方向，我们尚不做结论，但“建构主义教学论无疑是 20 世纪 90 年代以来适应信息社会新技术革命挑战的现代教学论发展的一个代表，一种试图超越以往科学主义和人本主义教学论流派的局限，建立新的教学论体系的尝试”①。

发展至今，建构主义已在教育界取得了相当地位，并赢得广泛信奉，成为 21 世纪教育改革的主要理论指导。与人们一般所认为的“外部输入—内部生成”的模式相反，建构主义认为知识不是从外部输入到人的心灵的，而是在人与外界相互作用的过程中，从人的心灵内部建立起来的。学习者并非是空着脑袋走进教室的，在日常生活中，在以往的学习中，他们已经形成了丰富的经验，对世界及生活的方方面面均有了一些自己的认识，并逐渐形成了自己的观点。由此，学习不是简单的由教师向学生传授知识，而是学生建构自己知识的过程，学习者也并非是被动的信息吸收者，而是主动的建构信息意义的人，这种建构不可能由他人代替，只能由学习者自己来完成。

【思考题】

1. 教学的任务有哪些？如何理解教学在学校工作中的地位与作用？

2. 根据对学生内在认知规律的认识，教学过程应包括哪些阶段？

3. 教学中往往会出现一种情况：成绩好的学生，并不一定具有解决现实问题的能力。该怎样认识教学过程中知识学习和能力养成之间的关系？

① 裴娣娜. 现代教学论：1 卷［M］. 北京：人民教育出版社，2005：434.

【拓展阅读】

1. 钟启泉．课程与教学论［M］．上海：华东师范大学出版社，2008.

2.［捷克］夸美纽斯．大教学论［M］．任钟印译．北京：人民教育出版社，2006.

3. 王鉴．教学论热点问题研究［M］．桂林：广西师范大学出版社，2008.

第十章　教学(中)

对教学原则的研究具有重要的理论和实践意义，本章首先关注这一问题，分析教学原则的含义及贯彻教学原则的基本要求。教学方法是解决教师怎样教，学生怎样学的问题，教学方法的合理选择和正确使用对教学目标的达成至关重要，本章阐释教学方法的含义，解析常见教学方法的使用要求。本章还系统分析教学组织形式的含义及历史发展，重点阐述现代教学的基本组织形式——班级授课制的优势、不足及改进。

【学习目标】

1. 理解教学原则的含义，掌握中小学常用的教学原则。

2. 掌握中小学常用教学方法的含义及使用要求，了解国内外教学方法的拓展。

3. 理解教学组织形式的含义与功能，掌握班级授课制的优势与不足。

第一节　教学原则

一、教学原则的概念

教学原则是指根据教育目的的要求和对教育规律的认识，通过对教学实践经验的提炼和总结，提出的组织教学所应遵循的基本要求和一般原理。教学原则既指导教师的教，也指导学生的学，应贯穿教学过程的各个方面和始终。教学原则是教学研究的基本问题之一，是沟通教学理论和教学实践的桥梁和中介。教学原则是人们主观制定的，但有效的教学原则绝不是在偏好的影响下任意所为，必须反映教学过程的基本规律，为此，教学原则的提出往往要经过长期的实践准备，并对实践经验加以体现。作为人对教育基本要求的主观认识，教学原则要受到教育目的的影响，甚至可以说要服从于一定的教育目的。

历史上第一个系统化论述教学原则的当推夸美纽斯，在《大教学论》中，他以“教与学的一般要求”“教与学的便易性原则”“教与学的彻底性原则”“教与学的简明性与迅速性原则”四章的篇幅论述了教学原则问题，后被归纳为直观性、激发求知欲、巩固性、量力性、系统性和循序渐进原则等，建立了教育史上第一个比较完整的教学原则体系。此后，教学原则就成了教学理论中的一个基本领域，并受到后世教育家的重视。

二、中小学常用的教学原则

从教学原则在国内外的发展历史进程中可以发现，教学原则经历了一个从无到有，从不完善到较完善的发展过程。已有论述为思考我国中小学教学原则提供了积极启示。结合各种理论观点，以及我国当前教学改革与发展的实际需要，在中小学要坚持科学性与思想性相统一原则、理论联系实际原则、直观性原则、循序渐进原则、巩固性原则与因材施教原则等教学原则。

（一）科学性与思想性相统一的原则

科学性和思想性相统一的原则，是指教学要以马克思主义为指导，授予学生科学知识，并结合知识教学对学生进行思想品德教育。科学性是指教学内容必须是正确的、科学的，教学方法、教学组织形式也应该是科学的。思想性是指合理地、灵活地结合教材内容对学生进行思想教育。我国自古以来提倡文以载道，并有教书育人的传统。长期的实践证明，科学性与思想性相结合，既有利于科学知识的传授，又使思想教育充满活力，二者相得益彰。

科学性和思想性相统一的教学原则是教学规律的反映，关系到教学的方向。首先，是我国教育目的的基本要求，我们要培养德、智、体全面发展，具有独立个性的社会主义事业的建设者和接班人，这些建设者和接班人必须德才兼备，不仅学识渊博，还要有事业心，有开拓创新精神。其次，该原则也是教学具有教育性的反映。再次，科学性和思想性相统一还体现了物质与精神相平衡的时代需要，有助于科技与人文的结合，是具有时代意义的教学原则。

贯彻这一原则要求做到以下几点。

1. 保证教学的科学性

传授给学生的知识应该是科学的。对中小学生来说，不宜将尚有争议的、不可靠的知识当做科学基础知识传授给他们。对高年级学生，在讲清基础知识的前提下，可以结合教材中的基本知识向他们介绍一些不同观点和学说，以扩大学生的知识面。同时，教师的讲授也应遵循科学性要求，表达要准确，实验、演示、计算要精确、规范。

2. 发掘教材的思想性，对学生进行品德教育

中小学教学涉及的内容均直接或间接地蕴含着思想性，教师教学必须给予认真而足够的重视，根据教材章节内容的特点，把思想性和科学性融于一体，做到既教书又育人。教师要艺术性、创造性地挖掘教材的思想性，使知识与思想水乳交融，避免牵强附会。教学过程中应注意情感的激励和教育作用。情感使科学性与思想性由分离走向统一，情感制约着教师对教学内容蕴含的思想观点的理解，并影响思想向教学语言的转化。重视教学因素中的情感因素和进行情感教育，逐步做到理性认识和非理性认识相融合，是现代教育发展的重要趋势。

3. 教师要不断提高自己的专业水平和思想素质

教学的科学性和思想性主要靠教师来保障。教师必须不断更新知识，提高文化水平和思想修养，从而提高知识教学的科学化程度，并通过自己内在的思想观念、精神风貌、情感状态、行为方式等对学生品德的养成产生积极影响。“学高为师，身正为范”，教师要不断提高自己的德、才、识、学，才能使科学性与思想性紧密结合。

案例 10-1：

下面是一位教师的教学叙事：

在课堂上，我教学生“除数是两位数的除法”。课已经进行了一半，有几个学习困难的学生好像仍没有掌握，别的同学都在做练习题，他们几个却在左顾右盼，没有动笔。于是，我轻轻地走过去问他们：“为什么不做？”

“不会做”。几个孩子都低着头，不敢看我。

“动脑筋想想，总要试一试吧。”我耐心地劝导。半晌无声。“试也没用，我一做就错。”一个胆子大点的孩子答了一句。

我沉默了。也许，这几年的学习经历，已经让这些学习困难的孩子尝尽了失败和挫折，连他们自己也丧失了信心，懒得动笔了。“那就算是做错，也请你们再错一次，好吗？”情急之中，我竟对学生提出了这样的要求。看着我恳切的眼神，这几个孩子终于拿起笔。我趁机请一个孩子到黑板上板书，并继续鼓励他们：“只要你们敢于尝试，就算做错了也没有关系。只有当你们做错了的时候，我才知道你们的问题出在哪儿，究竟有什么地方不懂。这样，老师就可以有针对性地帮助你们了。知道吗？”上讲台的那个孩子做完了。果然做错了，全班同学议论纷纷。而我却用平和的语调对他说：“谢谢你做错了这道题，谢谢你。”班上的同学都哄笑起来，我没有理会，继续说：“这是一个典型的错例，它可以提醒我们不要犯这种错误。下面我们仔细分析一下这道题，看看错误出在哪里？”……

临到下课的时候，这几名学习困难的孩子全都学会了。我知道，今天我的一句话，给几个失落的孩子带来了阳光和希望。下次，我要给更多的孩子“错”一次的机会，成功就蕴含在无数次“错”的背后。

——2008年4月份自学考试《教育学》试题

思考：你如何评价这位老师的教学？从中得到哪些启发？

（二）理论联系实际原则

理论联系实际原则，是指教学必须坚持理论与实际的结合与统一，用理论分析实际，用实际验证理论，使学生从理论和实际的结合中理解和掌握知识，培养学生运用知识解决实际问题的能力。理论联系实际原则所反映和要解决的矛盾，主要是保证所学知识与其来源——社会实践不会脱节，学生掌握的知识能够运用或回到实践中去。理论联系实际是教学规律的反映，是教学原则体系中具有核心意义的一个。

教学中的理论联系实际原则是教学过程中学生学习活动特点的反映。学生学习的知识，主要是书本知识，是间接经验，是前人长期实践经验的总结，是人类的已知真理。学生在有限的时间内学习，不可能事必躬亲，而是在教师的指导下，迅速掌握教材中的基础理论，接受前人的认识成果。

这就要求教师联系学生的知识基础和思想状况，联系实践活动的实际，用丰富的实际事例，论证书本知识，使学生从具体到抽象，获得必要的直接经验，领会科学知识，用以指导实践。

理论联系实际原则是以我国的教学目标为依据的。我们的教学目标，从总体上来说，是培养各级各类的社会主义现代化建设人才，所有这些人才，不但要能正确地认识世界，更重要的是能够积极能动地改造世界，不但要有丰富的科学文化知识和理论修养，而且能将知识应用于实际，是知行统一、学用一致的人。这就要求教学必须做到理论联系实际。

贯彻这一原则要求做到以下几点。

1. 加强基本理论和基础知识的教学

只有深刻的理论才有重要的指导意义。赞科夫把“重视理论知识在认识中的指导作用”作为教学原则之一，布鲁纳主张重视学科基本结构的学习，要求重视基本概念、基本原理及其相互关系的掌握。因此，要充分估计理论教学的重要性。教学中理论联系实际的目的，主要是使学生更好地掌握这些基础知识和基本技能。在运用这一原则时，必须保证理论知识的主导作用，切实抓好基础理论的教学，切不可主次颠倒，片面强调联系实际而削弱了理论知识的教学。

2. 重视基本技能的培养

在重视教授基本概念、基本原理的同时，还要通过练习进行基本技能训练，使学生有一定的操作能力。

3. 根据学科内容、任务及学生特点，恰当地联系实际

教师要根据教材内容、教学目标及学生学习的实际水平，正确恰当地联系实际。在教学中，教师联系实际的方式很多，常用的方式有三种：第一，教师在讲解过程中的举例和演示。事例要典型、鲜明、有较强的说服力；演示也要及时准确，突出教学重点和难点。第二，组织学生练习、实验、实习、参观、访问，增强感性认识，培养学生运用知识解决实际问题的能力。第三，在课外活动、校外活动和其他社会实践中，通过教师的引导，使学生了解这些活动蕴含的书本知识，加深对书本知识的理解。

（三）直观性原则

直观性原则，是指在教学过程中，教师利用实物、模型、形象的语言描述等多种直观方式，使学生对要学习的事物形成清晰的表象，丰富学生的感性经验，为学生形成新概念、掌握规律奠定基础。直观性原则主要是针对中小学生思维发展所处年龄阶段的特征而言的，是教学过程规律的反

映，亦是理论联系实际的一种表现。贯彻这一原则的教学活动有助于增强学生对学习内容的感性认识，减少抽象学习的困难，提高他们的学习兴趣。在教育史上，很多教育家对直观性原则进行过论述，夸美纽斯把通过感官所获得的对外部世界的感觉经验作为教学的基础，并宣布运用直观是教学的一条“金科玉律”，他还提出了一系列进行直观教学的方法。

案例 10-2：

林清玄在《雪的面目》中写道：

在赤道，一位小学教师努力地给儿童说明“雪”的形态，但不管他怎么说，儿童都不明白。

老师说：“雪是纯白的东西。”儿童就猜想：雪像盐一样。

老师说：“雪是冷的东西。”儿童就猜想：雪像冰淇淋一样。

老师说：“雪是粗粗的东西。”儿童就猜想：雪像沙子一样。

老师始终不能告诉孩子雪是什么。最后，在考试的时候，他出了“雪”的题目，结果有几个儿童这样回答：“雪是淡黄色，味道又冷又咸的砂。”

——郭翠菊，《怎样上好一节课：教师德性与教学艺术》，新华出版社，2009

贯彻这一原则要求做到以下几点。

1. 恰当选择直观手段

直观手段很多，一般可分为三类，即实物直观（包括实物和标本）、模像直观和言语直观。实物直观，指在感知实际事物的基础上提供感性材料的直观方式。例如，观察标本、演示实验、实地观测、现场参观等，均属于实物直观。由于通过实物直观获得的感性知识富于真实性，可以使教材内容同实际事物间发生最为直接、真切的联系，因而有利于提高学生对教材内容的正确理解，也有助于激发学生的学习兴趣。但是，实物直观也具有一定的局限性。首先，它往往不易突出事物的本质因素。因为在实际事物中，本质因素与非本质因素是结合在一起的，而且非本质因素一般表现得比较强烈，易把不显著的本质因素掩蔽起来，会造成知识理解上的困难。其次，由于受时间、空间的限制，很多情况下无法提供实际的感性材料，如动植物的生长过程、化学的反应过程、原子的结构等都难于通过实物直接观察。所以，实物直观不是教学中唯一的直观方式，还必须采用其他直观手段来弥补实物直观的不足。

模像直观指通过对实际事物的模拟性形象的感知提供感性材料的直观

方式。如观看图片、图表、模型、幻灯、录像、电影等。模像直观具有一定的优势，首先，它能通过人为的手段消除或减弱实物的非本质因素对本质因素的掩蔽作用。如在图片或模型中，用着色、放大、对比等手段改变非本质因素的强度以突出本质因素。其次，它可以突破时间和空间的限制，来扩大感性材料的来源。如利用地图或模型表现某一地区的地形，通过示意图展示某些不能直接观察的事物的内部结构，运用影视形式重演历史事件等。由于上述优点，使模像直观成为现代化教学的重要手段。

言语直观是建立在实物直观和图表模型直观的基础上的。言语直观能动员和组织学生原有知识和经验中的感性材料，但不如实物直观和图表模型直观鲜明、生动与真实，经常需要实物直观、图表模型直观的支持。学生被教师的语言所唤起与重组的表象，不受时间、空间限制，从而使可利用的感性材料的来源丰富多彩。由于表象具有概括性特点，故有利于学生的思维向抽象思维发展。故此，言语直观也具有自身的独特优势。

直观手段的选择要根据多方面因素综合考虑，一是根据教学内容的特点，针对内容的重点、难点来选择。二是要根据学生的年龄特点，低年级，直观手段多，且偏重于实物、模像；高年级，则倾向于言语直观，实物、模像的手段不宜太多。三是要根据教学内容的特点、现实的教学条件的限制及教师自身的素养加以选择。

2. 直观与讲解相结合

直观利于学生获得感性认识，但要与讲解相结合，讲解能够组织学生的注意力，指导学生对直观对象作定向理解，揭示事物的本质。有些事物的特性是无法用语言完全清楚地表达的，缺乏表象支持的情况下，似是非常形象的言语却难以得到很好的回应。“语言并不足以描述经验，最好的词汇也无法表达我们隐秘世界的丰富性和独特性。”①

3. 从运用直观形象过渡到对抽象内容的掌握

直观只是手段，而不是目的。使用直观教具必须有意识地使学生以后不需要借助教具也能再现有关表象，能摆脱具体形象而进行抽象思维活动。要克服盲目直观、追求形式主义而不讲究教学效果的倾向。

(四) 循序渐进原则

循序渐进原则，是指教学按照学科的逻辑系统和学生认识发展的顺序

---

① [加] 范梅南. 生活体验研究：人文科学视野中的教育学 [M]. 宋广文译. 北京：教育科学出版社，2003：3.

进行，使学生的知识、技能、思想品德形成完整的体系。在教育史上，对循序渐进原则的论述有很多。《学记》提出“学不躐等”“不陵节而施”，提出“杂施而不孙，则坏乱而不修”，也就是说，如果教学不按一定的顺序、杂乱无章地进行，学生就会陷入紊乱而没有收获。朱熹进一步指出“循序而渐进，熟读而精思”，在我国第一次明确提出了循序渐进的教学要求。

提出循序渐进原则主要基于两方面的考虑，其一，科学知识有内在的逻辑联系，学生对知识的掌握包括对这些联系的把握。中小学的学科知识都是以其相应的科学体系为基础的，如果打破了这些内在逻辑，对知识的掌握不可能是系统的，学习的历程也将变得零散、盲目、没有章法。其二，同学生的身心发展规律有关。学生的心理发展是一个渐进的过程，有其内在的规律，是一个从不成熟到成熟，从不完善到完善的有序过程，每一方面的心智的发展都是有客观规律的，比如思维能力的发展，就要经历一个从形象思维到逻辑思维，再到辩证思维的过程，教学必须适应这一规律，否则很难完成对学生学习规律的适应，教学就会变成外在于学生发展的低效过程。

贯彻这一原则要求做到如下几方面。

1. 按照学科知识体系的内在逻辑组织教学

循序渐进在教学中的应用，首先体现在课程标准和教材内容上，要求这些教学材料保持合理的体系和顺序，要按照科学的逻辑顺序和学生不同的年龄阶段发展的顺序特点编写。在教学过程中，教师要深入领会教材的系统性，做到对知识的融会贯通，掌握其逻辑结构，在保持知识衔接性的基础上，将学习材料进行个性化处理。

2. 要根据学生的认知规律组织教学

应按照学生认知发展的规律安排教学活动，提出教学要求，使学生从点滴积累、逐步提高，在量变到质变的认识过程中得到提高。内容安排要做到由浅入深、由易到难、由简到繁。不能因为任何理由搞突击、求速度、跳跃前进，如果这样，结果必定是欲速则不达。从不同年级来说，教学必须符合学生认知方面的年龄特征。抓住主要矛盾，解决好重点和难点。

3. 指导学生循序渐进学习

循序渐进学习对于培养学生学习的良好习惯有重要作用，教师要注意给学生做循序渐进学习的示范，同时也要通过有效指导，培养学生有计划、有步骤学习的良好习惯。

4. 将系统连贯性和灵活多样性结合起来

教学是一门复杂的艺术。为了使学生掌握系统而精确的学科知识，教师必须认真备课，吃透教材的重点和难点，确定教学的目的与任务，以便系统有效地进行教学。但课堂复杂，若教师不顾实际情况的变化，机械地执行，课堂难免会陷入被动、沉闷的局面。另外，循序渐进也并不是在任何的学习情境下都简单化成立，在有些情况下学生学习表现出一定的跳跃性是可能的，同时也是有益的、必要的。故此，教师应当将教学的系统性、连续性与灵活性、多变性机智地结合起来。

(五) 巩固性原则

巩固性原则，是指教学要使学生及时将所学的知识、技能达到牢固和熟练的程度，以能够在需要的时候及时地、准确地再现出来。从广泛的学习过程而言，如果一个人边学边忘，那就一无所得，永远处于无知状态。在教学过程中，学生的学习不同于成年人或科学家。学生在短时期内集中地学习大量未经自己亲身感受的间接知识与经验，又不能立刻地、全部地运用于实践，遗忘的可能性极大。因此，巩固工作必不可少。

贯彻这一原则要求做到如下几点。

1. 在理解的基础上巩固

理解知识是巩固知识的基础。教师要使学生对所学知识掌握得牢固，首先在传授知识时就要使学生清晰地感知，深刻地理解，并留下深深的印象。因此，教师讲课要生动形象，明白透彻，条理清楚，逻辑严密，并引导学生把新知识纳入已学知识的体系之中，为知识的记忆巩固创造条件。

2. 组织好复习和练习

尽管在理解的基础上记忆的效果较好，但离开了专门的巩固工作，对于学生来说，要牢固地掌握知识，也只能是一句空话。心理学关于遗忘规律的研究指出，识记后的短时间内遗忘较多，学习时间的分配对于遗忘进程也有影响。据此，要安排好复习练习的时间，把经常性复习与阶段性复习、总结性复习结合起来。经常性复习可以使学生日常学到的知识及时地得到巩固，并为下一步的学习打好基础。阶段性复习和总结性复习可以使学生提纲挈领地掌握学过的知识，抓住最主要的部分，并对学过的知识有一个完整的概念，同时还能起到查漏补缺的作用。

3. 指导学生掌握记忆的方法

教育实践证明，把理解记忆和机械记忆相结合，把培养思考力和记忆力相结合，把学习书本知识和引导学生直接认识周围世界、获取直接经验相结合，是培养记忆的有效方法。实验材料表明，意义识记比无意义识记的遗忘要慢得多，这说明经过深入思考的理解记忆保持的时间要长，而死记硬背会抑制思考力、想象力，使学生智力迟钝。

4. 在扩充改组和运用知识中积极巩固

复习是主要的巩固方法，但不是唯一的方法。在教学中，许多教师引导学生努力学习新知识，扩大加深原有知识和积极运用所学知识来解决实际问题，从而巩固了旧知识，这种办法与复习相比，是一种更为积极的巩固。国外一些教改经验也说明了这个道理，比如，日本小学理科教材通过培养学生的主动探索精神以巩固知识。他们认为，探索就是最好的巩固。赞科夫认为知识的广度有助于知识的深度（牢固性），主张把巩固知识寓于大量教学之中。

（六）因材施教原则

因材施教原则，是指教师要从学生的实际情况、个别差异出发，有的放矢地进行有差别的教学，使每个学生都能扬长避短、获得最佳的发展。我国古代的孔子善于根据学生的不同特点，有针对性地进行教育，以发挥他们各自的专长。宋代朱熹把孔子这一经验概括为："孔子施教，各因其材"。这是"因材施教"的来源。学生的身心发展各有其特点，尤其在智力才能方面更有他们各自的兴趣、爱好和优势，只有因材施教才能扬长避短，把他们培养成为社会上各种有用的和杰出的人才。

贯彻这一原则要求做到如下几点。

1. 深入了解学生的一般情况和个性特点，处理好一般与个别的关系

教师要通过各种形式对学生进行客观、全面的调查了解，如知识基础、智力水平、学习态度、兴趣爱好、意志性格、健康状况、家庭环境等，把握班级学生的整体面貌，熟知每个学生的特点。做到集体教学与个别辅导相结合，课内与课外相结合，培养"尖子"与"大面积丰收"相结合。

2. 正确对待个别差异，针对学生的特点进行有区别的教学

了解学生个别差异是搞好因材施教的基础。教师应当了解每个学生德智体发展的特点，各学科学习的情况与成绩，有何兴趣、爱好与擅长以及不足之处，然后有目的地因材施教。对反应迟钝的学生，要激励他们积极进行思考，勇于回答问题和进行争辩；对能力较强而态度马虎的学生，要给他们一点难度较大的作业，并严格要求他们注意精益求精；对语言表述缺乏条理的学生，要多让他们在课堂上作复述和发言，以克服其不足；对

注意力不集中、学习不专心的学生，要多暗示、提醒、提问，培养他们的自控能力；对学习感到很轻松或很困难的学生，要加强个别辅导，给能力强者开点“小灶”，增加课业，对困难者给予特殊帮助或补课。

案例 10-3：

种 子

我有点不高兴。讲桌上堆放的洋槐树籽有浅黄的，甚至还有豆绿的。籽粒里掺杂着荚皮和角柄。不过还好，每个人交的树种都挺多。我扫视了全班同学一眼，想说点什么，可是没有说。我刚被分配到这所学校，担任这个班的班主任。初来乍到，我不便说什么。

这时，走上来一个小女孩，穿一身素雅的秋装，显得落落大方又略带羞涩。她走到我跟前，冲我抿嘴一笑，低下头，把手伸进裤兜里。“怎么，没采到？”我问。“不，可是没有他们那么多。”她的脸刷地红了，撩起眼皮看了我一眼，惭愧地站在那儿。“那，你采的呢？”我又问。她从兜里掏出一个小葫芦，又从兜里掏出一张纸，在桌上展平，然后凝望着那小葫芦的嘴儿，小心翼翼地往外抖。一颗，两颗，三颗……我看着她倒出来的树种，不由心里一动。那种子一般大小，犹如饱满的黑豆，每一颗都闪着乌亮的光泽。

我想她一定是用那双小手挑了又挑，选了又选，树种才能如此一般大小，闪闪发光！我被一颗虔诚的童心感染了，心里充满了温暖。望着她那俊秀的脸颊，专注的样子，我仿佛看见在茫茫的山川原野上，一棵棵洋槐树正在茁壮成长，为辽阔的大地撑起一柄柄绿色大伞。

思考：以上是小学语文教材节选的一篇文章，描述了一位老师遇到的教学情境。假如你就是这位老师，你会说些什么？

上述各教学原则，或在具体的教学阶段，或在整个的教学活动过程中发挥着独特的功能和作用，这体现的是各个教学原则的相对独立性。但是，教学原则的整体性功能要远远大于单一原则功能的简单相加，要真正实现教学过程的系统优化，必须依赖各教学原则构成一个完整的体系，使之互相联系、互相补充。在教学活动中，不能片面地夸大某个原则，更不能把单个教学原则绝对化。

第二节 教学方法

一、教学方法概述

（一）教学方法的概念

我国古代的文献中，“方”和“法”是分开使用的，在很多情况下互相诠释、互相引证。一般认为，作为一个完整词语的“方法”来源于希腊语，在与希腊语有着较密切联系的英语中，“方法”一词运用的灵活性十分典型，能翻译成汉语“方法”的词包括 means、way、approach 和 method 等，这些词汇有的指具体的“工具、手段”，有的包含着“道路、途径”的意思，有的则含有“程序、原则”之义。现代汉语中，与“方法”有关的词汇包括办法、手段、程序、步骤、规则、规划、谋略等。也就是说，方法一词的含义非常丰富，方法是一个系统。综合各种用法，“方法”是由方式与办法、工具与手段、道路与途径、思路与原则等构成的复合概念。基于上述分析，将教学方法做如下界定：为了达成一定的教学目标，教师组织、引导学生进行专门内容的学习活动所采用的方式、策略、途径、程序的总和。教学方法是教师、学生、教学内容密切联系的纽带，是提高教学质量的保证，方法的选择会影响教师威信和师生关系，并最终影响学生的身心发展。

（二）现代教学方法的指导思想——启发式教学

古代社会，最早的教学方法是口耳相传，文字产生以后教学方法开始重视模仿和记忆，教学中常用的工作过程是首先背诵，然后理解。不管在中国还是在西方都是如此，为了让学生牢记，教师的监督往往非常严厉。在犹太人早期的历史上，棍棒就是教育的象征；在希腊，斯巴达的教学方法相当残酷，孩子们常常被鞭打；在我国古代，教师上课会带有惩戒工具。在教育思想史上，反对上述做法，提倡基于对学生的理解、尊重而选择教学方法的看法也很普遍，但纵观古代教育实践，这些主张大凡是美好的愿望，教学表现出的仍是机械重复、死记硬背的特点。

顺应现代社会的基本精神，提倡启发式教学，反对注入式教学，是当代运用教学方法的指导思想。启发式教学指教师在教学过程中以学习过程的客观规律为依据，从学生的实际出发，通过充分调动学生的积极性和主动性，从而使其自觉地进行学习的教学指导思想。

在我国，“启发”一词最早源于孔子《论语·述而》中的经典性论断：“不愤不启，不悱不发。举一隅不以三隅反，则不复也”。宋代朱熹在《四书集注》里释义为：“愤者，心求通而未得之意；悱者，口欲言而未能之貌；启，谓开其意；发，谓达其辞。”后来人们概括孔子的启发思想，结合朱熹注释的基本精神，合称为“启发式”。在西方，首倡启发教学的是古希腊的大思想家苏格拉底。他在教学中运用“产婆术”，引导学生独立思考，自己得出结论。这种“产婆术”在西方被称为启发式谈话法或苏格拉底法。后来，他的思想被学生柏拉图和亚里士多德继承和发扬。近代科学技术的发展和进步，加速了教育改革的进程，同时也促进了启发教学理论的发展。在我国，五四运动时期，一些民主主义教育家如蔡元培就提出了改革“注入式”教学方法的思想，他深刻地批判了那种“牢守几本教科书”“像注水入瓶一样，充满了就完事”的做法。人民教育家陶行知也反对把教学只看作教师单方面活动的观点，将“教授法”改为“教学法”。

资料 10-1：

苏格拉底法举例

以下是苏格拉底与一位士兵讨论“什么是勇敢”：

“什么是勇敢?”苏格拉底随便地问一个士兵。

“勇敢是在情况变得艰难时能坚守阵地。”士兵回答。

“但是，假如战略要求撤退呢?”苏格拉底问。

“假如这样的话，就不要使事情变得愚蠢。”士兵回答。

“那么，你同意勇敢既不是坚守阵地也不是撤退?”

“我猜想是这样，但是，我不知道。”

“我也不知道。或许它正好可以开动你的脑筋。对此你还有什么要说的?”苏格拉底又问。

“是的，可以开动我的脑筋。这就是我要说的。”

“那么，我们也许可以尝试地说：勇敢是在艰难困苦的时候的镇定——正确的判断。”苏格拉底说。

“对。”士兵最后回答。

——单中惠，《西方教育思想史》，山西人民出版社，1996

启发式教学与注入式教学有着根本的区别：第一，学生观的对立。启发式教学既承认学生是教育的对象，也承认学生是认识的主体；注入式教学只承认学生是教育的对象，而否定学生在认识中的主体作用。延伸至教与学的关系上，启发式教学强调教师的主导作用和学生的积极性、主动性相统一；注入式教学片面夸大教师的主导作用，忽视学生的主观能动性。第二，教学观的对立。在教学与发展关系上，启发式教学认为教学的目的主要不在于传授知识，而在于培养学生获取知识和更新知识、发现知识的能力；注入式教学认为教学就是向学生传授知识与技能，强调智力、能力是在知识获取中自然得到提高。第三，教学内容选择的不同。启发式教学重视“少而精”，尤其强调结构的重要性；注入式教学则“多而繁”，面面俱到。第四，教学信息传输方式不同。启发式教学中，注重信息的双向或多向交流，既有教师向学生呈现信息，也有学生向教师反馈信息及学生之间相互传送信息；注入式教学只单维度强化教师之于学生的单项信息流动。第五，师生心理相融度不同。在启发式教学过程中，师生之间的情感容易交流沟通，心理相融度高，教学生态和谐；注入式则与之相反，师生心理难以交融。

实行启发式教学，可以从以下方面努力：第一，培养学生学习兴趣，不断激发求知欲。兴趣是最好的老师，教师要以真挚的感情、饱满的热情、丰富的讲授内容、生动有趣的形式，感染学生，吸引学生，引起师生的同频共振。第二，教师要善于激疑，培养学生善疑善问，多思深思的习惯，启发性原则的精髓是善于激疑，要鼓励学生有问有疑。学习是创新的基础，创新是学习的目的。教学中激发学生思维的方法很多，比如通过画龙点睛的讲解，启发学生了解课文；用比较法启发学生克服理解中的泛化现象；用反问归谬法，启发学生回忆旧知识理解新教材；运用范例启发学生独立思考，防止机械模仿等。第三，教学内容坚持少而精，精讲重点、难点、关键，为实行启发式教学创造条件。少而精是启发式教学的基本要求之一，也是启发式教学的重要保证和条件。教师应着力讲透彻教材中的重点、难点、关键，而不是把所有内容都进行包办，这样就能腾出时间启发学生独立思考，给学生以自学和练习的机会，从而有利于学生通过动手、动口、动脑、亲自实践去获取知识。第四，培养自学能力，让学生理解学习过程，掌握科学的学习方法。教师要通过指点引导等方法，使学生学会自学，掌握科学的学习方法。为此，教师要对学生进行学习方法指导。第五，发扬教学民主，尊师爱生。只有发扬教学民主，尊师爱生，才能为实行启发式教学提供保证和创造良好的学习气氛。在这种气氛中，教师会不断改进教学工作并多方鼓励学生敢于质疑问难，学生也会解除顾虑，心情舒畅，积极主动地学习。

二、中小学常用的教学方法

教学方法的分类有很多种，按照教学方法的表现形态，可以把教学方法分为“以语言传递信息为主的方法”、“以直接感知为主的方法”和“以实际训练为主的方法”。

(一) 以语言传递信息为主的教学方法

指教师通过运用口头语言向学生传授知识、技能或通过指导学生独立阅读书面语言以使学生取得发展的教学方法。这类方法主要包括讲授法、谈话法、讨论法以及读书指导法等。

1. 讲授法

讲授法是教师通过口头语言向学生描绘情境、叙述事实、解释概念、论证原理和阐明规律的教学方法。它是教师使用最早的、应用最广的教学方法，可用于传授新知识，也可用于巩固旧知识，其他教学方法的运用，几乎都需要同讲授法结合进行。① 在教学实践中，讲授法主要有讲解与讲述两种形式。讲解指教师运用阐释、说明、分析、论证和概括等手段讲授知识内容。教师的讲解，要符合科学性和思想性要求，应避免出现知识性或观点性的错误。讲解的步骤、安排要合理，应该有较强的逻辑性和系统性，切忌思路混乱，致使学生不得要领，应力求做到要言不烦，富于启发性，不可把话说尽，更不得信口开河。讲述是教师运用生动形象的语言，叙述、描绘和概述所要讲的知识内容。如用形象具体的语言，描述事态情境；有声有色地讲述人、物、事、理；在教学之中，穿插使用某些政、文、史、音、美等百科知识；恰当地使用比喻、成语、名言警句等。讲述能够增强讲授的吸引力和说服力，能唤起学生的激情和想象，使学到的知识印象深刻，经久不忘。很多情况下，讲解与讲述可以互补互利、配合使用。前者能唤起学生的有意注意，激发理智信念；后者能引发学生的无意注意，增添融洽愉悦气氛。

讲授法的主要优点是教师能够很经济地同时向许多人传授知识。除此以外，讲授法还有利于教师充分发挥主导作用，使学生在较短的时间内获

---

① 中国大百科全书·教育［M］. 北京：中国大百科全书出版社，1985：142.

得较多的系统而连贯的知识。但讲授也具有一些局限性，首先，讲授法对于学生的学习目标和学习动机有比较严格的要求；其次，讲授法受到学生言语和思维的发展水平的限制；最后，即使最佳的讲授也难以满足认识活动，特别是实践或物质活动的需要，因此，必须与其他教学方法相互配合。

由于讲授法本身所具有的局限性，在教育史上，讲授法曾受到了一些质疑。在进行新课程改革的今天，讲授法似乎更是遭到前所未有的挑战，某些场合甚至谈“讲”色变。有人批评讲授法就是照本宣科，只能向学生传递信息，不利于学生发展能力，导致学生进行机械的、被动的、“填鸭式”的学习。这其实是一种片面的看法。在科技快速发展的今天，系统的知识传授是社会进步的必然要求，就此而言，讲授法必然有存在的合理性。当然，没有哪一种方法是万能的，讲授法亦如此，今天对待讲授法的科学态度是，认识它的合理性，坚持它在诸多教学方法中的基础性，同时，更要不断地在实践中探讨和提高它的科学化水平，而不是对之进行简单批评。

合理地利用讲授法要做到：第一，保证讲授内容的科学性和思想性。教师讲授的概念、原理、事实、观点必须是正确的，这就要求教师认真备课和教学。第二，讲授要做到条理清楚、重点分明。讲授逻辑清楚，学生才能够准确理解。第三，讲究语言艺术。教师的语言水平直接决定着讲授法的效果，因此，教师必须注重和不断提高自己的语言修养。首先，要做到语言清晰、准确、精练，既逻辑严密又清楚明白；其次，要努力做到生动形象、富于感染力，这对于小学生尤其重要；再次，还应当注意语音的高低、语速的快慢，讲究抑扬顿挫。第四，注意与其他教学方法配合使用。中小学生的有意注意时间较短，在整节课中完全采用讲授法很难取得良好效果，教师应当善于将讲授法与其他教学方法和手段交叉替换使用，避免学生因长时间听讲出现疲劳和注意力涣散现象。

2. 谈话法

谈话法是教师根据学生已有的知识经验，借助启发性问题，通过口头问答的方式，引导学生通过比较、分析、判断等思维活动获取知识的教学方法。谈话法的基本形式是学生在教师引导下通过独立思考进行学习。

谈话法的优点在于，能够比较充分地激发学生的主动思维，促进学生的独立思考，对于学生智力的发展有积极作用，同时也有助于学生语言表达能力的锻炼和提高。谈话法的缺点在于，与讲授法相比，完成同样的教学任务，它需要较多的时间。此外，当学生人数较多时，很难照顾到每一个学生。因此，谈话法经常与讲授法等其他方法配合使用。

教师运用谈话法，应当注意以下几点：第一，做好充分的准备。围绕什么内容进行谈话？提出哪些问题？提问哪些学生？以及学生可能做出什么样的回答？怎样通过进一步的提问引导学生？等等，教师都应当在事前进行周密考虑和安排。第二，谈话要面向全体学生。尽管谈话只能在教师与个别学生之间进行，教师还是可以通过努力吸引所有的学生。首先，谈话的内容应当是能够引起全体学生注意的、在教学中具有普遍性和重要性的问题。其次，教师应当尽可能使得谈话对象有代表性，比如选择不同层次的学生。再次，在谈话时适时加以适当的解释、说明作为补充。第三，在谈话结束时进行总结。在谈话中学生的理解和掌握往往表达得不够准确、精练，因此在谈话的最后阶段，教师应当用规范和科学的表述对学生通过谈话所获得的知识加以概括总结，从而强化他们的收获。另外还要注意：提问的问题要难易适度；提问要有针对性；要讲究发问的技术；要正确对待学生的回答；正确对待学生的发问。

3. 讨论法

讨论法是在教师指导下，学生围绕某个问题发表和交换意见，通过相互之间的启发、讨论、商量获取知识的教学方法。讨论法的基本形式是学生在教师的引导下借助独立思考和相互交流来学习。

讨论法的优点在于，年龄和发展水平相近的学生共同讨论，容易激发兴趣、活跃思维，有助于他们听取、比较、思考不同的意见，在此基础上进行独立思考，促进思维能力的发展。此外，讨论法能够普遍而充分地给予每一个学生表达自己观点和意见的机会，调动所有学生的学习积极性，并且有效地促进学生口头语言能力的发展。讨论法的缺点在于，受到学生知识经验水平和能力发展的限制，容易出现讨论流于形式或者脱离主题的情况，对小学生而言更是如此，这需要教师加以注意。

教师运用讨论法，应当注意以下几点：第一，选好讨论内容。首先，要选择那些有讨论价值的内容，一般来说，讨论内容应当是教学内容中比较重要的事实、概念、原理等。其次，要选择难度恰当的内容，一般来说，过于简单或过于复杂的内容都不适当，前者难以激起学生的学习热情，后者则容易挫伤学生的积极性。第二，肯定学生各种意见的价值。对于未知的东西，任何意见都是有价值的。学生总是从自己的逻辑出发去理解和思考，因此各种不同意见尽管可能离正确答案相去甚远，但却最真实地反映了学生的想法。故此，讨论过程中教师不应急于充当裁判的角色，指出各种意见正确或错误，而要让学生畅所欲言。第三，善于引导。教师应当在学生讨论时全面巡视、注意倾听，善于捕捉讨论中反映出来的问题。在讨论遇到障碍、深入不下去时教师适当点拨，在讨论脱离主题时加以提醒，在讨论结束时帮助学生整理结论和答案，等等。这些对于讨论法的运用都是必不可少的。另外还要注意：讨论题要简要明确；要鼓励学生大胆发言，普遍发言；每次讨论结束时，教师要作出小结。第四，在小学低年级要慎用讨论法。

4．读书指导法

读书指导法是教师指导学生通过阅读教科书和参考书以及课外读物，使学生获取知识、发展能力的一种方法。它包括指导学生自学教材，预习、复习、阅读参考书等形式。读书指导法是加深理解和牢固掌握知识，扩大学生的知识领域，培养学生自学能力的一种很好的方法。在使用此方法的时候，教师要明确教学目标，指导学生有计划地读书；启发学生联系已有知识、经验，研究解决实际问题；教会学生使用工具书；注意教会学生读书方法。当学生读书完毕后，教师还要根据实际情况组织学生相互交流，加深对学习内容的理解。

（二）以直观感知为主的方法

指教师通过演示实物或直观教具、组织参观等途径，使学生利用各种感官直接感知客观事物或现象而获得知识、形成技能、发展能力的方法。这类方法主要包括演示法和参观法。

1．演示法

演示法是教师在课堂上通过展示各种实物、直观教具，或进行示范性实验，让学生通过观察获得感性认识的教学方法。这种方法在中小学各科教学中被广泛采用。但它是一种辅助性教学方法，要与讲授法、谈话法等教学方法结合使用。在中小学，演示的手段大体有三类。第一是实物或模型、标本、图片、图画的演示，目的在于使学生获得某一事物或现象的外在感性认识。第二是用连续成套的模型、标本、图片或幻灯、电影等，进行序列性演示，使学生了解客观事物和现象发生发展的过程。第三是音乐、体育、劳动等课上教师的示范性动作或操作等。

实践证明，演示法不仅能理论联系实际，为学生学习新知识提供丰富的感性材料，而且能激发学生学习的兴趣，提高学习的效果。

2．参观法

参观法是教师根据教学任务的要求，组织学生到工厂、农村、展览馆、自然界和其他社会场所，通过对实际事物和现象的观察和研究而获得知识的方法。如地理学科、历史学科参观名胜古迹、博物馆，理化学科参观科技馆，艺术学科参观美术展览、戏剧表演等。参观是以大自然、社会作为活教材，能打破课堂和教科书的束缚，使教学与实际生活、生产密切地联系起来，扩大学生的视野，能使学生在接触社会中受到教育。

运用演示法、参观法的基本要求如下：第一，事先做好准备工作。教师在教学中运用演示法和参观法时，必须根据教学大纲的要求和教学任务的需要，做好准备工作。如采用演示法时，要事先选择、检查演示教具，进行课前试作等。采用参观法时，要订出参观计划和步骤，明确参观的目的和要求等。第二，引导学生有目的、有重点地进行观察。无论是演示还是参观，都要提出问题，让学生有目的、有重点地去观察，去思考。在整个过程中，教师要适当结合讲解、谈话等方法，引导学生把注意力集中到观察的对象上，把感知与理解结合起来，从多方面认识所学的对象，以便更好地理解所要掌握的内容。为了更好地达到这个目的，教师还要教给学生观察的顺序与方法，尽量发挥学生多种感官的作用。第三，引导学生做好总结工作。演示和参观结束后，教师要组织和引导学生通过问答、练习、讨论等方式，把观察的现象与书本知识联系起来，使这两种方法真正起到获得感性知识、验证和理解知识的作用。

（三）以实际训练为主的方法

指在教师指导下，学生通过练习、实验和实习等实际活动，学习、巩固和完善知识、技能和技巧的方法。这类方法以学生的实践活动为基本途径，主要包括练习法、实验法和实习作业法等。

1. 练习法

练习法是指在教师指导下，学生通过独立的智力、体力和情感活动，运用已有的知识、观念解决有关问题，或反复多次完成某些动作和行为，以进一步理解和巩固已有的知识、观念，并培养相应的技能技巧和形成良好的行为习惯的教学方法。

运用练习法的基本要求：要使学生明确练习的目的和要求，并掌握相应的理论知识；要精选练习题，注意练习方式的多样性；要注意练习的难度、分量和系统性、经常性；及时检查和评价练习的结果。

2. 实验法

实验法是在教师指导下，学生利用一定的仪器设备或其他手段，控制一定的条件，作用于一定的对象，以引起事物或现象的某种变化，从观察这些变化和具体数据中直接获得知识的一种方法。

运用实验法的基本要求：做实验之前，教师要做好实验准备。如编制好实验计划，准备好实验用品，将学生分组等。指导学生独立进行实验，同时要教育学生严格遵守纪律，注意实验安全，爱护实验设备和器材。实验结束后，要进行总结。

3. 实习作业法

又称“实习法”，是根据教学任务的要求，在校内或校外组织学生进行实际操作，将理论知识运用于实践，以解决实际问题的一种教学方法。

运用实习作业法的基本要求：实习之前，要使学生明确实习的目的和要求，并订出实习计划，联系好实习单位。学生进行实习时，教师要作切实的指导。实习结束后，教师要指导学生写出实习小结，并从整体上对全班学生的实习活动进行总结，并作出具体评定。

三、国内外教学方法改革

随着社会的发展，人们对如何进行有效教学表达了越来越多的关注，在此背景下，教学方法的研究在全球范围内掀起了前所未有的高潮，一系列新的教学方法不断问世，大范围的传播应用，形成了教学方法繁荣发展的新局面。下面简要介绍一些在改革中出现的有代表性的教学方法。

（一）发现法

所谓发现法，就是学生在教师启发诱导和帮助下，借助一定的学习材料主动去探索，自己去发现新的知识或独立寻求解决问题的方法。它是美国心理学家布鲁纳在20世纪中后期倡导的一种教学方法。这种方法不把知识和结论直接告诉学生，而是向学生提出一系列精心安排的问题和作业，让学生在活动中，运用类似于科学研究的过程，通过再发现的步骤，亲自发现知识和结论。其步骤如下：创设问题的情境，使学生在这种情境中产生矛盾，提出需要解决的问题；学生利用教材和教师所提供的材料或条件，通过分析研究，提出解决问题的各种假设；从理论和实践上评价和验证假设，当学生中出现不同的观点时，可以展开争论；教师要对争论进行总结，通过分析、比较、推理，得出必要的结论。其中的第二步、第三步往往是不断循环的。

发现法的优点表现在：能激起学生学习的兴趣，使学生对知识的理解更加牢固和深刻，有利于培养学生掌握问题的一般方法和研究问题的能力。缺点是不易组织，占用时间长，不利于学生掌握系统的知识和培养必要的技能。

(二) 程序教学法

程序教学法是美国心理学家斯金纳在普莱西设计的“教学机器”的基础上编制了程序教材，并进行程序教学实验之后提出的一种教学方法。斯金纳认为，人类的学习是一种操作反应的强化过程，通过操作性强化，一个比较完整的新的行为单位可以被学会，或者一个现存的行为单位可以被精炼。而要使教学或者训练获得成功，关键在于精确地分析强化效果，设计操纵这个过程的技术，建立一个特定的强化系列。

一位教师要实施程序教学，首先要仔细地考虑在特定的时间里计划教学的内容是什么，这些教学内容最终要通过学生行为的获得来表示。其次要考虑有哪些可以利用的强化物。这种强化物包括两种：一种是学习者在学习过程中对所操纵的材料具有强烈的兴趣；另一种是在学习过程中给予学生奖励，譬如教师的一个善意的微笑、一句肯定的赞语、一件奖品等。最后，教师要把非常复杂的行为模式逐渐精致地做成小的单位或步骤，确定每个步骤所保持行为的强度，以使强化的效果能提高到最大限度。

编制程序学习的流程，一般要遵循以下几个原则：第一，积极反应原则。一个程序教学过程，必须使学生始终处于一种积极学习的状态。也就是说，在教学中使学生产生一个反应，然后给予强化或奖励，以巩固这个反应，并促使学习者作进一步反应。第二，小步子原则。程序教学所呈示的教材是被分解成一步一步的，前一步的学习为后一步的学习作铺垫，后一步学习在前一步学习后进行。由于两个步子之间的难度相差很小，所以学习者的学习很容易得到成功，并建立起自信。第三，即时反馈原则。程序教学特别强调即时反馈，即让学生立即知道自己的答案正确，这是树立信心、保持行为的有效措施。一个学生对第一步（学习的前一个问题）能做出正确的反应（回答），便可立即呈示第二步（第二个问题），这种呈示本身便是一种反馈：告诉学生，你已经掌握了第一步，可以展开第二步的学习了。第四，自我步调原则。允许学习者按各人自己的情况来确定掌握材料的速度。这与传统教学在课堂传授中一般以“中等”水平的学习者为参照点的教学法不同，传统教学法使掌握快的学生被拖住，而学习慢的学生又跟不上，致使班级学生之间学习水平差距越来越大。程序教学法相对显得比较“合理”，每个学生可以按自己最适宜的速度进行学习。由于有自己的思考时间，学习较容易成功。第五，低错误率原则。要求在教学过程中尽量避免学生出现错误的反应，错误的反应会得到令人反感的刺激，过多的错误会影响学习者的情绪和学习的速度。少错误或无错误的学习可以增强学生学习的积极性，提高学习效率。

斯金纳的教学理论指导和推动了19世纪五六十年代风行美国乃至其他许多国家的程序教学运动，不仅促进了学习理论的科学化，加速了心理学和教育学的有机结合，而且也推动了教学手段的科学化和现代化。同时，也重新激起了人们对个别化教学研究的兴趣，使个别化教学在中断多年后得以重新活跃起来。

（三）范例教学法

范例教学法是运用精选的知识经验以及事实范例作为教学内容，使学生掌握一般的、有普遍意义的知识，形成独立和主动学习的能力和养成独立批判、判断能力的教学方法。它是由德国教育家瓦根舍因等创立的。范例教学法的目的在于通过学习精选过的隐含着本质因素、根本因素、基本因素的典型事例，使学生掌握一般的知识、观念，而不是要学生复述式地掌握知识，这是一种“教养性的学习”，它能使所学的知识迁移到别的地方，从而进一步发展所学的知识，改变学习者的思想、思维方法和加强解决新问题的能力。

范例教学法由四个阶段构成。第一，范例地阐明“个”的阶段。通过整体的一个或几个特性来说明整体，也就是通过个别的典型特征来说明整体。如在历史教学中，可以通过一定的历史事件来说明一定的历史时期。在这一阶段，学生可以深刻地了解事物的本质特征并牢固地把握住这些本质特征。第二，范例地阐明“类”或“属”的阶段。就是对上一阶段获得的知识进行归类，如上述历史教学中，从一个革命事件的例子归纳出同类革命的特征。通过这一阶段的教学，学生可以了解某些事物的特殊性和普遍性，从“个”的学习迁移到“类”的学习。第三，范例地掌握规律和范畴的阶段。在前两个阶段的学习基础上，进一步探究出规律性的认识来。如在历史教学中，通过了解个人在革命中的作用，认识个人在历史中起作用的规律。第四，范例性地获得关于世界经验和生活经验的阶段。通过上述三个阶段的教学，进一步把所获得的知识进行加工和应用，从而获得关于世界的经验和生活的经验。通过这一阶段，学生不仅了解了客观世界，也认识了自己，加强了行为的自觉性。

范例教学法能有针对性地解决学生存在的问题，激发探求新知的兴趣，有利于系统完善其知识结构，培养能力。由于范例教学法是通过对教材中典型事例的研究，使学生从个别到一般，理解带有普遍性、规律性知识的教学方法，所以在各科教学中都可以广泛地应用。

(四)六步教学法

六步教学法是原辽宁盘锦中学的教师魏书生创立的语文课教学方法。魏书生是我国著名的教育改革家，他的教改思想已形成体系，主要包括“两个能力”（自我教育能力、自学能力）和“三个结合”（教学和教人结合、教学和科研结合、教学和未来结合），而“六步教学法”则体现了他教改思想的核心。其内容包括：第一步，定向：确定教学内容的重点、难点，并告诉学生，使之心中有数，方向明确。第二步，自学：学生根据学习的重点和难点自学教材，独立思考，自己作答案。第三步，讨论：学生前后左右每四人为一组共同讨论和研究在自学中没有解决的问题，寻求答案。第四步，答疑：立足于学生自己解答疑难问题。第五步，自测：学生根据定向指出的重点和难点，以及学习后的自我理解，自拟一组约需十分钟完成的自测题，由全班学生回答，自己评分，自己检查学习效果。第六步，自结：每个学生总结自己学习的主要收获。教师在成绩优秀、中等、较差的学生中，选择有代表性的学生，讲述自己的学习过程和收获，使所获得的知识信息得到及时强化。

四、教学方法的选择

教学方法具有多样性和创造性特点。每一种教学方法都有它适用的范围和独特的作用，也都有它的局限性，没有一种方法是万能的。就是同一种方法，用于不同的内容、不同的对象，或为不同的人所运用以及处在不同的方法结构中，其效果也是不尽相同的。实践证明，不能单一的运用某种方法，而要从教学的实际出发，根据教学任务、教学内容和教学对象的特点，正确地选择、合理地搭配教学方法，确定最佳的教学方法结构。教师选择教学方法可综合考虑教学规律及教学原则的要求、教学目的和任务的特殊性，根据教学内容和学生的特点，同时适当考虑自身及外部的客观条件的基础上作出恰当的选择。

方法不仅是实践活动创新所必需的条件，方法本身也会成为创新的内容。在选择教学方法时要注意综合性、灵活性，不断进行教学方法的变革。

第三节　教学组织形式

一、教学组织形式的概念

教学组织形式指为完成特定的教学任务，教师和学生按照一定要求组合起来进行活动的结构。具体地说，教学组织形式要解决的问题包括：第一，教师与学生以什么形式组合起来。即确定学生是以个别形式还是集体形式参加教学活动。若以集体形式参加，学习团体应按什么原则结合。教师在各种形式的教学活动中起什么作用，学生的认识活动又以什么形式进行。第二，教学活动的程序如何确定。即确定教学活动最基本的时间单位是什么；在每个基本单位中教学过程的成分应如何搭配和如何展开。

二、教学组织形式的历史发展

教学组织形式受一些客观条件的制约，如社会对人才规格与质量的需求、教学内容的性质与要求，以及现代化科技为教学提供的多种可选择的教学手段等。在教学组织的发展历史中曾出现过各种教学组织的形式。

（一）个别教学

个别教学是指教师分别对个别学生进行教学的组织形式。古代教育基本是以个别教学的形式进行。当时的教育目的是培养政治人才，学校数量少，受教育的人数少，且年龄层次和知识水平相差悬殊，教师只能根据不同学生的水平分别施教。个别教学的基本特点是学习年限、教学时间不确定，教学不分年级和学科。这种教学组织形式虽是当时教育发展缓慢而落后情况下的选择，但其优势也是明显的，最显著的一点就是教师可以根据每位学生的天赋、接受能力和努力程度等方面的特点因材施教，加强教学的针对性。但是其缺点也显而易见，首先，不适应现代教育规模发展的要求；其次，不利于学生之间的交流、合作与个人的社会化等。

（二）班级教学

自西方中世纪末开始，工商业的逐步发展和科学文化繁荣进步，一方面使学校教学内容显著增多；另一方面，随着教育社会需求的扩大，要求学校培养更多的人才，这种情况下，个别教学的效率瓶颈使之无法适应较大规模培养人的目的，班级教学应运而生。从 17 世纪上半叶夸美纽斯在理论上确立班级授课制，到19世纪后半叶班级授课制在实践中确立起来，其间经历了大约250年。班级授课制是大工业的客观要求，它适应了现代工业制度提高教学效率的需要和现代民主教育平等的需要。

（三）道尔顿制

又称道尔顿实验室计划，由美国人帕克赫斯特于1920年在马萨诸塞州道尔顿中学所创行，因此得名。其目的是废除年级和班级教学，学生在教师指导下，各自主动地在实验室（作业室）内，根据拟定的学习计划，以不同的教材、不同的速度和时间进行学习，以适应其能力、兴趣和需要，从而发展其个性。实行道尔顿制的主要措施：要布置各科作业室用以代替传统的教室，室内按学科性质设置参考图书、实验仪器、标本等教学和实习用具，并设教师1～2人指导学生学习。将学习内容分月安排，各科教师与学生按月订立学习“合同”，教师根据学生的程度，指定学生做某一个月的作业，并把它公布在作业室内。学生根据自己的能力，自由地掌握学习的速度和时间，并可与教师和同学研究讨论，学生完成本月的作业，需经教师考试，及格后才能学习下一个月的作业。教师要把学生的学习成绩和进度登记在学习手册上。

道尔顿制在弥补班级教学制度的不足，发展学生个性、培养学生独立工作的能力等方面有一定的积极作用。但它偏重学习学科知识，过分强调个性差异，忽视了班集体作用以及德育，在推行时往往形成了教学上的放任自流。道尔顿制20世纪20年代后曾在一些国家试行，在中国的上海、北京、南京等地也进行过实验。从30年代后，道尔顿制逐渐被放弃。

（四）文纳特卡制

文纳特卡制，是由美国教育家华虚朋提出，于1919年在伊利诺斯州文纳特卡镇公立学校实行的一种个别教学与集体教学相结合的组织形式。这种组织形式将课程分成两部分：一是指定作业，教学按学科进行，以学生自学为主，适当进行个别辅导，要求每个学生按自己的能力和可能的进度拟定学习计划，并在工作簿上记录进展情况，最后以考试检验学习结果，学生自己根据考试成绩决定下一步学习方向。二是团体活动与创造性活动，分小组活动或施教，通过手工劳动、音乐、艺术、运动以及商业、编辑、出版等团体活动随机进行。

文纳特卡制没有确定的程序，也不考试，目的在于发展儿童的社会意识，实际上又回归到个别教学的老路子上去，没能够充分地展开。

三、现代教学的基本组织形式——班级授课制

（一）班级授课制的含义

班级授课制也称班级教学、课堂教学，指把一定数量的学生按年龄与知识程度编成固定的班级，根据周课表和作息时间表安排教师有计划地向全班学生集体上课，分别学习所设置的各门课程。班级授课制的基本特征包括：第一，学生被分配在各个固定的班级，以“班”为学生人员组成的单位。在基础教育阶段，学生一般被分别归入固定的班级，同步接受教育。第二，教学在规定的时间内进行，以“课时”为教学的时间单位。每门学科每周预定的课时数一般根据国家规定的课时标准确定，课与课之间设休息时间。第三，以“课”为教学活动单位，教学一般分学科进行。所谓“课”，就是在每一个课时内组织的课堂教学活动，即教师在一堂课所规定的时间内，运用各种教学方法和手段，组织学生学习一定分量的教材内容。一般每节课用于教授某一特定学科。每门学科一般都依据国家规定的课程标准，规定各年级的教学内容、各学科的教育目标。第四，以“课程表”为教学活动的基本周期。编制课程表要符合学生的生理、心理特点，各门学科的特点和教师劳动的特点，有利于学习效率的提高、教学设备的充分利用，有利于教研组活动的开展以及教师时间的有效分配。

（二）班级授课制的优势与不足

班级授课制在教育实践中已盛行了一百年，就目前来看，它依然是占主导地位的教学组织形式。这种教学组织形式之所以经久不衰，是因为它有着以下优势与价值：第一，把相同或相近年龄和水平的学生组织在一起，教师可以同时教授许多学生，全体学生可以在教师指导下共同前进，是一种高效率的教学组织形式，在现代教育规模不断扩大的情况下，班级授课制可以被看做是社会和教育进程的历史选择。而且，在集体中，学生彼此之间可以互相作用、相互交流，有助于其社会性的健全发展。第二，教学按规定的课时来安排，可以有条不紊地进行，有利于预定的教学目标和教学任务的顺利完成。第三，分科教学有利于教师发挥主导作用，教师可以系统地讲授规定的学科内容，学生也可借此获得系统的知识技能。第四，按照国家规定的课程标准确定教学内容，可以保证所有公民的基础学力的发展。

但是，班级授课制也存在着某些不足和缺陷。比如，班级授课制在某种意义上是应现代工业之科技文明提高效率的需求而在实践中占据统治地

位，所以，这种教学组织形式容易走向“效率驱动，控制本位”的极端。再比如，班级授课制不利于照顾学生的个别差异，容易走向“一刀切”、“划一主义”。同时，班级授课制尽管便于教师发挥主导作用，但也使学生的主体地位受到一定的限制，学生的自主性、创造性不易充分发挥。而且，这种教学组织形式容易导致以书本为中心，忽视培养学生的实践能力。

（三）辅助的教学组织形式

即便存在着一些局限，但可以肯定，班级授课制作为基本教学组织形式的情况在相当长时间内不会改变。此时，需要一些辅助的教学组织形式，与班级授课制相互配合使用。

1. 个别指导

个别指导是教师在面向全班学生教学的前提下，照顾不同学生的情况，对个别学生进行帮助与指导的教学活动方式。包括对学生进行必要的启发、诱导、示范；解答学生的疑难，使知识深化、系统化；发现学生学习中存在的问题及其原因，并帮助他们纠正。个别指导主要是针对班级授课制无法很好地对学生进行因材施教的缺陷而设计，其意义在于可以从学生的需要与存在的问题出发，有的放矢，具体解决他们的疑难，同时，教师也可以借此发现课堂教学中存在的问题，及时进行补救和改进。

2. 分组教学

个别指导可以起到对不同学生的单独适应，但其所耗费的时间、精力是巨大的。如何能做到既因材施教，又兼具一定的规模效应呢？基于此种考虑，分组教学尝试不断出现并得到了足够的重视。分组教学指按学生能力或学习成绩、学习偏好等将学生分成不同的组进行教学的一种组织形式。开始于19世纪末20世纪初，在20世纪40年代曾受到过尖锐批评，但第二次世界大战以后又重新受到重视。现在分组教学在欧美的一些国家又有起色，一般有内部分组和外部分组。内部分组是在传统的年龄编班的前提下，根据学生能力或学习成绩发展变化情况来分组教学。外部分组即打破班级限制，在学校范围根据学生的差异进行分组，进行差异化的教学。70年代以来，分组教学在我国也开始出现。

分组教学的优点是，比班级教学更切合学生不同小组的水平和特点，面对分组教学有类似于个别教学或个别辅导的效应，有助于因材施教。其缺陷在于，科学、有效地对学生进行分组是非常困难的，有时甚至会出现简单地以考试成绩为准，将学生分为快慢班，或人为地在班级内将学生分为不同等次等情况。在升学目标的驱动下，对学生实行不同的教育对待，这与教学民主等价值诉求之间存在不一致，容易引起非议。

3. 现场教学

为了弥补班级教学理论联系实际不足的局面，根据一定的教学目的组织学生到事物、活动发生、发展的现场，在有关人员的协调下，通过对实际的事物进行观察、询问以获取知识的教学组织形式。现场教学可以使学习内容同学生直接看到的自然现象或社会活动紧密联系，改变学生的认知活动的结构，是对课堂教学的充实和完善；能给学生大量的实际知识，培养学生学以致用的意识和能力；能扩大学生的眼界，通过生动活泼的现实场景激发学生的求知欲和学习兴趣，学到课堂上得不到的很多知识。但现场教学组织成本高，占用时间长，学生观察信息是没有分类的，虽然生动，但可能不得其要领，无法舍弃其非本质特征而突出问题的实质。故此，现场教学只能是一种辅助的组织形式。

资料 10-2：

特朗普制

近年来，美国学校出现了一种新的教学组织形式。它由教育学教授劳伊德·特朗普提出。这种教学形式试图把大班、小班和个人 3 种教学形式结合起来，实行大班上课，即把两个以上的平行班合在一起上课，讲课时应用现代化教学手段，由优秀的教师担任；小班研究，每个小班 20 人左右，由教师或优秀的学生领导，研究、讨论大班授课材料；个别教学，主要由学生独立作业，部分作业指定，部分作业自选，以促进学生个性发展。其教学时间分配为：大班上课占 40%，小班研究占 20%，个别教学占 40%。当前，对于教学组织的尝试与探索，各个国家都在某种程度上积极努力进行着，我国也有许多有益的经验。

——根据相关文献资料整理

（四）复式教学：班级授课制的一种特殊形式

复式教学是指一个教师在同一个教室的一节课内向两个或以上不同年级的学生同时进行教学的组织形式，它大多适应学生少、教师少、校舍和教学设备差的地区。复式教学保持了课堂教学的所有的本质特征，所不同的是教师要在一节课的时间内巧妙地安排几个年级的学生的活动。教学实践证明，组织得好的复式教学，它的效果不在一般的单式课堂教学之下，学生的基本训练和自学能力方面往往更强。当然复式教学也有许多先天缺陷，例如学生获得教师直接教学的时间少于单式教学，不同年级的学生在同一个教室学习互相干扰也较多，故此，一般不是主动而为之的教学组织形式。

四、课的类型与结构

在班级授课制的发展过程中，人们对课的类型与结构的认识日益深入。对于教师备课与上课，不同类型和结构的课，其教学进度的安排、教学方法的选择等也会有所不同，把课堂教学划为不同的类型，按照不同类型的课组织教学，在理论上和实践上都是有重要意义的。

（一）课的类型

有关课的类型的划分，不同的学者提出过很多不同的看法。凯洛夫提出，从教学所承担的任务来分，包括讲授新教材的课；巩固知识、技能、技巧的课；检查知识、技能、技巧的课。如果根据每节课所采用教学方法的不同，可以将课分为讲授课、演示课、练习课、复习课等，用主要采用的方法去为一节课的类型进行命名，对教学有指导意义，可以通过充分发挥某一种方法的作用来为完成教学任务服务。这两种分类的方法有很多联系，比如讲授新教材的课，一般属于讲授课，巩固课多属于复习课等。

更多的时候，课的功能不是单一的，方法也不是唯一的，这种情况下，根据课所承担任务的多少，可以将课分为单一课和综合课，前者指一节课内主要完成一种教学任务，后者指一节课完成两种或两种以上主要教学任务。更多情况下，课属于综合课，尤其是小学中低年级，由于学生有意注意的品质还不是非常好，如果长时间把注意力集中在一种活动上，难以保持足够的注意强度，因此变化活动方式是必要的。即便是高年级，除了期末复习、专门的实验课外，大多数课都要有讲、有练、有巩固的。

（二）课的结构

课的结构指一节课包含哪些组成部分以及各组成部分的顺序、时限和相互关系。[①] 不同类型的课，由于承担任务不同，会构成不同的课的结构。一般说来，单一课的结构相对简单，此处只对综合课的结构进行说明。根据对教学过程基本阶段的理解，考虑到学生学习的心理特点以及学科内容本身的逻辑要求，综合课的结构一般包括以下几部分。

---

① 王道俊. 教育学 [M]. 北京：人民教育出版社，2009：254.

1. 组织教学

组织教学是教师利用各种方式，对课堂教学进行的整体调控，旨在形成班级良好的课堂学习秩序，使师生一直保持高昂的学习热情、融洽的集体学习的气氛。如果没有良好的组织，课堂可能会陷入混乱，所以对提高课堂教学质量来讲，组织教学至关重要。良好的组织教学能力是教师实践性知识的一个重要体现。通常来说，从教师进入课堂开始，组织教学就开始了，并且贯穿于课堂全过程。比如，课前学生起立，老师用目光环视课堂并回礼，即可以理解为组织教学的行为。课堂进行过程中，在对学生注意规律有深刻了解的基础上，教师根据各种即时反馈信息，调整活动方式、变化教学语言节奏、高低，恰当运用体态语言和教学机智，因“时”、因“势”做出调节行为，以保持好的教学秩序和课堂状态，都是组织教学的体现。

2. 检查与复习

从对旧知识的检查中，一方面发现原有学习的情况，另一方面为过渡到新知识学习提供条件，这是课与课之间保持连续性的需要，也是学生全面、系统地掌握知识，形成完整认知结构所必需的。

3. 导入新课

导入是从复习旧课到讲授新课的过渡环节。导入部分完成的事项包括提出新课的目标、内容要点与学习要求等。导入的方式很多，要以能充分引起学生对新学习内容的心理期待为直接目标。导入要做到自然、贴切，既有趣味性又要具有知识性。

4. 讲授新课

这是一节课的主要部分。根据知识的内在逻辑和组成方式，把新知识按照循序渐进等原则向学生呈现，使学生形成记忆，引发他们的思考。每节课讲授新课所占时间长短不一，与教学任务的繁重程度和学生的年级特点有关，一般小学低年级，教学内容相对简单，学生的接受能力有限，讲授新课所占时间为15～20分钟，小学高年级到初中会逐步增加。

5. 巩固新课

为了使学生形成知识的长期记忆和更深的理解，讲授新课以后要及时采取适当方式进行巩固。巩固新课的方式是多种多样的，如让学生复述、做练习等，在不同年级组合方式会有所不同，教师要勤于思考，找到合理、有效的方式。

6. 布置课外作业

布置课外作业可以将课堂学习内容延续至课外，是每一节课必备的组成部分。

【思考题】

1. 教学原则的确立有哪些依据？中小学教学常用的教学原则有哪些？

2. 联系实际说明启发式教学的含义、意义及要求。

3. 搜集一些有关教学方法改革的文献资料，从中总结教学方法改革的价值取向。

4. 班级授课制有哪些优势与不足？

【拓展阅读】

1. 郑金洲．教学方法应用指导［M］．上海：华东师范大学出版社，2006.

2. 高天明．20世纪我国中小学教学方法变革［M］．广州：广东教育出版社，2006.

3. ［苏联］巴班斯基．教学过程最优化——一般教学论方面［M］．北京：人民教育出版社，2007.

第十一章　教学(下)

教师从事课堂教学工作，往往要经过备课、上课、作业布置与批改等实践环节，这些连续的工作环节组成一个完整体系，必须认真抓好每一个环节，以发挥教学工作体系的整体作用。教学评价会对教学产生导向、激励等一系列效应，客观、全面、公正、合理的教学评价体系是教学良性发展的关键。本章首先关注教学工作的基本环节和教学评价两个问题。同时，本章还要对我国正在进行的教学改革的相关问题进行说明。

【学习目标】

1. 掌握备课、上课、作业布置与批改等教学基本环节的具体要求。

2. 理解教学评价的核心价值，分析、比较不同类型教学评价的作用和操作要求。

3. 理解教学改革背景下现代教学观念的基本精神。

4. 掌握现代学习方式的类型与特点。

第一节　教学工作的基本环节

教学工作的基本环节，是指教师从事课堂教学时常规性、周期性的最基本的教学工作内容，主要包括备课、上课、作业布置与批改、课外辅导、教学效果的检查与评定等。

一、备课

（一）备课的含义

简言之，备课就是教师为上课或组织具体的教学活动而做的准备与计划安排工作。“凡事预则立，不预则废”，备课是教学工作的基础环节，是上好课的先决条件。在具体的教学活动之前，针对课题内容，根据教学任务和教学目标的要求，对教学活动进行系统谋划和设计，是备课的集中体现。一名教师如果平时注意扩展自己的知识面，注意搜集学生心理发展规律的资料，经常思考教学工作的得与失，可以认为他实际上也在备课，这样的备课，持续的时间很长，是教师不断保持学习状态、加强教学理念、技能更新与提高的需要，是教师责任心的体现。

资料 11-1：

十五分钟与一辈子

苏霍姆林斯基在自己的著作中曾讲述了这样一个故事：一个在学校工作了 33 年的历史教师，上了一堂非常出色的观摩课，邻校的一位教师问他：“你的每一句话都具有巨大的思想威力。请问，你花了多少时间来准备这堂课？”那位教师回答说：“这节课我准备了一辈子，而且，一般来说，每堂课我都准备了一辈子。但是，直接针对这个课题的准备，则花了约 15 分钟……”。一辈子与 15 分钟，一语道出教师用整个生命去备课之真谛。

——苏霍姆林斯基著，杜殿坤编译，《给教师的建议》（修订版，全一册），教育科学出版社，1984

（二）备课的类型

研究备课的类型对于完整理解备课的内涵以及指导实际备课活动是有益的。可以根据不同的标准对备课进行划分。

1. 根据备课主体，可将备课分为个人备课和集体备课

个人备课是教师个体钻研教学业务的活动。教师劳动必须以独立的个体劳动为基础，具有独立备课能力是教师完成教学任务的基本需要。个人备课实际上是教师个性化学习的组成部分，既有对一般教学原则等公共知识的学习，也包括教师对教学内容、教学方法等的独特理解。真正意义的个人备课，是教师个性化教学谋划与设计的基础，有助于教师将自己的个

体经验与教学内容融合，形成独特的教学风格，这是促生多样化、有活力教学活动的前提。

集体备课指教师群体（一般是讲授同一科目的教师）在一起共同研究教学内容，研讨对学生的理解，交流本学科的知识和信息，以达到互相交流、互相促进、互为补充基础上教学能力共同提高的活动过程。教师的劳动从过程到结果都表现出集体性的特点，集体备课有助于统一教学要求，协调教学进程，有助于教师共享知识和信息，在教学资源得到拓展的同时，促进教师群体的发展，所有这些最终会对教学效果的提升产生积极影响。

集体备课以个体备课为基础，没有差异化的个体备课，集体备课实际上并不存在。集体备课可以为个体备课提供专业化的交流平台、更广阔的思维空间及更丰富的教学资源。

2. 根据备课涉及内容的范围，可将备课分为学期备课、单元备课和课时备课

学期备课指教师与教师群体（如教研组）对所教学科在整个学期的全部教学内容与教学活动做出的通盘考虑、规划与设计，属于战略层面的备课。主要内容包括：确定全学期学科的教学要求、重点及难点；安排整个学期的教学进度；安排好各部分教学内容的课时分配及授课的基本方式、方法；做好教学的物质条件准备等。学期备课的基本途径包括通读教材、系统查阅参考资料、交流研讨等，最后设计出学期教学方案。其意义在于可以使教学活动的整体性清晰起来，使教师对整体工作进程了然于胸，避免前松后紧或遇到情况变化时的慌乱等，从而有力确保教学任务的完成。

单元备课指教师或教研组在学期备课的基础上，在每个单元进行之前，针对一个单元而进行的教学准备工作。单元备课的要求是：进一步熟悉和掌握本单元的教学内容、教学目的、教学要求和重点；根据单元的重点、难点确定教学的重要环节、详略安排及教学活动的序列；处理好单元教学的课时安排、活动步骤及练习、实验方案等；研究针对单元内容的教学方法。在中小学，教材内容一般都是按单元组织的，每个单元都有相对独立的特点，为了保证教学效果的达成，单元备课不可或缺。单元备课结束后，一般要求拟定出单元教学计划。

课时备课指教师根据单元备课所确认的教学目的、任务、要求、重点、难点及相应的教学方法，进一步从每节课的实际出发，认真研究和解决单元计划所列教学任务的具体落实。课时备课是教师备课最经常性的工作，具体落实到教案即课时教学方案的编写上。

3. 根据备课形式，可将备课分为显性备课和隐性备课

显性备课就是平时强调的教师外化的备课行为，包括查阅资料、书写教案、制作教具等。作为学校教学管理行为的备课检查一般就是针对此方面来说的。

隐性备课强调教师将备课行为内在化、系统化、连续化，真正将自己平时的学习、科研等活动和教学结合起来，包括上课之前的思考、课后的审视与反思等。现在对隐性备课的关注越来越多，叶澜教授强调“间接备课”，即教师为了提高教学工作水平不断地进修专业知识和教育理论，扈中平等人倡导“内心备课”，即对上课工作的内在思考①，都表达了类似的价值追求。实际上，一个教师注意隐性备课，有助于随时从生活中感悟到与教学有关的启示和智慧，有类似于“世事洞明皆学问，人情练达即文章”的效应。当前，教育改革提倡生活化的课程理念，学生的正规学习要和现实生活接轨，也更加鼓励学生直接从现实生活中汲取营养，教师为教学改革做准备，要能够敏锐地从生活中体悟到教学内容与现实的联系，在这一过程中，隐性备课不可或缺。

（三）备课的内容

1. 钻研教学材料

教学材料主要包括课程计划、课程标准、教材和教学参考资料等，研读这些材料是备课的基本内容，是教学活动顺利开展的必然要求。钻研教学材料：首先，要研究课程计划和课程标准，明确本学科在课程计划中所处的地位和作用，了解学科各个章节、课题的教学目标，领会教学的具体要求和标准。其次，要钻研教材，弄清教材的体系、范围和深度，划分教材重点与难点，真正吃透教材，做到“懂”“透”“化”，确定教材内容与学生知识储备的联系。再次，要广泛阅读教学参考资料，选取合适材料以充实教学内容。最后，还要考虑改革创新，在条件成熟的情况下，编写有特色的补充材料。

2. 全面、深入了解学生

教学活动要想切合学生的实际，以促使学生全面发展，教师必须充分了解学生，对学生的学习准备状态进行分类，了解不同类别学生的学习起点及其与教学目标的差距，从而增强教学的预见性和针对性。此项工作包

① 转引自郭翠菊．怎样上好一堂课：教师德性与教学艺术［M］．北京：新华出版社，2009：229.

括了解学生的年龄特征，熟知所教班级成绩分布状况与班风，了解学生的学习需要、学习态度、思想特点等。

3. 设计教学方法

备课的一个重要任务就是深入思考方法问题，即如何确保用最有效的方法在教师引导下让学生系统地掌握教学内容，形成相应的思维能力，完成内在的情感积累。包括对教学程序的安排，对教学方式、办法的选择，对教学工具、手段的准备等。因为教学的核心是要在教师的引导和帮助下促进学生学习的顺利开展，设计教学方法不能只解决教师如何教的问题，还要充分考虑学生学习方法的特点，解决学生如何学的问题。

（四）教案的编写

教案是教师经过备课，以课时为单位设计的具体教学计划或方案。教案的内容通常包括以下项目：班级、学科名称、授课时间、教学内容、教学目的、课的类型、教学重点、教学难点、教学方法、教学进程等。其中教学进程是教案的基本部分。

从详略程度来分，教案可分为详案和简案两种。详案的篇幅比较大，对每一个教学项目和活动过程的所有细节，均进行认真思考、精心设计，并将之体现在教案之内，一般适用于新教师和年轻教师的教学，老教师在进行新课题教学时，也往往需要写详案。但要指出的是，详案并不是上课的绝对蓝本，在教学过程中，教师根据课堂情况做出一些调整也是必要的。一个教师如果完全按照教案的内容，不顾学生的实际情况，照本宣科，备课真的就成了“背课”，这种做法对于提高教学质量，提升教师的专业能力都是不利的。简案篇幅往往比较小，一个教案甚至可以浓缩为几十个字，写在一张卡片上，对于经验丰富的教师来说，这是可以使用的。有的学校在检查教师教案时采用简单化的统一标准，要求所有老师都必须按照既定的格式写多少多少字，实际上是一种资源的浪费，也有可能造成对教师工作积极性的挫伤，果真如此，备课似乎就成了“写教案”，是不可取的。

根据教案的样式，可将之分为条目式、表格式两种。条目式教案以按逻辑顺序排列的条目为结构形式，根据备课的基本要求，有大致固定的条目及编排顺序，它的主要特点是每一个条目的容量具有伸缩性，可因人因课制宜，是一种常用的教案样式。表格式教案是以特制的有专门栏目的表格为结构形式的教案类型，有特定的栏目及结构，每一栏目设计和安排相关的内容，它的主要特点是具有提示特性，适用于新教师的备课。

二、上课

上课是教学工作的中心环节，是教学目标得以完成的根本所系。怎样才能上好一节课是每个教师必须深入思考的问题。什么样的课算是一节好课？这个问题肯定是见仁见智的事，但根据教学规律和教学原则的要求，会存在一些基本的判断标准。综合现有的研究，一节好课起码要具有以下几方面的特点。

（一）目标明确

目标明确是上好一节课的基本要求。没有明确的目标，课堂就会失去中心，没有方向，缺乏动力。确定教学目标，需要注意以下几方面问题：首先，目标要全面。这是教学任务全面性的要求，同时，教学材料一般都蕴含着真、善、美的教育价值，目标全面性亦有可能。其次，目标尽量要清晰。目标设立以后，会成为教学的导向，成为活动的中心，故此要力求清晰、明确。再次，目标要符合学生的学习实际。要和学生的年龄特征相吻合，与其所能接受的学习难度相一致。

（二）内容正确

内容正确是指教师讲授的内容、呈现的材料必须是科学的、准确的，教师的讲授本身也必须是有条理的、符合逻辑的。同时，在思想方面，要体现学生品德养成方面的需要，深入挖掘学习材料蕴含的思想性，与学生一道探寻其深刻的社会与人生价值，使学生受到启迪，形成共鸣，体现教学的教育性。

（三）方法得当

方法得当即教师使用的教学方法要符合教材的特点、学生的年龄特征及学法特点，能充分、合理、科学地利用现有的教学设备和条件，以便使学生能顺利、高效地掌握教学内容。

（四）积极性高

指上课过程中教师和学生能保持积极互动的活动状态。从教师来说，要善于引导学生的思路，启发学生的思维，调动学生的学习兴趣；从学生来说，能保持高度的注意状态，思维活跃，课堂参与积极、有效。积极性高是上好一节课的内在动力。如果教师发现学生上课积极性不高，要立即意识到问题所在，迅速采取措施，加以改进。

（五）教学组织严密

教学组织严密，一方面要使教与学密切配合，教师不仅要注意教，还要指导和组织学生学习，保持教学活动的有序性，避免课堂秩序混乱，教与学脱节。另一方面，教学活动要紧凑，教师能够科学地分配时间，以达到教学的高效。教学进程中，教师自始至终应有意识地做好组织工作。上课伊始，通过合理地组织教学引导学生做好听课的心理准备。在整个教学进程中，对于什么时候讲、什么时候练、什么时候讨论都能组织妥当。同时，要能有效控制课堂中的消极行为，对突发事件能机智地处理。

案例 11-1：

数学课不像数学课

一年夏天，山东某小学年轻教师小张想按照“课改”思想上一节新颖的数学课。授课的内容是 10 以内的加法：5＋3＝8。张老师把学生分成两组，一组学生将黄的、红的橡皮泥分别搓成小球，然后将 5 个黄球和 3 个红球串成一串，要连续穿 20 串。另一组在一筐玻璃球中捡出 5 个蓝色的和 3 个绿色的装成一袋，连续装 20 袋。学生们兴致很高，度过了一段非常愉快的时光。教导主任听完课后，评价这一段教学为“这种课不像数学课，倒像是手工课，是四不像的课。教学目的不明确，教学重点不突出。”张老师很委屈，也很困惑。

——傅维利，《教育问题案例研究》，人民教育出版社，2006

思考：张老师的困惑是什么原因造成的？您如何评价小张这堂课？

三、作业的布置与批改

（一）作业布置

通常来说，作业有课内和课外两种形式。课内作业的目的在于及时巩固和消化课堂上所学的新知识，培养学生运用知识的技能技巧。课外作业是课堂教学的必要延伸，既可以进一步巩固知识，又对培养学生良好的学习态度、学习习惯有益，不仅如此，有的课外作业需要学生查阅资料、动手操作、做社会调查等，有助于拓宽学生学习的层面与范围，培养学生独立学习、独立思考、学以致用的意识和习惯，实际上是将学校教学和学生生活联系起来的一种重要方式。

学生的作业大致有如下种类：第一类是阅读作业。如复习、预习教材，阅读其他文学、科普等读物；第二类是口头作业。如口头问答、朗读、复述、背诵等；第三类是书面作业。如演算习题、写作文、绘制图表；第四类是实践作业，如观察、实验、测量、调查等。

布置课外作业的基本要求如下：第一，作业分量、难易要适中。为了保证学生充分的休息时间，切实减轻学生的学习负担，国家对于学生课外作业的数量有严格的规定。小学一二年级要求不留书面的家庭作业；三年级以上家庭作业一般不超过 1 小时，并且要求做到难易适度，使大多数学生经过一定的努力能够独立完成。坚决杜绝“题海战术”和用作业惩罚学生的做法，以保护学生的身心健康。第二，作业的内容要符合课程标准和教材的要求，目的要明确，这是学生巩固知识、形成技能所必需的。第三，应有明确的完成时间要求，避免使作业布置流于形式。

（二）作业批改

作业是教学的有机组成，对于布置的作业，教师要及时批改，以了解学生知识掌握的程度和学习投入状况，从而调整和改进教学。同时，作业批改后，发回给学生，可以为学生提供一定的反馈信息，使学生清楚地知道自己的进步和不足。批改作业的方式多种多样，有全收全改、重点批改、针对性批改与轮流批改；当面批改与作业本批改；教师批改与指导学生相互批改等。一般来说，教师要对作业写出恰当评语，以利于学生调整今后的学习。

案例 11-2：

学生，自己给自己留作业

有一天，一位学生问魏书生：“我不写您留的作业行吗?”“为什么?”“您留的作业题我都会做了，再写不就是体力劳动了吗? 而我感觉不会的题却没时间做。”

魏老师请同学们讨论这一问题，想不到，大部分同学竟都赞同这位同学的意见。经过全班同学讨论后，一致认为还是自己留作业好。于是在魏书生的班级，从此不再留非做不可的硬性作业。有时老师觉得哪些题重要，便告诉学生，建议大家做，哪位同学觉得不符合自己的实际，过易或过难，不愿意做也可以。

那同学们不是无事可做了？当然不是。经过讨论，班级里留了一项常规性的作业，大家管它叫“定量作业”。定量作业就是数量（字数）确定，内容不限。每人每天必须写500字，根据自己的学习情况，选择合适的内容，也包括“课堂笔记”和“课堂练习”。如果在课堂上已经做了200字的笔记，则课后需再写300字的作业。也有的学生管这叫“自留地”，每个人所分土地面积相等，种什么作物，怎样耕种，就是八仙过海，各显其能了。学生觉得种“自留地”，比种统一的“人民公社”的地，责任心更强，积极性更高。每天作业第一行都要写明日期，日复一日，年复一年，每年365天，便有365个500字。

魏老师还教一些不知道写什么内容的同学，学会给自己留作业。告诉他们要根据学科总体知识和整册教材的分析，将知识分类排队，稍加努力就能学会的排在最前面，每天作业就写这些稍加努力就能学会的内容。写完了，学会了，再写后面的。这样“敌人”越打越少，学习兴趣就越来越高。

——蔡政权，《名师故事：给自己留作业题》，载《中国教育报》，2007-07-19

四、课外辅导

课外辅导是在上课时间以外，教师帮助和指导学生学习的活动。在课外的时间里，师生之间的互动并未停止，只是改变了活动的形式，即学生转入以独立作业和自学为主，教师则围绕学生的独立作业和自学进行各种课外辅导。课外辅导是学生个性化学习的需要，是帮助学生消化、领悟、巩固和运用课堂所学知识的有效途径。所以，课外辅导是上课的必要补充，而不是上课的简单重复。

课外辅导的形式有个别辅导、小组辅导两种。内容包括：答疑；课外作业指导；为学习基础差的学生补课；为成绩优秀的学生适当补充学习内容，增加难度，以充分发掘他们的学习潜力等。除了和知识学习有关的辅导外，课外辅导还涉及对学生学习习惯养成、学习方法掌握等方面的督促和帮助。

有效的课外辅导要求做到：第一，因材施教。教师应深入了解学生的情况，根据不同类型学生的特点，确定辅导的内容和措施，以增强辅导的针对性和实效性。第二，指导学生独立思考、钻研，让学生找到适合自己的学习方法和习惯。第三，发挥集体优势，组织学生开展互帮互学活动。

五、学业成绩的检查与评定

教学过程是有计划、有组织的持续连贯的活动过程，建立健全科学、有效的学业成绩的检查与评定机制，是完整教学过程所必需的。学业成绩的检查与评定，不仅能帮助教师了解学生前一阶段的学习情况和检查自己前一阶段的教学工作，促进课堂教学，而且能促进学生查漏补缺，复习功课，巩固和加深所学的知识和技能。

学业成绩的检查与评定可以通过考查和考试两种方式完成。考查主要的方式有课堂提问、作业检查、书面测验等。课堂提问可以在课堂开始时进行，以考查学生上节课的学习情况；可在讲解过程中进行，以考查学生对正在学习的内容掌握得如何；可在课堂即将结束时进行，以考查学生对这一节课的内容是否掌握。作业检查包括课堂作业检查和课外作业检查、书面作业检查和其他形式的作业检查。书面测验一般在一章或一个单元学习结束后对全班学生进行。测验时间一般为一节课或半节课。测验的分量不宜过大，以免造成学生过重的学业负担。测验可事先告知学生，以督促学生把复习功课经常化。测验后，及时进行评分和总结评价。

考试一般在学期中、学期末、学年结束和学生毕业时进行。考试的方式很多，如口试、笔试、实践操作考试等，笔试又有开卷与闭卷等形式，必要时可把各种形式结合起来使用。考试成绩评定和记载的方式亦有不同的做法，在我国古代，学校曾采用文字记分法，如“上、中、下”，“甲、乙……”等。1920年后，规定采用百分记分法。20世纪50年代曾采用五分记分法，其中五分为最优，三分为及格。现在，一般采用百分记分法，间或采用“优、良、中、及格、不及格”的文字记分法。评分时要注意评分标准，做到合理公正。

第二节　教学评价

一、教学评价的概念

从词义上讲，“评价”与“价值”直接相关，汉语词典将其解释为：“评定价值高低”，英语中“Evaluate”也是从词根“value”演化而来，牛津英语双解词典里给出的解释为：“求出（决定）……的数量或价值”。评定事物的价值，首先要对之进行全面认识，因此，评价是在对评价对象的属性、表现等事实进行认识的基础上，对其价值能否满足主体需要及程度如何作出的判断。“第四代教育评价”的代表人物古巴和林肯认为：“评价描述的并不是事物真正的、客观的状态，而是参与评价的人或团体关于评价对象的一种主观性认识；评价结果就是这些人基于这种认识整合而成的一种共同的、公认的主观看法。”① 这种主观认识不仅仅是要弄清楚事物是“什么”，而且要影响事物“应该是什么”，第四代评价旗帜鲜明地突出了评价中的价值问题。

在我国，上述理解也被广泛采用，如陶西平主编《教育评价辞典》中对评价的界定是：“对人或事物的价值作出判断”；陈玉琨教授认为：“教育评价是对教育活动满足社会和个体需要的程度作出判断的活动，是对教育活动现实的（已经取得的）或潜在的（还未取得的，但有可能取得的）价值作出判断，以期达到教育价值增值的过程。”②

根据对教育评价概念的解析，对教学评价界定如下：教学评价是在收集必要教学事实信息的基础上，依据一定标准对教学系统的整体或局部做出价值判断的过程。为了更准确地把握教学评价的含义，做以下几点说明。

第一，教学评价必须建立在事实描述的基础之上。没有事实信息，教学评价便是无源之水。事实信息是一个广泛的概念，既包括教学过程本身，也包括教学背景、条件等。为了确保教学评价的科学、有效，事实信息的收集必须准确、全面、可靠，要对各种信息进行去粗取精、去伪存真的筛选，由此及彼、由表及里的整合。获取信息的方式亦是多样化的，评价者可以通过现场观察，或者与有关人员进行深入交谈，甚至亲自参与教学活动的部分环节来获取信息，这些渠道得到的信息是定性的；还可以通过测验、测试等方法进行，这些渠道得到的信息是定量的。

第二，教学评价要以一定的教育价值观和教学质量观为依据。教学评价本质是作出价值判断，所谓价值判断，是根据主体需要和愿望对教学活动有无价值、有什么价值、有多大价值作出的分析与判定。故此，确立科学、合理的教育价值观和教学质量观是教学评价的前提。比如，在升学目标至上的情况下，好的教学往往被定位为能使学生考高分的教学，这种情况下，教师的教学行为就会被引导至如何千方百计地提高考试成绩上去，甚至会采用一些违背教育价值的做法，使教学手段和教育目标之间出现相

---

① 转引自肖远军. 教育评价原理及应用［M］. 杭州：浙江大学出版社，2004：4.

② 同上，5页。

悖离的情况。

第三，教学评价的最终目的不是对教学作出优劣判断，而是引领和促进教学的改进与发展。从根本上说，教学评价虽然要密切关注教学某一发展阶段的各种障碍和问题，但最终要面向未来，明晰教学发展的积极条件和潜质，为教学改进提供有效信息。

第四，教学评价是一种持续开展的动态进程，注重在发展过程中多次、动态地实施评价，把静态评价与动态评价结合起来，从而促进教学活动在原有基础上的不断提高与进步。

从评价内容来看，教学评价一般包括对教学过程中教师、学生、教学内容、教学方法、教学环境、教学管理诸因素的评价，但主要是对教师教学工作过程的评价和学生学习效果的评价。

二、教学评价的功能

教学评价的功能可以从不同方面进行说明，从领域分，有教育性功能和管理性功能，从性质分，有正向功能和负向功能等。从评价活动所产生的效应出发，教学评价的功能可以解析为以下几点。

第一，导向功能。教学评价的导向功能指通过评价引导教学活动趋向于理想的目标。合理的教学评价具有明确的评价目标、预设的评价标准以及严格的评价程序，就像一根“指挥棒”，对教学实践的发展起到定标导航的作用。现在我国面临着从“应试教育”向“素质教育”转变的历史重任，充分发挥教学评价的导向功能是保证教学改革顺利进行的关键所在。

第二，反馈与改进功能。通过评价可以有目的地将系统采集的信息向教师、学生反馈，使之对教学有更为客观、全面的认识，借此不断发现教学中存在的优势和不足，为工作改进奠定基础。

第三，激励功能。科学、合理的教学评价可以促进教师、学生等参与教学活动的内部动力，调动他们的潜能，增进他们工作的积极性和创造性。另外，评价可以使教师和学生分别了解教与学效果的好坏、成绩的优劣以及各自在集体中所处的位置，因为人总是关注自己行为的结果的，如果评价活动能做到客观、公正，本身就是一种激励，即使评价成绩较低，也能催人深思，激起师生奋进的情绪，起到推动和鼓舞的作用。

第四，研究功能。从某种意义上说，教学评价是对教学活动所做的系统审视与反思，教师从事教学评价活动实际上是教师校本教学研究的一部分。

第五，管理功能。教学评价中，给教师教的工作给予的鉴定或评分，可以使管理部门更好地了解教师的工作情况和教学质量，可以为教师评优、聘用甚至晋升等提供重要依据，防止教师干好干坏一个样的不合理现象。对学生学习情况的评价，有利于学生管理中对学生进行奖励、表扬和指导，有利于确定学生的编班和分组。同时，通过教学评价的反馈和研究功能，有助于教学管理水平的不断提高。

资料 11-2：

教学评价和教学测量

测量描述一种情境，评价则判断其价值。例如一个学生测验的分数是 70 分，这本身并不能告诉我们其他更多的情况。直到取得更多资料之前，没有谁能说出 70 分是好是坏，意味着什么。如果 70 分是全校学生的最高分，那可能表明一种情况；如果他表示最低分数，则可能表明另一种情况。如果一个有才华的学生得了 70 分，这个分又是最低分，那么这就有别于一个最迟钝的学生经过最大的努力，同样获得了最低分 70 分。评价是教师对手头掌握的有关一个学生的资料提出的判断和解释。

还可以进一步做出分析，如果一个班级的某一门课考试平均分是 98 分，在学校里最高。从测量来看，这个数据是反映了一定的真实信息的，但如果充分调查发现，这个 98 分是通过“日光加灯光”，机械式重复学习书本知识换来的，同时发现，虽然得到高分，但部分学生的学习趣味有所下降，学习带有很大的被动性，有的学生甚至产生厌学心理，那么如果做价值判断的话，这个分数的意义就要重新界定了。

可见，教学评价应当以教学测量为工具和基础，教学测量则需要教学评价作出正确的分析和价值判断，以指明方向和质量。

——王道俊，《教育学》，人民教育出版社，2009

三、教学评价的类型

（一）安置性评价、形成性评价、诊断性评价和终结性评价

根据教学评价主要作用的不同，教学评价可以分为安置性评价、形成性评价、诊断性评价和终结性评价。

1. 安置性评价

安置性评价指在特定教学活动开始之前，为了解教学相关基础、条件等背景材料，使教学方案更有效地实施而进行的预测性评价。所要解决的

问题包括：学生是否具有开始学习目前的教材所需的知识和技能准备；教学目标的设置是否符合课程标准的要求和学生的发展水平；选择何种教学模式更适合学生的学习兴趣、学习习惯和个性特征等。通过这些问题的了解，探明教学系统各要素的情况，特别是学生的特殊要求，以便确定教学模式，选择教学方法，使学生得到更大的收益。

2. 形成性评价

形成性评价指教学活动过程中对活动过程和效果进行的评价。目的是了解教学目标达成的情况，以便及时调控教育教学活动，保证教育目标的实现。其重要特性是动态性、即时性。美国教育评价专家布卢姆非常重视形成性评价，他认为形成性评价的开发与使用，实现了教育评价观的转轨，即从重视教育的挑选功能转到了重视教育的发展功能。事实证明，形成性评价最重要的价值在于，当学生学习每个单元时能及时得到帮助，为学生的学习确定恰当的步调，对那些已经达到或接近教学要求的学习，可起到有效激励和强化的作用，并且对教师改进教学至关重要。形成性评价可以关注学生的学习过程，关注其思维活动的展开，是人本教育理念的体现。

3. 诊断性评价

“诊断”具有较广的含义，既包括辨别不足或问题，分析其原因，也包括识别各种优点和特殊才能、禀赋等。① 诊断性评价指对教学长期存在的和周期性出现的问题或教学中存在的潜在优势进行系统分析，探究其原因或运作机制的评价活动。例如，教师对学生的学习进行诊断性评价，目的既包括对学业困难的学生设计一种补救性的学习改进方案，也包括对学习成绩较好的学生，根据他们的优点设计一些补充的学习内容。诊断性评价不仅重视诊断现状，而且重视帮助、指导。

4. 总结性评价

总结性评价是在教学单元或阶段教学结束后对学生学习结果所作的全面评价。其首要目的是给学生评定成绩并给教师或学校提供关于某个教学方案是否有效的证据，是一种回顾式评价。期末考试或结业考试均属此类评价。总结性评价着眼于学生对某门课程整体内容的掌握，注重于测量学生达到课程教学目标的程度。总结性评价的次数或频率不宜太多，所需考试或测验的内容范围一般较广，试题应全面包括教学内容相关的基本知识、技能和能力。

---

① 扈中平. 现代教育学［M］. 北京：高等教育出版社，2005：325.

（二）内部评价和外部评价

依据评价主体，教学评价可以分为内部评价和外部评价。教师和学生是教学活动的直接参与者，其中教师又是教学责任的主要承担者，他们都应成为教学评价的主体。与学校教育活动有关的其他利益主体，如政府、学校、同行、家长等有必要参与到教学评价中去，以保持评价的客观、理性、全面、有效。

1. 内部评价

也称自评价，指教学活动相关主体（主要是教师和学生）对自我工作进行的评价。有集体自评和个人自评两种情况。个人自评一般指教师、学生对自己教学、学习所作的自我评定。这是教学评价比较常用的方式，有助于自我认识、自我提高和自我完善，可以激发教学人员的内在动因，产生前进的动力，有利于形成自我反馈机制，强化积极行为。内部评价有时是显性的，通过给自己打分等方式进行，有时是隐性的，通过“反省、自查、检讨、总结”等方式进行。

2. 外部评价

亦称他评价，指教学评价对象以外的组织或个人依据评价标准对评价对象进行的评价活动。如果把教师、学生和他们教与学的活动过程作为评价对象，外部评价包括领导评价、专家评价、同行评价、社会评价和家长评价等。外部评价是教学评价体系不可缺少的组成部分，首先，外部评价有助于跳出自己评价自己时可能会有的思维和认识局限及固有偏好的限制，可以全面地了解教学信息，没有外部评价的教学评价是不真实的教学评价，难以做到科学、准确。其次，专家、同行等的评价还可以提供很多支持信息。再次，外部评价可以制造一定的紧张度，对评价对象产生一定的压力，事实上，合理程度压力的保持，对评价对象改进工作是有利的，但要注意，一旦过度使用，则会损伤评价对象的工作信心。

（三）相对评价、绝对评价和个体内差异评价

根据评价标准的不同，教学评价可以分为相对评价、绝对评价和个体内差异评价。

1. 相对评价

相对评价也称常模参照评价，指以某一评价对象的整体状况作为参照系，对每个评价对象在集合中相对位置做出评定的评价类型。相对评价的优势在于：一方面，由于评价标准源于群体，又用于群体，故在甄选、淘汰有关的管理活动中有特别的实用价值；另一方面，对培养评价对象的竞

争意识、进取精神有一定的积极作用。但是其局限性也很明显，主要表现在：首先，相对评价只能提供评价对象的一个等次参数，难以提供评价对象实际学习、工作情况的相关信息，对于诊断、改进教与学等工作几乎是无能为力。其次，长时间采用这种方式，势必会给评价对象带来心理负担，使其中的一部分人丧失学习、工作的信心和勇气。再次，容易滋生评价主体、评价对象之间的矛盾，从而降低评价工作的效度和价值。

2. 绝对评价

也称为目标参照评价，指评价对象实际达到水平与既定目标相比较而作出评价结论的评价。绝对评价特别适用于以鉴定资格和水平为目标的教学评价活动。只要评价过程科学合理，绝对评价的结果在很大程度上可以反映评价对象现在所处的水平以及有没有达到既定的要求。另外，绝对评价工作流程相对简单，条件限制也较少，是教学实践中运用广泛的评价类型。但绝对评价也有局限性，首先，只重视“成果”的评价，过程则可能被忽视。其次，教学活动是复杂的，有预期成果的出现，也有非预期成果的出现，这些成果要不要评价，怎样评价，绝对评价没有回答。再次，现代社会重视人的个性的自由发展，绝对评价用统一标准判定教学效果，与教育的核心价值有一定的冲突。

3. 个体内差异评价

指把评价对象的整体或者某些元素的过去和现在做比较，从而对其发展过程作出评定的评价类型。个体差异内评价以评价对象自身的状况作为参照系，可以有两种操作方式，一是把被评者的过去和现在做比较，如某学生过去语文成绩为 80 分，现在是 70 分，如果考试的难度、效度等把握合理的话，则可以认为其语文学习情况有一定的退步。二是把被评者的几个侧面进行比较，如评价一个学生语文学习情况，可以从阅读、欣赏、写作等几方面进行考察，发现其语文学习的优势与不足。

个体内差异评价的优势在于可以充分照顾到评价对象的个体差异，不会对评价对象造成压力，也可以反映其发展变化的过程，因而，在教学中经常加以使用。但它也有局限性，表现在由于没有客观标准和外部比较，很难确定评价对象的真实水平。

通过以上对各评价类型的分析，可以发现不同类型的评价各有优缺点，都有其发挥作用的前提条件，在教学评价过程中，应灵活使用各种评价类型，使之达到互相配合、互为条件的效果。

四、教学评价改革

当前的教学评价存在很多弊端，突出表现为两点：第一，评价主体不明确，行政部门的外部评价明显处于强势，教学评价往往带有强烈的管理主义色彩，与学校的利益挂钩，成为自上而下地对学校进行管理的一种手段。第二，就评价的价值取向而言，教学评价理念具有明显的功利主义倾向，过分强调学校升学目标和当前利益，忽视教育的长远目标。这样的教学评价包含的理论假设是：现行教学中存在低效的教学和不合格、不称职的教师，存在着大量不能达到教学要求的学生；在可预见的时间内，要使这些不合格教师把自己的教学质量提高到预期水平，使学生达到教学标准，主要应依靠实施奖励和施加外部压力来完成。在这种预设之下，教学评价往往以鉴定分等、奖优罚劣为主要评价功能，更多表现为一种选拔性评价和水平性评价，是一种面向“过去”的评价，评价者和评价对象的关系是管理者和被管理者的关系，而非合作关系。

在教育改革的背景下，为了教育目标的达成，教学评价要实现以鉴定为主的评价观向以发展为主的评价观转变，应该着力构建以发展为本的教学评价体系。其具体特征包括：（1）评价目的上，以促进学生和教师发展为本；（2）评价功能上，强调展示成就与改进激励；（3）评价内容上，突出综合素质，重视个体差异；（4）评价方法上，注重质性评价，主张自我反思；（5）评价主体上，以自评为主，各方协同参与。

第三节　教学改革

我们的课堂教学缺少了什么？这样的追问在中国已经存在了相当长的时间。人们发现传统课堂教学的不足在于课堂教学的机械、沉闷和程式化，缺乏生气与乐趣，缺乏对智慧的挑战和对好奇心的激发，导致师生的生命力在课堂中得不到充分发挥，进而使教学本身成为导致学生厌学、教师厌教的因素。作为结果，学生个性化发展不足，创造能力和实践能力薄弱等问题令人担忧。时至今日，这些问题依然困扰着中国教育，这种背景下，教学改革成为当前教学领域的焦点问题。

一、新课程背景下教学改革的特点和主要任务①

教学，尤其是课堂教学，过去是、当今依然是我国中小学教育活动的基本构成部分，是实施学校教育的基本途径。教学改革因此成为教育改革中备受关注的主题，特别是在推进素质教育的要求下，教学改革日益被提到议事日程上来。事实上，自20世纪80年代以来，我国的教学改革已经在朝着实施素质教育的方向努力，许多学校在教育科研人员的指导下，对培养学生学会学习、对减轻学生过重的学习负担、对确立学生在教学过程中的主体地位等问题，作了积极有益的探索和改革，在教学实践中涌现了一批重视学生生动、活泼、主动地学习，重视学生成功与发展的好的教改典型，有些经理论概括后形成了新的教学模式。这是目前新课程背景下教学改革的起点和基础。

但从总的形势来看，由于应试教育观念和实践的深远影响，人才选拔机制的不完善，20世纪80年代以来所进行的教学改革很多程度上仍没有摆脱应试教育的束缚，且以局部的、单项的改革和操作性的修修补补居多，局限性较大，尚未能构造出一种真正体现素质教育思想的教学新体系。这里，既有教学改革本身不够到位的原因，也有受课程制约的因素。因此，从总体上看，长期以来一直困扰着我们的教学方式单一、学生被动学习、个性受到压抑等顽疾均未能从根本上得到有效的医治；在教学实践中，过于强调接受学习、死记硬背、机械训练的状况普遍存在。这些成为进一步教学改革要着力解决的问题。

新课程背景下教学改革的任务可以归结如下。

第一，要改革旧的教育观念，真正确立起与新课程相适应的体现素质教育精神的教育观念。观念是行动的灵魂，教育观念对教学起着指导和统率的作用，一切先进的教学改革都是从新的教育观念中生发出来的；一切教学改革的困难都来自旧有教育观念的束缚；一切教学改革的尝试都是新旧教育观念斗争的结果。确立新的教育观念，是教学改革的首要任务。教育观念不转变，教学改革无从谈起；教育观念一转变，许多困难迎刃而解。当前中小学教学还没有摆脱应试教育阴影的笼罩，而在应试教育观念尚未获得根本转变的情形下，学校所实施的教学改革也因此变得缺乏成效或事

① 本部分参考了：教育部基础教育司组织编写．走进新课程：与课程实施者对话[M]．北京：北京师范大学出版社，2002.

倍功半。在课程与教学改革的背景下，我们应组织有效的学习与培训，提高认识，强化责任，把教师的教育思想观念统一到素质教育的要求上来，统一到新课程的方向上来。教育观念的转变将会真正焕发出教学的生命力和创造力。

第二，要坚定不移地推进教学方式和学习方式的转变。先进的教育观念要通过先进的教育方式体现出来，此外，教育观念转变本身也要在教育方式转变中进行，二者是相辅相成的关系。观念不转变，方式转变就没有了方向，没有了基础；方式不转变，观念转变就失去了归宿，失去了落脚点。所以，教学改革既要重视观念改革的先导作用，又要重视方式改革的载体作用。本次教学改革不仅要改变教师的教育观念，还要改变他们每天都在进行着的习以为常的教学方式、教学行为。这几乎等于要改变教师习惯了的生活方式，其艰难性是不言而喻的。从这个角度讲，教学改革是场攻坚战。就教与学关系而言，教师教育观念、教学方式的转变最终都要落实到学生学习方式的转变上。学生学习方式的转变具有极其重要的意义，这是因为学习方式的转变将会牵引出思维方式、生活方式甚至生存方式的转变。学生的自主性、独立性、能动性和创造性将因此得到真正的张扬和提升。学生不仅将成为学习和教育的主人，而且还将成为生活的主人，成为独立的、积极参与社会的、有责任感的人。学习方式转变因此被看成是本次课程与教学改革的显著特征和核心任务。

第三，要致力于教学管理制度的重建。在转变观念和方式的同时，重建制度，同样是本次教学改革的重要任务。教育思想观念的更新、教学与学习方式的转变需要相应的教学管理制度为其保驾护航。就学校教育内部而言，观念更新、方式转变的最大阻力来自落后的教学管理和评价制度。用应试教育的模式来管理和评价教师，怎么可能让教师生发出素质教育的思想观念和行为方式呢？对于本次课程和教学改革，教师反映最强烈的也就是教学管理和评价问题。他们盼望、呼吁与新课程、新教学相适应的新管理、新评价。教学管理制度的重建具有核心意义，它将从根本上解决教育观念和行为问题。当然，教学管理制度的重建不可能是一蹴而就的，它本身需要在改革过程中不断完善起来，也可以说，它与观念更新、行为转变是互动的过程，二者相辅相成，互相推进。

二、现代教学新观念

教学改革的首要任务就是确立新的教学观，教学观念的转变是教学行为转变的前提。教学观念转变到什么深度，教学行为就能转变到什么程度。总结起来，现代教学新观念表现为以下几点。

（一）教学不只是课程的传递和执行，更是课程的创生与开发的过程

课程观决定着教学观，课程观的改变必然带来教学观的解放。新课程的课程观是：由“专制”走向民主，由封闭走向开放，由专家研制走向教师开发，由学科内容走向学生经验。此时的课程就不仅仅是文本课程，更是体验课程。在不同的教育情境中，每一位教师和每一个学生对课程的内容有自己的理解和诠释，更要对内容进行不断变革和创新，从而转化为适合自己的课程。教师和学生都是构成课程的组成部分，作为课程的创造者和主体，共同参与课程的开发。

新课程观下的教学就不仅仅只是课程的传递和执行，而更是课程的创生与开发，教学的过程因此而成为课程内容不断生成的过程，课程也因此变成一种动态生长的文化。课程层面的这种变革，必然引发教学层面的彻底解放，教学过程变成一种师生个性化创造实施的过程。

资料 11-3：

课程与教学关系的三个隐喻

关于如何来看待课程与教学之间的关系的问题，美国学者塞勒等人提出的三个隐喻可以帮助我们思考和考察这个问题的实质。隐喻一：课程是一幢建筑的设计图纸；教学则是具体的施工。隐喻二：课程是一场球赛的方案，这是赛前由教练员和球员一起制定的；教学则是球赛进行的过程。隐喻三：课程可以被认为是一个乐谱；教学则是作品的演奏。

——施良方，《课程理论：课程的基础、原理与问题》，教育科学出版社，1996

（二）教学不只是教师教、学生学，更是师生交流、积极互动共同发展的过程

教学是教师教和学生学的统一，统一的实质是交往、互动。没有交往和互动就没有真正的教学发生。交往是教学的本质。在教学中师生积极交往、互动，双方相互交流、启发、沟通、补充、完善，不断生成新知，并伴随着师生之间情感的交融和对获取知识的体验，实现教学相长、共同发展。

师生构成一个学习共同体，互教互学，在双方不断地平等对话中，同时教与被教，在交往中实现角色互换、人人参与、平等对话和交流。只有

这样，学生的主体地位才能得以显现，个性才能得到舒展和张扬，创造积极性才能得以充分发挥。教师不仅是传授知识，而且与学生一起去感悟和理解、交流与分享，在交往对话中使自己不断实现专业化发展。师生多向交往、互动、互惠，良好的师生关系不断形成，维系教学正常进行的情感纽带不断结成。

（三）教学不只是注重结论，更要注重过程

结论显现的是学科探究的结果，过程展现的是学科探究的过程与探究的方法。教学结论是教学所要达到的目的或所需获得的结果，教学过程是指达到这个目的或结果所必须经历的活动过程。对于二者，任何一方的偏废都是不可取的。

教学的重要目的之一，就是要让学生获得正确的结论，这是不容置疑的。同时注重学生是怎样获得这个结论的，如果这个结论是通过记忆和背诵取得的，它的价值是有限的。而经过学生一系列的质疑、判断、选择、比较、分析、综合、概括等认识活动，所获得的结论不仅是多样的、丰富的，而且学生的创新思维和创新精神也得到很好的开发和体现。

新课程把过程与方法本身列为新课程的三维目标之一，突出了过程与方法的地位。学生学习的过程不只是一个接受知识的过程，更是一个发现问题、分析问题、解决问题的过程。在这个过程中，一方面学生的已知与未知发生矛盾，学生认知产生困难和障碍，打破学生原来的认知平衡；另一方面也是学生充分发挥自己的聪明才智，不断尝试解决新问题重建认知平衡的过程。在这个过程中学生获得丰富的探究体验，有成功的经验，也有挫折和失败，但这个过程对学生来说，是非常珍贵的。这种成长的经历和体验能使一个人的能力、智慧乃至性格、习惯逐步走向成熟。

（四）教学不只是关注学科，更关注学生的发展

学科教学不能凌驾于教育之上。传统教学最大的失误就是只教学生读书、写作、计算，而不教学生如何快乐地生活，教学过程不能提升学生的道德和人格发展，把学生当做知识的容器、解题的机器。新课程强调：关注每一位学生，一切为了每一位学生的发展。关注“人”的发展具体表现在关注学生：关注每一个成长的生命。每一个学生都是一个独特的人，发展的人。尽管他们各方面的表现不尽相同，兴趣爱好、学习方式、个性特长、发展趋势也不尽相同，作为教师要关注的是学生生命的成长，尊重差异才是真正的尊重。

关注每一个学生的情感体验。学生在活动中有不同的情感体验，教师要认真分析学生不同的情绪情感表现，充满爱心地去赏识每一个学生。学生厌学的原因很多，教师对待学生的态度与教学方法的不当，是一个非常重要的原因。为什么蕴藏着丰富智慧的知识被教师教得那样枯燥、乏味，失去了知识的活力。你用什么样的眼光和态度去看待学生，学生就会发展成你眼中的“定型”。教师最大的快乐是培养出值得自己崇拜的学生。

关注学生的道德生活和人格养成。课堂不仅仅是学生学习知识的地方，更是学生心灵、人格成长的地方，育人是教师的天职，课堂教学蕴藏着丰富的教育因素。教师不仅要充分挖掘和显现教学内容中的教育成分，更要关注学生在学习活动中的道德行为表现。伴随着知识的获得，学生应该越来越有社会责任感，越来越有爱心和同情心。教师要用爱心滋润学生的心灵，让知识教学与心灵人格同步成长。

三、现代学习方式

在我国颁布的《基础教育课程改革纲要（试行）》中对教学提出这样的要求：教师在教学过程中应与学生积极互动、共同发展，要处理好知识与培养能力的关系，注重培养学生的独立性和自主性，引导学生质疑、调查、探究，在实践中学习，促进学生在教师指导下主动地、富有个性地学习。可以看出，学习方式的变革已成为教学变革的核心问题。

（一）学习方式的含义

在教育改革的背景下，学习方式成为现代教育理论研究中非常重要的核心概念之一。目前对其解释并不完全一致，大多数学者认为学习方式是指学生在完成学习任务过程中基本的行为和认知取向。理解学习方式的含义要把握两点：其一，学习方式是一个组合概念。“作为学生在教学活动中的参与方式，学习方式是行为参与、情感参与、认知参与及社会化参与的有机结合，其中行为参与是载体，认知和情感因素表达了学习方式的实质内涵。”① 由此，可以得出这样的结论：学习方式不是指具体的学习策略和方法，而是一个上位的概念。学生学习方式的改变，意味着学生的学习态度、学习意识、学习习惯、学习方法等诸多方面的改变。其二，学习方式

① 钟启泉．为了中华民族的复兴 为了每位学生的发展：基础教育课程改革纲要（试行）解读［M］．上海：华东师范大学出版社，2001：248.

是教学过程中的基本变量，教学实施必须考虑学生的学习方式。学习方式是教学研究的一个重要组成部分，实践中的教学过程如果忽视了对学生学习状态的了解，以为按照成年人认定的所谓效率法则和实施路径即可，难免出现无的放矢、越俎代庖甚至南辕北辙的局面。

（二）转变学习方式的重要意义

学习方式的转变是当前课程改革的显著特征。改变原有的单一、被动的学习方式，建立和形成旨在充分调动、发挥学生主体性的多样化的学习方式，促进学生在教师指导下主动地、富有个性地学习，自然成为目前教学改革的核心任务。如前所述，学习方式不仅包括相对的学习方法及其关系，而且涉及学习习惯、学习意识、学习态度、学习品质等心理因素和心灵力量。所以，学习方式的转变对促进学生发展更具有战略性的意义。

转变学习方式，要以培养创新精神和实践能力为主要目的。换句话说，要构建旨在培养创新精神和实践能力的学习方式及其对应的教学方式。要注重培养学生的批判意识和怀疑精神，鼓励学生对书本的质疑和对教师的超越，赞赏学生独特性和富有个性化的理解和表达。要积极引导学生从事实验活动和实践活动，培养学生乐于动手、勤于实践的意识和习惯，切实提高学生的动手能力、实践能力。由此可见，转变学习方式实质上是教育价值观、人才观和培养模式的变革。

（三）现代学习方式的特征

1. 自主性

自主性是现代学习方式的首要特征，它对应于传统学习方式的被动性，在学生学习活动中表现为“我要学”和“要我学”之间的差别。“我要学”是基于学生内在的学习需要，“要我学”则是基于外在的诱因和强制。学生学习的内在需要一方面表现为学习兴趣，另一方面表现为学习责任。学生有了学习兴趣，特别是直接兴趣，学习活动对他来说就不是一种负担，而是一种享受、一种愉快的体验，学生会越学越想学、越爱学，有兴趣的学习事半功倍。相反，如果学生对学习不感兴趣，情况就大相径庭了。学习是谁的事情，谁应当对学习承担责任？教师当然应该对学生的学习负责，但是如果学生自己意识不到学习的责任，不能把学习跟自己的成长、发展、生活有机联系起来，这种学习就不是真正的自我学习。只有当学习的责任真正从教师身上转移到学生身上，学生自觉地担负起学习的责任时，学生的学习才是一种真正的有意义的学习。

2. 独立性

独立性是现代学习方式的又一关键特征，它对应于传统学习方式的依赖性。如果说主动性表现为“我要学”，那么独立性则表现为“我能学”。每个学生，除有特殊原因外，都有相当强的潜在的和显在的独立学习能力，不仅如此，每个学生都有不同程度的独立要求，都有一种表现自己独立学习能力的欲望，他们在学校的学习过程整体而言也就是一个争取独立和日益独立的过程。低估、漠视学生的独立学习能力，忽视、压制学生的独立要求，从而导致学生独立性的不断丧失，是传统教学的根本弊端。课程改革要求教师充分尊重学生的独立性，积极鼓励学生独立学习，从而让学生发挥自己的独立性，培养独立学习的能力。

3. 问题性

强调问题性，因为它是学习创新的逻辑起点。问题是思维的起点，没有问题就不会有解释问题和解决问题的思想、方法和知识，所以说，问题是思想方法、知识积累和发展的逻辑力量。学生学习必须重视问题的作用。现代教学论研究指出，从本质上讲，尽管学生学习是需要感知的，但感知不是学习产生的根本原因，产生学习的根本原因是问题，没有问题也就难以诱发和激起求知欲，没有问题，感觉不到问题的存在，学生也就不会去深入思考，那么学习也就只能是表层和形式的。问题性原理意味着，一方面，强调通过问题来进行学习，把问题看做是学习的动力、起点和贯穿学习过程的主线；另一方面，通过学习来生成问题，把学习过程看成是发现问题、提出问题、分析问题和解决问题的过程。

4. 独特性

每个学生都有自己独特的内心世界和内在感受，有着不同于他人的观察、思考和解决问题的方式。正如多元智力理论所指出的，每个人的智慧类型不一样，他们的思考方式、学习需要、学习优势、学习风格也不一样，因此每个人的具体学习方式是不同的。学生有着独特的个性，每个学生的学习方式本质上也应是其独特个性的体现。实际上，有效的学习方式都是个性化的，没有“放之四海而皆准”的统一方式，对某个学生有效的方式，对他人却未必如此。现代学习方式尊重学生的差异，尊重每一个学生的独特个性和具体生活，并把它视为一种有待开发和利用的教育教学资源，努力实现学生学习的个体化和教师指导的针对性。

5. 合作性

在一个强调科学和人文相融合的时代，合作是现代人必须具备的基本品质，强调学生学习方式的合作性，实则是教学以人为本的体现。在学习过程中有意识地培养学生的合作精神和合作能力，不仅是解决学习问题的需要，也是学生将来走向社会成为合格社会公民的需要。学习的合作性，一方面表现为遇到个人难以解决的问题时，需要同学之间的相互帮助来解决；另一方面，在相互合作的过程中，让学生体验到人与人之间的依赖性和互助性，合理的分工、共同的奋斗目标，有助于提高学习和工作的效率，有助于增强同学之间的感情。

6. 体验性

体验是指由身体性活动与直接经验而产生的感情和意识。在实际的学习活动中，体验强调身体性参与，也就是说，学习不仅要用自己的脑子思考，而且要用自己的眼睛看，用自己的耳朵听，用自己的嘴说话，用自己的手操作，即用自己的身体去亲自经历，用自己的心灵去亲自感悟。有了体验，知识的学习不再仅仅属于认知、理性范畴，它已扩展到情感、生理和人格等领域，从而使学习过程不仅是知识增长的过程，同时也是身心和人格健全与发展的过程。基于此，现代课程改革特别强调学生参与，强调“活动”“操作”“实践”“考察”“调查”“探究”“经历”等。

显然，上述特性不是截然分开的，而是相互联系、相互包含的，它们虽从不同的角度提出，却是一个有机的整体，我们必须从整体的高度来全面把握现代学习方式的精神实质，唯有如此，才能有效地促进学生学习方式的转变。

（四）现代学习方式的基本维度

考察现代学习方式可以从学习活动的自主性、合作性、探究性等三方面进行。

1. 自主学习

概括地说，自主学习就是“自我导向、自我激励、自我监控”的学习，反映了学习动机和态度方面“被动—主动—自主”的变化过程。具体地说，它具有几方面的特征：第一，学习者参与确定对自己有意义的学习目标，自己制定学习进度，参与设计评价指标；第二，学习者积极发展各种思考策略和学习策略，在解决问题中学习；第三，学习者在学习过程中有情感的投入，学习过程有内在动力的支持，能从学习中获得积极的情感体验；第四，学习者在学习过程中对认知活动能够进行自我监控，并作出相应的调适。

一般而言，自主学习的时序包括以下几个环节：学习活动前——确定学习目标、制订学习计划、选择学习方法；学习活动中——自我监控、自我反馈、自我调节；学习活动后——自我检查、自我评价、自我补救。这些环节既包括课堂上的学习活动，也包括课堂外的学习活动，既包括知识学习，也包括社会关系、实践能力的学习。要促进学生自主学习的发展，教师要转变自己的角色，不再仅仅是知识的传授者，更是学习活动的引导者，要对学生的学习天性、学习潜力持乐观的估计，必须最大可能地创设让学生参与到自主学习中来的情境与氛围。

2. 合作学习

合作学习是指学生在小组或团队中为了完成共同的任务，有明确责任分工的、互助性的学习。合作有以下几个方面的要素：积极承担完成共同任务所需的个体的责任；积极地相互支持、配合，特别是面对面的促进性的互动；参与合作学习的所有学生能进行有效的沟通，建立并维护小组成员之间的相互信任，有效地解决组内冲突；对于各人完成的任务进行小组加工；对共同活动的成效进行评估，寻求提高其有效性的途径。

合作动机和个人责任，是合作学习产生良好效果的关键。合作学习将个人之间的竞争转化为小组之间的竞争。如果学生长期处于个体的、竞争的学习状态之中，久而久之，学生就很可能变得冷漠、自私、狭隘和孤僻，而合作学习既有助于培养学生合作的精神、团队的意识和集体的观念，又有助于培养学生的竞争意识与竞争能力，使学生感受自己在学习团队内部的责任。合作学习还有助于因材施教，可以弥补一个教师难以面向有差异的众多学生教学的不足。在合作学习中，由于有学习者的积极参与、高密度的交互作用和积极的自我概念，使学习过程远远不只是一个认知的过程，同时还是一个交往与审美的过程。合作学习可以提供互勉、互助、互爱的社会交往机会，小组内部的合作可以满足学生归属的需要，在这样的过程中，学生可以学会与人沟通、独立地表达自己，乃至学会赞美他人，养成宽容的品质。

3. 探究学习

所谓探究学习，即从学科领域或现实社会生活中选择和确定研究主题，在教学中创设一种类似于学术（或科学）研究的情境，通过学生自主、独立地实验、操作、调查、信息搜集与处理、表达与交流等探索活动，发现问题、解决问题，从而获得知识、技能，发展情感与态度，尤其是探索精神和创新能力得以发展的学习方式和学习过程。探究学习反映教与学关系处理方面的偏好——是强调接受还是强调发现、探究。“记录在纸上的思想就如同某人留在沙上的脚印，我们也许能看到他走过的路径，但若想知道他在路上看见了什么东西，就必须用我们自己的眼睛。”德国哲学家叔本华的这番话很好地道出了探究学习的重要价值。

探究学习的特点包括：第一，问题性。探究学习方式特别强调问题在学习活动中的重要性。第二，过程性。如果学生不经过自己一系列的质疑、判断、比较、选择，以及相应的分析、综合、概括等认识活动，即如果没有多样化的思维过程和认知方式，没有多种观点的碰撞、论争和比较，结论就难以获得，也难以真正理解和巩固。更重要的是，没有以多样性、丰富性为前提的学习过程，学生的创新精神和创新思维就不可能培养起来。所以，探究学习特别注重学习过程。第三，开放性。探究学习强调给学生创造一个宽松、和谐、民主的心理氛围，给学生一种心理安全感，而心理安全、心理自由正是学生主动、生动发展的前提。

探究教学的基本步骤是：提出或生成问题——围绕问题，提出和形成假设——收集证据，形成解释——交流和评价。几个环节也可以看做是几个要素，它们是探究学习和教学的基本标志，使探究学习和教学有章可循。但是，如果只是按照这些环节和要素机械地设计教学活动，安排探究路线，然后组织学生按部就班地实践或经历探究过程的每一步，把学生直接引向所要获得的学习结果，这其中既没有学生对现象、事件和观点的质疑，对问题的自由性探索和观察实验的自主性设计，也没有教师对学生探索的启发和引导。那么，这种探索就会演变成机械训练，而无法使学生体验探究学习的乐趣，最终导致他们丧失学习科学的兴趣和热情。

为了提高探究学习的实践价值，探究学习不仅要模拟科学探究之“形”，更要渗透科学探究之“神”。科学探究的精神主要表现为以下几点：第一，好奇心。好奇心是人类固有的本性，是儿童的天性。自觉求知、乐于探索、穷根究底是好奇心的高层次表现，是探究学习的精神动力。第二，怀疑精神（批判精神）。在教学中，学生的怀疑精神突出表现为：不满足于现成的答案和说明，敢于对权威、对教材、对教师提出质问和怀疑。第三，求证精神。学生不唯书、不唯师，敢于和善于质疑、批判和超越书本和教师，这是探究精神的突出表现。与此同时，养成尊重事实、实事求是、讲究证据的科学态度也是探究学习的重要目标。①

---

① 余文森．论自主、合作、探究学习［J］．教育研究，2004（11）：27～30。

资料 11-3：

探究学习教学案例两则

一、《孤独的秋》教学案例

上海市某中学高二年级学习语文课文《孤独的秋》。以往，这篇课文的学习不外乎针对课文进行篇章及中心思想的解剖性分析，而在改革后的语文学科课程中，这样的教学内容被两道问题的探讨所取代了：一道是："郁达夫为什么要花大量的笔墨描写南国的秋天?"另一道是："作者用颓丧的语言赞美秋天，表达对秋天凄清悲凉的感受。我们应该如何理解?"这两道问题是在学习课文前老师就布置下去的，学生们围绕着两个问题去预习课文，上图书馆查阅有关郁达夫及当时的背景资料。在学习课文的时候，大家交流思考过程中的疑问，并展示学习成果，从而整体上把握了文意和主旨。过后，教师印发一些相关的文章，鼓励学生课下阅读，从更多角度继续深入思考，并要求学生结合课文内容写评论。通过这样的学习，学生不但理解了课文，而且可以逐渐学会怎样读书，怎样获取资料、分析资料等，培养其学习的主动性和解决问题的能力。

——余清臣，《研究性学习》，教育科学出版社，2003

二、水在加热过程中温度变化规律的探究

科目：科学（小学四年级）

地点：自然教室，每四人一小组坐在实验桌前，每桌上有烧杯、温度计、计时表、酒精灯、三脚支架、加热垫、印有空白表格的纸、印有空白二维坐标系的纸各一。

教师（打开自然教室前面的水龙头，用玻璃杯接了一杯水）：同学们，玻璃杯中装的是什么?

学生：水。

教师：很好。今天我们这节小学科学课要研究的问题就是水在加热过程中温度变化的规律。（教师板书：水在加热过程中温度变化规律的探究）

教师：接下来，就请同学们来研究一下，水在加热过程中温度的变化有什么规律。首先，我要问问大家，用什么测量水的温度呀?

学生：温度计。

教师：对，用温度计。现在，我们就用温度计来测一测一杯水在加热过程中，水的温度是怎样变化的?同学们，温度计的使用有几条注意事项，同学们回忆一下。（略）

教师：接下来老师要请每个小组都来探究一下。酒精灯的使用规范我们也已经学过，同学们一定要注意。（略）

教师：我先讲一下探究的过程、方法及注意事项。第一，测量时每隔5分钟记录一次。第二，把测量的数据填在空白表格内（教师展示了一下）。第三，根据表格中的数据，在二维表格（教师展示此表）中标出相应的点。比如，5分钟时测到30度，那么这个点就画在这儿（教师示范）。第四，把点连成线，并总结一下温度的变化规律，水温的升高是先快后慢，还是先慢后快？第五，把结论填在二维表格下的横线上。好，现在各小组清点实验器材，开始准备实验。注意，请严格按照老师规定的步骤和要求来开展探究活动！

学生开始按照教师的要求操作实验。教师巡视，发现与刚才要求不一致、不规范的地方就指出来，要求学生改正。学生经过实验和数据分析，得出了结论。

——任长松，《探究式学习：学生知识的自主建构——从两个探案例引发的思考》，转引自 http：//www.pep.com.cn/rjqk/kcjcjf/200401/200703/t20070315_342854.htm

【思考题】

1. 备课有哪些类型？备课的程序和内容是什么？结合自己的专业，选择相关学科中小学教材的一节或一课写一篇完整的教案。

2. 一节好课应具备哪些基本特征？

3. 常见的教学评价的类型有哪些？

4. 现代学习方式的基本特征有哪些？

5. 搜集一些研究性学习的教学案例，从中体会针对研究性学习的教学过程的操作要领。

【拓展阅读】

1. ［苏联］苏霍姆林斯基．给教师的建议（全一册）［M］．北京：教育科学出版社，1984.

2. 余清臣等．研究性学习［M］．北京：教育科学出版社，2003.

3. 王海芳．学生发展性评价的操作与案例（中小学新课程教学问题探究和教师专业发展系列丛书）［M］．北京：中国轻工业出版社，2006.

4. 赵希强．探究性学习方式研究与实践［M］．济南：山东大学出版社，2009.

第十二章　德育理论

德育理论，主要揭示青少年思想品德教育的客观规律，确定德育的目标和内容，并探讨德育过程的原则，从而为有效促进青少年思想品德的形成和发展提供理论依据。目前，我国德育领域的理论研究越来越深入，关于德育渐渐形成了自己的理论体系。

【学习目标】

1. 理解德育的概念和功能。
2. 掌握德育过程的规律。
3. 了解德育过程的目标和内容。
4. 熟悉德育过程的原则。

第一节　德育概述

一、德育概念

到了近代，西方社会随着生产领域及社会生活领域的分化，社会关系日趋复杂化，浑然一体的社会意识逐渐分化，形成政治、法律、宗教、道德等相对独立的社会意识形态。随着道德成为独立的社会意识形态，西方的道德教育，一方面从社会意识教育中独立出来，与政治教育、法制教育、宗教教育相互并行；另一方面又不可避免地渗透着政治、法律、宗教教育的成分。在西方教育理论中，道德教育与政治教育、思想教育分属不同的概念。

我国的德育概念是从西方引进的，起初也限指道德教育，与世界观教育等相提并论。但由于受到本土社会意识发展状态的影响，德育概念在我国迅速泛化，囊括了全部社会意识形态教育，甚至容纳了非意识形态方面的教育。

目前，在我国理论和实践界，对德育概念的理解存在教育学范畴的德育和伦理学范畴的德育之分。伦理学意义上的德育，即道德教育，是形成人们一定道德行为与道德品质的教育。我国教育理论界和实践领域的德育则是教育学范畴的德育，即通常所说的“大德育”，是指教育者按照一定社会或阶级的要求，有目的、有计划、有组织地对受教育者施加思想、政治和道德影响，通过受教育者积极的认识、体验和身体力行以形成他们的品德和自我修养能力的活动，包括政治教育、思想教育和道德教育三大领域。教育学范畴的德育所包含的道德教育即伦理学范畴的德育；思想教育是指形成人们一定世界观、人生观、价值观的教育；而政治教育则是指形成人们一定政治观点、信念和政治信仰的教育。

二、德育功能

学校德育作为一种特殊的社会实践活动，既要反映社会发展的要求，为社会的发展服务，同时又要反映个体发展的需要，为个体的发展服务。因此可以从社会性功能和个体性功能两个基本的方面来认识德育的功能。

（一）德育的社会性功能

德育作为社会意识形态领域的实践活动，必然受到社会政治、经济和文化的制约。但德育不是被动的受社会政治、经济和文化的制约，它也反作用于社会的政治、经济和文化，巩固、维护和促进社会政治、经济和文化的发展，因而具有政治功能、经济功能和文化功能。

1. 德育的政治功能

学校德育的政治功能是通过学生的政治社会化实现的。学校教育在人的政治社会化过程中起着十分重要的作用。学校德育能够让学生逐步认识到他所从属的阶级和政治集团，意识到自己的政治地位和相应的政治权利、义务和行为规范等，并据此开展和参与各种政治活动。

学校德育通过政治社会化使学生形成有中国特色的社会主义事业的建

设者和接班人的意识和观念，意识到建设者和接班人的政治地位和责任，以及形成社会所期望的一系列行为规范。我国当前和今后一个时期，为了加强和改进未成年人的思想道德建设，必须坚持以马克思列宁主义、毛泽东思想、邓小平理论和“三个代表”重要思想为指导，深入贯彻十七大精神，全面落实《爱国主义教育实施纲要》、《公民道德建设实施纲要》，紧密结合全面建设小康社会的实际，针对未成年人的身心发展特点，积极引导未成年人树立中国特色社会主义的理想信念和正确的世界观、人生观和价值观，养成高尚的思想品质和良好的道德情操，努力培育有理想、有道德、有文化、有纪律的德、智、体、美、劳等方面全面发展的有中国特色的社会主义事业建设者和接班人。

学校不仅具有丰富的政治文化资源，同时又是青少年学生集中的场所，是一个社会知识分子比较聚集的地方，因而是政治信息传递较快的地方。因此，学校德育对社会政治意识形态的传播和生产有着重要作用，尤其是在政治理论的继承与发展、政治舆论的培育与引导方面具有独特的作用。学校通过对学生进行思想政治教育，不仅可以培养学生具有正确的政治意识，而且还可以形成学生正确的政治舆论，从而在一定程度上影响整个社会的政治舆论导向，对一定社会的政治思想潮流的定向与发展，对社会的政治体制的改革，能产生积极的推动作用。

此外，学校德育还可以提高社会成员的政治参与意识和政治活动能力。有调查研究表明，“在美国、英国、意大利和墨西哥都可以看到受过教育的人能更好地认识到政府对他们生活的影响，他们对政治更为关心，对政治领导人的情况有更多的了解，并表现出更强的政治能力。这些调查结果也在阿根廷、奥地利、智利、东巴基斯坦、印度、以色列、日本、荷兰、尼日利亚和南斯拉夫等各个不同国家里得到证明”①。

2. 德育的经济功能

学校德育通过一定社会意识形态的传播，使学生形成一定的经济思想和经济道德，以影响各种经济的决策和运行，并影响整个社会的经济生活。通过学校德育，可以培养劳动者的事业心、责任感及职业道德，可以培养他们的竞争和合作精神，可以树立质量意识、诚实经营和效率、效益观念，从而提高劳动者的劳动能力，促进社会生产的发展。

在我国封建社会，形成了以“万般皆下品，唯有读书高”为代表的一

① 鲁洁，王逢贤. 德育新论［M］. 南京：江苏教育出版社，1994：233.

系列传统思想和价值观念，长期以来这些思想和观念不同程度地阻碍着我国经济的发展。学校德育应该培养劳动者形成科学精神、民主法制观念、社会责任感以及竞争与合作意识，从而消解传统文化观念的负面影响，为社会经济的发展提供相适应的文化、思想和道德背景。

德育的经济功能就是通过培养劳动者形成与现代经济发展相适应的思想观念和道德来得以实现的。

3. 德育的文化功能

与教育的其他组成部分一样，德育对既定的社会文化具有维系功能，它维持原有的文化及结构，保持文化的相对稳定，特别是在某些精神文明领域如道德文化、政治文化方面表现尤为明显。德育传递和维系的是规范形态的文化，如人生观、世界观和价值观等。《中国教育改革和发展纲要》指出："要重视对学生进行中国优秀文化传统教育。"中国优秀文化传统博大精深，既有"富贵不能淫，威武不能屈，贫贱不能移"的积极人生态度，又有"先天下之忧而忧，后天下之乐而乐"的人生哲学；既有"男儿何不带吴钩，收取关山五十州"的爱国主义热情，又有"国家兴亡，匹夫有责"的爱国主义情感和精神；既有"天人合一"的人与自然和谐统一的自然观和环境观，又有"老吾老以及人之老，幼吾幼以及人之幼"的人际关系理想；既有"身修而后家齐，家齐而后国治"的人生抱负，又有"吾日三省吾身"的为人修身之道；还有"读万卷书，行万里路"的治学之法，凡此种种，不一而足，构成了中华民族传统文化的丰富内涵。长期以来，我国德育实践一直致力于传承和发扬这些优秀文化传统，将来也必将以此为己任，实现德育的文化传承功能。

德育还具有文化发展功能。人是文化的主体，既是传统文化的承受者，又是新的文化的创造者，一定的文化塑造了具有一定特征的人格，而一定的人格又形成一定的文化。学校德育培养具有开拓精神、革新意识的人，它以新的价值观念影响新一代人的人格构成，使他们面向未来，乐于接受新事物，并开发出人的无穷的创造力。

（二）德育的个体性功能

学校德育要反映社会发展的要求，为社会服务，具有社会性功能；学校德育也要反映人本身发展的需要，发展和完善人的个性，具有个体性的功能。德育的个体性功能包括个体发展功能和个体享用功能两个方面。

1. 德育的个体发展功能

德育的个体发展功能主要体现在促进个体思想品德的形成和发展方面。

个体在德育过程中形成和发展自身的道德认知、道德情感，获得一定的道德判断能力和道德决策能力，并形成与社会发展相适应的思想观念和个性心理品质，从而实现德育的个体发展功能。

2. 德育的个体享用功能

个体的思想观念和品德，一方面使个体与他人、群体和社会的关系协调发展，满足了社会、群体和他人的需要。另一方面，个体的德性和德行也满足了个体自身发展的需要。每一个个体都在不同程度地追求自我完善和发展，德性和德行是个体自我发展和完善的重要方面，也是个体获得自我满足、快乐和幸福的源泉之一。

德育的社会性功能和德育的个体性功能是相互联系、相互影响的。

一方面，德育社会性功能的实现只有通过德育个体性功能的实现来完成。在德育过程中，教师要帮助学生去理解、接受和追求那些适应我们的社会和时代发展需求并为我们的时代和社会所认同的思想观念和道德价值。个体追求和实现自身德性的发展和完善，不断地具备诚实可信、正直勇敢、友爱善良、合作分享等德性。个体用实际行动践行这些德性的过程，就是协调自己和他人、自己和团体以及自己和社会的关系的过程，就是以自己的道德信念和道德行为在体现社会所认同的道德价值观念体系。如此，在实现德育个体性功能的同时，也就实现了德育的社会性功能。不能实现德育的个体性功能，就无法实现德育的社会性功能。

另一方面，德育个体性功能的实现要以德育社会性功能的实现为前提。个体的品德、品行的形成和在这一过程中所体会到的快乐和满足不仅仅是一个单纯的私人体验活动，也是一个社会性的活动。德育帮助学生形成和发展思想品德，是在一定社会的道德规范和思想意识范围内完成的。一个学生能够从自己的道德行为中体验到快乐，那是因为他的行为会给他人带来便利和快乐，也源于他的行为能得到社会大众的肯定和赞许。

随着人类的进步，社会的发展，人们逐渐把道德完善和个性完善作为人生目标，把道德作为获得自我发展、自我完善和自我价值实现的重要途径，在道德行为中得到满足、快乐与幸福，获得一种精神上的享受。我们的学校德育应关注和重视德育的个体享用功能和个体发展功能，使青少年学生逐渐从他律转变为自律，自觉遵从各种道德规范。不再把各种道德规范视为一种约束与限制，而是当作自我肯定、自我发展的内在需要去主动追求和积极实践。

第二节　德育的目标与内容

德育目标是指一定社会对教育所要培养的人在思想品德方面的质量规格的总的设想或规定。德育目标是教育目标在德育方面的要求，是教育目的对人的政治、思想和道德发展的规划，是培养人的总体规划的一部分。教育目的是制定德育目标的依据，德育目标是教育目的的具体化，它是实现教育目的的保证。

德育内容是德育目标的体现，是按照德育目标的要求用以教育学生的思想、政治、道德方面的知识、理论、思想、观点、准则和规范等。德育内容最直接地体现了德育目标，并为实现德育目标服务。

一、我国中小学的德育目标

德育目标的确立是德育的首要问题。它是德育的出发点和归宿，它决定着德育内容的确定、德育方法和形式的选择与运用以及德育效果的检测与评定，对整个德育过程具有导向、选择、协调和激励的作用。

1988 年 6 月，国家教委在北京召开了全国中小学德育工作会议。同年 12 月 25 日发布《中共中央关于改革和加强中小学德育工作的通知》，其中指出："现在的中小学生是 21 世纪社会主义建设的主力军。他们的思想道德和科学文化素质状况，不仅是当前社会文明程度的重要体现，而且对我国未来的社会风貌、民族精神有着决定性的影响。从现在起，就必须努力把他们培养成为有理想、有道德、有文化、有纪律的一代新人。"这是新中国成立以来，以党中央的名义专门为中小学德育工作颁发的第一个文件，对于中小学德育工作的实施和改革具有重大意义。

1990 年 4 月 13 日，国家教委发布了《关于进一步加强德育工作的几点意见》，进一步指出中小学德育的任务是："要遵循青少年儿童认知水平和思想品德形成发展的规律，通过教育，使学生具有爱国主义精神，建设社会主义的志向，遵纪守法的观念，良好的品德和文明行为习惯，并逐步树立阶级分析的观点、劳动观点、群众观点、集体主义观点以及从实际出发、一分为二等初步的辩证唯物主义和历史唯物主义观点，为逐步形成科学的人生观、世界观打下基础。"

2004 年 2 月 26 日，《中共中央国务院关于进一步加强和改进未成年人思想道德建设的若干意见》指出未成年人思想道德建设的主要任务是：从增强爱国情感做起，弘扬和培育以爱国主义为核心的伟大民族精神；从确立远大志向做起，树立和培育正确的理想信念；从规范行为习惯做起，培养良好道德品质和文明行为；从提高基本素质做起，促进未成年人的全面发展。

我国的德育目标体现了为我国社会主义现代化建设服务的特点，具有较强的时代性，突出了社会主义学校德育的方向性、全面性、科学性，初步形成了具有中国特色的社会主义德育目标体系。

(一) 小学德育目标

小学德育是社会主义精神文明建设的奠基工程，是我国学校社会主义性质的重要标志。它贯穿于学校教育教学工作的全过程和学生日常生活的各个方面。《小学德育纲要》规定的培养目标是：培养学生具有爱祖国、爱人民、爱劳动、爱科学、爱社会主义的思想感情和良好品德，遵守社会公德的意识和文明行为习惯，良好的意志、品格和活泼开朗的性格，自己管理自己、帮助别人、为集体服务和辨别是非的能力，为使他们成为德、智、体全面发展的社会主义的建设者和接班人，打下初步的良好的思想品德基础。

(二) 中学德育目标

中学德育目标是中学德育工作的核心。中共中央办公厅、国务院办公厅在 2000 年 12 月 14 日发布的《关于适应新形势进一步加强和改进中小学德育工作的意见》中指出，“中学德育的基本任务是把学生培养成为热爱社会主义祖国的具有社会公德、法制意识、文明行为习惯的遵纪守法的公民，引导他们逐步树立正确的世界观、人生观和价值观，不断提高爱国主义、集体主义和社会主义思想觉悟，为他们中的优秀分子将来能够成为共产主义者奠定基础。”

二、我国中小学的德育内容

德育内容是用来形成人们的品德的各种社会政治、思想、法律和道德知识、准则、规范和其他社会规则的总和，是经过主观选择的、适合社会发展需要和青少年身心发展需要的社会政治、思想、法律和道德文化。在我国，德育的内容主要包括：社会主义、爱国主义、集体主义的政治方向和价值观教育；社会主义民主、法制和纪律教育；马克思列宁主义、毛泽东思想、邓小平理论和“三个代表”等的基本观点和思想方法教育；充分继承优秀的传统道德文化遗产，并与现代社会生活和生产方式相适应的社会公德教育和人生观教育；全球伦理和环境伦理教育；此外，还有人道主义教育及革命理想与革命传统教育等。总的说来，我国德育内容表现在道德教育、思想教育、政治教育和法制教育四个方面。

目前，我国中小学德育内容主要包括下述几个方面。

(一) 文明礼貌、遵守纪律的教育

我国是举世闻名的文明古国，历来有“礼仪之邦”的美称，文明礼貌是中华民族的优良传统。社会主义的文明礼貌反映了社会主义内部人们关系的行为准则。纪律是维持人类社会正常生活和良好秩序的必要条件。社会主义社会的纪律是自觉的纪律，自觉纪律是教育的手段，也是教育的结果。对学生进行文明礼貌、遵守纪律的教育是培养和造就新一代成为有理想、有道德、有文化、有纪律的人的重要措施，也是中小学德育的基本内容之一。

文明礼貌、遵守纪律教育的要点如下。

第一，对学生提出适当的要求，训练他们的行为举止。对学生提出的要求应适合学生的生活实际。如要求他们在家要尊敬长辈、礼貌待客；在学校要尊敬老师、团结同学、互相帮助；在社会上要遵守公共秩序、爱护公物等。训练学生具有基本的文明礼貌习惯，如说话和气、举止大方文雅，继而从语言美、行为美和仪态美等方面提升学生的文明素质。

第二，遵守社会公德。社会公德是人们在长期的社会交往和共同生活中根据共同的社会生活需要而逐步形成的，社会每个成员都必须遵守的最基本、最起码的行为准则。学校德育要培养学生遵守社会公德的意识和行为习惯。如在公共场所不大声喧哗、不随地吐痰、不乱扔果皮纸屑、尊老爱幼、互帮互助等。

第三，自觉遵守纪律。要帮助他们形成正确的纪律观念和意识，引导学生严格要求自己，养成自觉遵守纪律的习惯。如按时上下学、不迟到、不早退、不逃学，自觉遵守学校纪律和公共秩序，做到校内与校外一个样，有人监督与无人监督一个样等。

(二) 爱国主义教育

爱国主义是一个国家、一个民族千百年来形成的对故土、对祖国和对人民的深厚感情，是一个国家和民族永恒无价的精神财富。爱国主义情操是人们人生观、世界观、道德和政治思想的一个重要组成部分，是社会衡量和规范人们行为的一条重要道德标准和政治标准。任何时代都必须对国民进行爱国主义教育。在新时期，我们应继承和发扬爱国主义的传统，广

泛深入地开展爱国主义教育。

新时期我国中小学爱国主义教育的要点如下。

第一，对中小学学生进行祖国常识的教育，增强国家和民族意识。这方面包括，对学生进行国旗、国徽教育，对学生进行热爱祖国秀丽山河和优良传统文化的教育，引导学生关心祖国统一大业，引导学生热爱世界各国人民、热爱世界和平、关心全球问题。

第二，加强历史和国情教育，培养和激发他们的爱国之情，增强他们的自豪感、责任感。对学生进行爱家乡、爱人民和爱祖国的教育，让学生了解祖国的历史和现状，引导学生关心祖国的前途和命运。

（三）革命理想和革命传统教育

对青少年进行革命理想和革命传统的教育是德育的重要内容。理想是人们对未来美好生活的向往和追求，是形成人生观、世界观的起点。青少年富于理想，对青少年进行革命理想和革命传统的教育，是培养社会主义接班人的要求。

我国对中小学生进行革命理想和革命传统教育的内容包括以下两个方面。

第一，帮助学生树立共产主义的远大理想。理想是多层面的，青少年学生的理想多处于生活层面和职业层面，教师要引导和帮助学生树立高尚的道德理想和社会理想。

第二，引导学生继承和发扬革命传统。当前社会上有些人诚信缺失、好逸恶劳，教师要有针对性地对学生进行艰苦奋斗、实事求是的革命传统教育，引导学生踏踏实实做事，实实在在做人。

（四）集体主义教育

集体主义是共产主义道德的基本品质，也是共产主义道德体系的核心，它制约着社会主义、共产主义道德的其他一切规范和范畴。对学生进行集体主义教育，就是培养集体主义精神，树立为人民服务的思想，形成热爱集体的思想情感，养成善于在集体生活中生活的能力和习惯。

集体主义教育的要点如下。

第一，培养学生集体主义观念和价值观。要引导学生正确认识个人与集体的关系，集体是个人存在和发展的社会基础，只有在集体中，个体才能更好更快地发展。在认识提高的基础上，引导学生从小积极参加集体生活，在实际活动中形成和提高集体主义观念和价值观。

第二，培养学生集体主义情感和团结协作的精神。要教育学生关心集体、热爱集体，积极承担集体工作，愿意并乐于为集体作贡献，自觉维护集体的荣誉。引导学生在集体生活中形成团结、互助、合作的习惯。

第三，引导学生正确处理国家、集体与个人利益的关系。当国家、集体和个人的利益发生矛盾时，要教育学生遵循国家利益高于集体利益、集体利益高于个人利益的原则。

（五）马克思主义基本观点教育

青少年是祖国的未来，民族的希望，是社会主义建设事业的接班人。要从小对他们进行马克思主义的基本观点教育，为他们逐步形成正确的政治方向和树立远大的人生理想打下良好的基础。

马克思主义基本观点教育的要点如下。

第一，对学生进行党的路线、方针、政策和形势的教育。中国共产党是中国革命和建设的领导者，要教育学生坚决支持和拥护党的领导。既要对学生进行党的基本路线和重大方针政策教育，又要引导学生认识国内外形势，进行时事政治与政策教育。

第二，政治基本常识教育。要对学生进行社会主义现代化建设常识的教育，以建设有中国特色的社会主义理论为中心内容的经济常识、政治常识教育，初步的社会主义现代化建设常识和社会主义初级阶段党的基本路线的教育，以及初步的辩证唯物主义和历史唯物主义常识教育和科学思想方法。

（六）道德教育

人民教育家陶行知先生说过："道德是做人的根本"，"没有道德的人，学问本领愈大，就能为非做恶愈大"。中小学阶段是基础教育阶段，要教育学生从小做有道德的人。

道德教育的要点如下。

第一，个人品德教育。教育学生正直、善良、宽容、勤奋学习和努力工作，形成良好品德和习惯。

第二，家庭美德教育。教育学生珍爱家庭、孝敬父母、勤劳俭朴及文明礼貌。

第三，社会公德教育。教育学生注重仪表，维护尊严，遵守公德，严于律己，真诚友爱，礼貌待人。

第四，环境道德教育。帮助学生了解环境道德知识，形成环境道德情感和环境道德行为，培养学生的环境道德意识，具有相应的环境道德技能和能力。

（七）民主与法制教育

社会主义现代化建设需要高度的民主，没有民主就没有社会主义现代化。民主与法制密不可分，只有用法制来调节人们的行为，才能保障民主，保护人民的合法权利，才能维护国家的长治久安。

民主与法制教育的要点如下。

第一，培养学生的民主意识和参与意识。教育学生平等待人，尊重他人，自觉维护自己和他人的合法权利，养成独立思考的习惯，尊重他人不同意见。积极引导学生关心和参与学校和集体的公共事务，积极监督学校和集体的工作与活动，关心社会发展和国家大事。

第二，加强法律常识教育，培养学生遵纪守法的意识和行为习惯。要有计划地向学生普及法律基础知识，引导学生遵守公共秩序、交通规则，遵守校纪校规，遵守宪法等国家法律，做一个知法守法、能够自觉抵制违法乱纪行为的公民。

（八）劳动教育

劳动是人类最基本的实践活动，是人类社会赖以生存和发展的基础。劳动创造了人类的物质文明、精神文明和政治文明，促进了社会的发展，是人类幸福生活之源。要对学生进行正确的劳动观教育，培养他们的劳动品质和劳动技能。

劳动教育的要点如下。

第一，帮助学生形成正确的劳动观和劳动态度。要让学生懂得劳动创造幸福生活，劳动创造世界；教育学生热爱劳动、尊重劳动人民，形成劳动光荣、懒惰可耻的劳动观。

第二，教育学生爱护公共财物和劳动成果。帮助学生养成吃苦耐劳、勤俭节约的好品质，形成珍惜劳动成果、爱护公物的良好习惯，确立勤劳致富和以诚实劳动争取美好生活的意识和能力。

第三，培养学生基本的劳动技能。从学生的生活实际出发，组织学生参加力所能及的自我服务劳动、家务劳动、公益劳动和简单的生产劳动，掌握一些基本的劳动技能，养成热爱劳动的习惯。

第三节　德育过程

德育过程是指教育者按照一定社会的要求和受教育者思想品德形成和发展的规律，有目的、有计划、有组织地对受教育者施加教育影响，把一定社会的思想准则和道德规范转化为受教育者的思想观念和道德品质的过程。

德育过程，即思想品德教育，与思想品德形成过程是两个不同的概念，二者是教育与发展的关系。

德育过程是一个相对独立而又完整的体系，由教育者、受教育者、德育内容和德育影响等要素组成。它们是开展任何德育活动都必不可少的，在活动中相互联系、相互影响。

一、德育过程是培养学生知、情、意、行统一发展的过程

个体的品德由知、情、意、行四因素构成。知，即道德认识，是人们对一定社会道德规范及其价值的理解和看法，包括人们通过认识形成的各种道德观念、道德判断能力和道德评价能力等。道德认识是个体品德形成和发展的前提，个体的道德认识水平制约着道德修养的水平。情，即道德情感，是个体运用一定的道德观念对自己和他人的道德行为进行是非善恶判断时产生的一种内心体验，是对自己和他人的道德行为的主观态度。道德情感推动和激励着个体去追求或舍弃某种行为，是个体品德形成的动力系统。意，即道德意志，是个体为实现道德行为目的所作出的自觉努力，是调节道德行为的精神力量。道德意志以道德认识和道德情感为前提和动力，并对其发展起促进作用。行，即道德行为，是个体在一定的道德认识、情感和意志的支配下，对他人和社会做出的有道德意义的行为，是衡量个体思想品德水平高低的重要标志。

知、情、意、行各因素既相对独立，又相互联系、相互促进、相互转化。品德的形成过程就是知、情、意、行的培养过程，就是提高认识、形成观念、培养感情、锻炼意志和训练行为的过程。在品德的形成和发展过程中，道德认识是基础，道德行为是关键，道德情感和道德意志则对思想品德的形成和发展起调节和促进作用。个体道德认识，在一定道德情感的驱使下会转化为相应的道德行为，在道德意志的作用下，才能形成一定的道德行为习惯；相反的，如果个体的道德情感水平较低，就很难实现从认识到行为的转化，也就无法形成道德习惯。相反，没有对道德规范及其价值的系统认识和理解，也无法形成持之以恒的道德行为和习惯，个体的道德行为就可能只是偶然的事件；没有道德行为，认识、情感、意志就无法得以表现和检验；没有道德情感，道德认识就难以发展成态度和信念，意志和行为将缺乏内在的动力；没有道德意志，道德认识就容易动摇，情感

将难于控制，行为便不能坚持。“知”是基础，“行”是关键，通过“行”可以加深和提高认识、增强情感、锻炼意志。培养学生良好思想品德的过程，就是培养学生知、情、意、行的过程，就是促使各因素在发展方向和水平上由不平衡、不和谐到相对平衡、相对和谐的过程。

德育过程的组织顺序应当根据不同年龄阶段儿童的特点灵活处理。如对于低龄儿童，既可以直接通过行为训练形成一定的行为习惯，进而使之转化为个体的内在道德品质，也可以通过激发学生的道德情感入手，促使学生道德行为的发生和思想品德的提高。而对于小学高年级的学生，可以让学生在理解道德规范、认识规范的价值的基础上形成相应的道德行为和品质，也可以以道德情感为驱动，促使学生持之以恒地以道德的标准要求自己的言行。这就是德育过程多端性的表现，需要教师在熟练掌握德育理论和充分了解学生实际的基础上灵活把握和运用。

二、德育过程是促进学生品德发展矛盾积极转化的过程

德育过程的本质是教育者借助一定的教育手段，把一定的社会思想和道德要求转化为受教育者个体的思想品德的过程。德育过程中存在两大矛盾，一是教育者提出的德育要求与受教育者品德发展水平之间的矛盾，二是受教育者自身道德发展需求与当前道德发展水平之间的矛盾。教育者提出的德育要求与受教育者品德发展现有水平之间的矛盾是外部矛盾，是德育过程中的基本矛盾；个体道德发展需求与现有道德发展水平之间的矛盾是个体品德发展的内部矛盾，是学生品德形成和发展的基本动力。

个体思想品德的形成和发展，是外因和内因共同作用的结果。其中教育者按照社会要求对受教育者施加的德育影响是外因，个体不断出现的新的思想品德发展需要和原有思想道德发展水平之间的矛盾是内因，外部的德育影响必须通过个体心理的内部矛盾转化发挥作用。德育过程就是在教师的引导下不断实现个体内部心理矛盾转化从而促进个体思想品德发展的过程。

因此，在德育过程中，既要调节学生思想品德发展的外部矛盾，把教育者提出的道德要求转化为受教育者的内在思想道德发展需求；又要促进受教育者思想品德发展内部矛盾的转化，把受教育者的内在思想品德发展需求转化为自身的思想品德发展。

三、德育过程是提高学生自我教育能力的过程

自我教育是个体自觉主动地确定思想道德发展的目标，并以自己的实际行动和努力不断提高自身思想品德的过程。学生的自我教育主要表现为能自觉地控制自己的言行，能够辨别是非与美丑，善于总结生活经验，发扬优点，克服缺点，不断地完善自身的道德修养。自我教育的基础是个体良好的自我评价能力。个体要确定自身合理的思想品德发展目标，首先必须了解自己目前思想品德发展的现状，清楚自身存在的优势和问题。一个自我评价过低的学生，极有可能选择低于自身发展潜力的思想道德目标，其思想品德的提高过程也会相对缓慢。一个自我评价过高的学生，则极有可能确定相对较高的发展目标，一旦无法实现就可能出现失望、懊丧、自卑的情绪，同样会影响其思想品德的形成和发展。

自我教育是个人自觉能动性的表现。在德育过程中，中小学生并不是消极地接受教育，而是积极主动地接受德育影响，形成一定的思想观念和道德品质。学生既是德育的对象，又是德育的主体。中小学德育过程是教育与自我教育相结合的过程。要促使学生思想矛盾的转化，必须重视学生的主观能动作用，处理好教育与自我教育的关系。学生一旦形成与教育要求一致的内在思想品德发展的需求，就具有一种能动的自我教育力量，德育过程就具有主动性、自觉性的特点。

青少年的自我教育能力不仅是教育的结果，也是教育要实现的目标。在德育过程中，一方面，要从社会和学生实际出发，因势利导，有计划、有目的地培养和提高学生的自我意识、自我评价能力和自我调控能力，以形成和发展他们的自我教育能力，把学生逐步培养成为能自觉地按社会道德规范进行自我教育的人。另一方面，要采取恰当有效的措施来调动学生的积极主动性，充分发挥学生的自我教育在自身品德形成中的能动作用，通过实际的道德实践来提高学生自我教育能力。

四、德育过程是教师指导下学生能动的道德活动过程

学生品德的形成和发展是在活动中能动地实现的。学生的品德既不是神定的，也不是主观自生的；既不是先天遗传的，也不是后天环境机械决定的，道德天赋论和环境自发影响论关于个体品德的观点都是偏激和片面的。从品德产生的根源上说，活动和交往是学生品德形成的基础。学生只有在与人交往中，在形成各种社会关系的过程中，在接触教育者所要传递

的社会思想道德的某种物化形式的活动中，才能通过其品德内部矛盾运动将外在的社会思想道德转化为自身内化的品德。学生的品德也只有在活动和交往中才能表现出来并受到检验。活动和交往是学生内在的品德认识和情感外化为相应的品德行为的条件。没有活动和交往，学生的品德认识和情感就无法在行为方式上表现出来，那就只是内在的主观认识和情感，而无法转化成真正的、完整的品德。评价一个人道德水平高低的标准就是看他在一定的社会活动和交往中表现出来的道德行为。检验一个人品德的完整性和真实性，不仅要看他的道德认识水平的高低，也要看他在一定的社会活动和交往中的内在情感体验和外在的道德行为。

道德活动是促进外部的德育影响转化为学生自身品德的基础。进行德育要善于组织和指导学生参与各种活动和交往，使学生在活动和交往中把教育者提出的德育要求转化为自身的品德。

资料 12-1：

道德天赋论

持这种观点的人认为，人的道德是先天的、与生俱来的、人心固有的思想。如孟子所言："仁义礼智信，非由外铄也，我固有之也。"（《孟子·告子上》）道德出于人不虑而知的"良知"，和不学而能的"良能"。

一切外部影响（包括教育）至多是与生俱来的"善端"展开的条件，并不能改变人的本性。康德则认为：人生来就是理性的存在。受这种理性支配的、不以环境为转移的意志称为"善良意志"，道德就是"善良意志"的"绝对命令"。道德属于理性世界，而教育属于感性世界，它不可能为理性世界提供任何普遍的道德原则。换言之，教育于道德无助。

环境自发影响论

持这种观点的人，不同意道德是人与生俱来的本性，而认为是后来学习的结果。人自幼像母语学习那样，从身边的每一个人那里学习各种道德规范。儿童的学习榜样是一种自然的榜样，他们是在与儿童的沟通与交往中，自然地影响着儿童的口语能力或道德的发展，并没有人刻意地教他们口语或道德，有意的道德教育几乎是多余的。

——黄向阳，《德育原理》，华东师范大学出版社，2000：43

第四节　德育原则

德育原则是指教师在对学生进行思想品德教育的过程中必须遵守的基本准则。

德育原则反映了德育过程的规律性。德育原则来源于德育实践，是广大教育工作者实践经验的高度概括和总结，是处理和解决德育工作中一些基本矛盾和问题应遵循的基本要求，对于德育实践具有指导作用。

这里介绍我国中小学德育工作中常用的一些德育原则。

一、知行统一原则

知行统一原则是指要在社会实践和实际生活中去培养学生的思想政治观念和道德认识，帮助学生把思想认识的提高与道德行为和习惯的形成统一起来，使他们的思想认识和言行一致而和谐。

知行统一是我国社会主义教育目的的客观要求。社会主义社会培养的中小学生，应该具有一定的道德认识和思想觉悟，应该形成良好的道德行为和习惯。为实现这一目的，不仅要重视理论知识的学习和掌握，又要求中小学生把相应的理论和认识付诸实践，落实为行为，达到言行一致、表里如一。

知行统一原则也是德育的内在要求。从某种意义上讲，德育就是要把道德内化为个人的品德。我们知道，品德是道德认知、道德情感、道德行为、道德意志等的综合体现，缺少其中任何一个都不构成品德。道德认知是产生道德情感的必要条件，没有认知，就不可能产生道德情感；而没有道德意志支配的行为，不论它带来怎样令人满意的结果，都算不上道德行为。反之，一个人的道德知识不管有多么丰富，若无切身体验和情感的参与，就不会产生相应的道德行为；若一个人仅有善意或善念，却没有体现善意的恒心和坚持，没有实际的道德行为，也算不得一个有道德的人。

贯彻知行统一原则，要求把学习理论和参加实践结合起来，把感性认识和理性认识、思想和行动统一起来。

第一，理论的学习要结合实际，切实提高中小学生的道德敏感性和道德思维能力。我们要用社会主义的道德规范来教育中小学生，要从根本上提高中小学生的认识和觉悟，就必须理论联系实际，使学生在日常生活和具体的道德情境中体验、推理、判断和选择。只有这样，才能提高学生的道德认知能力，继而借助理性的力量形成相应的道德信念，理解和践行社会的道德原则和道德规则，切实提高中小学生的道德思维能力。

第二，注重道德实践，在实践中培养学生的品德。我们要在社会实践活动中引导学生在已有的道德认知和道德信念的基础上身体力行，在实际的道德行为中增进他们对思想品德要求和道德行为规范的理解和认同，从而促进学生品德的发展。

二、严格要求与尊重信任相结合的原则

在德育过程中严格要求学生，是指要遵循德育的基本规律，在学生的现有思想和道德水平的基础上提出更高的要求，促使学生的道德向更高水平、更高阶段发展。尊重信任学生就要真诚地关心爱护学生，相信学生有不断发展的潜能。在德育的过程中，要把严格要求学生和尊重信任学生结合起来，使教育者对学生的影响与要求易于转化为学生的品德。

严格要求和尊重信任是辩证的统一。只有在尊重信任基础上提出的严格要求才可能被学生真诚地接受并转化为自我发展的内在动力。同理，没有严格的要求就没有教育。马卡连柯说过："要尽量多地要求一个人，也要尽可能地尊重一个人。"① 教育者必须根据学生的实际发展水平和潜能提出适合学生的发展要求，帮助学生将其转化为自己的内在发展要求并最终实现相应的发展目标。

贯彻严格要求与尊重信任相结合原则的基本要求如下。

1. 爱护和尊重学生

"尊师爱生"是我国长期以来形成的师生关系的优良传统。"爱生"是师生关系中最基本也是最重要的准则，是教师对学生进行教育的基础。一方面，教师对学生的爱、尊重和信任，是学生追求思想进步和道德发展的动力；另一方面，学生能够从一个爱护、尊重和信任学生的教师身上习得处理人与人之间关系的最基本要求。只有热爱学生的教师，才会真心关怀学生的成长，才会以学生的发展为己任，尽职尽责、诚心诚意地对待教育、对待学生。

2. 信任学生

爱护和尊重学生，是与信任学生紧密联系在一起的。爱护学生，是基于教师为人师长的责任；尊重学生，是要把学生当成在人格上与自己平等的个体来对待，不歧视、讽刺和挖苦学生；而信任学生，则是要相信学生

① ［苏联］马卡连柯. 论共产主义教育［M］. 北京：人民教育出版社，1955：270.

在思想和道德发展方面的潜力，要相信学生有追求进步和德行完善的愿望。信任学生，也意味着教师要有这样的信心，即学生在自己的努力或他人的帮助下能够达到教师所提出的道德目标，并不断发掘自己思想进步和道德发展的潜能，做一个诚实善良的人和遵纪守法的公民。

3．严格要求学生

教师要从学生的实际出发，对学生提出具体、明确而又合理的发展要求。严格要求学生，就意味着教师要了解学生的思想和道德发展的现状，要掌握学生的成长背景和生活环境，这样才能有针对性地提出适合学生的合理发展要求。同时，教师的要求必须具体、明确，不说假话、废话和空话，这样提出的要求才更容易为青少年学生所理解和接受。教师提出的要求越具体、明确而合理，才越有可能被学生转化为自我发展的内在需要，进而转化为思想观念和相应的行为。

案例 12-1：

“老……老师，我的钱不见了。”

“裴凌波，你说说到底是怎么回事儿?”

“老师，我把您找给我的钱放进了书包里，下了课间操回来就发现钱不见了。”

我向课堂上望去，要我从他们当中指出一个所谓的“小偷”来，让我感到了棘手。

“老师，要不咱们当场搜查，把那个内贼给揪出来。”

“对！现在就搜。”

突然，我发现了一双躲避我的眼睛，那双眼睛充满了惊恐，煞白的小脸写满了恐惧，我顿时明白了。

我拍了拍手，然后用郑重的口气说：“为了尊重同学们的人格，我不愿意、也不能当场搜查。通过这件事，我希望同学们能吸取教训，俗话说财不外露，大家要把钱随身带好。也希望拿钱的这个同学反省一下，我相信他只是一时糊涂，才做了这样的傻事。我们给他一个改正的机会。下午到校时，希望这位同学能鼓起勇气把钱放到我办公桌中间的抽屉里。我们开始上课吧。”

下午到校后，我拉开了办公桌的抽屉，可是除了几本资料之外，并没有我想看到的人民币。

下午第一节课是美术课，我抓起电话和美术老师换了一节课。该做作业了，我先让语文课代表去仓库找保管员老师领两盒彩色粉笔，然后看着大家说："课代表去领粉笔了，谁代她去抱作业啊?"

"我去。""我去。"很多孩子举起来小手，他，也举起了小手，尽管有点犹豫。

"××，你去吧。"只见他腾地蹿起来，转眼消失在教室外面。

一分钟后，他气喘吁吁地抱来了作业，小脸涨得通红，眼睛闪烁着如释重负的兴奋。

——魏晓燕，《永远的秘密》，载《中国教师报》2010-01-13

思考：是什么因素促使××同学把钱还回去的?

三、正面引导和纪律约束相结合的原则

正面引导和纪律约束相结合的原则，是指在德育过程中要循循善诱、以理服人，通过正面疏导和启发激发学生思想进步和道德发展的积极性，通过摆事实、讲道理让学生明了自身发展的方向和要求；同时又要辅以纪律约束，通过学生守则、学校规章制度等对学生的行为实行监督和调控。

正面引导和纪律约束相结合的原则反映了社会主义教育目的的要求。中国长期的封建社会教育的实践教训告诉我们，压服、灌输和强制的教育方式造就的多是"死读书、读死书和读书死"的书呆子和只知服从、不思变通的奴仆。社会主义教育要求培养有思想、有觉悟的劳动者，社会主义经济发展需要教育培养具有自尊、自强、自立和自信等心理素质的能动性人才，这就要求德育必须坚持正面引导和启发自觉，通过说服来教育学生。

青少年学生是发展中的人，具有不成熟性和可塑性，他们的思想观念、政治觉悟和道德认识尚待形成，这就要求教师通过正面的教育引导学生理解和接受德育内容和目标。现时代的青少年学生具有鲜明的时代特色，更加追求个性和思想的独立，教师采用疏通、引导和说服的方式也更能适应现时代青少年的发展需求和特点。

对学生说理，以理服人，暗含着这样的假设——把学生当做有理性的人，并且期望学生更有理性。教师说服的教育行为本身就对学生具有示范作用，教师坚持以疏导启发、循循善诱的方式教导学生，学生必能在潜移默化之中受到影响，逐渐倾向于用理性的方式待人处世。只有把学生当做

有理性的、有发展潜力的人来对待和教导，才能把他们培养成为真正具有理性的人，才能不断发掘学生的巨大发展潜力，使学生得到更好更全面的发展。

贯彻正面引导和纪律约束相结合原则的基本要求如下。

1. 疏导启发，以理服人

教师在德育过程中，要针对学生的思想现状进行疏导启发，引导学生产生追求进步和求真向善的行为倾向。态度、观念的形成和转化绝不是压制和强迫就能达到的，要在了解学生、理解学生的基础上循循善诱、因势利导，帮助学生把内在的发展要求和目标转化为思想态度和相应的行为。虽然在情况紧急时，教师应当机立断，运用自身的权威使学生服从要求，但从长远看，说服会比压服更有效。教师要克服强势心理，把学生当成与自己平等的人，尊重学生，信任学生，不用权威、权力去强迫、威胁和恐吓学生，而是疏导说服，用讲道理的方式让学生理解和接受教育影响。

2. 坚持正面教育，多用示范和表扬

青少年学生朝气蓬勃、积极向上，勇于追求进步和个性的完善。教师要更多采用正面教育的方式，通过展示社会上的先进人物或是生活中的道德行为，向学生揭示积极进步的思想观念和规范的道德标准。在这里，教师自身的榜样示范对学生的影响作用不容忽视。教师应规范自己的言行，以自身高尚的德行和积极的人生态度为学生树立良好的榜样。来自教师的模范影响是其他的榜样人物所不能替代的，因为通过对学生施加道德影响的教师的言行，会体现和肯定教师在德育过程中期望学生去形成的德行。

教师要关注学生成长过程中表现出的积极性和进步，及时给予肯定和表扬是教师对学生品行的一种肯定性评价。教师应该经常通过表扬鼓励学生的道德行为，肯定学生的正确行为，并合理运用奖赏等手段激励学生的道德行为。

3. 加强纪律约束，规范学生行为

青少年学生自控力差，难免会出错。所以，在强调正面教育为主的同时，要利用《学生守则》等校规校纪对学生行为进行约束，并经常检查监督，持之以恒，帮助学生形成遵章守纪的良好行为习惯和自我约束的能力。

四、发挥积极因素和克服消极因素相结合的原则

发挥积极因素和克服消极因素相结合的原则，是指进行德育要注意调动学生自我教育的积极性，依靠和发扬学生的优点、长处和先进因素，克服学生思想和品德上的缺点、短处和落后的因素，实现品德发展内部矛盾的转化。

发挥积极因素和克服消极因素相结合的原则反映了学生品德发展的特点和规律。学生心理内部矛盾是思想品德发展的动力，学生品德的形成和发展必须通过其心理内部矛盾的转化来完成。德育应激发学生自我教育的积极性，提高学生自我教育的能力，让学生能够认识并发扬自身的积极因素，去克服自身的消极因素，实现心理内部矛盾的转化。

贯彻该原则应遵循以下基本要求。

1．全面了解学生

从德育的角度看，教师至少要从两个方面去了解学生。

一是要全面了解学生思想品德发展方面的优点和缺点、长处和短处。进行德育首先要做的工作之一，就是要了解和分析学生思想品德发展的现有水平，对学生发展中存在的优点和缺点、长处和短处做到心中有数。每一个学生，都会有优点，也都会存在不足。老师既要关注学生身上存在的问题和不足，也要看到学生发展中的优势和长处。

二是要了解学生的生活环境和成长背景。学生的发展在很大程度上会受到其成长背景和生活环境的影响，要想成功地教育一个学生，就必须关注学生背后隐含的这些因素。在学生的家庭、社区和成长经历中，存在很多有利于教育的因素。很多老师忽视或不了解学生的成长背景，做工作急于求成、盲目急躁，一般很难达到教育学生的目的。

2．要一分为二地对待学生

金无足赤，人无完人。我们很多的老师总是习惯于夸大所谓优秀学生的长处和所谓“差生”的短处，看不到优秀学生身上存在的不足，看不到“差生”也有优点和长处。德育过程中，教师要自觉地克服这种偏见和不公平的对待，客观公正地对待每一位学生。面对优秀学生，教育者不能只看到他们的长处，也要关注他们发展的不足，利用长处改进不足。对待落后学生，教育者不能仅看到他们的缺点和不足，也要看到并强调他们的优点和长处，利用这些积极因素去克服学生身上存在的问题和不足。

五、集体教育和个别教育相结合的原则

集体不仅是教育的对象，也是教育的主体，具有巨大的教育力量。德育过程中要注意依靠学生集体并通过集体来进行教育，以便充分发挥学生集体在教育中的巨大作用；集体是由个人组成的，集体中的每一个成员又各有特点，因此在进行集体教育的同时，又要注意个别教育。既通过集体教育个别学生，又通过对个别学生的教育影响集体，这就是集体教育和个别教育相结合的原则。

社会主义教育需要培养学生的集体主义品质，这是社会主义人才必须具备的素质要求之一。只有通过集体，在集体中接受影响，才能形成学生的集体荣誉感，也才能培养他们的团结合作精神。

集体教育也是符合思想品德形成和发展的规律的。人是关系中的人，人在各种关系中接受影响并形成一定的思想、观念和品德；同样，人也必须在各种关系的协调和处理中去形成和体现自己的观念和品德。对学生来说，学生集体是很重要的社会关系，学生的生活和学习也主要是在集体中进行的。可以这样说，学生的发展和成长是离不开集体和来自于集体的影响的。

贯彻集体教育与个别教育相结合的原则应遵循以下要求。

1. 教育学生，形成和建设集体

集体不是简单的学生个体的组合，而是一个有机的整体。学生群体要发展成为集体，要有正确的思想政治方向，要有可供遵循的生活准则和规章制度，要有共同追求的目标和理想，要有为实现共同目标和理想而共同参与的生活和活动实践。教师要形成集体，就要从以上方面做出努力去形成和建设集体，形成集体的凝聚力和影响力。

2. 通过集体影响学生，通过个体学生的成长影响和建设集体

集体生活对每一个学生来说，都是很好的教育影响的来源。在集体生活中，体验着同学为实现集体目标和理想所作出的努力，感受着同学为了集体、在集体中共同奋斗、互相帮助、团结友爱的精神和情感。教师要把来自集体和来自个人的影响有机结合起来，通过集体的凝聚力和荣誉感影响和教育个别学生，通过个别学生的发展和改变来影响和建设集体。

贯彻这一原则，还要求我们的老师做到不放弃任何一个学生。现实德育实践中，很多老师把某些学生当作“害群之马”，抱怨“一粒老鼠屎搅坏了一锅粥”，这种把某个或某些学生摒弃在集体之外的做法都是违背集体教

育原则的。只有当每一个学生都被纳入集体、都被接受为集体的成员，只有当每一个学生都把自己视为集体的一分子而约束和规范自己的言行时，集体才是真正的集体。

六、因材施教原则

因材施教原则是指进行德育要从学生思想认识和品德发展的实际出发，根据他们的年龄特征和个性差异进行有针对性的教育，使每个学生思想品德的潜能都得到最充分的发展。

德育的因材施教原则是根据学生思想品德发展的规律提出来的。教育影响必须通过学生心理内部矛盾的转化才能起作用，教师所提出的德育要求必须转化为学生的内在发展需要才可能最终转化为学生的思想观念和道德行为。因此，教师既要了解和依据学生的年龄特征，也要了解和依据学生的个别特点，确定合适的德育内容，提出符合学生发展实际的德育要求，选择适合学生心理特点的德育方式，做到既照顾整体，又关注个别。

贯彻因材施教原则的基本要求如下。

1. 根据学生的年龄特征和时代特点进行德育

教师既要研究和了解不同年龄阶段学生的生理和心理特点，又要研究和了解学生思想品德发展的特点和规律。不仅要从理论上学习和研究学生的身心特点和品德心理，还要走近学生，了解当代学生生活和学习的新情况，掌握学生思想和道德的时代特征，根据当代学生发展的实际进行教育。了解是理解的基础，不了解学生，就无法理解和接受学生，也就无法进行成功的教育。

2. 根据学生的个别特点进行德育

学生来自不同的家庭，有不同的成长背景，个性和心理活动也不一样，各自的优点和缺点各有差异。进行德育必须了解学生的这些实际情况并据此有针对性地施加德育影响，从而有效促进学生思想品德的发展。

七、教育影响的一致性与连续性原则

教育影响的一致性与连续性原则是指进行德育应当有目的、有计划地把来自各方面的教育影响和教育要求统一起来，使其协调一致、前后连贯。

教育影响的一致性和连贯性原则是由思想品德形成的长期性和教育影响的多样性决定的。学生思想品德的形成和发展是一个由低水平、低阶段向高水平、高阶段发展的长期而曲折的过程，要保证教育影响和教育要求的前后连贯，各阶段的教育应相互衔接、环环相扣，从而保证学生的思想品德始终朝着德育的目的发展。学生思想品德的形成和发展又是多方面教育影响的结果。来自学校、家庭和社会的影响多种多样、纷繁复杂，难免会出现各方面影响不统一或前后要求不一致的情况，如果不加以组织和协调，势必会造成教育的作用相互抵消或冲突，造成学生思想上的矛盾和混乱。

贯彻该原则要遵循以下基本要求。

1. 学校、家庭和社会的教育影响和要求应保持一致

首先，学校、家庭和社会要保证各自对学生的教育影响的一致性。从学校方面看，既要保证所有教师对学生提出的教育要求的一致性，又要协调校内各组织对学生的教育影响。从家庭方面看，家长要就孩子的教育和成长问题达成基本一致的意见或看法，为孩子的健康成长提供良好的环境。社会各方面也要相互沟通和协调，互通有无，共同关注青少年的健康成长。

其次，学校应发挥主导作用，协调来自学校、家庭和社会的教育影响。学校教育具有较强的组织性、计划性和目的性，在学生的发展中起主导作用。学校有责任协调学校、家庭和社会的教育影响和要求，通过家长会、家访等方式了解学生家庭和所在社区方面的相关信息，把来自于家庭和社会的教育影响与学校的教育影响有机结合起来，促进学生的健康成长。

2. 做好衔接，保证教育影响前后连贯和一致

教师要有计划、有目的地对学生提出合理的教育要求，做好中学与小学、高中与初中之间的衔接，把各阶段对学生的教育影响协调、连贯起来。这就要求学生的现任老师要与其原来的老师做好交接，了解学生先前的发展状况，为实现有针对性的教育打下基础。但这并不意味着现任老师就要全然接受原来老师对学生所做的评价，而是要一切为学生考虑，防止偏见和先入为主，权衡利弊，实事求是，寻找教育的契机。

【思考题】

1. 德育有哪些功能？针对当前社会实际，应如何看待德育社会性功能和个体性功能之间的关系？

2. 对中小学生的劳动观念做一下调查，根据调查结果说明当前中小学的劳动教育应注意哪些问题。

3. 运用实际事例说明德育过程的多端性。

4. 挑选一个自己遭遇或看到的德育实例，说明该实例中老师的做法遵循或违背了什么德育原则？

【拓展阅读】

1. 黄向阳. 德育原理 [M]. 上海：华东师范大学出版社，2000.

2. 檀传宝. 德育原理 [M]. 北京：北京师范大学出版社，2007.

第十三章　德育实施

德育方法是实现德育目标、完成德育任务的重要条件，教师对德育方法的合理使用将直接影响德育目标的实现。本章首先就德育方法问题进行探讨，系统介绍我国中小学常用的德育方法及西方学校比较推崇的德育方法；其次，将从直接的道德教育和间接的道德教育两个方面对我国常用的德育途径进行分析；最后，将对目前比较成熟的几种德育模式分别进行介绍和评析。

【学习目标】

1. 熟悉各种德育方法及其运用。
2. 了解德育的途径。
3. 熟悉和了解几种典型的德育模式。

第一节　德育方法

德育方法是指在德育过程中用来提高学生思想认识、培养他们的道德品质的方法，包括教师影响学生并促进其思想品德形成和发展的方法和学生在教师指导下进行自我教育的方法。为了实现德育的目标，让学生领会和理解教师提出的要求，形成一定的思想和品德，教师必然要运用一定的手段和方法。这就要求教师要熟练掌握各种方法的理论和运用要领，在德育实践中能够做到应用自如。

一、中小学常见的德育方法

长期以来，我国中小学已经形成一套思想品德教育的方法体系，常见的有说服、陶冶法、实践锻炼、示范、指导自我教育和品德评价等。除我国中小学常用的这些方法之外，这里还将介绍西方学校德育比较推崇而又适合在我国中小学借鉴使用或进一步推广的德育方法，如讨论和角色扮演等。

（一）说服

说服是教师根据学生的认识水平，借助语言充分地陈述理由，使学生理解并接受某种思想道德观念，形成或改变某种道德态度的方法。说服是德育实践中最常用的一种方法。

说服与压服不同。说服强调以说理的方式使学生心服口服，也就是要以理服人。压服则是以权威、权力、威胁、恐吓等强制性方式使学生屈服。在正常情况下，老师应该以说理的方式劝服学生，而不是以强制性的方式让学生服从。因为前者能够让学生转变观念和认识，后者可能只是让学生出现暂时的期望行为，而难以让学生出现思想的转变。

说服和说教也有区别。说服强调向学生讲道理，既要求证据充分、推理符合逻辑，也要求老师所采用的证据和推理方式能够为学生所理解和接受。如果脱离学生的生活和学习实际、超出学生的接受能力，说理就会变成空洞的说教。要避免说教，劝服学生，达到学生思想和观念的形成和转变，就要根据学生的思想现状和理解能力进行说理，使学生心悦诚服。

说服的基本要求如下。

1. 论证合理，论据充分，有理有据

有说服力的论证，必须做到有理有据。合理论证的根本，是推理要符合逻辑。从思维的形式看，推理主要有三种模式：从特殊到一般的归纳推理、从一般到特殊的演绎推理和从特殊到特殊的类比推理。在实践中究竟采用哪种推理方式，要视实际情况灵活处理。

说理还要求论据充分。缺乏论据，不可能说服学生。事实和价值都可以作为论据进行道德论证。如老师对学生说：“使人痛苦是不对的，嘲笑使人痛苦，所以嘲笑是不对的。”其中大前提是价值判断，小前提是事实判断。很多时候，教师只要对学生说：“嘲笑使人痛苦，所以嘲笑别人是不对的”，就能使学生信服。因为在教师的论证中暗含了一个价值判断的前提，就是“使人痛苦是不对的”，而学生又认同其中隐含的这个价值前提。这说明，以学生认可的价值判断为前提推理出来的结论更易为学生接受和信服。

2. 以理服人，以情动人，情理交融

道德推理的过程中总是包含有态度倾向和情感色彩的道德判断，学生在被说服教育的过程中不仅包含了认识、观念的形成和改变，也包含了态度、情感的形成和改变，因此说服过程既是一个理性过程，也是一个情感过程。教师要认识到，理性因素和情感因素在说服过程中所起的作用是不能相互替代的。说服中的情感因素对态度和情感的转变较易发生但不易持久，而说服中的理性因素往往会产生长期的效果，但情感因素的参与有利于理性因素发挥作用。因此，教师说服学生既要以理服人，又要以情动人，做到情理交融。

案例 13-1：

王明是个让老师头痛的学生，开学前同事们议论这个“捣蛋鬼”，认为他分到谁班谁倒霉，结果巧得很，王明分到了我的班。

四年级以前，王明是个品质较好的学生，是个热情且乐于助人的好孩子，自从父母闹离婚后，就变了。他恨父亲，他说：“我要让他后悔一辈子。”

一个晴朗的星期天，我请王明一起去春游，我们骑自行车走了很远的路，最后爬上一座临水的山崖，坐在岩石上休息。我问他：“你今天觉得怎样？”他说：“太开心了，老师，这儿的风景太美了。”我指着悬崖下面的水潭说：“你敢从这儿跳下去吗？”他疑惑地望着我，然后问：“老师，你敢吗？”我答：“不敢，因为跳下去可能会死，而生活实在太美了。”他说：“那——我也不敢。”我拉着他退回到岩石上坐下来，正色地对他说：“你说你不敢，可生活中的你，不是正在跳另一种形式的深潭吗？你正在拿一生的幸福和前途作为报复你父亲的手段呢……我很赞赏你对你母亲的感情，我也不赞成你父亲的所为，但这些不是你能挽回的，你想报复父亲，结果却是害了自己。你想，你母亲希望你这样吗？”他哇的一声哭了：“老师，我好恨好恨我父亲啊！呜……呜……”我等他平静了，接着开导他：“如果你真爱你母亲，你就要为她争口气，好好读书，做一个有用的人，等将来有出息了，你把母亲接回来，和你一起生活……”他懂事地点点头。

——于秀翠，《德育个案 171——爱是生命的常青树》，2009-01-14，http：//www.chiya.org

（二）陶冶法

陶冶法是指通过设置一定的情境让学生潜移默化地得到道德情感的感染和心灵熏陶的方法。

陶冶法主要是利用了环境的潜移默化作用和人的易受暗示性特征。相对于说服等其他一些方法，陶冶法有自己的特点，既不向学生传授系统的道德知识，也不对学生提出明确的道德要求，只是让学生置身于特定的情境，在情境中受到感染和熏陶。从效果看，陶冶法对学生品德的影响是潜移默化的，因而比较缓慢，是一种注重长效性的德育方法。

陶冶包括教育者的情感陶冶、环境陶冶和艺术陶冶。

教育者的情感陶冶是指教师以自身的情感、品德和人格对学生进行的陶冶。教师对学生真诚的期待和爱护，能够增强学生的信心，激励他们追求进步、积极向上。教师权威是实现教育者情感陶冶的优势所在，教师要利用这一优势，以自身的人格和品德影响学生。

环境陶冶是利用环境中的教育因素，创设一定的教育情境对学生的品德和情感进行的陶冶。“孟母三迁”的故事就是环境陶冶的典型例子。教师要学习孟母的精神，重视环境对学生品德的影响，自觉为学生创设良好的生活和学习环境。不仅要重视物质环境的优化，也要注重精神环境的构建。

艺术陶冶是通过音乐、美术、舞蹈、雕塑、诗歌、文学、影视等艺术形式和活动对学生的情感和品德进行陶冶。教师应经常组织学生诵读优秀的文学作品，聆听音乐、欣赏画展、观看影视等，同时引导和组织学生自己去体会和创作，在艺术的氛围中受到熏陶和感染。

运用陶冶法要注意以下基本要求。

1. 教师以身作则，引导学生共同创设良好情境

良好情境是对学生进行情感陶冶和心灵熏陶的前提条件。教师要严于律己，做好表率，重视自身人格和品德对学生的影响。同时也要协调各方面的教育影响，为学生创设良好的学习氛围和生活环境。

2. 重视学生的积极参与

教师要注意发挥学生的积极性和主动性，引导学生参与陶冶情境的创设，如教室环境的布置、校园环境的美化、艺术作品的创作等。帮助学生形成自己是班级和学校的一份子的认识和主人翁精神，主动维护班级荣誉，自觉遵守和维护学校规章制度，致力于为自我生活和学习创设良好的环境和氛围。

3. 从长远考虑，注重长效性

陶冶是一种具有长效性的德育方法，发挥效果的方式是潜移默化的。无论是教师的情感陶冶，还是环境陶冶和艺术陶冶，都要看到其对学生影响的长效性。

（三）实践锻炼

实践锻炼是有目的地组织学生进行一定的实际活动来形成和发展学生品德的方法。学生的道德行为和习惯要通过活动实践来形成和加强，其道德意志也要在活动实践中得到锻炼和增强，包括学生的道德认识要转化为道德行为也有赖于活动实践。

实际锻炼的方式有很多，包括学习活动、社会活动、生产劳动和遵守规章制度的练习等。

学习是学生的主要任务，在有组织的学习活动中，学生能够养成克服困难、认真学习、耐心、细心的良好品质和习惯。通过学习活动中的师生之间和同学之间的交往，将促使学生团结互助、互相关爱、互相尊重和信任。

在社会活动中，学生扮演一定的社会角色，承担相应的社会工作，承担和履行一定的社会责任和义务，有助于形成合作精神、责任感和竞争意识。

通过生产劳动，可以培养学生正确的劳动观点和爱劳动的好习惯。教师要引导学生体会劳动的艰辛，感受辛勤劳动的快乐，还要帮助学生在劳动中养成诚实、勤劳、坚韧等品质。

遵守规章制度的练习则有利于培养学生的自觉性、纪律性和时间观念。作为学校的规章制度，要讲究适应性和教育性，既要适应学生的身心特点，又要符合教育教学规律，保持一定的稳定性。

无论采用哪种方式，实际锻炼都应遵循以下基本要求。

1. 说明意义，提高学生锻炼的自觉性

要在实际活动中形成和发展学生的思想和品德，有赖于活动的顺利开展和学生的积极参与。因此，老师要向学生讲明活动的目的和意义，激发学生参与活动的兴趣，使活动得以顺利进行。

2. 要求要具体，活动方式要明了

活动开展之前要简明扼要地说明活动的具体要求和活动方式，以方便学生参与活动。

3. 讲究实效，不重形式

开展各种实践活动，是为了促进学生品德的形成，活动本身不是目的。因此，活动过程中要讲求实际效果。

4. 检查监督，及时评价

活动开展过程中和活动结束之后，教师要进行监督和检查，要善于抓住教育契机，及时做出评价，提高活动的效果。

(四) 示范

示范是以他人的高尚思想和道德行为来影响学生思想品德的方法。如果说说服是以语言为主要手段的德育方法，那么示范法运用的主要手段则是榜样。

示范把道德价值和行为规范具体化、直观化和人格化了，通过榜样体现的道德观念和行为规范更具有感染性和吸引力。通过榜样能够引导学生积极向上，往正确的方向发展。青少年学生具有极强的模仿性，以榜样为主要手段的示范法正适应了学生的这一特点。

教师经常选做榜样的有历史伟人、英雄人物、先进模范、教师和学生中的先进代表等。

示范的基本要求如下。

1. 选择合适而有代表性的榜样

教师为学生选择的学习榜样，首先要有针对性，即要清楚学生道德发展的需求和学生的思想动向，选择适合的榜样。其次，榜样要具有典型性，不需太多，只要能够激发学生模仿学习的欲望即可。榜样还要贴近学生的生活和学习实际，这就要求教师选择榜样时做到远近结合，提高榜样的可模仿性。

2. 剖析榜样，引导学生学习榜样

选择了适合的榜样之后，教师就要向学生介绍榜样人物的典型事迹，剖析典范人物身上的优良品质和道德修养。教师要注意对榜样的剖析，把重心放在榜样的品质和修养上，而不是局限于言行和事件本身。面对不同年龄、不同水平的学生，剖析的程度应有所区分，对于年龄小、理解力较低的学生，既要揭示榜样身上的崇高精神和优良品质，又要讲明如何在实际生活中学习模范，使榜样学习见诸行动。而对于年龄较大、理解力较高的学生，教师就可以更多地让学生自己去分析、领悟。

3. 教师以身作则，做好表率

教师在工作中为人师表，在生活中以身作则，以实际言行来实践自己对学生提出的道德要求，成为学生争相效仿的表率，这是一种直接示范。教师通过讲解和评价历史人物、先进模范的事迹，运用言行激励学生思想进步、品德形成，相对于教师本人的示范，这是一种间接示范。相对而言，直接示范的教育效果要比间接示范强。教师给学生树立的榜样，若能成为教师自身效仿的对象，则更具有感染力和吸引力。因此，教师要注意提高自身觉悟，严格要求自己，时刻规范自己的言行，经常检讨和反省自己，增强自身在学生中的表率作用。

（五）指导自我教育

指导自我教育，就是在教师的启发和引导下，学生自觉地进行自我评价、自我监督和自我调节，以提高思想品德水平的方法。

自我评价是指学生对自己的思想和言行的对与错进行合理的判断，对自己的优点和缺点进行正确的区分和认识。自我评价是自我教育的前提，指导学生自我评价是指导自我教育的重要方面。正确合理的自我评价也是学生发展的重要基础，可以使学生不断强化自身积极的方面，抑制和改正自身消极的方面，使学生不断调节自己的思想和言行，有意识地往正确的方向发展。

自我监督是指学生对自己的思想和言行保持时刻警醒，经常反思和督促自己往更高的思想水平和道德高度成长。良好的自我监督能够让学生及时发现错误和过失，从而能够及时反省，并及时改正错误，挽救过失。

自我调节是学生根据道德规范自觉控制和调节自己的思想、感情和行为的过程。自我调节能力的掌握和提高是指导自我教育成败的关键，也是学生成熟与否的重要标志。

指导自我教育的基本要求如下。

1. 引导学生认识自我教育的重要性，激发学生自我教育的愿望和自觉性

很多学生缺少自我教育的愿望，主要是因为没有认识到自我教育的重要性。教师首先要引导学生认识自我教育在个体成长中的意义，帮助部分学生克服思想的惰性和顺应性，使学生成为一个关注自我成长、自觉教育自己的人。

2. 帮助学生掌握自我教育方法，提高自我评价、自我监督和自我调节的能力

很多学生并不缺乏自我教育的愿望和自觉性，但自我教育的成效就是不高，一个很重要的原因就在于他们不熟悉自我教育的具体方法，在自我教育的实践中盲目前行，经常会形成错误的自我认识和评价，而导致思想的迷茫和言行的失范。因此，教师要帮助学生熟悉和掌握有效的自我评价、

自我监督和自我调节的方法。

3. 指导学生在实践中进行自我教育

自我教育不应是一个抽象的概念，也不该是一个虚浮的词汇，而应成为学生在实践中成长的手段和行动。学生自我教育能力的提高不能脱离实践活动，没有具体的实践情境，自我教育也无法进行。教师应把创设一定的情境与学生的学习和生活的实际有机结合起来，让学生在实践中提高自我教育的能力，进行自我教育。

（六）品德评价

品德评价是教育者根据一定的道德标准，对学生的思想和言行做出判断，予以褒贬，以鼓励学生追求进步，预防和改正不良思想与行为的方法。

从性质看，品德评价的主要手段有表扬与奖赏、批评与惩罚。从评价的主体看，品德评价有自评和他评之分。

表扬是对学生品行的肯定性评价，而奖赏是伴随这种评价的外部刺激。奖赏与表扬相结合，能够强化受到肯定的行为。相对应地，批评是对学生品行的否定性评价，惩罚是伴随这种评价的辅助手段。

在德育实践中，教师要注意正确、有效地运用表扬和奖赏、批评与惩罚，要做到客观公正、奖惩分明、方法适当。

特别是在运用惩罚时要注意以下要求。

1. 惩罚的目的是教育学生

惩罚作为一种教育手段，要从孩子的利益出发。教育惩罚的目的，是要使孩子认识到自己所犯的错误，并在此基础上知道什么是对错、善恶，从而改正错误，规范行为，提升道德水平。

2. 惩罚应针对学生的道德过失

教育中的惩罚现象是伴随着道德规范而出现的，准确地说是伴随着违反道德规范的行为而出现的。夸美纽斯指出，“严格的纪律不应当在跟学习或文本练习有关的事情方面”采用，“只有对道德方面的过失才能采用一种比较严格的纪律。”① 即当孩子违反道德规范、在道德方面出错时，才可以采用惩罚，而不应因学习成绩惩罚学生。在教育实践中，学生不仅因为认知方面的原因受罚，而且因为情感和个性方面的原因成为惩罚的对象。

---

① ［捷克］夸美纽斯．大教学论［M］．傅任敢译．北京：教育科学出版社，1999：198～200．

3. 惩罚的方式要适当

惩罚作为一种教育手段，必须遵循教育性原则，即要以最小的投入获得最大的教育效果。不道德的惩罚手段包括体罚和心罚，前者有罚抄、罚站墙角、赶出教室甚至打骂等形式；后者则是采用讽刺、挖苦、孤立、冷落、揭短、当众出丑等手段对学生进行心理惩罚。从表面上看，心罚比体罚要显得文明，但它带给学生的伤害却不比体罚小。惩罚要达到既定的教育效果，又不伤害学生的身心，教师就要针对学生的实际选择合适的惩罚方式。

资料 13-1：

华应龙和他的“融错教育”（节选）

“很荣幸，我错过，错是一种贡献。”这是“融错教育”的第三层含义。华应龙说：“很多老师认为学生不该‘错’，而我认为学生可以‘错’，学校、课堂就应该是学生犯错的地方。”何况爱因斯坦也说过：“失败就是发现一条走不通的道路，这对科学就是很大贡献。”

因此，在北京第二实验小学，我们会听到学生这样说：“老师，刚才我是这么错的。”在这里，孩子们不再把犯错误当做一件见不得人的事，而是充分认识到错误是有价值的，所以才会说出来和大家一起分享。

华应龙说：“在这样一种融错的教育中，积淀下来的就是孩子创新的人格。在学习的过程中，他不但掌握了知识，而且还养成了敢于尝试的良好习惯，错了、失败了，他会去分析，然后再不断地探索。这种教育能帮助孩子磨炼出百折不挠的意志品质。”

——《中国教师报》，2010-02-03

思考：结合上述材料分析某些教师因为学生学习出错而惩罚学生的现象。

（七）讨论

讨论法是教师指导学生以班或小组为单位，围绕一定的道德问题展开讨论或辩论，是一种通过学生集体教育影响学生个体的方法。

道德讨论法的实质是诱发学生的认知冲突并引起学生的积极思考。在讨论的过程中，处于不同道德发展水平的学生观点会相互碰撞，迸发思维的火花，形成对道德问题的新看法和新态度。根据科尔伯格认知性道德发展模式的相关理论，处于道德发展低水平的学生将理解并同化高于自己一个阶段的同伴的道德推理，同时拒斥低于自己道德阶段的道德推理。这也是讨论法的第一个重要作用的表现，即能够有效地促进学生道德判断能力的发展。讨论法的第二个重要作用，是引起学生态度和行为的改变。讨论最后可能会形成一个大家一致通过的决定或协议，这个通过集体讨论确定的决议能够引起集体成员态度的变化，从而最终影响成员的行为。即使讨论最终没有形成一个一致的结论，也有可能引起成员态度和行为的转变，促进学生品德的发展。

运用讨论法的基本要求如下。

1. 讨论的主题要切合学生的道德发展和生活实际

主题的选择要针对学生集体的思想品德发展的矛盾和冲突，要符合学生生活和学习的实际，才更有可能引起学生讨论的兴趣，激发学生的思维。

2. 引导学生考虑和理解他人的观点，协调相互之间的分歧

讨论的过程中要引导学生先做一个善于倾听的人，要善于从别人的意见或观点中汲取养分。讨论的目的之一就是让学生发现他人有与自己不一样的思维方式、观点和态度。因此，教师要有意识地引导学生关注处于道德发展高水平或阶段的同学的看法或意见，促使学生道德水平的提升。

案例 13-2：

“绰号”要不要（节选）

一天下午上课时，我和同学们聊了起来：“同学们特别喜欢看《水浒传》，那你们知道哪些水浒英雄呀？”大家一听可来劲了，什么“日行八百，夜行六百，神行太保——戴宗”了；什么“身材矮小，善于跳跃，鼓上蚤——时迁”了……

我接着问：“除了《水浒传》中的英雄人物，你还知道哪些有特点的人物？”同学们七嘴八舌说了起来，“飞人”——乔丹，“超级坦克”——刘玉栋，“大巨人”——姚明……

这时，我话锋一转，问：“听说咱们班又风行起绰号了，能让我也知道几个吗？”见我面无怒色，同学们就无所顾忌地嚷开了：“小肥肥”“邢宝宝”“猪咪咪”“白菜心”……

听同学这么一说，我不动声色地问道：“你们叫的这些绰号是怎么想的？”“好玩”“有意思”。“可是被喊同学心里多难受你知道吗？”于是，我让几位被起绰号的同学诉说自己的苦恼。受到伤害的同学说着说着，眼圈都红了。再看看爱给别人起外号的几个同学，头深深低下去了……

我看时机成熟，便趁热打铁问："为什么水浒一百零八将都有绰号，而且传扬至今呢？而同学们的绰号却伤自尊，增加了别人烦恼，让同学们失去友谊呢？到底这绰号该不该要呢？如果起绰号，该起什么样的绰号呢？"

同学们你一言我一语的讨论开了，有的说绰号不应揭短处；有的说绰号不应伤别人自尊；有的说别人有名字不要叫绰号；有的说绰号可以要但不要取笑别人；有的说我们在给人起绰号时也可以像一百零八将那样根据优点、长处起。

接下来的事，既在预料之中又有些出乎意料。绰号之风仍在班级盛行，不过，伤自尊外号被"电脑博士""篮下一枝花""小机灵"等取而代之。

——孙雪艳，《德育个案 179——绰号要不要?》，2009-11-05，http：//www.chiya.org

(八) 角色扮演

角色扮演就是让儿童扮演不同的社会角色或特定情景中的角色，按照角色的处境或角度思考、行事，理解角色的社会行为方式，体验角色的态度和情感。

学生经常会对自己担当的角色不满，或是对别人的角色不理解而误解他人的态度和情感，教师就可以采用角色扮演的方法，启发学生站在他人的立场上为人处世。在角色扮演的过程中，学生要了解自己与他人角色的差异，就要设身处地为别人着想，尽可能地去体验和理解他人的思想和情感。因此，角色扮演能够培养学生对他人处境、情感和利益的敏感性，能够形成和发展学生设身处地地为他人着想的移情能力。

角色扮演的基本要求如下。

1. 表演前要认识和探讨问题情境

角色扮演的情境应该按照学生的实际情况进行挑选，尽量采取学生日常生活中已经或可能遇到的问题或关心的事件，这样才能引起学生参与的积极性和主动性。情境要具有需要、利益、价值的矛盾冲突，这些冲突将是学生今后现实生活的主要方面，只有在冲突的情境下，才能打破旧的道德结构，取得进步。

2. 注重表演，重视表演中的观察

表演过程中要充分地调动学生参与的积极性，不仅是参与扮演角色的学生，还有那些观察表演的学生，使他们能够意识到自己的情绪和感想，为下一步的讨论做好准备。

3. 表演后要进行分析和评论

表演之后要组织学生对故事中人物的道德行为、道德动机和效果进行讨论和评价。教师要注意正确引导，尤其是年龄较小的学生，其道德判断能力还不够成熟，需要在教师的帮助下形成正确的认识。此外，教师还可以给学生提出今后行为选择的建议，帮助学生将习得的道德认知、道德体验与今后的行为联系起来。

二、选择德育方法的依据

制约德育方法的因素是多方面的，包括德育的目标和内容、德育的规律和原则以及德育对象的特点等。

德育方法的选择要依据德育的目标和内容。目标和内容不同，选择的方法也会不一样。观念和态度的形成和转变宜选用说服教育的方法；角色扮演则有助于培养学生的道德敏感性；讨论法有利于提高学生的道德判断力；态度和情感的形成和转化则宜选用情感陶冶的方法；实践锻炼则适用于道德行为的养成和道德意志的锻炼。

德育方法的选择必须遵循德育的一般规律和原则。德育的规律和原则为正确选择德育方法提供了理论依据。比如，德育过程是培养学生知、情、意、行的过程，知行统一是德育的重要原则，进行德育就要依据这一规律和原则晓之以理、动之以情、导之以行、持之以恒。

德育方法的选择还要依据德育对象的特点。首先，要参照学生的年龄特征。不同年龄的学生，身心特点不同，知识经验各异，道德的发展水平和自我教育的能力也有差异，进行教育时方法也相应的要有所区别。其次，要考虑学生的个性特点。有的学生胆小、懦弱，害怕批评；有的学生坦率、直接，敢作敢为；有的则骄傲有余、自信不足。面对不同个性的学生，德育的方法也应有所不同。

第二节　德育途径

德育途径是指教育者对受教育者施加德育影响的组织形式。我国目前常用的德育途径有思想品德课、时事政治课、思政课之外的各科教学、课外活动、校外活动、班主任工作以及学校共青团、少先队、学生会工作等。前面的两种途径我们通常称作直接的道德教育，后面的几种则称为间接的道德教育。

一、直接的道德教育

（一）思想品德课

思想品德课是模仿数学、语文等学科的教学建立起来的，这是学校有目的、有计划地对学生进行德育的基本途径。思想品德课以课堂教学为主要形式。通过思想品德课，教育者引导学生掌握系统的知识、思想准则和道德规范，增强学生的政治意识，为学生形成科学的人生观、世界观和道德观念奠定基础。

上好思想品德课的关键在于教师的思想觉悟和品德的高低，这与其他各科教学明显不同。没有哪门课像思想品德课一样，不仅要求教师掌握系统的理论知识，更要以身作则践行自己所传授的思想品德知识。思想品德课上学生学习的效果好坏，不仅取决于教师对相关理论知识的掌握和教育素质的高低，更要看教师是否身体力行相关的理论和观点。

（二）时事政治课

时事政治课是学生了解时事、掌握政治理论，形成政治观念的主要途径。有效的时事政治课能够帮助学生具有一定的政治意识和政治敏感性，养成自觉关心社会、关心国家、关心天下的习惯，并学会运用马克思主义的立场、观点、方法去认识“国事，天下事”。

教师对学生进行时事教育必须讲究科学性和系统性。分析国内外大事，要坚持马克思主义基本原理，用联系、发展和全面的观点进行分析，防止孤立、静止和片面地看问题，不能将道听途说或个人的片面观点随意传授给学生。教师要把时事教育与讲故事区别开来，不仅要介绍事件的时间、地点、经过和结果，还要分析前因后果，把时事与国际国内形势结合起来，与学生的生活和学习实际结合起来，激发学生对时事政治课的学习兴趣和热情。

二、间接的道德教育

（一）其他各科教学

学生思想品德的形成和发展离不开各科教学，在各科教学中渗透德育影响，是学校德育最经常的途径，也是一种比较有效的德育途径。

在其他各科教学中渗透德育影响可以考虑从以下两方面进行。一是在教材中渗透德育影响。各科教材，特别是语文和历史教材中包含了大量的思想内容，是进行德育的重要资源。以语文课为例，可以利用课文中丰富的思想品德教育因素，使学生受到感染、陶冶。二是教师自身的道德表率作用。教师在课堂教学中表现出来的人格因素和道德素养将对学生思想品德的形成和发展产生重要的影响。教师教育学生要尊重他人、关心他人，最有效的方式就是教师在与学生相处的过程中尊重和关心学生。

案例 13-3：

作文课上“飞”来一只小鸟

一个星期四的下午，这是我们班固定的作文课时间，我和往常一样早早往教室走去，可让我感到异样的是，远远地就听到了我们班吵闹的声音。教室里怎么这么热闹？

原来，王小上体育课的时候在操场捡到一只小鸟，大家正围着这只小鸟七嘴八舌地议论着。看到孩子们对这只小鸟产生了浓厚的兴趣，我想：何不趁机以小鸟为话题引出我们今天的作文？于是我随机应变：“同学们，你们刚才看到了什么？”同学们七嘴八舌地说：“我看到了一只可爱的小鸟。”“我看到了小鸟的眼睛里充满着渴望，渴望妈妈来救他。”不知谁说了一句：“我好像听到了鸟妈妈的叫声。”看来，面对这只小鸟，大家是充满了好奇和同情，我继续问道：“这么可爱的一只小鸟，我们该怎么办呢？”心怡忙着说：“我们把它放飞吧！”李卓远马上接了一句：“那不行，它现在飞不稳，放飞肯定活不了。”最后决定，先把小鸟养起来，等它能飞远了再放飞。看到小鸟有了归宿，同学们可高兴了。趁着大家的高兴劲儿，我领着同学们细细地观察了小鸟的样子……

——张冬梅，《快乐的“课堂进行曲”》，载《中国教师报》，2010-02-03

讨论：案例中是一堂作文课，老师是如何在其中渗透德育影响的？

（二）课外活动和校外活动

课外活动和校外活动是实施全面发展教育的重要途径，担负着多种任务，在学生思想品德教育方面具有特殊的价值。课外活动和校外活动都有一定的活动准则和行为规范，学生参与活动的过程也就是实践社会道德规范的过程。课外活动和校外活动以其活动和交往的形式，为学生实践道德规范、处理各种社会关系提供了条件。教师应该按照课外活动和校外活动的特点和目的，对学生进行有效的思想品德教育。

（三）班主任工作

班主任工作是对学生进行思想品德教育的重要途径，也是一种比较有效的途径。班主任是班级的教育者和组织者，对班级的学生工作全面负责，组织学生的活动。班主任老师是与班级学生接触最多的老师，是对学生最了解的老师，也是和学生关系最密切的老师。掌握学生的思想品德发展动向，对学生实施思想品德教育是班主任工作的重要目标和内容。

要做好班主任，对学生实施有效的思想品德教育，要求班主任具备良好的组织能力和高尚的道德素质。只有真正了解学生、关心学生、热爱学生、尊重学生和理解学生的班主任才会成为学生生活和学习的引路人，才能成为学生的表率。

班主任除了在学校直接对学生施行思想品德教育影响之外，还有一个很重要的功能，就是协调和指导家庭和社会对学生的德育影响，把学校和家庭、社会的德育影响协调和统一起来，形成对学生的影响合力，有效促进学生思想品德的发展。

（四）劳动和社会实践

劳动和社会实践是学校进行德育的重要途径。通过劳动和社会实践，学生可以体验劳动的辛劳和收获的快乐，能够养成勤劳、朴实、节俭、坚韧、认真、负责的良好品格。针对当前很多学生厌恶劳动、不尊重劳动者的现状，劳动教育应当引起教育者的重视。

（五）学校共青团、少先队和学生会工作

共青团和少先队是我国先进青少年的团体组织，代表了青少年中优秀的力量，是青少年学生追求进步、争当先进的集体。学生会也聚集了学生中优秀的成员，组织和管理学生的日常生活和学习事务。通过共青团、少先队和学生会的工作和活动，可以激发学生的上进心和荣誉感，使学生以更高的标准要求自己，自觉提高觉悟和思想，增强自身的道德素养。

德育过程中，要综合各种德育途径的优势，发挥各种德育途径在学生思想品德发展中的作用。思想品德课、时事政治课和其他各科教学是学校德育的基本途径，是学校德育的主渠道。在通过主渠道进行德育的同时，要重视其他途径在学生思想品德发展方面的作用，要有意识地把全校的工作组织和协调起来，把德育影响贯穿到学校工作的各个领域。学校领导和所有教师要明确学校德育的目的，熟悉学校德育的各种途径，提高对学校德育敏感性的认识，有效促进学生思想品德的发展。

第三节 德育模式

学校和教师在一定的理论指导下，运用一定的方法和手段，通过一定的途径，实施一定的德育内容，就可以形成某种德育模式。静态的德育模式是指在一定的道德理论与德育理论指导下，德育内容、德育手段、德育方法和德育途径的某种组合方式。动态的德育模式是从一定德育理论出发，对一些德育实践策略、思路、方法进行整合、加工重组而构成的德育活动范型或操作样式。这里介绍几种成熟的德育模式。

一、认知性道德发展模式

认知性道德发展模式，是由瑞士学者皮亚杰和美国学者科尔伯格等人创建。前者的贡献主要体现在理论建设上，而后者的贡献还体现在从实践中开辟了一个可以操作的德育模式。这里主要介绍科尔伯格的认知性道德发展理论。

（一）基于道德发展理论的德育观

科尔伯格主要从哲学和心理学上探讨道德判断的发展，为其发展性道德教育模式奠定了坚实的理论基础。科尔伯格的道德发展理论，确切地说，是道德判断发展理论。

1. 道德判断的形式或结构反映个体道德判断的水平

科尔伯格通过著名的“海因兹与治癌药”中的两难问题说明，道德判断有内容与形式之别，道德判断的形式或结构才反映个体道德判断的水平。从小学生到大学生都只有3种可能的回答：“该偷”，“不该偷”，要么犹豫不决。体现学生道德判断水平的，不是他们做出的“是”或“不是”的判断，而是他们说明“该偷”或“不该偷”的理由，以及这种辩护中隐含的道德推理方式。

资料13-2：

“海因兹与治癌药”中的两难问题

欧洲有个妇女身患一种特殊的癌症，生命垂危。医生认为，有一种药也许救得了她。这种药是本城一名药剂师最近发现的一种镭剂。该药造价昂贵，药剂师还以10倍于成本的价格出售。他花200美元买镭，而一小剂药却索价2000美元。这位身患绝症的妇女的丈夫名叫海因兹，他向每个相识的人借钱，但他只能筹到大约1000美元，只是药价的一半。海因兹告诉药剂师他的妻子快要死了，并且请求药剂师便宜一点把药卖给他，或者允许他以后再付钱。可是，这位药剂师说："不行，我发明这种药，我要靠它来赚钱。"海因兹绝望了，想闯进那人的药店，为妻子偷药。

1. 海因兹应该偷药吗？为什么应该或者不该？

2. 如果海因兹不爱他妻子，他应该为她偷药吗？为什么应该或者不该？

3. 假定将要死的不是海因兹的妻子，而是一个陌生人，海因兹应该为陌生人偷药吗？为什么应该或者不该？

4.（如果你赞同为陌生人偷药）假定快要死的是海因兹宠爱的一只动物，他应该为救这只宠物去偷药吗？为什么应该或者不该？

5. 为什么人们应该尽其所能搭救别人的生命？不论用什么方式都行吗？

6. 海因兹偷药是犯法的，那样做在道德上错了吗？为什么错了或者没错？

7. 为什么人们一般都应该尽其所能避免犯法，不论什么情况都该如此？

7a. 怎样把这一点同海因兹事件联系起来？

——黄向阳，《德育原理》，华东师范大学出版社，2000：214～215

2. 个体的道德判断按照一定的顺序逐阶段向上发展

科尔伯格及其同事设计了9个类似"海因兹与治癌药"的道德两难问题，对儿童的道德判断力进行跨文化的追踪研究。他们的研究表明，个体的道德判断处于不断发展之中，经历性质不同但相互关联的三种水平和六个阶段，各个阶段的道德思维形式存在质的差别。个体的道德判断按照三种水平六个阶段的顺序由低到高逐阶段向上发展。较高水平和阶段的道德推理能兼容或整合较低水平和阶段的道理推理方式，较低水平和阶段的道德推理却不能兼容或整合较高水平和阶段的道理推理方式。

资料 13-3：

道德阶段的定义

Ⅰ 阶段 0：前道德阶段

既不理解规则，也不能用规则和权威判断好坏。使他愉快的或兴奋的就是好的，使他痛苦的或害怕的就是坏的。没有义务、应该、必须等概念，即使在外在权威的意义上也如此，行为受他自身能做什么和想做什么所支配。

Ⅱ 前习俗的水平

在这个水平上，儿童能够区分文化中的规则和好坏，懂得是非的名称，但是他是根据行为对身体上的或快感上的后果来解释好坏的（受罚、得奖和交换喜爱的东西），或是根据宣布这些规则和好坏的人们的体力来分别好坏的。这一水平分为两个阶段：

阶段 1：以惩罚与服从为定向。以行为对自己身体上所产生的后果来决定这种行为的好坏，而不管这种后果对人有什么意义和价值。避免惩罚和无条件地屈从力量本身就是价值，而不是尊重为惩罚和权威所支持的那种基本的道德秩序（后者是阶段 4 的表现）。

阶段 2：以工具性的相对主义为定向。正确的行为就是那些可以满足个人需要、有时也可以满足他人需要的行为。人们之间的关系是根据像市场地位那样的关系来判断的。儿童知道了公平、互换和平等分配，但他们总是以物质的或实用的方式来解释这些价值的。交换就是“你帮我抓痒，我也帮你抓痒”，而不是根据忠义、感恩或公平来进行的。

Ⅲ 习俗的水平

在这个水平上，按照个人的家庭、集团或国家所期望人们做的去行事就被认为它本身就是有价值的，而不管它所产生的直接的和明显的后果如何。这种态度不仅服从个人的期望和社会的秩序，而且忠心耿耿，主动去维护、支持和辩护这种秩序，并以与这种秩序有关的个人或团体自居。在这个水平上，有两个阶段。

阶段 3：以人与人之间的和谐一致或者“好男孩—好女孩”为定向。凡是讨人喜欢或帮助别人而为他们称赞的行为就是好行为，其中许多符合大多数人心目中定型了的形象的或“自然的”的行为。经常用意图去判断行为。第一次把“他的用意是好的”作为行为的一个重要因素。好孩子就会获得别人的赞许。

阶段4：以法律与秩序为定向。行为是服从权威、固定的规则和维护社会秩序的。尽自己的义务、对权威表示尊重和维护既定的社会秩序本身就是正确的行为。

Ⅳ 后习俗的、自主的或有原则的水平

在这个水平上，儿童显然努力在摆脱掌握原则的集团或个人的权威，并不把自己和这种集团视为一体，从而去确定有效的和可用的道德价值和原则。这个水平也有两个阶段：

阶段5：以法定的社会契约为定向。总的倾向带有点功利主义的色彩。正确的行为往往取决于一般的个人权利和已为整个社会批判考核而予以同意的标准。儿童清晰地意识到个人的意见和价值是相对的，从而相应地强调要求有一个取得一致意见的程序和规则。除了在宪法上民主地同意了的事物，权利是关于个人的价值和意见的事，所以其结果是强调法律的观点，但同时也强调要根据对社会是否有用的理性思考来改变法律的可能性（不像以法律秩序为定向的阶段4那样死板地维护法律）。在法律领域之外，自由同意和契约乃是遵守职责的一个具有联结作用的因素。这就是美国政府与宪法的“官方的”的道德。

阶段6：以普遍的伦理原则为定向。根据良心作出的决定就是正确的，而所谓根据良心作出的决定就是根据自己选择的具有逻辑全面性、普遍性和融贯性的伦理原则作出的道德决定。这些原则是抽象的和伦理的（像“中庸之道”，绝对命令等等），而不是一些具体的道德规则，如“摩西十诫”等等。实质上，这些原则就是普遍的公正原则、互惠原则、人权平等原则和尊重个人的人类尊严的原则。

——黄向阳，《德育原理》，华东师范大学出版社，2000：216～218

3. 冲突的交往和生活情境最适合于促进个体道德判断力的发展

科尔伯格认为，道德发展是学习的结果，道德学习需要长期的乃至一生的努力。道德的发展有赖于个体的道德自主性，道德不可能从外部强加于人，而是个体内部状态与外界环境交互作用的产物。冲突的交往和生活情境最适合于促进个体道德判断力的发展。

（二）道德教育论

根据道德发展理论，科尔伯格及其追随者提出了道德教育的基本设想。

1. 道德教育旨在促进道德判断的发展及其与行为的一致性

认知性道德发展模式强调，道德教育的目的首先在于促进学生的道德判断不断向更高水平和阶段发展，其次在于促进学生道德判断与行为的一致性。

2. 道德教育奉行发展性原则

认知性道德发展模式强调，要根据儿童已有的发展水平确定教育内容，创造机会让学生接触和思考高于他们一个阶段的道德理由和道德推理方式，造成学生认知失衡，引导学生在寻求新的认知平衡之中，不断地提高自身道德判断水平。

根据以上理论假设，科尔伯格及其追随者在学校教育实践中，主要做了两项开拓性的工作。一是开发围绕道德两难问题组织小组讨论的策略；二是按照发展性原则重建学校的道德环境。

认知性道德发展模式向世人提供了一种重视理性思维的德育模式，还向世人展示了一种从基础理论到开发应用的研究模式。

二、体谅模式

体谅模式由英国学校德育专家麦克费尔及其同事昂戈德·托马斯、查普曼首创。此模式将道德情感的培养置于中心地位，认为道德教育的任务应当建立在体谅的基本核心之上，对道德发展而言，给机会表达心中的感受是至关重要的。认为在品德结构中最重要的是关心、体谅别人，只要儿童能形成从别人的观点和立场出发考察自己的道德行为，就能发展成有道德的公民。

（一）基于关爱需要的德育观

1. 满足学生与人友好相处的需要是教育的首要职责

调查显示，青少年对于“好事”的意见非常接近：对人好的事例，反映出体谅人、幽默和愿作让步的特性；共享关系为好，支配与被支配关系为坏。可见，青少年学生对于人际关系中奉行坦率、互惠和关心等处事原则的反响相当积极。与人友好相处，爱和被爱，是人的基本需要，帮助学生满足这种需要乃是教育的首要职责。

2. 道德教育重在引导学生学会关心

麦克费尔在调查的基础上指出，人与人之间，差异是表面的，相似性是深层的。这种相似性或共性，使人能够相互理解、相互体谅、相互关心。关心人和体谅人的品性，是道德的基础和核心。因此，道德教育的目的在于提高学生的人际意识和社会意识，引导学生学会关心，学会体谅，并在关心人、体谅人中获得快乐。

3. 角色尝试有助于青少年敏感而成熟的人际意识和社会行为的发展

麦克费尔把青少年期称作“社会试验期”，强调在这时期应当鼓励学生自由地试验各种不同角色和身份。“社会试验期”还意味着这是个体对人际和社会问题的反应由不成熟迈向成熟的过渡期，是个体学会关心的最佳期或关键期。这一时期的道德教育，要鼓励处于“社会试验期”的青少年试验各种不同的角色和身份，尤其要重视促进学生成熟的人际意识和社会行为的发展。

（二）学校应该怎么做

麦克费尔坚信，行为和态度是富有感染力的，品德是感染来的而非直接教来的。因此，在引导学生关心人、体谅人的过程中，学校应做到以下两点。

第一，营造相互关心、相互体谅的课堂气氛。有效的教育本身就是学会关心，这样会促使学生接受体谅人的生活风格。体谅模式旨在向学生表明，关心他人是一种使自己快乐的方式。

第二，教师在关心人、体谅人上起道德表率作用。学生从教师所作所为中学到的东西，多于从教师所教所说中学到的东西。教师引导学生学会关心的最佳办法，就是教师自己去学会关心。

麦克费尔强调，学校要重视营造和谐的人际关系和社会关系，“关系比教材重要”。但是，他和同事们还是开发了一套专门实施体谅模式的教材。根据学生记述的“好事”和“坏事”，他们提炼出许多典型的人际一社会情境问题，并在此基础上编制出《生命线》丛书。

三、价值澄清模式

价值澄清模式的主要代表人物是美国学者拉思斯、哈明和西蒙。1966年他们合著了《价值与教学》一书，创立了价值澄清法，并逐渐发展成为当今西方道德教育领域最富影响力的主要流派之一，对西方国家的道德教育理论发展和学校道德教育实践产生了深远影响。价值澄清模式着眼于价值观教育，试图帮助人们减少价值混乱（通过选择、赞扬、实践过程），并通过评价过程促进统一的价值观的形成。这一过程的基础就是避免观点说教，促使人们在确立价值观方面使用有道理的推论，认为价值并不是一种固定的观点或是永恒的真理，而是建立在个体社会经验上的一种指南。

（一）价值澄清模式的主要理论观点

拉思斯等人认为，学生的价值观选择和决定受到父母、同伴、学校、宗教等多方面的影响，容易出现相互矛盾，导致价值混乱。当儿童面临复杂多变的现代社会和多种相互矛盾的价值观时，便无所适从。为此，拉思斯等人提出了价值澄清的四大要素：以生活为中心，对现实的认可，鼓励进一步思考和培养个人能力，并在此基础上提出了“价值澄清模式”。

根据《价值与教学》中关于价值澄清过程的有关理论，可以将价值澄清模式概括为三个阶段七个步骤。

第一阶段是选择。包括三个步骤：(1) 自由选择，选择是自由的，无外力和权威的控制和胁迫；(2) 从各种可能选择中进行选择；(3) 对每一种可能选择的后果进行审慎思考后做出选择。第二阶段是珍视。具体包括两个步骤：(4) 珍爱，对选择感到满意；(5) 愿意向别人确认自己的选择。第三阶段是行动。包括：(6) 根据选择行动；(7) 以某种生活方式不断重复。①

这三个阶段七个步骤共同构成了评价过程，其实质是由选择、赞赏、行动三个分过程组成的。通过这一过程，人们的价值问题得到了评价和澄清，结果就是价值观。

（二）价值澄清模式的主要方法

拉思斯在《价值与教学》一书中提出了价值澄清理论在学校德育中的实践策略，其中学校德育实践中最常用的策略和方法，可以概括为以下几种。

1. 价值澄清应答法

所谓价值澄清应答法是指运用一些巧妙的应答技术，激发学生对自己的价值观进行思考。其方法是一个老师与一个学生一对一地交谈，这种对话不要求进行“硬性的”、对抗性的或不断深究的询问，而是“软性的”、随意的或激励性的。学生自愿参加，教师尊重个人的隐私权。这是课堂中进行的一种主要价值澄清方法，通过这种方法，老师可以了解学生的基本价值取向。

2. 价值表填写法

价值表填写法是指通过学生填写价值表来帮助学生形成价值观的一种方法。具体的操作方法是老师先讲述一些社会问题以引起学生思考，学生根据自己的看法，按价值澄清的七个过程或步骤来填写教师发出的价值表。其作用是通过学生独立思考，在不受外部因素干扰的情况下，做出合适的评价，从而帮助学生形成合理的价值观。

---

① [美] 路易斯·拉思斯. 价值与教学 [M]. 谭松贤译. 杭州：浙江教育出版社，2003：1～2.

3. 价值延续体法

价值延续体法是指任何问题都可以扩展其可供选择的范围，而不仅仅局限于两个极端的看法。这种方法可以在大组或全班讨论中运用。通过讨论，可以帮助学生澄清一些错误观点和看法，减少学生的反叛行为，增强学生的自信心和自觉性。

价值澄清法改变了传统的直接灌输法，改变了学生在教育活动中的被动地位，促进了主体德育的发展。价值澄清法在运作的过程中，非常强调贴近学生的实际生活和社会现实问题，具有很强的操作性。

四、社会学习模式

社会学习理论是美国20世纪60年代兴起的一种学习理论，它是由新行为主义心理学家阿伯特·班杜拉创立的。这一理论受到行为主义心理学的影响，也吸取了认知发展理论的某些观点。班杜拉于1977年出版了《社会学习心理学》一书，该书对社会学习理论及其研究成果进行了全面总结。

（一）社会学习理论的基本观点——学习

社会学习理论对道德的认识与探讨主要集中在道德判断、道德行为和自我调控这三个方面。

1. 道德判断能力的获得

班杜拉与米切尔认为，人们主要是通过观察学习或直接学习去获得道德知识的。班杜拉认为，通过观察学习和奖励手段，能够改变儿童的认知经验和社会学习经验，进而改变与道德判断和道德行为特别相关的认知能力，从而使儿童的道德判断能力得到提升。

2. 道德行为的形成

社会学习理论认为，决定道德行为的重要因素是个人的种种期望与价值选择。这些期望，一方面，依赖于他自己在类似情形的类似行为中得到的结果；另一方面，要依赖于他观察到的发生在他人身上的效果。这种结果与效果的信息反馈，可以用来作为他自己下一次尝试类似行为的重要参考。

3. 自我调控能力的形成

自我调控能力是道德品质的重要因素之一，无论是道德思维的发展还是道德行为的形成都离不开自我控制，缺乏自我调节力会严重影响一个人道德品质的升华。特别是在面对道德两难问题时所进行的正确的道德行为选择，没有高度的自我调控能力是根本不可能办到的。社会学习理论认为，通过观察学习能较好地获得自我调控能力。

(二) 观察学习的基本过程

班杜拉通过观察学习的实验表明，观察学习由以下四个过程组成。

1. 注意过程

注意过程是观察学习的起始环节，要求注意被观察学习的榜样模式。榜样模式本身应具备明显的特点，如成功、威信、个人魅力等。班杜拉认为，应该从观察者的心理特征、榜样的活动特征以及观察者与榜样的关系特征三个方面加以考虑。

2. 保持过程

班杜拉认为，个体对模仿对象予以注意并观察其行为后，需要将观察到的行为以符号的形式表象化，并使这些特性与个体已有的表象联系起来保留在记忆中，用以指导个体今后的行为。他指出："如果人们不记住示范行为，观察是不会有多大意义的。"① 假如个体已经形成不良的道德行为习惯，那么为了消除这种不良行为习惯的深刻印象，就必须运用新的刺激打破原有的习惯。如果个体已经形成良好的道德行为习惯，那么就要采取适当的措施进行强化与巩固。

3. 再现过程

班杜拉指出，接下来的过程便是把符号表象转换成适当的行为，即学习者在行为实践中复制所观察到的榜样。这一过程至关重要，观察学习者应当努力将观察到的良好的榜样行为运用于自己的实际行动，变成自己的道德行为习惯，否则就只是以记忆表象的形式保留在大脑中，而失去其观察学习的实际意义。

4. 动机过程

动机过程又称强化与自我调节过程。模仿中的实际操作受到动机强化与自我调节因素的影响。如果对一个榜样的模仿受到别人的鼓励和赞扬，就起到积极的动机强化作用；反之，就会放弃模仿。强化分为外部强化、替代强化和自我强化三种。外部强化与内部强化协同作用，共同对一个人的行为产生影响。当内、外强化一致时，能对个人行为产生最大的激励作用。班杜拉提醒教育工作者，要善于运用外部强化并尽可能将它转化为学生的自我内部强化，从而提高其品德水平。

---

① [美] 班杜拉. 社会学习心理学 [M]. 长春：吉林教育出版社，1988：25.

班杜拉全面总结了榜样示范的类型，概括出家长、教师、同伴、大众传媒和学校环境五大榜样示范，强调儿童的道德教育必须要有一个良好的社会道德环境。班杜拉社会观察学习道德教育思想的最大贡献，在于揭示和论证了榜样示范在儿童道德品质形成与发展中的重要作用及其机理，从而为学校德育提供了理论依据与实验参照。

五、集体教育模式

集体教育模式是由苏联早期著名的教育实践家和教育理论家马卡连柯提出的。

（一）关于集体教育的原则

集体教育是马卡连柯教育理论的重要组成部分，其核心是“通过集体，在集体中，为了集体”的原则。

马卡连柯认为，集体是一个具有一定的共同目标并由于目的一致、行动一致而结合起来的有组织纪律的社会有机体。他认为，教育工作的基本对象是集体，教育的任务是培养集体主义者，教育工作的主要方式是集体教育，即“在集体中，通过集体，为了集体”的教育体系。集体教育又称平行教育影响，旨在让学生成为教育主体，其优点是能够提高学生的自尊心和自信心。

同时，马卡连柯也注意到集体教育与发展个性之间的辩证关系，认为一个健全的集体，由于有正确的组织领导和成员间的互相影响，能促进个性发展。

马卡连柯还分析了儿童集体形成的阶段，提出了平行教育影响原则和前景教育原则。前者是指教师应以集体为教育对象，通过集体并在集体中教育和影响个人。后者是指通过经常在集体和集体成员面前呈现美好的“明天的快乐”的前景，推动集体不断地前进，永远保持生机勃勃的旺盛的力量。他主张，要给集体不断提出奋斗目标，并激励集体成员为实现目标而做出努力。

（二）尊重和信任是教育的前提

马卡连柯从社会主义人道主义思想出发，吸取高尔基作品对“人”高度信任的思想，在教育实践中提出了“尊重、信任与严格要求相结合”的德育原则。尊重、信任与严格要求儿童的目的是把他们培养成为自觉的社会主义新人。

(三) 集体教育的手段和途径

马卡连柯认为，集体教育的手段和途径是劳动教育辅之以合理惩罚。在社会主义国家里，劳动已不是剥削的对象，而成了光荣、荣耀、豪迈和英勇的事业。要使劳动教育落到实处，就应使之与德育、生产教育、文化科学知识教育相结合。纪律教育是与集体教育、劳动教育密切联系的，因为纪律是一种社会政治、道德现象，如果没有纪律，就不可能有生产计划的执行，也无从发挥劳动的教育作用。

【思考题】

1. 挑选学生思想品德发展过程中的一个常见问题，试运用学过的某种德育方法设计一个解决方案。

2. 你是如何认识学校德育实践中德育的直接途径和间接途径的作用的?

3. 收集有关价值澄清模式的资料，说明在我国德育实践领域应用该模式的意义和可能性。

【拓展阅读】

1. 黄向阳．德育原理［M］．上海：华东师范大学出版社，2000.

2. 檀传宝．德育原理［M］．北京：北京师范大学出版社，2007.

第十四章　综合实践活动

《基础教育课程改革纲要（试行）》指出：从小学至高中设置综合实践活动并作为必修课程，其内容主要包括：信息技术教育、研究性学习、社区服务与社会实践以及劳动与技术教育。强调学生通过实践，增强探究和创新意识，学习科学研究的方法，发展综合运用知识的能力。增进学校与社会的密切联系，培养学生的社会责任感。

在我国基础教育课程框架里，综合实践活动是与学科课程不同的课程形态，综合实践活动的设置，是本次课程改革的创新点和亮点。

那么究竟什么是综合实践活动，开发和设计过程要遵循什么要求，以及如何开发和实施，这是本章要探讨的问题。

【学习目标】

1. 了解什么是综合实践活动。
2. 了解综合实践活动开设的必要性与特征。
3. 识记综合实践活动的领域与实施原则。
4. 能运用具体的策略指导实施综合实践活动。

第一节　综合实践活动概述

综合实践活动是在教师引导下，学生自主进行的综合性学习活动，是基于学生的经验，密切联系学生自身生活和社会实际，体现对知识的综合应用的实践性课程。①

综合实践活动与学科课程有什么不同，为什么要开设综合实践活动，以及综合实践活动有什么特点，这是了解综合实践活动开发与设计的前提。

一、综合实践活动与学科课程的不同

作为一种基本的课程形态，综合实践活动在课程属性、学习方式以及实施空间等方面与学科课程存在明显的不同。

（一）综合实践活动是直接经验取向的课程，学科课程是间接经验取向的课程

综合实践活动是直接经验取向的课程。所谓直接经验取向的课程，一方面，综合实践活动的设计是以学生的生活经验、生活背景、生活中感受到的问题与需要为中心的，强调学生经验在课程中的独特地位和价值。综合实践活动的主题直接来源于学生的生活经验和生活领域。作为一种直接经验取向的课程，它不存在内在的知识逻辑和知识体系，它的内容组织不是以知识的逻辑顺序来组织，而是以学生感兴趣的问题为线索组织。另一方面，课程的实施是建立在学生的活动经验和活动过程基础之上的，强调学生的亲身经历和参与。通过亲近自然、接触社会、反思自我的过程，来获得新的经验。

学科课程设计的基本出发点也是学生发展，但其逻辑前提是体系化、理论化的间接经验，即知识体系。担任何学科课程，首先都必须保证使学生获得系统的书本知识，并在知识获得的过程中发展学生的能力与情感态度。

（二）综合实践活动是一种实践取向的课程，学科课程是认知取向的课程

综合实践活动作为一种实践性课程，它是以学生已有的知识和经验为基础，以主题活动为组织方式，以任务为取向，注重学生亲历实践的活动形态的课程。综合实践活动中的“实践”具有尝试、经历、亲历、做中学等特性。

---

① 郭元祥. 综合实践活动课程设计与实施［M］. 北京：首都师范大学出版社，2002：10.

学科课程也可以包容各种实践性的学习活动，但学科课程中实践性学习的直接目的是掌握系统的书本知识，离开了系统的间接经验或理论知识的习得，学科课程就不复存在。学科课程中的实践性学习是围绕系统的学科知识来展开的，因而，它只能被称为学科课程中的“活动教学”。

（三）综合实践活动实施的场所主要是社会，而学科课程实施的场所主要是教室

综合实践活动客观地要求学生具有开放的实践情境和开放的活动空间。尽管综合实践活动的实施要求学生收集资料，利用已有的知识基础，并在教室里进行讨论、交流，但从总体上说，综合实践活动的实施不能局限于文本的学习和活动，不能局限于教室空间进行活动，不能以书本和教室为中心。否则，综合实践活动的实践性难以真正体现。

二、综合实践活动开设的必要性

综合实践活动的设置，既是适应时代变革的需要，也是克服过去基础教育中教学弊端的内在需求。

（一）时代发展的需要

当前社会的发展表现出一些新的动向，为适应社会的发展，基础教育中人才培养的规格也发生了极大的变化，综合实践活动就是为适应这些变化而设置的。

1．知识经济时代

20世纪80年代以来，人类的科学技术迅猛发展。人们普遍认识到，科学技术在经济增长中所占的比重越来越大，科学技术的更新变革了生产方式。在知识经济时代，劳动者的素质和结构将发生重大变化，知识劳动者将取代传统的产业工人。所谓知识劳动者，主要是指从事知识、信息收集、处理、加工和传递工作的劳动者。此外，在知识经济时代，科学技术的不断更新，将改变“文盲”这一概念的传统内涵，“文盲”一词将不再单纯是指没有文化、知识的人，而是指不能继续学习，不能更新自己的知识、技能的人，正是在这个意义上，有人也把知识经济称为“学习经济”。

知识经济对基础教育提出了新的目标。知识经济呼唤教育中创新能力的培养，创新是知识经济的灵魂。在教育中，创新能力的培养必须有现实的土壤，如果所有的课程类型都是学科课程，教学过程中提出的问题都是以加深对书本知识的理解，学生的创新能力发展必然受到限制。正是如此，必须提供一门课程，能突破课堂的限制，深入生活、面向社会、走向自然，在真实的情境中去发现问题，通过自己的实践去解决问题，学生的创新能力的发展才能得到实现。

2. 全球化时代

20世纪80年代以来，随着苏美两极格局的瓦解，东西方的冷战状态被打破，国与国之间的交往日益密切，人类进入到全球化时代。任何一个国家、一个部门的发展都离不开这个日益开放的世界。以经济为核心的“全球化”强调的是参与、合作，通过沟通和交往谋求人类发展与进步。

全球化对学校教育提出新的目标。首先是理解他人的能力，在全球化背景下，人与人交往的前提是彼此的认同和理解，在理解他人的过程中，涉及不同的价值观念和文化背景的冲突。其次是合作交流的技能，在经济全球化时代面前，要求人们学会交往、合作、分享，具有处理社会事务的基本能力。

在学科课程的教学中，学生面对的对象是教师和教材，不能有效地实现社会交往。故此，必须为学生提供一个学习领域，使学生实现多元的交流合作。

3. 信息时代

20世纪70年代以来，随着以计算机和网络为代表的信息技术的迅猛发展，人类进入了信息时代。信息时代意味着信息技术已经由原先的一种纯粹的手段逐步演变为人们的一种生活要素、生产要素，并逐步融入人们的生活方式。离开了信息技术，人类的现代生活难以维系。

信息技术的广泛运用，逐步改变了人们的生活方式和学习方式，并对每位社会成员提出了新的素质要求。它要求人们具有信息意识和信息价值观以及收集和处理信息的能力。

在信息时代面前，基础教育要培养学生的信息意识和信息能力，需要改革课程结构和课程内容，变革学习方式。仅仅依赖书本知识的课堂讲授，难以适应信息时代的要求。因此，世界各国新一轮基础教育课程改革十分强调增设综合实践类课程，完善课程结构，引导学生在开放情境中自主学习，通过自主收集与处理信息来进行学习。

（二）克服过去课程体系弊端的需要

以往中小学课程教学的局限性主要表现在以下几个方面。

1. 课程教学目标单一

长期以来，中小学课程教学目标往往局限于认知目标。当前社会发展所要求的基本情感、态度与价值观未能得到应有的重视和落实，时代发展所需要的基本能力，特别是创新意识、探究能力以及参与社会实践的能力也没有得到应有的重视。

新一轮基础教育课程改革强调转变课程功能，主张以创新精神和实践能力的发展为核心，综合实践活动则集中地体现了这次课程改革的价值追求。在课程目标上，突出发展学生的综合实践能力、创新精神和良好的情感态度与价值观。综合实践活动对转变课程功能具有重要意义。

2. 课程教学脱离社会实际和学生经验

长期以来，中小学课程和教学体现出强烈的书本化倾向，日益远离学生的生活世界和社会实际，远离学生的生活本身，不利于学生对现实生活的适应。

我国新一轮基础教育课程改革强调加强课程教学与学生生活和社会实际的联系，而联系生活并不仅仅是要求在学科课程的教学过程中，把社会实际和学生生活作为例证来引入，而是要求课程教学本身具有生活意义，加强生活的教育意义，通过课程设计和实施，引导学生通过生活来学习，引导学生走进自然，走入社会，关注社会发展，发展学生的社会实践能力和社会责任感。对此，综合实践活动具有不可替代的作用。

3. 学习方式单一

中小学教学方式普遍存在着单一性的弊端，课程实施和教学方式过于依赖以知识结果获得为目的的接受性学习、死记硬背、机械训练，学生学习的主动性未能得到充分调动。教学空间狭小，仅仅局限于封闭的课堂或教室，学生缺乏必要的实践学习，教材成为课程实施的唯一课程资源。综合实践活动的实施，对促进学生学习方式的多样化具有直接的作用。

4. 活动课的局限性

1992 年，第七次基础教育课程改革为九年义务教育阶段增设了活动课。近二十年来，活动课程的研究与实施取得了一系列的成就。但从总体上说，活动课的设计与实施还存在一系列的局限性，主要表现在：第一，活动课的设计不够规范。国家没有明确的活动课程目标、课程纲要或实施指南，活动课的实施完全由地方和学校自己摸索，缺乏必要的规范。第二，活动课与课外活动缺乏必要的区分。活动课基本上表现为以往课外活动的形式，活动课应有的课程价值未能充分体现。

可以说，综合实践活动是在活动课的基础上发展而来的，是对活动课的继承和进一步发展，也是对活动课的规范。

三、综合实践活动的特点

综合实践活动与学科课程相比，具有明显的特点。

（一）整体性

综合实践活动主题选择的范围包括学生本人、社会生活和自然世界。对任何主题的探究都必须体现个人、社会、自然的内在整合，体现科学、艺术、道德的内在整合。综合实践活动必须立足于人的个性的整体发展，立足于每一个学生的健全发展。

（二）实践性

综合实践活动以学生的现实生活和社会实践为基础发掘课程资源，而非在学科知识的逻辑序列中构建课程。综合实践活动以活动为主要开展形式，强调学生的亲身经历，要求学生积极参与到各项活动中去，在“做”“考察”“实验”“探究”等一系列的活动中发现和解决问题，体验和感受生活，发展实践能力和创新能力。

（三）开放性

综合实践活动面向每一个学生的个性发展，尊重每一个学生发展的特殊需要，其课程目标具有开放性。综合实践活动面向学生的整个生活世界，它随着学生生活的变化而变化，其课程内容具有开放性。综合实践活动关注学生在活动过程中所产生的丰富多彩的学习体验和个性化的创造性表现，其评价标准具有多元性，因而其活动过程与结果均具有开放性。

（四）生成性

综合实践活动的本质特性是生成性，这意味着每一个活动都是一个有机整体，而非预定目标的机械装配过程。随着活动的不断展开，新的目标、主题不断生成。学生在这个过程中的认识和体验不断加深，创造性的火花不断迸发，这是综合实践活动生成性的集中表现。对综合实践活动的整体规划和周密设计不是为了限制其生成性，而是为了使其生成性发挥得更具有方向感、更富有成效。

（五）自主性

综合实践活动充分尊重学生的兴趣、爱好，为学生的自主性的发挥开辟了广阔的空间。学生自己选择学习的目标、内容、方式及指导教师，自己决定活动结果呈现的形式，指导教师只对其进行必要的指导，不包揽学生的工作。

第二节　综合实践活动的领域与实施原则

综合实践活动有其独特的领域，在实施中要遵循基本的要求。下面就分别谈谈综合实践活动的领域与实施原则。

一、综合实践活动的领域

《基础教育课程改革纲要（试行）》指出，综合实践活动包括四大基本领域，分别是研究性学习、社区服务与社会实践、劳动与技术教育以及信息技术教育。

（一）研究性学习

研究性学习是指学生基于自身兴趣，在教师指导下，从自然、社会和学生自身生活中选择和确定研究专题，主动地获取知识、应用知识、解决问题的学习领域。研究性学习强调学生通过实践增强探究和创新意识，学习科学方法，发展综合运用知识的能力。学生通过研究性学习活动，形成自主、合作、探究等积极主动的学习方式。

（二）社区服务与社会实践

社区服务与社会实践是指学生在教师指导下，走出教室，参与社区和社会实践活动，以获取直接经验、发展实践能力、增强社会责任感为主旨的学习领域。通过该学习领域，可以增进学校与社会的密切联系。不断提升学生的精神境界、道德意识和实践能力，使学生人格臻于完善。

（三）劳动与技术教育

劳动与技术教育是以学生获得积极劳动体验、形成良好技术素养为主，以多方面发展为目标，且以操作性学习为特征的学习领域。它强调学生通过人与物的作用、人与人的互动来从事操作性学习，强调学生动手与动脑相结合。通过该领域的学习使学生了解必要的通用技术和职业分工，形成初步的劳动意识和技术实践能力。

（四）信息技术教育

信息技术不仅是综合实践活动有效实施的重要手段，而且是综合实践活动探究的重要内容。信息技术教育的目的在于帮助学生发展适应信息时代需要的信息素养，这既包括发展学生利用信息技术的意识和能力，还包括发展学生对浩如烟海的信息的反思和辨别能力，形成健康向上的信息伦理。

以上四个方面是国家为了帮助学校更好地落实综合实践活动而特别指定的几个领域，而非综合实践活动内容的全部。四大指定领域在逻辑上不是并列的关系，更不是相互割裂的关系。“研究性学习”作为综合实践活动的基础，倡导探究的学习方式，这一方式渗透于综合实践活动的全部内容之中。另一方面，“社区服务与社会实践”“信息技术教育”“劳动与技术教育”则是“研究性学习”探究的重要内容。所以，在实践过程中，四大指定领域是以配合的形态呈现的。

除上述指定领域以外，综合实践活动还包括大量非指定领域，如：班团队活动、校传统活动（科技节、体育节、艺术节）、学生同伴间的交往活动、学生个人或群体的心理健康活动等，这些活动在开展过程中可与综合实践活动的指定领域相结合，也可以单独开设，但课程目标的指向是一致的。

总之，指定领域与非指定领域互为补充，共同构成内容丰富、形式多样的综合实践活动。

二、综合实践活动实施的基本原则

综合实践活动是教师和学生合作开发并实施的，教师和学生既是活动方案的开发者，又是活动方案的实施者。在有效实施综合实践活动时，应处理好几个基本关系。

（一）处理学生自主性与教师有效指导的关系

倡导学生对课题的自主选择和主动实践是实施综合实践活动的关键。第一，学生要形成问题意识，善于从日常生活中发现自己感兴趣的问题。第二，学生要善于选择自己感兴趣的课题。第三，在课题的展开阶段，可以采取多种多样的组织方式，主要包括：个人独立探究的方式、小组合作探究的方式、班级合作探究的方式、跨班级与跨年级合作探究的方式、跨学校合作探究的方式。第四，在课题的探究过程中要遵循“亲历实践、深度探究”的原则，倡导亲身体验的学习方法，引导学生对自己感兴趣的课题进行持续、深入的探究，防止浅尝辄止。

教师要对学生的活动加以有效的指导。在指导内容上，综合实践活动的指导是创设学生发现问题的情境，引导学生从问题情境中选择适合自己的探究课题，帮助学生找到适合自己的学习方式和探究方式。在指导方式上，综合实践活动倡导团体指导与协同教学。不能把综合实践活动的指导权只赋予某一学科的教师（或班主任或专门从事综合实践活动指导的教师），而应通过有效的方式将所有教师的智慧集中起来，对综合实践活动进行协同指导。

总之，教师既不能“教”综合实践活动，也不能推卸指导的责任、放任学生，而应把自己的有效指导与鼓励学生自主选择、主动实践有机结合起来。

（二）恰当处理统筹规划与生成性的关系

综合实践活动要集中体现学校的特色，学校应对综合实践活动进行统筹规划。每一所学校要根据本校和本校所在社区的特色推出三类相互衔接的计划，即“学校综合实践活动计划”“年级综合实践活动计划”以及“班级综合实践活动计划”。

随着活动过程的展开，学生在与教育情境的交互作用过程中会产生出新的目标、新的问题、新的价值观和新的对结果的设计，有效实施综合实践活动要求教师首先要认识到这些生成性目标与生成性主题产生的必然性，肯定其存在价值，并加以运用，从而将活动引向新的领域。

各学校对综合实践活动的统筹规划不能限制其生成性，而应当使其生成性发挥得更具方向感和更富有成效。

（三）课时集中使用与分散使用相结合

综合实践活动要求课时安排应是弹性课时制，即将每周3课时的综合实践活动时间根据需要灵活安排，做到集中使用与分散使用相结合。例如，可以将每周的时间集中在一个单位时间使用，也可将几周的时间集中在一天使用，亦可根据需要将综合实践活动时间与某学科打通使用，等等。

（四）整合校内课程与校外课程

综合实践活动要打破学校、教室的限度，把校内课程与校外课程整合起来，把正规教育与非正规教育融合起来，积极鼓励学校和学生利用双休日、节假日等开展综合实践活动。

（五）以融合的方式设计和实施四大指定领域

研究性学习、社区服务与社会实践、劳动与技术教育、信息技术教育四大指定领域以融合的方式设计与实施是综合实践活动的基本要求。各学校要根据地方和学校的课程资源，以综合主题或综合项目的形式将四者融合在一起实施，使四大领域的内容彼此渗透，达到理想的整合状态。

（六）把信息技术与综合实践活动的内容和实施过程有机整合起来

综合实践活动要把信息技术有机地融入综合实践活动的内容与实施过程之中。首先，信息技术领域是综合实践活动的重要探究内容，要做到信息技术内容与综合实践活动的其他内容有机整合。其次，在综合实践活动的实施过程中要积极运用网络技术等信息手段，以拓展综合实践活动的时空范围，提升综合实践活动的实施水平。再次，信息技术手段的设计与运用要致力于为学生创造反思性的、自主合作探究的学习情境和问题情境，防止陷入纯粹的技能训练。

第三节　综合实践活动实施的步骤与策略

尽管综合实践活动的类别多种多样，但一般而言，实施过程大致包括四个基本阶段，其分别是主题的确定阶段、制定综合实践活动实施方案阶段、综合实践活动方案的实施阶段、活动结果的交流阶段。[①]

一、主题的确定阶段

主题确定阶段是综合实践活动的起始阶段，一个主题是否有意义、是否真正为学生所喜爱，决定了学生的投入程度，决定了活动是否能顺利实施。在这个阶段，学生将经历从发现问题到论证确定活动主题的过程。

（一）如何发现问题

在生活、学习中，学生发现问题的方式有很多种。

1. 聚焦热点、难点，引发思考

许多学生面对现实生活，不留意，缺思考，一些很有意义的社会、生活现象成为过眼云烟。教师要有目的、有重点地带领学生观察社会、观察生活，抓住那些有意义、学生感兴趣而又符合其身心发展规律的生活难点、社会热点、区域特点，去发掘、捕捉，培养学生的问题意识。

---

① 姜平，胡良君，汪明春等. 综合实践活动课程实施［M］. 北京：高等教育出版社，2003：78.

案例 14-1：

“人名趣谈”主题形成的经过

名字每个人都有，司空见惯。最近我们班转来一位学生，叫赵贝斯特。他长相一般，但却因为名字而引起了不小的轰动，为什么叫赵贝斯特？这个名字有什么意义？胆小的同学在底下议论，胆大的则主动问他。原来他叫这个名字还真有一个来历：他爸爸姓赵，是英语老师，“贝斯特”是英语“BEST”，即最好的意思。名字寄托了父母的希望。不仅是他的名字有意义，其实每一个人的名字都有其特定的含义，于是我让班上的同学回家问问父母为什么给自己起这么个名字。第二天，对着全班同学的花名册，我和同学们聊起了名字。聊着聊着，大家的兴致越来越浓，有的同学还说出了自己的网名，班上的“小作家”们说了他们的笔名，有的同学问古人的名与字是怎么回事，一时间，同学对平时熟视无睹的名字表现出了浓厚的兴趣，还为我这个班主任起了一堆网名，让我自选，提出了想了解人名的有关问题，我在和同学们共同协商的情况下确定“人名趣谈”这一主题。

——武汉大学附属小学黄军老师《人名趣谈》活动后的教学反思

2. 引导学生在学科学习中发现问题

学习生活是学生生活的重要组成部分，在各科的学习过程中，学生同样会产生各种各样的问题，如在学习英语的过程中，学生提出了这样的问题：“英语中有些单词是缩写，衣服标牌上的 S、M、L、XL 是不是英语的缩写呢？是哪些单词的缩写？”等，这些问题是学科学习的延伸与拓展点。对于中小学生来说，有比较大的升学压力，将综合实践活动与学科学习活动整合在一起，运用综合实践活动的时空及学习方式，让学生在自主研究的基础上解决这些问题，可以解决各类课程活动重复、低效的问题。

3. 在各类活动中，引导学生生成问题

学校组织的各类活动是学生产生问题的沃土，教师可以引导学生关注学校的各类传统活动，发现其中的问题。如在体检活动中，学生发现很多同学的视力情况在高年级有所下降，问题出在哪儿？我们是不是近视了？近视了怎么办？近视对生活会有哪些影响？怎么防治近视？什么是假性近视？……不断地从某一问题出发，提出多个与此相关的问题，将提高学生整体地思考问题的能力。一次体检活动中产生的问题，成为“关于近视问题研究”这个主题产生的起点。

（二）如何汇集问题

学生有问题以后，就需要把这些问题汇集起来，作为综合实践活动的主题库，为主题的选择提供资源。

1. 建立问题记录本

“好记性不如烂笔头”。学生在留心观察生活，随时随地思考提出问题的同时，还需要运用一定的方法将问题记录下来，可以采用问题记录本的方式进行记录。在记录问题时，还可将发现问题的过程以及当时的感想一并记下来。

2. 创建问题发布墙

学校、教室应该是丰富的信息交流与发布的场所，学生对哪些问题感兴趣？他们最关注的是什么问题呢？不妨在学校或教室内建立一个问题发布墙，定期由学生自主发布问题信息，自主寻求问题反馈，与全班同学甚至与全校同学、教师进行问题的交流。教师也可以通过这些问题的发布，把握学生关注的焦点，找到最受学生欢迎的主题。

3. 召开问题交流会

召开问题交流会，让学生自由交流自己感兴趣的问题，从而在某些问题上达成共识，形成活动主题。

4. 进行问题调查

教师可以通过自己的调查活动收集学生关注的问题。如设计开放的问卷，这种方法能够给学生留下广阔的选择空间，积极性容易被调动，但学生提出的问题往往多而散，需要经过归纳整理才能成为确定主题的依据。

（三）把问题转化为综合实践活动的主题

主题，是指学生开展活动的题目，它直接决定了活动的主要内容，影响着活动目标等关键性因素。主题，来源于问题。但学生产生的问题，往往是“原始状态”的问题，表现出多、杂、乱、不成系统的特点，有些问题过于深奥或不具备研究的条件，有些问题又太过浅显不具备研究的价值，此时，教师需要引导学生将提出的问题整理、筛选、归纳，转化为活动主题。

1. 从问题中寻找可能实施的主题

如果引导学生围绕一个问题进行提问，问题必然多而杂，让人觉得无从下手，在这种情况下，教师需要指导学生进行问题的归类与整理，理出头绪来。

把问题汇集起来后，按“是什么”“为什么”“怎么做”三方面进行归类。对于回答“是什么”这一层次的问题，比较容易解决，如下列的问题1、问题2，通过文献资料的查阅就可以得到答案，一般只作为一个主题的一部分，不单独作为综合实践活动的主题；对于“为什么”“怎么做”，如下列的问题3、问题4，解决这一类问题则需要学生进行深入地研究，亲身体验，有一定的活动广度与深度，可以作为活动的主题。

如学生针对体检中的近视现象提出了下面一些问题。

问题1：什么是近视？哪些因素可能导致近视？

问题2：近视对我们的学习与生活有哪些影响？

问题3：为什么随着年级的增高，同学近视的比率在增加？

问题4：怎样有效地预防近视呢？

2. 按照活动类型表述主题

不同类型的主题活动的表述方法是不同的，当然，一个综合性的主题往往会包含几种活动类型，在指导学生进行问题表述时，可以从这几个维度来表述。

(1) 以活动涉及对象为主题名称。这种表述适用于一些综合性较强的主题，在这一主题下往往会包括各种活动类型。如《武汉的桥》《快乐的课间十分钟》《一次性筷子》等。

(2) 以主要活动为主题名称。这种主题表述的方法不仅清晰地说明了主题活动的对象，也说明了主题活动的主要方式，如研究、调查、设计与制作等。如：《关于近视问题的研究》《校园时尚玩具的调查》《六年级足球联赛的设计与实施》等。

(3) 以主要问题为主题名称。这种表述方式使学生在活动中能明确地把握活动的方向，了解活动的意图。如：《生日怎么过》、《报纸是怎么形成的》、《家教对正常教学的影响》等。

(4) 以学生在活动中的主要体验为主题名称。如：《校园小导游》《第一次挣钱》《体验七十二行》等。

(5) 以学生活动的主要空间为主题名称。如：《走近敬老院》《早点一条街——户部巷》等。

无论采用哪种主题表述的方式，一个好的主题名称的表述应该是简洁、清晰、完整、准确、概括性强的，通过主题表述，明确地传达一些主题活动信息。

主题表述方式的确定应该是一个师生互动的过程，确定的依据是学生归纳整理后的问题，看这些问题围绕着什么。主题表述需要在师生间达成一致。

3．选择可实施的主题

在实践中，有些学生提出的课题脱离现实，如学生想研究世上有没有鬼，这样的课题根本没有研究的价值。如果选择的主题在学校现有条件下无法实施，也是不恰当的。因此，在主题选择上应坚持价值性和可行性的基本要求。

（1）选择有价值的主题

活动的内容及时反映了学生生活，直接产生于学生现实生活中，如果在活动中学生能自主解决现实生活中的问题，那么这样的主题是比较有价值的。如：《生日怎么过》、《校园时尚玩具的研究》、《足球联赛的设计与实施》等。

活动形式丰富，以学生直接体验为主的主题比仅以查资料等间接活动为主的主题有价值。有些主题对于学生来说空而大，如《水污染》，学生在解决这类问题时往往以间接资料的寻求为主，但如果主题是《节水行动》，则可能引发学生直接的行为体验。

活动结果能直接作用于学生生活，引起学生生活方式变化的主题比较有价值。《关于近视问题的研究》、《夏天我们喝什么》、《节水行动》等，这些主题活动的结果将直接带来学生生活方式中某些细节的变化。

活动过程能使学生获得积极的情感体验的主题比较有价值。如：《我为学校留本书》、《和低年级的小同学一起玩》等。

（2）选择可行的主题

再有价值的主题，如果不具备可行性，其价值就会丧失殆尽。所以，在此基础上，还需要对主题进行可行性论证。

可行性是指是否具备实施主题所需要的课程资源，如学校或学校附近是否能提供课题研究的必需条件，具体来说主要有知识基础、信息资料、实验设备、研究对象、时间、精力、财力等。教师指导学生在选题时不要好高骛远，研究所涉及的内容和范围应与学生的认知基础相适应。

案例 14-2：

工作笔记：该鼓励？该制止？

“老师，我们学校对面就有个洪山宝通禅寺，我想研究寺庙文化，比如怎么当和尚？和尚平时做些什么？真的有佛吗？”

“哈、哈、哈、哈、哈……”“老师，我也要和他一起研究，我想一定很有意思!”

整个课堂成了欢乐的海洋，孩子们显然对第一个孩子提出的问题很感兴趣，大家你一言，我一语，我一时间竟成了“局外人”。面对他们的兴奋，我陷入了沉思……

尊重学生自主性就是要求综合实践活动要充分尊重学生的兴趣、爱好，为学生自主性的发挥提供广阔的空间。现在，孩子们竟然提出了宗教文化这一话题，并有意将它列入综合实践活动研究的主题。作为一个教育者，我能向我的学生们传播这种宗教文化吗？我并不是一个宗教信仰者，我该鼓励他们研究，还是该制止？

在一次区综合实践活动培训班里，我找到了答案。区里请来了ＸＸ所长为我们做专题报告，还特意留下了20分钟时间与老师互动交流。我说出了我的困惑：“是不是学生感兴趣的所有问题都适合作为综合实践活动的主题?”

在交流中，我得到了答案：“主题的研究是否有价值，是否对学生的成长有利，内容是否积极，是否适于学生研究？这都是作为一名综合实践活动指导教师需要考虑的问题。主题来源于学生的兴趣，但这仅仅是个前提，选择的活动主题应该考虑学生年龄的大小，思维发展水平等因素。”这时的教师就要充分展示他的引导才能。

——湖北省武汉市武昌区珞珈山小学陆颖老师工作笔记

二、制定综合实践活动实施方案阶段

活动主题确定以后，为了保证主题活动实施过程的计划性、目的性和深入性，必须在实施前制定活动方案。制定活动方案的工作主要包括三个方面：首先对主题进行分解，弄清楚主题活动涉及哪些子课题；根据学生特点和活动需要对学生进行分组，让不同小组的同学分别参与不同的子课题研究；最后，让各小组的同学自己制定本小组的活动方案。

(一) 对主题进行分解

主题的表述往往具有一定的综合性和概括性，仅依据主题是无法了解活动需要完成的主要工作的。因此，在确定主题后，还需要对主题进行分解，明确在主题活动中需要完成的工作，从而使主题活动更具方向感。

1. 按主题活动阶段来分解主题

案例 14-3：

《六年级运动会设计与实施》主题分解

在确定了《六年级运动会设计与实施》这个主题后，老师指导学生对主题进行了如下分解。

主题名称	活动阶段		分解主题
六年级运动会的设计与实施	设计阶段	项目与规则	近两年的运动会都有哪些项目？ 这些项目中有哪些是同学们最喜欢的？ 我们能不能设计一些游戏项目？ 如何制定规则？ 确定项目需要考虑哪些因素？ 怎么让同学们了解项目及规则？
		器材与场地	每个项目在器材与场地上有哪些要求？ 场地如何安排？ 器材如何借？ 器材的使用方法？
		报名及联络	怎么组织同学们报名？ 报名时有哪些要求？ 在哪儿报名？ 由谁负责报名？ 什么时间报名？ 报名表如何设计？ 如何通报报名情况？
	实施阶段	组织及协调	如何安排比赛小组？ 怎么为运动员编号？ 怎么通知运动员按时参加比赛？ 秩序怎么维持？……
		裁判与发奖	由谁来做裁判最公平？ 怎么请到裁判？ 如何组织召开一个裁判工作会讲明要求？ 奖品由谁提供，需要哪些、多少奖品？ 由谁来发奖？……
		宣传及其他	为防止意外事故，需要有哪些准备？ 宣传要做哪些工作？ 用什么方式发布运动会信息？……

——武昌区首义路小学实施，王司林指导，《六年级运动会设计与实施》活动节选

2. 按解决问题的主要活动形式来分解主题

如在确定了《告别一次性用具》的主题后，教师带领学生根据活动形式对主题进行了分解。

收集统计活动：哪些地方一次性用品使用较多？我们每个人家里一次性用具的使用种类及数量？……

问卷调查活动：人们为什么喜欢用一次性的用具？一次性用具使用后人们一般是怎么处理的？……

参观访问活动：一次性用具是用什么材料做的？加工的过程是怎样的？产量及销售情况如何？……

查找资料活动：其他国家一次性用具的使用情况？我国的相关政策？一次性用具对环境的影响？……

实验研究活动：一次性用具对环境的影响？一次性用具卫生吗？……

社区宣传活动：如何展示研究成果？一次性用具回收的宣传？地点的选择，作用的评估？……

（二）分组

通过主题的分解，一个主题被分成多个子课题，由于时间有限、活动空间分布广泛，学生不可能参与所有子课题，通常需要对学生进行分组，参与某一子课题的活动。在综合实践活动分组的时候，要考虑以下几个基本方面。

1. 学生的自主性

综合实践活动的特征决定了分组过程要充分考虑学生的自主性。由于学生的兴趣、需要不一样，决定了学生可能更希望参与某一子课题的活动，教师分组的时候要把学生的意愿放在首位。

2. 资源的便利

由于综合实践活动的方式多样，有调查、访问、参观等多种多样的形式，而这些活动涉及人力、物力等多种资源的利用。例如要参观某个地方，某同学的家长有办法争取该场地单位的同意，那么该学生尽可能分到这个小组；又如在某活动过程中需要用到照相机或摄像机，某同学家里有这些工具，尽可能把该同学分到这一组。

3. 素质状况

不同课题活动需要不同素质的学生，为了顺利地开展某课题活动，需要有能驾驭该活动的同学参与其中。例如，调查活动中，需要学生有良好的沟通能力，所以在考虑分组的时候，必须给该组配备一位沟通能力强的学生。

（三）子课题方案的制定

小组分工后，每个小组都有自己要参与的子课题活动，为了保证学生活动的规范性，教师要指导各小组学生制定子课题活动方案。

1. 帮助学生了解活动方案的基本要素

在长期的教学活动中，学生一直扮演的是被动参与者的角色，教师往往把一切细节都考虑到、安排好，然后学生只是参加一下而已，学生缺乏自主设计、主动策划意识。如何让学生真正成为一个活动的主动策划者，进而实现学生从规划活动逐渐走向规划人生呢？自主制定活动的方案是学生自主规划活动的第一步。

子课题活动方案是学生开展活动前的必要准备，体现出活动的预设性，保障了活动有序地进行。子课题活动方案一般包括：活动主题、本组的课题、本组承担的问题、小组成员及分工、指导教师、活动时间、活动的目标、活动的主要内容及步骤、预期成果及表现形式、可能遇到的主要困难及应对的策略等。

案例 14-4：

《影子的乐园》学生设计的活动方案之一

一、活动主题：影子的乐园

二、本组课题：关于皮影戏的研究

三、活动目标：

四、课题分解：

1. 了解皮影戏的历史

2. 学会表演皮影戏的基本方法

3. 制作皮影、排演简单的皮影戏

五、活动方式：上网查询，采访民间艺人，设计与制作，排练与演出。

六、主要成果展示方式：在黑板报里展示资料、研制的演出道具，表演皮影戏。

七、组内分工：李明负责上网查资料、王芳负责采访民间艺人、刘丽负责演出道具的设计与制作、黄凯负责剧本与排练，各个阶段在分工的基础上注意合作。

八、指导教师：王老师

九、时间安排：一个月

十、主要困难：

1. 制作皮影道具的材料不容易找到。

2. 民间艺人现存不多，如何联系？

——http：//ipac. cersp. com/ZDCL/HDGC/200510/103. html

2. 指导学生制定具体、可行的子课题活动方案

（1）注重细节

学生在制定方案时最容易出现的问题是线条太粗，由于生活阅历及认知水平的限制，学生对活动中可能出现的问题没有充分的思想准备，缺乏对细节的考虑。

（2）强调方案的可行性

制定子课题活动方案的目的是让活动开展得更有序，所以可行性是方案的灵魂，什么样的方案具有可行性？

在小组内达成共识的方案可行性强。方案中有些细节可能在设计之初不被全体成员认同，在确定前要反复的讨论、修正。

具有可调整空间的方案可行性较强。按方案实施活动，不是一个简单地按图索骥的过程。因为在现实活动中，学生活动的情景千变万化，指导学生处理好方案的预设性与生成性，学会根据实际情境及时对活动方案进行调整。

条理清晰、安排具体的方案可行性强。方案是行动的指南，决定了活动的方向及进程，如果方案中对活动步骤及过程缺少必要设计，没有时间的安排及分工的考虑，就很难在具体活动中起到“导航”的作用。

对活动中困难有充分预期的方案可行性较强。对活动中困难的预期有利于帮助学生把握活动的重难点，有利于教师进行针对性的指导。由于对活动中可能遇到的困难有比较充分的思想准备，也可有效地防止学生在活动中出现浅尝辄止的现象。

三、综合实践活动方案的实施阶段

在综合实践活动的方案制定后，学生就开始实施方案。在方案的实施过程中，学生的活动方式、方法多种多样，其主要可能涉及访谈、文献的收集整理、问卷调查等活动方式。在综合实践活动具体实施前以及实施过

程中对学生进行活动方式、方法的指导尤为重要，它是保证学生活动正常高效开展的前提条件。

（一）访谈法运用的指导

访谈（又称访问）是调查人通过与被调查人面对面地交谈来了解情况、搜集资料的一种调查方法，在社会科学中经常使用。访谈可以个别进行，也可以集体进行（如召集小型的座谈会）；可以是正式的，也可以是非正式的。访谈需要调查人有良好的口头表达能力以及表情和体态的表现能力。

1. 做好访谈前的准备

要做一个受欢迎的访问者，在访谈前必须做好以下工作：（1）取得被访问人的信任；（2）准备访问提纲；（3）做好访谈前必要的工具准备。

2. 掌握访谈的技巧

访谈活动是有一定技巧的，这些技巧的掌握，一方面来自于教师的指导，一方面也来自于学生的访谈经验。访谈涉及一些基本的技巧：（1）会问；（2）善听；（3）巧记。

（二）文献查找方法使用的指导

要查阅文献，以证实设想，同时，学生可以通过文献了解并借鉴别人的方法，或者从别人的思路和方法中获得启示，从而发展并形成自己的新的思路与方法。

1. 掌握文献查找的基本知识

要使用文献查找法，首先要掌握文献的类别和基本的查找策略。

（1）掌握文献类别。根据文献资料被加工程度不同，文献主要有三种类别：一次文献、二次文献、三次文献。一次文献包括图书、期刊、论文、调查报告、会议记录、实验报告，它们是实践的记录与总结，具有原创性；二次文献是由一次文献提炼出来的，如目录，题录，索引，文摘，在二次文献中，不能获得作者的观点，只是为研究者提供检索的方便，更快地找到所要的东西；三次文献是在二次文献的基础上检索、筛选、综合分析而成的，如综述与述评。

（2）了解文献存储地及其查找方法。可供学生查阅资料的地方很多，如省、市、区、校的图书馆、文史馆、档案馆等，在图书馆查资料需要办一个借书证，而到其他地方需要带一封介绍信。有些资料可以找相关部门索取，如了解城市规划可以找市计委、市规划办，了解城市给水和用水情况可以找市节水办公室，交通状况的相关资料可以到市交通局了解等。当然，还可以向个人借阅，博物馆、展览馆、商场都可以成为资料收集的场所。上网也是一个好办法，只要掌握了一定的搜索方法，输入关键字，运用搜索引擎，很快就能找到许多相关的信息。用什么方式查找文献，要根据学生的活动需要以及学校周边的资源状况而定，查找的范围应该是由近及远逐步扩大的，如从家里的图书开始查，到学校的图书馆再到其他的图书馆。

2. 根据活动需要，为学生确定资料查找范围

文献查找前做一些必要准备，将使文献查询更理性、更具方面感，避免查资料的盲目性。

并不是所有的问题都适合用文献研究法，所以在查阅前需要对主题进行分析，看看主题下包含哪些问题，以确定需要查询的信息是某一数据、概念还是某一事件或观点等。

下面用列表的方式，列举几个主题中可能需要通过查找文献解决的问题。

主题	需要通过查找文献解决的问题	作用	查找范围
走近科学家的世界	科学家的生平、故事及成长经历 科学家从事的领域及主要贡献 科学家从事研究的背景 科学家的性格及人们对他的评价		百科全书 科学期刊 某一科学家的专著 该科学家从事领域的专业网站 传记 ……
运动会的设计与实施	近三届校运动会的组织方式 近三届校运动会的主要项目 近三届校运动会的各种表格，如检录表，成绩统计表等 校运动会相关的图片资料 近三届运动会各项目的记录 各年级体育达标的标准	作为运动会设计的参考依据	学校档案 教材 体育教师建议书目 校园网 ……

续表

主题	需要通过查找文献解决的问题	作用	查找范围
关于近视问题的研究	近视的概念 形成近视的医学原理及原因 判断近视的参考数据 眼镜矫正视力的光学原理 用激光治疗近视的科学原理 预防近视的基本方法		医学杂志 校医的建议书目 眼镜店的资料 卫生保健教材 医学网 报纸……
酸奶的制作	酸奶的主要成分 酸奶的营养价值 酸奶的制作过程 酸奶的制作原料	为酸奶制作的实践过程提供必要的信息	关于营养学的书籍 食品制作指导类图书 操作指导 ……

为了避免学生查找资料的盲目性，指导教师可为学生提供相关的参考书目。

3. 文献资料的整理

资料查找到后，如何将这些资料进行整理，从而获得活动需要的信息，是文献查找法非常关键的一个环节。作为指导教师，应从下面两个方面进行指导。

（1）为文献资料排序、编目，制作文献卡片

要从收集到的大量文献中摄取有用的资料，就必须对文献做一番去粗取精、去伪存真、由表及里的处理工作。主要包括：去除假材料，去掉重复、过时的资料，保留那些全面、完整、深刻和正确阐明所要研究问题的有关资料，以及含有新观点、新信息的资料。

如果收集到的资料比较多，还需要对资料进行分类、排序与编目。为了今后研究时查阅方便，一般采用首字母开头的方式进行编目。每一条目上一般要写出该文献的出处，包括作者、书名、出版社、出版日期、在何处查阅等。

（2）指导学生掌握对有用的信息进行记录的基本方法

在对文献资料进行初步的整理后，接下来的工作就是对文献的阅读，消化并将有用的信息记录下来，实际上就是对文献进行精加工的过程。教师需要指导学生掌握一定的阅读记录的技术，记录资料实际上就是做读书笔记。至于用什么方法进行记录，取决于资料的类型、性质、用途以及个

人的阅读习惯等。基本的记录方法主要有：写批语、做记号、做摘录、写提要、做札记、写综述等。

（三）问卷调查法运用的指导

问卷调查是把要调查的项目编制成问题，以问卷或表格的方式发给被调查者，请他们如实填写，然后再回收、整理，通过分析归纳得出调查结论。

1. 指导学生做好问卷调查前的准备

问卷调查是一个严谨而科学的过程，教师在问卷调查前，要对学生进行必要的指导，帮助学生确定问卷所针对的课题，分析课题中所包含的问题，并根据问题设置问卷的项目，选择问卷的对象，这些都是决定问卷调查是否能顺利进行的关键。

（1）明确课题，分解成问题，理清问卷调查的项目。问卷调查项目的确定是以问卷所针对的课题为依据的，调查是为了研究，问卷的目的是为解决问题。所以，在调查前必须对课题进行进一步的界定，然后分析课题内所包含的问题，再来理清需要调查的项目，明确需要采集的数据与材料的作用。

（2）确定问卷对象。问卷调查的对象一般为有一定数量的人群，对象的选择是依据问卷内容确定的。

（3）预期的结果。在准备阶段还需要对问卷调查的结果进行预测，从而确定对收集的信息进行统计与处理的方法。

2. 指导学生设计调查问卷

问卷所获得信息的价值，在很大程度上取决于问卷设计自身合理的程度。要提高问卷的价值，首先要科学地设计问卷。

问卷通常由卷首语、指导语、主体等部分组成。

卷首语包括以下内容：自我介绍（让调查对象明白你的身份或调查主办的单位）；调查的目的（让调查对象了解你想调查什么）；回收问卷的时间、方式及其他事项（如告诉对方本次调查的匿名性和保密性原则，调查不会对被调查者产生不利的影响，真诚地感谢被调查者的合作，答卷的注意事项等）。

指导语旨在告诉被调查者如何填写问卷，包括对某种定义、标题的限定以及示范举例等内容。

问卷的主体，即问题，一般有开放式问题和封闭式问题两种。开放式问题是调查者在问题后不提供任何可供选择的答案，由被调查者自由答题，这类问题能充分反映调查对象的观点、态度，因而所获得的材料比较丰富、生动，但统计和处理所获得的信息的难度较大。封闭式问题是调查者在问题后提供几种不同的答案，这些答案既可能相互排斥，也可能彼此共存，让调查对象根据自己的实际情况在答案中选择。

3. 指导学生进行问卷结果的统计与分析

调查是为了研究，实施了问卷调查之后，就进入了结果的统计与分析阶段，希望从这些统计与分析中发现问题或得出结论。

问卷表中封闭式的问题，可以提供大量的数据，用来做定量的分析，这种分析较为客观，指导学生将数据转化成图表，这样更直观，更有利于对数据的分析。

问卷表中开放式的问题，提供了大量叙述式的信息，可以用来做定性的分析，这种分析比较主观，对这类信息进行概括分析，对学生来说有一定的难度，在分析时应注意层次和条理性。

案例 14-5：

“电脑与健康的关系”问卷调查统计报告

统计人：尧伊如　冯佩霞　　统计时间：2004 年 3 月 2 日

经过统计，我们全班同学共采访了 520 人。关于第一个问题“请问您家有电脑吗?”其中有 387 人回答家里有电脑，约占总数的 3/4，回答没有的约占总数的 1/4。第二个问题“您每天使用电脑多长时间?”有 68 个人回答使用 30 分钟，约占总数的 1/8，有 135 人使用电脑 1 小时，约占总数的 1/4，有 276 个人使用电脑 2 小时，约占总数的 1/2，有 41 人使用电脑超过 2 小时，约占总数的 1/8。第三个问题“您使用电脑主要做些什么?”有 1/5 是查找资料，有 1/8 是打印资料，有 1/4 是上网，约有 2/5是玩游戏。第四个问题“您回家是先做作业还是先玩电脑?”有 3/5 是先做作业，有 2/5 是先玩电脑。第五个问题“您知道电脑会影响人的健康吗?”有 2/3 知道，有 1/3 回答不知道。第六个问题“一次使用电脑不能超过多长时间?”1/5 回答是 30 分钟，有 1/4 回答是 1 小时，有 2/5 回答是 2 小时，约有 1/8 回答超过 2 小时。第七个问题“您是怎样预防电脑对人的危害?”有 1/3 是经常做眼保健操，有 3/5 是限制玩的时间，有 1/15 是少玩电脑。第八个问题“您会去网吧吗?”有 1/10 经常去，有 4/5 不去，有 1/10 偶尔去。第九个问题“您知道未成年人不许进网吧吗?”有 4/5 的人知道，有 1/5 的人不知道。

同学们在自己的实践当中都普遍发现很多家庭都有了电脑，电脑给人们的生活带来了很大的便利，但是在采访中也发现很多人使用电脑的时间过长，视力明显下降，有些人整天沉迷于电脑以致影响学习和工作等。

——郭元祥、何军华编，《综合实践活动国内外案例分享》，高等教育出版社，2003

四、综合实践活动结果的交流阶段

当一个活动结束后，进入总结交流阶段。活动主题、活动方式不同，活动过程也千差万别，总结交流的形式也多种多样。可以是静态的交流，如一次作品展、一盆植物、一件小制作的展示；可以是动态的，如一次讨论会。有很多交流是综合性的，在这种交流中，既有多样的作品展示，又有丰富的情感体验；既有方法的交流，又有热烈的讨论；既有活动的总结，又有活动的反思；既是前段主题活动的总结，又从中生发许多新的主题。

（一）指导学生多样化的交流

学生开展一个活动，最后的活动成果以什么方式来呈现、表达，由于存在多种可能性，所以教师要对学生的展示交流进行必要的指导，帮助学生选择恰当的呈现方式。展示交流既是对学生在综合实践活动中的各种表现和活动产品（如研究报告、模型、主题演讲等）作一个小结，也是一种师生之间、学生同伴之间共同学习和交流的机会，是学生学会发现自我、欣赏别人的过程。下面介绍两种主要的交流方式。

1. 根据主题内容选择交流的方式

综合实践活动主题类型不同，主要内容包括信息技术教育、研究性学习、劳动与技术教育、社区服务与社会实践。确立的主题可以是课题探究的研究性学习活动、实际应用的设计性学习活动、以社会考察为主的体验性学习活动、社会参与的实践性学习活动。不同的主题有不同的特点，在交流时也应该有不同的方式。课题探究的研究性学习活动交流的形式应以研究报告、实验演示、答辩为主；实际应用的设计性学习活动交流的形式应以作品展示、过程展示、效能讲解、说明书为主；以社会考察为主的体验性学习活动交流的形式应以辩论会、直观图表、调查结果分析、情境再现为主；社会参与的实践性学习活动交流的形式可以让学生展示资料集、写体验日记、文艺演出、写建议书、开交流会、办板报等。

2. 根据实际情况选择交流的方式

首先，交流的方式要符合学生当前的认知水平。教师应指导学生在表达时把自己所做的事简明扼要地描述出来，把自己所收集到的资料用自己的语言进行交流。其次，交流的方式要充分考虑学校、学生的条件。

案例 14-6：

“叶子的世界”活动交流展示情况

我曾经和我所教的五年级学生一起探究了关于“叶子的世界”这一主题活动，学生利用课外和课内收集有关树叶的资料，交流、整理资料，利用资料进行创作，在每一节综合实践课上，学生展示的树叶多姿多彩，但有重复现象，我就引导学生到我校附近、公园附近采撷树叶，要求大家采的树叶（也可以有果子）在造型上要有区别，要有圆型、长条型、异型等，在色彩上也要有所区别，要有深绿的、浅绿的、黄绿色的、红色的等，展示时要用不同的方式，在随后的课堂上，学生们展示交流的方式令人耳目一新。

实物展示：有一个小组展示的是漂亮的树叶粘贴画，这一组学生能够运用树叶的各种造型、颜色，把树叶粘贴在一起，设计出美妙的图案，有的是抽象的几何型图案，有的是风格迥异的建筑物，有的是调皮可爱的动物形象，有的则利用树叶的不同纹理设计出奇异服装……这一小组的学生，已经学会了如何合作，因为他们在一起制作树叶粘贴画时，有分工，有讨论，有合作，已经慢慢地懂得了如何运用对比与和谐、对称与均衡、节奏与韵律、多样与统一等组合原理，进行创意和设计，创造性思维异常活跃流畅，创作出了许多奇思妙想的好作品。而其他小组在这一组展示过后，热情很高，树叶粘贴画也成了他们展示交流的一种方式。

资料展示：虽然我们师生进行的课题是“叶子的世界”，但与叶子有关的知识我们同样认同，其中有一个小组展示的是关于树叶的成语，如：

a. 成语：金枝玉叶

释义：原形容花木枝叶美好。后多指皇族子孙。现也比喻出身高贵或娇嫩柔弱的人。

出处：唐·王建《宫中调笑》词：“胡蝶，胡蝶，飞上金枝玉叶。”

示例：你真是～，吹股风都要生病。

b. 成语：落叶归根

释义：飘落的枯叶，掉在树木根部。比喻事物有一定的归宿。多指客居他乡的人，终要回到本乡。

出处：宋·释道原《景德传灯录》卷五："叶落归根，来时无口。"

示例：～，丰城剑回。（明·王世桢《鸣凤记》第三十八出）

c. 成语：落叶知秋

释义：指见到落地的黄叶，知道已经是秋天快到了。

d. 成语：秋风扫落叶

释义：秋天的大风把落叶一扫而光。比喻强大的力量迅速而轻易地把腐朽衰败的事物扫除光。

出处：《三国志·魏志·辛毗传》："以明公之威，应困穷之敌，击疲弊之寇，无异迅风之振秋叶矣。"

示例：对待敌人，要像～一样残酷无情。

……

标本展示：

这个活动最大的优势，是让一片片干枯的树叶在孩子的眼里变成了美丽无比的神奇树叶，极大地激发了孩子的好奇心。教师因势利导，和学生们一起制作收集册。挑选一本厚重的册子，和学生一起将捡来的树叶固定在册子上，引导学生写出捡拾的地点。引导他们去了解树叶名称，比较其异同点。学生在无形中丰富和扩展了自然知识。

引导学生制作树叶标本：找一张白纸，把收集的树叶贴在纸上，再用两本厚重的书籍压紧，做成简单的树叶标本。在这样玩玩做做中，学生会学到关于树叶的很多知识，更为重要的是，他们的好奇心和求知欲会愈加旺盛，并促进其智力的发展。在整个课堂中，唯有小组之间互换收集册时，学生眼中的那份欣喜、激动惹人注目。交流效果不言而喻。

图片展示：

在每个课题研究小组中，展示的都有树叶的图片，分这几类：

树叶形状展示：

……

树叶颜色展示：

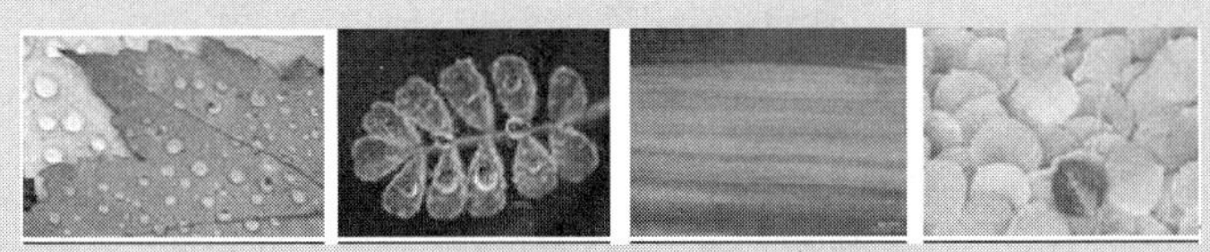

……

树叶纹理展示：

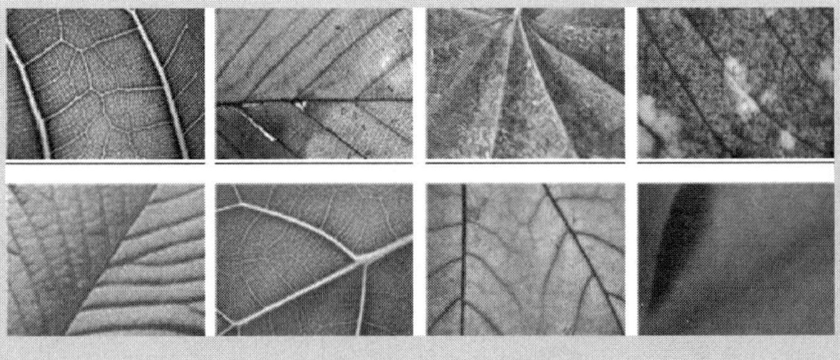

……

欣赏着这一组组美轮美奂的图片，犹如置身于美丽的大自然中，艳丽的色彩吸引着学生的眼球，激发着他们心中对知识的渴求，他们不只是在观察，也在体验着综合实践活动这一课程带给他们的喜悦，树叶的各种形状、各种色彩、各种纹理使他们陶醉，虽然有些叶子他们叫不出名称，但是他们学到了很多，也会在今后对树叶投去更多关注的目光。

——http：//www.fyeedu.net/info/75387-12.htm

（二）指导学生在交流的过程中反思

综合实践活动交流过程中的反思是学生对自己的活动进行调整与完善的过程。通过反思，学生可以将感性认识上升为理性认识；通过反思，可以培养学生的责任意识。下面介绍两种综合实践活动中的反思方式。

1．采用追问的方式引导学生进入反思状态

如在主题为《夏天我们喝什么》的活动中，有一个小组研究怎么购买饮料，他们找到了很多有关如何识别真假饮料的资料，在课堂上津津有味地说给同学们听。当教师拿出了一些饮料让他们分辨，他们却无法准确辨识真假。老师说："你们找到很多相关的资料，说得很有道理，想想为什么在实际生活中，你们还是无法分辨饮料的真假呢？"教师这样有效地引导学生进入反思状态，学生意识到在活动中不能纸上谈兵，而是要将理论与实际相结合才能取得实效。

2．采用问卷的方法引导学生进行反思

针对不同活动出现的不同问题，教师给出几个反思点，引导学生就这些问题进行深入地思考，学生在完成问卷的同时也经历了反思的过程。如"关于小组合作学习情况的调查问卷"：

——你认为你们组谁的策划最有创意？

——你最乐意与谁合作？为什么？你们共同完成了什么任务？

——你最不想与谁合作？为什么？

——在行动中，你帮助过谁？得到过组内其他伙伴的帮助吗？

——在小组活动中遇到的最大问题是什么？解决了吗？

——在小组活动中你最大的收获是什么？

——其他各组有哪些经验值得你们组学习？

在交流时，教师要认真倾听各个小组的汇报，并进行相关活动的反思指导，为其下一阶段实践活动的开展提供方向性引领。

【思考题】

1．在学科课程中倡导学习方式变革的今天，为什么还要设置综合实践活动？

2．综合实践活动与校本课程是什么关系？

【拓展阅读】

1．郭元祥．综合实践活动课程的理念［M］．北京：高等教育出版社，2003．

2．河南省基础教育研究室．综合实践活动及其师资建设［M］．郑州：河南科学技术出版社，2004．

3．陈时见．综合实践活动课程理念与实施［M］．桂林：广西师范大学出版社，2003．

第十五章 班主任工作

班主任是教师队伍中的中坚力量，我国著名心理学家、教育学家林崇德教授说过："一名教师不做班主任，就不会尝到做教师的真正滋味。"本章主要论述班主任工作的意义和任务、内容与方法，以及新形势下如何开展班主任工作。

【学习目标】

1. 了解班主任工作的意义与任务。
2. 掌握班主任工作的内容与方法。
3. 理解新时期班主任工作中存在的问题。
4. 了解新时期对班主任的素质要求。

第一节 班主任工作概述

一、班主任工作的意义

班级是学校的基层组织，是学校为实现一定的教育目的，将年龄和知识程度相近的学生编班分级而形成的，有固定人数的基本教育单位。而担负班级主要管理任务的则是班主任。班主任是教师队伍的重要组成部分，是班级工作的组织者、班集体建设的指导者、学生健康成长的引领者，是学生思想道德教育的骨干力量，是各种教育力量的协调者和联系纽带，是学校实施素质教育的主力军。可以说，班主任工作的成功与否对学校的教育教学质量、对年青一代的身心健康成长都有着非常重要的意义。

首先，班主任工作关系到学校的教育教学质量。班是学校的细胞，一个学校的教育质量归根到底是由各班的教育质量决定的，而各班的教育质量如何，很大程度上取决于班主任工作。班主任既是党的教育方针和学校教育要求的执行者，是学校教育第一线的骨干力量，是学校领导实施教育、教学计划的得力助手，又是全班学生的组织者、教育者和领导者。实践证明，只有把全班学生很好地组织起来进行教育和教学活动，才能把学校的培养目标和教学计划很好地落到实处，从而提高学校的教育教学质量。

其次，班主任工作关系到年青一代的健康成长。在日常生活中，与其他任课教师相比，班主任与学生交往最多、关系最密切、影响最大，不仅是对学生进行教育的主要责任人，而且也最有可能成为关系学生发展的重要他人，在学生的全面健康成长中起着导师的作用。青少年学生正处于长身体、长知识和思想品德形成的关键时期，也是可塑性很强的时期。因此，作为班主任，既要全面关心学生，利用各种机会对学生进行政治思想、道德面貌、个性品质等方面的教育；又要关心全体学生，促使每一个学生在德、智、体、美等方面全面、和谐地发展。

总之，班主任工作平凡琐碎，但却责任重大、意义深远。1979 年，我国著名诗人赵朴初给北戴河全国优秀班主任工作经验交流会赠了一首《金缕曲》："不用天边觅，论英雄，教师队伍眼前便是。历尽艰难曾不悔，只是许身孺子。堪回首十年往事，无怨无尤吞折齿，捧丹心，默向红旗祭。忠与爱，无伦比。幼苗茁壮园丁喜，几人知，平时辛苦，晚眠早起，燥湿寒温荣与悴，都在心头眼底，费尽了千方百计。他日良材承大厦，赖今朝血汗番番滴。光和热，无穷际。"这首词写出了班主任的艰辛与光荣，写出了班主任的奉献与伟绩。

二、班主任工作的任务

班主任作为国家和学校的代言人，其基本任务是：依据我国的教育目的和学校的教育任务，按照德、智、体、美、劳全面发展的要求开展班级工作，全面教育、管理、指导学生，使他们成为有理想、有道德、有文化、有纪律、体魄健康的公民。

具体来讲，班主任工作的任务主要包括以下几个方面。

1. 对学生进行思想品德教育

班主任的首要任务是对学生进行思想品德教育，这是班主任工作的重点。班主任应以《中共中央国务院关于进一步加强和改进未成年人思想道德建设的若干意见》《中学生守则》《中学生日常行为规范》《公民道德行为规范》的要求为指针，加强对学生进行爱国主义教育、理想信念教育、安全法制教育、职业道德教育、心理健康教育以及行为养成教育等，为学生树立正确的世界观、人生观、价值观和择业观奠定良好的基础。使学生养成良好的学习习惯、生活习惯、懂文明、讲礼貌。做到自尊自爱、注重仪表；遵规守纪，勤奋学习；真诚友爱，礼貌待人；勤劳简朴，尊敬师长；遵守公德，严于律己；正确择业，奉献社会。

2. 提高全班学生的学习质量

学生的主要任务是学习，提高全班学生的学习质量是班主任工作的重要职责。班主任应团结、协助本班的任课教师，教育引导学生确立正确的学习目的，端正学习态度，遵守学习纪律，改进学习方法，激发学习动机，形成良好的学习习惯。同时，还要和任课教师一道，做好本班学生的个别教育工作，使每一个学生在原有基础上都能有所进步、有所提高。

3. 组织开展丰富多彩的活动

班主任要积极组织、指导学生参加学校组织的各项活动，比如体育活动、军训、公益劳动等社会实践活动。协助学校贯彻实施《学校体育卫生工作条例》，教育学生坚持体育锻炼，养成良好的劳动习惯、卫生习惯和生活习惯。指导学生参加有益身心健康的科技、文娱、社会活动，以发展学生兴趣，培养学生特长，增强学生的社会实践能力。

4. 注重学生的心理健康教育

竞争激烈、瞬息万变的21世纪，既给当代的青少年提供了广阔的发展机遇，也使他们面临诸多的困难与挑战，承受着巨大的升学、就业等方面的竞争压力。近年来的种种资料显示，目前的儿童、青少年表现出越来越多的心理健康问题。如从全国22个省、市青少年心理健康的调查数字显示，我国有3000万青少年处于心理亚健康状态。由此可见，作为班主任，关注学生的心理健康显得尤为重要。

5. 建立班级日常管理规范

班主任工作十分繁杂，头绪很多，如考勤、卫生、学生的学习、班级纪律、组织班会、制定工作计划与总结等。要想成为一名优秀的班主任，就应当从繁杂的事务堆中解脱出来，建立班级日常管理规范，从而规范学生的行为，形成良好的班风。

6. 协调各方面教育影响

班主任工作是连接学校、家庭和社会的桥梁与纽带。班主任通过家访、召开家长会、发放家校联系册或学生评价手册等，以多种形式加强与家长及社会等方面的联系，形成学校、家庭、社会三位一体的教育合力，以取得良好的教育效果。

第二节　班主任工作的内容与方法

班主任工作是复杂而富于创造性的工作，班主任工作的艰巨性和复杂性，决定着班主任工作内容的广泛性和方法的多样性。有人总结出的“班主任的26个字母”，颇能说明班主任工作内容的繁杂程度。

资料15-1：

班主任的26个字母

A——awake（唤醒）教育者的使命在于唤醒。

B——believe（信任）充分信任所有的孩子。

C——care（关心）全面关心学生的成长。

D——democracy（民主）民主的氛围是培养自强精神的温床。

digest（理解）理解是开启儿童心灵之门的钥匙。

duty（责任）责任感是教育者的良知。

E——enjoy（欣赏）赏识是孩子的心灵鸡汤。

equality（平等）人格平等是儿童世界的通行证。

F——feeling（感情）以情育情，以情动心。

G——give（付出）只知付出，不求回报。

H——help（帮助）在学生最需要的时候及时给予帮助。

humour（幽默）幽默是调节心理的灵丹。

I——ignite（点燃）点燃儿童心中的明灯。

J——justice（公正）只有公正无偏才能赢得孩子的信任。

K——kind（亲切）亲切的态度可以拉近和学生的距离。

knowledge（知识）知识渊博，魅力无限。

L——love（热爱）热爱是最好的导师。

M——mischief（伤害）切勿伤害儿童的自尊心。

motivation（激励）激励是唤起学生内驱力的重要手段。

N——nature（自然）顺应自然，因势利导。

O——observe（观察）观察是了解学生的重要手段。

P——patience（耐心）耐心是获得成功的基础。

Q——quest（探索）探索是教育者的优秀品质。

quarter（宽大）严于律己，宽以待人。

R——resource（机智）教育机智叩开成功的大门。

respect（尊重）教育成功的秘密在于尊重学生。

S——smile（微笑）微笑是照亮学生心灵的阳光。

study（学习）学习是教育者的加油站。

T——think（思考）善于思考是教育创新的前提。

tolerance（宽容）宽容是感化学生的良药。

U——understand（了解）了解是教育的起点。

unity（团结）一个都不能少。

V——victory（成功）让所有孩子都体验成功的喜悦。

W——wrath（愤怒）切记“制怒”。

X——x factor（未知数）开发儿童的未知潜能是教育者的天职。

Y——young（朝气蓬勃）像青少年那样朝气蓬勃。

yes（行）新世纪，我能行。

Z——zest（乐趣）教育工作具有无限的乐趣。

——高谦民主编，《今天，我们怎样做班主任》，华东师范大学出版社，2006：1～3

美国学者贝德勒说：“生龙活虎的学生一个个在我眼前成长起来，这就是一个教师永不停息的创造性工作的结果。……还有什么比创造人类生命的工作更令人激动的呢?”魏书生也说过：“教育是一种可以给人以双倍精神幸福的劳动。”“教师劳动的收获，既有自己感觉到的成功的快乐，更有学生感觉到的成功的快乐。于是教师收获的是双倍的，乃至更多于其他劳动者数倍的幸福。”

因此，班主任工作虽然辛苦，但却具有更多的乐趣。一位优秀的班主任应视班主任工作为最大的乐趣，把班主任工作做得完善一些，更好一些。努力耕耘，收获乐趣，这是优秀班主任的最高境界。

但要想成为一名优秀的班主任，必须做好以下几项工作。

一、了解和研究学生

了解是教育的起点，了解和研究学生是做好班主任工作的前提和基础。《学记》说："知其心，然后能救其失也。"卢梭在《爱弥尔》一书中写道："你必须好好了解你的学生之后，才能对他说第一句话。"世界上没有两片完全相同的树叶，班级中没有完全一样的学生。教育心理学告诉我们：人的差异是绝对的，每个学生在认识、情感、意志、兴趣、需要等方面各有差别，班主任要做到对症下药，增强思想工作的针对性和实效性，必须仔细观察学生，认真了解学生，这是做好班主任工作的基础。

了解和研究学生是一项艰苦细致的工作，需要系统地、不间断地进行。有经验的班主任，往往在接手新班之前便借助学生的学籍卡、走访家长、有意识地接触个别学生、有重点地访问部分学生的原班主任或任课教师等途径着手了解学生，为班级工作的正常、有序开展打下良好的基础。班主任只有深入地了解学生、研究学生，才能指导得法、教育有效。

（一）了解和研究学生的内容

了解研究学生，包括两方面的内容：了解研究学生个人和学生集体。

了解学生个人情况，主要包括学生个人在德、智、体、美等方面的发展情况，学生的兴趣、爱好、特长、品质、性格等情况，以及学生的家庭状况和社会交往情况。具体包括：（1）一般作息时间与生活习惯；（2）集体观念如何，与哪些同学比较要好；（3）学业状况怎样，包括学习的基础状况、对各门学科的看法、态度、学习目的、学习动机、学习方法和学习成绩以及智力发展水平等；（4）成长经历情况，包括家庭状况、家庭成员、家长的工作单位、家庭的教育观念与教育方法、学生的社交状况等，在家里最听谁的话，与家里人的关系如何，每月零用钱及开支情况等；（5）兴趣爱好情况，包括怎样安排课余生活，爱看哪些书刊，参加培训班的情况；（6）属于何种气质类型（胆汁质、多血质、黏液质、抑郁质）；（7）具体的性格特征；（8）能否自觉遵守纪律，在公共场所有无文明习惯；（9）思想政治状况，心目中崇敬的人；（10）最尊敬的教师，最喜欢的教学方法；等等。①

了解学生集体是在了解学生个人情况的基础上进行的。它主要包括全

① 上海教育学院教育科学研究室等．中学班主任工作的原理与方法［M］．上海：上海教育出版社，1986：24～26．引用时有所改动。

班学生的年龄、性别、民族、家庭等一般情况；学生德、智、体、美等方面发展的全貌，区分出具有一般发展水平和具有特殊才能的学生情况；本班的班风和传统等。具体包括：(1) 学生总人数，男、女生人数；(2) 学生家庭住址，家长职业状况；(3) 独生子女情况；(4) 学生家庭类型（三代同堂、三口之家、单亲等及其所占比例）；(5) 学生家庭条件：居住面积、人均家庭经济收入及平均生活费；(6) 学生身体健康状况，包括生理健康和心理健康两方面；(7) 少先队员、团员人数；(8) 班集体的兴趣、爱好；(9) 与兄弟班的关系；(10) 集体的是非观念，有无正确的集体舆论；等等。①

班主任了解和研究学生，既要以整个班级为背景来了解研究每个学生，又要在深入了解研究每个学生的基础上把握整个班级集体，做到既见树木，又见森林。

(二) 了解和研究学生的方法

常用的了解和研究学生的方法主要有以下几种。

1. 资料分析

资料分析不受时间、地点的限制就能使人获得比较系统而详细的信息，因此它是班主任初步了解班级和学生情况的最简易、最常用的方法。有关学生的书面资料很多，大致可以分为三类：一是学生档案资料，如学籍卡、历年的成绩和操行、体格检查表、有关奖惩的记载等；二是班级记录资料，如班级日志、班会和团支部会议记录等；三是学生个人写的资料，如作业、作文、日记和成长记录袋等。

通过资料分析，可以掌握学生德、智、体、美等方面的发展状况，了解学生的家庭状况、社会交往的情况，了解学生不同时期的思想道德认识、心理发展水平等。但这些资料记载的是学生的过去，班主任不能以此作为唯一的了解和研究学生的依据，而是要与日常观察、谈话以及调查访问结合起来，以期对学生做出全面、客观、公正的评价。

2. 日常观察

观察是了解和研究学生的重要手段，观察要在自然状态下有目的、有计划地进行。在对学生的日常观察中，班主任首先要选好合适的观测点，要让观察对象在毫无干扰的情况下，表现出最自然、最真实的一面，以获

① 上海教育学院教育科学研究室等．中学班主任工作的原理与方法［M］．上海：上海教育出版社，1986：24～26．引用时有所改动。

得较为真实客观的材料；其次要细心、敏感、警觉，真正做到明察秋毫，如一个活泼开朗、个性张扬的孩子为何突然变得沉默？某个遵守纪律、循规蹈矩的学生为何迟到？上课一贯神情专注的孩子为何心神不宁？……班主任要善于捕捉学生身上发生的这些细微变化，来触摸学生的心灵世界，熟悉学生的心理需求，关注学生的心理动态。最后，班主任要想了解学生，就必须首先走进学生，善于通过学生的学习、劳动、课外活动和课余生活等，全面而真实地观察学生的行为、举止、言论等各方面的表现，去粗取精、去伪存真，最后作出客观而公正的评价。

资料15-2：

对于小李同学，班主任李老师刚开始很讨厌他，无论是学习成绩还是衣着举止，小李几乎没有一个地方让李老师喜欢。

小李每天都是气喘吁吁地最后一个跑进教室，头发乱蓬蓬的，脸也不洗，纽扣经常系错。这哪里像四年级的学生！最可气的是，一放学，他比谁都溜得快，也不知道他在忙些什么！他的学习就更别提了，考试大多是十几分，那还是靠选择题和判断题瞎蒙的。

有一件事情让李老师哭笑不得。班里选举时，李老师发下了选票，要求每个学生选出五个有能力、负责任的班干部，可小李竟然一连写了五个“李×”。李老师很生气：“你可以毛遂自荐，可总不能班长、副班长、学习委员、劳动委员都由你一个人包办，你干得了吗？简直胡闹！”小李低着头任老师训斥，好半天才蚊子哼哼似的说：“老师，不……不是这样，我想选别人，可是……他们的名字……我不会写。”居然有这样的学生，真拿他没办法！

但是，后来发生的几件事情，却让李老师改变了对小李的看法。

一个冬天的下午，天寒地冻，冷得出奇。同学们大扫除，谁都不愿意脱下厚厚的手套去洒水，于是就用扫帚蘸着水洒，但这样“蜻蜓点水”根本不管用，教室里尘土飞扬。这时小李走过来，脱了手套，很快把水洒完了。望着他冻得通红的双手，李老师内心禁不住热乎乎的。

一天，外面下着大雪。小李的同桌小徐受了凉，不小心吐了一地。同学们纷纷捂住鼻子，躲到一旁。只见小李赶紧脱下自己的小袄，毫不犹豫地披在同桌身上，然后找来扫帚和簸箕，三两下就扫尽了地上的脏物。他做得那么从容，一点儿没有厌恶的表情。

多好的孩子啊！从此李老师对他的态度变了。通过家访李老师得知：小李的大伯前些年患了偏瘫，因为他膝下无儿无女，一直是小李端茶送水，日日照顾，因此小李每天上学都要晚来早走。想不到，这个一向让老师看不起的学生，竟然有着一颗如此纯洁美好的心灵！

每个孩子都是向善的，即使再“差”的学生，他们也有潜在的美的特质，需要我们去及时捕捉。当我们俯下身来，也许会发现一个十分精彩的世界。

——高谦民主编，《今天，我们怎样做班主任》，华东师范大学出版社，2006：3～4

讨论：有人说：“要了解学生，首先要让学生了解教师。”你如何看待这个观点？

3. 谈话

谈话法是班主任了解和研究学生的基本方法。班主任与学生谈话的方式很多，大体上可分为个别谈话、集体谈话和对话三种。不论采取何种谈话方式，为了提高谈话的效果，班主任都需做好以下三方面工作。

首先，精心做好谈话前的准备工作。在谈话前，班主任要明确谈话的目的、内容、方式、时间、环境，初步了解谈话对象的情况。

其次，耐心细致地把握谈话进程。在谈话过程中，班主任要做到以下几点：第一，要讲究谈话的艺术。班主任要把握谈话的时机，注意发挥学生的主体性，引导学生敞开思想，知无不言。第二，要注意创设良好的谈话环境，特别是良好的心理氛围。比如可采用讲故事、谈体会的方式，自由发言的漫谈式，围绕某一话题的讨论式等，对学生的态度要亲切、自然、真诚，切忌使用同一个模式，板着同样的面孔，用同一种教训的腔调，否则容易使学生感到紧张、压抑、拘束、乏味，从而失去与学生坦诚交流的机会。第三，要学会倾听。倾听是深入学生内心世界的有效方法，班主任要耐心地、安静地倾听学生讲话，不要有不耐烦的情绪，不武断地作评价，不随便地插话，不经常打断孩子的思路，让孩子畅所欲言。第四，要保证谈话的教育性。教育性是教学的客观必然性，谈话的内容应能增进学生的知识，富有教育意义。

最后，用心做好谈话后的总结工作。学生是发展中的人，他们的发展是一个长期的、反复的、不断提高的过程。因此，谈话后，班主任要做好谈话笔记，要把掌握的主要情况以及自己的看法或感受记录下来，积累起来，以便日后研究、对照。

4. 调查访问

调查研究是深入了解和研究学生的一种间接方法。调查的对象主要是学生，此外，还可以是学生的家长、亲友、任课教师、前任教师和班主任以及其他相关人员。班主任可根据具体调查任务来确定调查对象。调查访问的方式很多，可以根据调查目的采用家访、家长会、座谈会、问卷调查以及访谈等形式获取学生的相关信息。调查的种类可分为综合调查和专题调查。综合调查是为了了解新形势下学生德、智、体、美各方面的发展情况，如身心发展变化的特点与规律、存在的优势与问题等，以便制订新时期班主任工作计划；专题调查是为了了解学生个人或集体中发生的某个问题，深入而全面地掌握有关情况，以便采取有效措施，正确处理。

总之，教育的目的是让每一个学生都得到发展。所以，班主任要在素质教育思想的指引下，以学生的发展为本，既要全面了解和研究学生，避免重智轻德、重智轻体的现象发生；又要了解和研究全体学生，避免“照顾两端、遗忘中间”的现象发生。要始终把了解和研究学生作为开展班主任工作的前提，以便在教育学生时因材施教、有的放矢。

二、组织和培养班集体

组织和培养班集体是班主任工作的中心环节。班集体不仅是教育的对象，而且是教育的巨大力量。班集体不是自发形成的，而是班主任精心组织与培养的结果。马卡连柯在长期的教育实践中总结了这一宝贵经验，他说：“我自己从十七岁起就当教师，我曾长时间地想过：最好先把一个学生管理好、教育好，然后再教育第二个、第三个、第十个，当所有的学生都教育好了的时候，那就会有一个良好的集体了。可是，后来我得到一个结论：有时不应当跟个别学生谈话，而要向大家公开讲话，要采取这样的方式——使每个学生都不得不参加共同的活动。这样一来，我们就教育了集体，团结了集体，加强了集体，以后，集体自身就能成为很大的教育力量了。”① 班集体不是一个班几十名学生的简单组合，而是具有明确的奋斗目标、健全的组织系统、严格的规章制度与纪律、强有力的领导核心、正确的舆论和优良的作风与传统的有机体。班集体一旦形成，就会成为班主任

① ［苏联］马卡连柯．马卡连柯全集：5卷［M］．刘长松等译．北京：人民教育出版社，1956：404.

开展工作的有力助手和教育学生的巨大力量。一般来说，要建立一个健全的优秀班集体，需要做好以下几方面工作。

（一）制定班级奋斗目标

制定班级培养目标是班主任组织培养班集体的重要手段。目标是一种黏合剂，它可以凝聚人心，指引前进方向。班级的奋斗目标是班集体在一定时期内设定的预期活动结果，是班集体的发展方向和动力。班级是全班师生共同生活的精神家园，班主任在制定班级奋斗目标时，既要结合本班学生的思想、学习和生活的实际全盘考虑，又要充分体现学生们的意志、愿望和要求，做到共同讨论，集体决策，使班级奋斗目标成为教育学生的手段。

按照实现目标要求的时间长短，班集体的目标一般分为近期目标、中期目标、长期目标。近期目标一般以两周为限，如搞好班级课堂纪律；中期目标一般以半学期为限，如成为优秀班集体；长期目标一般以一年为限，如使每一位学生在原有基础上有所进步、有所提高。

制定班集体目标要遵循由易到难、由近及远、循序渐进、逐步提高的原则，目标要明确具体、切实可行，具有方向性、针对性、可行性和鼓舞性，推动班集体不断向更高目标前进。

（二）建立班级组织机构

建立班级组织机构是班主任搞好班级工作的第一步。班级组织机构一般由班委会、团委会两部分组成。班委会负责全班的日常工作，一般设班长、副班长、学习委员、生活委员、体育委员、文艺委员各一名；团委会主要负责班级的共青团工作，一般设团支书、组织委员、宣传委员各一名。

俗话说："火车跑得快，全靠车头带。"班干部就是班集体的火车头，是班主任开展各项工作的得力助手和主要依靠对象，是班集体成长的骨干力量，因此班主任要做好班干部的选拔与培养工作。具体来说，选拔班干部时要综合考虑以下因素：一是德才兼备、全面发展；二是关心集体，有一定的组织管理能力；三是情商发展比较好，在学生中有一定的影响力、感召力、凝聚力；四是有较强的自制力，严于律己、以身作则、率先垂范。但培养班干部不是先培养好了再使用，而是培养与使用相结合。班干部一旦确定，班主任就要从以下几方面着手培养：一是要严要求，树表率；二是要交任务，压担子；三是要引正路，教方法；四是要重尝试，讲激励。班主任在帮助班干部迅速成长的同时，还要善于发现和培养新的积极分子，不断壮大积极分子队伍，以巩固和发展班集体。

（三）完善班级管理制度

俗话说："没有规矩，不成方圆。"建立完善的班级管理制度是班主任搞好班级管理工作的重要保障。完备的班级管理制度就像一个班级的骨架，只有做得结实到位，才能撑起整个班级，实现"以法治班"，提高班级管理效率。班级管理制度大致分为以下四类：一是学生在校学习的常规制度，如学生守则、班级公约等；二是课堂纪律及评比制度，如考勤制度、竞技制度等；三是学生作息制度；四是清洁卫生制度。

制定严格规范的班级管理制度应做到以下几点：一要从班级的实际出发，简洁明确地告诉学生该做什么和不该做什么，使学生心中有衡量的标准，切忌脱离实际；二要保持班级管理制度的相对稳定性、权威性，切忌朝令夕改、一曝十寒，使学生无所适从，造成班级秩序混乱；三要逐步完善班级管理制度，在确保制度稳定性的前提下，切忌保守与僵化，阻滞班级工作的正常开展；四要处理好几种关系，如"收"与"放"的关系，"民主"与"纪律"的关系，"模糊"与"量化"的关系，"奖"与"惩"的关系等；五要提倡"班级建设，我的责任"，班级这个精神家园要靠学生自己来建设，不仅让学生参与讨论班级目标，而且让学生参与制定班级制度，参与谋断班级"大事"，参与实施班级管理，使人人都有参与班级管理的机会，个个都是班级建设的主人翁，从而使每个学生都能在班集体建设实践中得到锻炼、得到发展。

（四）有计划地开展集体活动

班集体是通过有计划地开展集体活动而逐步形成的，而丰富多彩的活动正是学生心灵成长的重要营养素。只有在为实现集体的共同目标而进行的活动中，全班学生才能充分交往，互相了解，加深友谊，为良好班集体的形成奠定情感基础。通过活动过程中的相互配合、分工合作，才能增强全体学生的集体荣誉感、工作责任感，帮助学生学会分享，学会合作，学会共同生活，学会正确地处理个人与他人、个人与集体、个人与社会的关系，加速学生个体的社会化发展进程。

集体活动的形式是多种多样的，如运动会、故事会、文艺演出、竞技比赛、远足旅游、参观访问、主题班会，等等。要想实现集体活动的教育功效最大化，班主任在组织集体活动时要注意以下几点：一是要根据新形势、新任务、新信息，因地制宜、因时制宜、因人制宜，选择好活动的主题与形式。因为新颖、鲜活的活动能满足学生的心理需要，诱发他们参与活动的欲望，并给他们留下深刻的印象。活动题材的选取是多方面的，可以从课标中选定，可以从本地资源中挖掘，可以从生活事件中提炼，可以从节日娱乐中捕捉，还可以从学科教学中选择等。二是要有目的、有计划、有组织地开展活动，做到心中有数、有的放矢。三是要做好活动前的组织、宣传、发动工作，使全体师生齐唱一首歌，共下一盘棋，还要尽量争取学校、家庭、社会力量的积极配合。四是要寓教于乐，把活动的思想性、知识性、趣味性有机结合起来，让学生在玩中学，玩中求进步。另外，开展活动还要尊重学生的意愿，把活动的指挥棒交给学生，充分发挥学生的自主性和创造性，让学生成为活动的真正主人。陶行知说："最好的教育是教学生自己做自己的先生。"只有尊重学生们的自主创造、自主发展的内心需求，尊重他们的意愿和选择，活动才能产生无限的魅力。

资料15-3：

玩是孩子的天性，巧妙的玩能玩出自律，玩出合作，玩出进取……孩子都很爱玩，他们常常玩得忘了时间，忘了地点，忘了还有许多该做的事情，身为班主任，该怎样把学生的这份"玩心"转化为强大的教育动力呢？

冯老师班上的孩子们有一阵不知怎的迷恋上了打陀螺，一次上数学课，有个"捣蛋鬼"竟趁老师不注意在课桌下偷偷地抽陀螺。数学老师一怒之下没收了陀螺，并要求冯老师严肃处理，可冯老师非但没有对孩子进行训斥，反而把陀螺还给了他，并在自己的语文课上让全班同学把陀螺玩了个痛快，随后布置孩子们回家搜集陀螺的相关知识，接下来的几天又在班中组织了"陀螺知识大王"、"合作打陀螺"、"自制陀螺"等一系列比赛，但规定只有专心上好每一堂课、做好每次作业的孩子才有参赛资格。孩子们再也不偷着玩了，他们快活地"玩"并"乐"着，从不同角度写出了一篇篇神采飞扬的好作文，有10多个孩子的文章还获了奖或公开发表。孩子们主动请求每学期都过一个"陀螺节"，并设想着组队承办。冯老师乐滋滋地说："这真是最好的作文课，更重要的是在比赛中，我看到孩子们的凝聚力、竞争力、自我约束力得到了大大的提高。"

我们不能只关注书本而不关注学生，只关注预定方案，而不顾学生的即时反应。冯老师的聪明之处就在于，她明白玩是孩子的天性，并巧妙地让孩子玩出了乐趣，玩出了自律，玩出了合作与进取，这种“教育机智”是我们每个班主任都应当学习的。

——高谦民主编，《今天，我们怎样做班主任》，华东师范大学出版社，2006：37～38

讨论：你怎样看待学生的贪玩？冯老师组织孩子玩陀螺的故事给了你什么样的启示？

（五）培养正确的集体舆论和良好的班风

集体舆论就是班级中占优势的、为大多数人所赞同的言论和意见。正确的集体舆论对班级每个成员都是一种教育力量，也是学生自我教育的有效手段。它能够弘扬正气，抵御歪风，帮助学生识别是非、善恶、美丑，激发学生“班兴我荣，班衰我耻”的集体荣誉感和责任感，培养积极向上的良好班风，锻铸班级精神，促进学生健康成长。

正确的集体舆论是良好班风形成的基础和支撑力量。一个班级的集体舆论持久地发生作用，就形成了一种风气，这种风气被巩固和保持下来，成为自觉遵守的行为规范或习惯，就形成了班风。所以，班风是指一个班级具有自身特色的稳定的班集体作风，它是班级大多数成员的思想认识、情感意志、言论行动和精神状态的综合反映，是班级文化建设的核心和精髓所在。班风对学生的思想和行为的影响，往往比规章制度更具有约束力。可以说，形成正确的集体舆论和良好的班风是班集体形成的重要标志之一。但正确的舆论和良好的班风不可能自发形成，需要经过班主任长期不懈地教育和培养才能形成。

三、指导学生学会学习

21世纪是知识经济时代，知识经济需要高效学习的方法。21世纪的文盲不是那些没有知识的人，而是那些不会学习的人。指导学生学会学习是班主任工作的一项重要内容。许多班主任在班级管理中意识不到学习指导的重要性，或以学习要求代替学习指导，或习惯于“逼”学生完成学习任务，或只看分数不重能力，或只重视智力因素忽视非智力因素，这些都是班级教学管理的误区。其实，指导学生学会学习是提高学生学习成绩、提升学习效率、保障学校教育教学质量的关键。

指导学生学会学习可以从以下几方面入手。

（一）端正学习态度，让学生自动自发地学习

美国著名畅销书作者阿尔伯特·哈伯德在其著作《自动自发地工作》一书中写到："什么是自动自发？让我来告诉你吧！自动自发就是不用别人吩咐，不用别人要求，他就能主动而且出色地完成工作。"启发学生自动自发地学习，既是知识经济时代的要求，也是素质教育的目的，更是学生身心和谐发展的需要。作为班主任，应在日常班级管理工作中，采取多种方式和手段培养学生正确的学习动机、浓厚的学习兴趣、积极的学习情绪、坚韧的学习意志，变"依赖式学习"或"被迫式学习"为"自动上弦式学习"或"自觉主动式学习"。

（二）增强学习能力，让学生轻松高效地学习

传统的观念认为，遵守纪律是学生正常学习和提高成绩的保证。因此，历来很多班主任都在维护学生学习纪律上狠下工夫，如要求学生遵守学校制度，不迟到、不早退、不旷课；要求学生遵守课堂纪律，认真听讲，按时完成学习任务；等等。其实，轻松高效的学习是提高学习效率的关键。但怎样才能减轻学生的课业负担，让学生投入到轻松愉快的学习中去呢？关键在于班主任和各科教师要注意培养和提高学生的学习能力，包括培养学生稳定的注意力、敏锐的观察力、高超的记忆力、敏捷的思维能力和丰富的想象力以及主动自觉的自学能力等。

（三）优化学习方法，让学生自由舒展地学习

正确的教育观念、强烈的学习欲望和科学的学习策略方法是大大提高学习效率的三大法宝。多年的教育实践也证明，学习成绩最好的学生并非是那些学习最用功的学生，而是那些摸索出一套最佳的学习方法，学习效率高的学生。因此，优化学生的学习方法和培养良好的学习习惯是提高学生学业成绩的一个重要条件。班主任要了解学生的学习心理规律，了解学生的学习方法和学习习惯，也可请学科专家做方法指导，或请学习状元介绍学习经验，有针对性地引导、帮助学业不良者排除学习能力障碍，使他们逐步掌握认知策略，改进学习方法，自由而舒展地学习。

四、做好个别教育工作

集体教育与个别教育是相辅相成的。班主任在教育集体时，实际上也在教育学生个人；而他在对个别学生进行教育时，也要立足于班集体。个别教育是针对学生存在个别差异性而提出来的，做好个别教育工作对整个

班集体的培养和教育至关重要。从学生的学习和品德状况来看，学生可以分为优等生、中等生、后进生三大类。因此，班主任在抓好集体教育的同时，还要根据学生个人的兴趣、能力、气质、性格、情感、需要和品德、知识等方面的差异，采用不同的教育方法，做好个别教育工作。具体从以下几个方面着手。

（一）做好优秀生的培养教育

优秀生一般指班级中德、智、体、美各方面发展都较好的学生。他们德才兼备、品学兼优，有极强的自尊心和荣誉感，有较强的进取精神，有强烈的超群意识和竞争意识，在同学当中具有较高的威信和影响。但优秀学生也是发展中的人，他们身上也必定存在某些方面的缺点和不足，需要班主任给予指导和帮助。如骄傲自大、目中无人，爱面子、讲虚荣，嫉妒心较强、抗挫折能力低等。

班主任要针对优秀生的特点，加强对他们的培养教育。一是要坚持全面的、发展的观点。既要肯定其长处，又要看到其不足；要扬其所长，补其所短；避免“月晕效应”中“一俊遮百丑”现象。二是要坚持高标准、严要求。鼓响重锤，使其严于律己、防微杜渐，百尺竿头，更进一步；但要注意把握标准与要求的尺度，以免损伤学生的自尊与自信。三是要加强对优秀学生的指导与教育，培养其正确的竞争意识，避免产生“木桶原理”中的“短板”现象。

（二）做好后进生的转化教育

后进是与先进相对而言的，后进者有后来进步之意。以我国的教育目的及培养目标作为标尺，后进生是指那些在品学方面都达不到培养目标所提出的阶段性要求的学生。这类学生在班上虽然人数不多，但破坏性很强，影响面很广，不可小看。做好后进生的转化教育，在班主任的个别教育工作中具有特别重要的意义。

一般来说，后进生具有以下特点。

一是道德观念出现偏差。后进生由于道德上的无知和道德观念出现偏差，导致生活中很多不道德行为的出现。如把尊重老师看成是“逢迎”“拍马”，把向老师反映情况说成是“出卖同学”，把顶撞老师和不遵守纪律当成是“勇敢”，把互相包庇缺点和错误当成是“讲义气”，等等。由于后进生辨别是非能力差，是非观模糊，缺乏独立的道德评价能力和必要的社会知识经验，对社会上的某些言论和行为的好坏、善恶等无法做出正确的认识和评价，出现随意模仿、盲目跟风，甚至颠倒是非，导致信仰危机。

二是情绪急躁，自控能力差。俗话说："无知者无畏"。后进生由于知识经验少，文化修养差，情绪多处于不稳定状态，易怒、善变，且思维简单，江湖义气重，容易脑子一热，不顾一切，做出害人害己，无法挽回的事情。

三是意志品质薄弱。意志力是人们克服障碍，调节自己行为与思想感情的精神动力。由于后进生是非观模糊、意志力弱、自制力差，容易受外界不良诱因的影响而经常或反复做出违背公德和违反纪律的行为。

四是行为习惯不良。后进生多存在着迟到早退、抄袭别人作业、考试作弊、小偷小摸、投机取巧等不良的行为习惯。由于他们的意志力薄弱，已经养成的这些不良习惯，改正起来非常困难，即使改正了，也容易旧病复发。

五是自尊心变态。后进生和正常学生一样有强烈的自尊心，但由于学业不良、品德缺陷，经常受到老师的批评与惩罚，因自尊心得不到满足而自卑，甚至自暴自弃、盲目自大、心理逆反，有时故意捣乱以引人注意，或明知故犯，表现出一种变态的自尊。

六是进取心枯萎。后进生和其他学生一样渴望获得好成绩，但由于多种原因导致学习成绩较差，加上老师的冷落和过多的否定评价，致使他们失去学习的兴趣，进而导致学习动机的泯灭和进取心的枯萎，甚至视学校如囹圄，视学习为畏途，视老师如寇仇，破罐子破摔，辍学、逃学等。

俗话说："浪子回头金不换"。那么，如何做好后进生的教育转化工作呢？据说，苏格拉底小时候，有一次看他父亲雕刻狮子，便问道："怎样才能成为一个好的雕刻师?"父亲说："以这只狮子来说吧，我不是在雕刻它，我只是在唤醒它。""唤醒?"小苏格拉底不解地问。"对，狮子本来沉睡在石块中，我只是将它从石头监牢里解救出来而已。"

"唤醒"，是生命与生命的交融，是心灵与心灵的沟通。教育就是一种心灵的唤醒。班主任的重要任务之一就是要把处于沉睡状态的后进生唤醒，具体说来，做好后进生的教育转化工作需要从以下几方面着手。

1. 分析后进生形成原因，对症下药

后进生形成的原因是多种多样的，既有家庭、社会、学校的因素，也有自身的原因。后进生的问题也是错综复杂的，而且后进生的心理状态十分复杂，存在着许多矛盾，如强烈的自尊心得不到尊重、极强的好胜心却不能取胜、要求进步但意志薄弱等。作为班主任应能透过现象看本质，摸清后进生后进的表现和程度，分析后进生形成的原因和问题的症结，有的放矢，对症下药，顺利完成转化。

2. 真诚热爱关心他们，树立信心

教师的灵魂在师德，师德的灵魂在于教师对学生的爱。“爱满天下”是当年陶行知先生倡导过的一句座右铭。他曾告诫对学生滥施惩罚的人说：“你的鞭子下有瓦特，你的冷眼中有牛顿，你的讥笑中有爱迪生。”教育实践表明，爱是转化后进生的基础和首要条件。一般来说，后进生大多是被爱遗忘的人，他们成长在批评、指责、打骂的环境中，受人歧视，遭人嫌弃，缺乏自尊、自信，性格往往变得粗野孤僻。因此，班主任应树立正确的学生观，关心每一个学生，尤其关心后进生的成长，用博大的胸怀包容他们，真诚地热爱关心他们，用教育代替厌弃，用亲近代替疏远，用信任代替怀疑，用关心代替怨恨，用引导代替训斥，用提醒代替讥讽，用鼓励代替责骂，融化他们心头的坚冰，打开他们的心灵之门，抚平他们心灵的创伤，使其重塑自我、重拾自信。

3. 善于利用迁移规律，培养兴趣

后进生往往是学习和品德的“双差生”，班主任应首先以爱的教育为主线，以情感教育为突破口，加强对后进生的思想品德教育，使其逐步学会爱老师、爱父母、爱同学、爱他人，进而感恩老师、感恩父母、感恩社会。其次，要通过后进生身上表现出的消极面看到其潜在的积极因素，透过屡犯错误的现象看到其中进步的苗头，找出潜藏在他们心灵深处的闪光点，利用积极因素克服消极因素，促使其不断进步。第三，要根据他们的爱好和特长，遵循长善救失的原则，利用迁移的规律，培养其学习的兴趣，增强其学习的能力，促使其不断完善和发展。

4. 耐心细致培养教育，永不言弃

十年树木，百年树人。培养人是一项长期的、复杂的工作，学生知识的积累、智力的发展、能力的形成、道德品质的培养、世界观的确立，所有这些都是日积月累的结果，“立竿见影”是不可能的，“揠苗助长”更是错误的。把一个人培养成为能够独立生活，能够服务社会，能够为人类作出贡献的合格人才，不是一朝一夕之功。青少年正值成长期，思想、行为都不成熟。后进生的转变，不能幻想“毕其功于一役。”作为班主任应有足够的耐心，要有打持久战的精神准备，要反复抓、抓反复，坚持教育的连续性，悉心诱导，耐心转化，持之以恒，永不言弃。要坚信没有真正的后进生，只要扭曲的心灵能得到矫正，身心潜能得到发挥，每个后进生都能成为好学生。

总之，后进生的教育转化工作，没有现成的模式，没有固定的方法，需要班主任根据学生的实际情况，进行长期的、艰苦的、创造性的工作，才能收到事半功倍的效果。

（三）做好中等生的促进教育

中等生是指那些在品学方面基本上达到培养目标所提出的阶段性要求的学生。他们虽然是学生中的绝大多数，但由于学业和品德表现平常，优点和缺点都不太明显，使得班主任对其关注不够。因此，在班主任照顾两端、忽视中间的教育情境下，心理状态非常复杂，大多缺乏自信，心理失落，甘居中游，随大流。班主任应充分发挥班级舆论的作用，挖掘中等生身上潜藏的积极因素，克服其从众心理，帮助他们树立信心、鼓足勇气、迎难而上、争当上游。

五、协调和统一各方面教育影响

一个人的成长和发展是学校、家庭和社会三者综合作用的结果。班主任要想做好班级工作，不仅需要学校领导、同事以及任课教师的支持与配合，而且需要家庭、社会有关人士的通力合作。班主任应协调和统一各方面教育影响，形成教育合力。具体从以下两方面着手。

（一）统一校内教育影响

为利于班级工作的开展，班主任首先应统一学校领导的教育影响。尊重领导，支持并配合领导的工作，自觉地将本班的工作置于领导严格的监督之下，主动争取学校领导的关心、指导与帮助。其次应统一班级任课教师的影响。要经常与本班任课教师取得联系，针对学生存在的问题，加强沟通，达成共识；要在任课教师和学生之间发挥桥梁中介作用，不仅邀请任课教师参与本班工作，而且注重协调任课教师之间、任课教师与学生之间的关系。第三应统一本班班委会、团委会以及共青团、少先队的教育影响。要经常与班干部沟通思想，交换意见，充分发挥共青团、少先队的先锋模范作用，使全体学生相互配合、互相协调、齐心协力，为组建良好的班集体、形成良好的班风而努力。

（二）争取校外支持配合

班主任是联系学校、家庭和社会的活的环节和纽带。一方面，他通过家访、家长会、家长学校、家长档案、电话、网络等形式，向家长宣传国家的教育目的和学校的培养目标，传递正确的教育观念和科学的教育方法，广泛听取家长的意见和建议，使家庭教育与学校教育配合一致，发挥富有成效的综合教育作用；另一方面，因为社会教育的机构多，内容丰富，影响复杂，班主任要想充分利用社会中的各种教育力量，就必须及时了解当下的社会动态、舆论导向，指导学生如何面对复杂的社会环境、多变的社会生活，组织学生广泛接触社会、参与社会生活，最大限度地利用家庭、社区教育资源，建立三位一体的立体化的教育网络，形成教育合力，共同为学生的发展服务。

六、做好学生操行评定

操行评定是班主任对学生一个学期（或一个学年）以来的思想品德、学习、劳动、文体活动以及社会工作等方面发展变化情况的评价。操行评定是班级管理的重要内容，也是班主任对学生进行思想品德教育的重要方法。操行评定一般采用评语方式，有的还评定出优、良、中、差四个等级。

操行评定的根本目的在于教育学生，它对于班主任、学生及家长都具有十分重要的意义。它有助于班主任了解学生、教育学生，总结工作经验教训；有助于学生了解自己的思想品德表现、优点与不足，督促学生自我反思，扬长避短；有助于家长了解子女，更好地配合学校协调一致地教育子女。

班主任在对学生进行操行评定时，应注意以下几个问题。

一要全面。要坚持以全面的、发展的观点看待学生，既要看到学生的思想认识，又要看其态度和行为；既要看学生原有的基础，又要看其一个学期以来的发展变化情况；既要看学生的学习情况，又要看其思想品德、劳动、文体活动以及社会工作等情况。

二要客观。要坚持实事求是的原则，对学生的评价要客观、真实、准确。切实做到恰如其人，恰如其分，符合学生的年龄特点和个性特征。既不能无中生有，又不能夸大其词，更不要以个人的好恶主导评价。

三要一分为二。既要看到学生的优点与长处，又要看到学生的缺点与不足，切忌评语“一边倒”，好的天花乱坠，十全十美；“坏”的一无是处，无可救药。要让每一个学生都能看到自身的优点与希望，获得前进的信心与勇气；同时又能感到自身的不足，明确下一步努力的方向。

四要简明扼要。操行评语要简洁明快，干净利落，不繁杂冗长、拖泥带水。文字准确清晰，用词贴切恰当，内容全面概括，达到“一不走样，二不凌乱，三不啰嗦”。即综合概括力要强，真正做到“片言可以明百意”，

“言有尽而意无穷”。切忌空洞、抽象、一般化，严防用词不当，引起家长误解，伤害学生感情。

七、做好班主任工作的计划与总结

班主任工作头绪多，任务重，难度大，牵涉面广，连续性强。为了保证班主任工作有计划、有步骤地进行，必须做好新学期班主任工作计划的制定工作。新学期班主任工作计划的制定必须依据上学期班主任工作总结，也必须根据本学期班主任工作计划的执行情况。由此可见，班主任工作的计划和总结是相辅相成、互为因果、有机统一的。

班主任工作计划按性质来划分，有综合计划和单项计划；按时间来划分，有周计划、月计划、学期计划、学年计划。但在通常情况下，班主任开展班级工作最常用的计划是学期工作计划和具体执行计划。学期工作计划比较完整，基本内容包括：班级基本情况和学生学习发展状况的分析；班级管理的目标、任务、内容、重点、难点及时间安排；完成管理目标采取的方法、手段；按周次或月次列出每周或每月工作要点和完成方式等。具体执行计划可以按周或月来制定，也可按活动来制定。具体内容包括：计划的目的要求，活动内容、形式和方法，时间安排，分工，完成的步骤和期限等。总之，班主任工作计划没有固定的格式，既可用文字叙述的形式，也可用表格形式，究竟采用何种形式，需依照实际情况而定。

班主任工作总结可分为全面总结和专题总结两种。全面总结是对班主任一学期或一学年的工作进行全面系统的分析和评价，专题总结是对班主任工作中的某一方面或某个问题进行分析和评价。为了做好班主任工作总结，需注意以下几方面：一要重视积累材料。“巧妇难为无米之炊”，班主任应通过写“班级工作日志”“班主任日记”等形式把班级工作的情况、有关学生、老师和家长的反应以及自己的想法等记录下来；也要把学生、教师或家长参加活动的计划、总结以及个人的认识与体会保存下来，为我所用。二要实事求是，一分为二。既要总结成绩，又要指出失误；既要记述工作事实与过程，又要从理论上进行分析与研究，摸清取得成绩的根据和产生失误的原因，总结出规律性的经验教训，制定出切实可行的工作原则和方法，以进一步完善班主任工作。

第三节　新时期班主任工作

如今在校的中小学生，属于“90后”新新人类，他们多是独生子女，具有新时期的一些特性，他们聪明、活泼、自信有余，但自我控制能力不足；他们个性张扬、独立意识强，但又显得敏感、脆弱、自私、冷漠、任性；他们知识丰富、好奇心强，但抗挫折能力、忍耐力、包容力、勤奋精神都大大降低。加上部分学生存在学习焦虑、迷恋网络、叛逆等问题，所以师生关系与过去相比发生了很大的改变，过去把老师奉为权威化身的观念逐渐解体，在“民主”“自由”意识普遍抬头之下，学生对老师的行为稍有不满便敢公然提出抗争。凡此种种，都大大增加了教育的难度，为新时期班主任工作的开展与变革，提供了发展的机遇，也提出了巨大的挑战。

一、当前我国班级管理中存在的问题

(一) 班主任对班级的管理方式偏重于专断

一般来说，班主任进行班级管理的方式主要有三种：权威型管理方式、放任型管理方式、民主型管理方式。

一是权威型管理方式。此类班主任工作责任心较强，但不讲求方式方法，不注意听取学生的意愿，一味要求学生服从自己，学生对班主任也只能唯命是从，不能发挥独立性和创造性，学习缺乏自主性；班主任受应试教育思想的影响，重视课堂教学，重视考试成绩，重视班级排名，学生的学习是被动的；班主任与学生之间一般缺乏情感因素，难以形成互尊互爱的良好人际关系，甚至会因班主任的专断粗暴、简单随意而引起学生的反感、憎恶和对抗，造成师生之间关系的紧张与对立。

二是放任型管理方式。这类班主任缺乏责任心和爱心，对班级学生的管理、学习和发展听其自然，不加指导和控制，以容忍的态度对待班级生活的冲突，不主动组织班级活动；学生对班主任放任不管的态度和置身于事外的责任心怀疑、失望，甚至对班主任的人格鄙视、议论。师生之间关系冷漠，班级秩序失控，班级管理工作陷入瘫痪状态。

三是民主型管理方式。此类班主任工作责任心强、能力强、威信高，富有爱心，善于和学生沟通、交流；注重实行动态管理，以学生的发展为本，不断调整工作思路和工作方法，保持良好的工作效能；学生自主性强，工作积极主动，思维活跃，兴趣广泛，学习积极性高，班风优良；班主任与学生之间民主平等、尊师爱生、心理相容。

但在目前的班级管理中，由于受应试教育思想的影响和学校考核评价体制的制约，班主任仍过多地把工作着眼点放在学生的考试成绩上，关注班级排名，高度重视升学率，因此多采用权威型管理方式。他们忽视学生的主体性，经常采用管、卡、压、罚等专断的方式让学生绝对服从自己的指挥，以维护教师的权威，使学生的学习缺乏自主性，陷入被动学习状态，最终导致厌学、弃学，甚至辍学。

（二）班级管理制度缺乏活力，民主管理的程度低

在班级中设置班干部，旨在培养学生的民主意识与民主作风，学会自理自治，提高班级管理工作效能。但长期以来，班主任习惯将班级管理制度程序化，班干部固定化，以学习成绩作为评选班干部的标准，使多数学生失去参与班级管理的机会，失去体验、锻炼与发展的机会，而且在社会大环境的影响下，多数学生与部分家长把班干部看成是荣誉的象征，不仅使一些学生养成了“干部作风”“特权思想”，而且在班级管理中缺乏自主性、能动性。

要解决当前班级管理中存在的问题，就必须倡导民主型管理方式，建立以学生发展为本的班级管理机制，确立学生在班级中的主体地位，尊重学生的人格和主体性，或实行班级干部轮流执政制，让每个学生都有锻炼机会，或加设班级管理岗位，如学习示范岗位、活动岗位、社区岗位等，充分发挥每个学生的主观能动性，把班集体作为学生自我教育的主体。大量事实表明，要想提高班级管理工作的效能，建立优秀的班集体，关键在于班主任的民主意识、平等观念以及较高的业务素质和强大的人格力量。

二、新时期对班主任素质的要求

班主任是学校的教育者，是学生学习的直接榜样，是21世纪高素质人才的塑造者，班主任的素质与班级管理工作水平息息相关。有人提出，要想做好班主任工作必须“五官端正”：即嘴正，说话言而有信；耳正，处事公正合理；眼亮，看问题不偏不倚；心正，干工作兢兢业业；腿勤，和学生打成一片。总之，新时期班主任的工作任务应以育人为目标，着眼于班级所有学生精神健康的生活，使其个性获得充分而和谐地发展。为此，对班主任素质提出以下要求。

（一）塑造新形象

当今社会，细节决定命运。老子说：“天下难事，必做于易；天下大

事，必做于细。”康德说：“教育是人最应尽力的最大最难的问题。”“教育无小事”，能够充分发挥教育巨大功效的恰恰是细小的班务琐事。其中，身处教育教学工作第一线的班主任，其在学生心目中的形象对班级管理工作起着举足轻重的作用。

江苏省江阴市华士中学赵俊良老师提出了班主任形象的八点要求：（1）率先垂范，给学生以楷模感；（2）理解学生，给学生以亲切感；（3）善于创新，给学生以敏锐感；（4）富于同情，给学生以信任感；（5）豁达坦率，给学生以宽厚感；（6）办事果断，给学生以效率感；（7）谦虚诚恳，给学生以民主感；（8）博学多才，给学生以钦佩感。

“为师先做人，育人先正己。”作为班主任首先要有较高的精神境界，为人正直，品行高尚，要有强烈的事业心，高度的责任感，要有“甘为人梯，乐为人梯，善为人梯”的精神，要理解学生、尊重学生、热爱学生、信任学生……但作为21世纪的班主任，还应注重从以下几方面塑造新的形象。

首先，要以自尊、自信、自律、自强的自我意识影响学生。春秋时期的教育家孔子认为：“其身正，不令而行；其身不正，虽令不从。”西汉时期的教育家董仲舒也说：“善为师者，既美其道，又慎其行。”在当今以经济建设为中心，物质文明极为丰富的社会里，青少年学生容易受拜金主义、享乐主义思想的影响，导致“金钱至上”“享乐至上”。一位优秀教师说：“所有难教育的孩子，都是失去自信心和自尊心的孩子，所有好教育的孩子，都是具有强烈自尊心和自信心的孩子。教育者要千方百计地保护孩子最宝贵的东西——自尊心和自信心。”基于此，班主任应充分利用青少年学生的“向师性、模仿性、可塑性”特点，以高标准严格要求自己，使自己在学生面前成为活生生的教材，成为学生做人的榜样，帮助学生点燃自尊、自信、自律、自强之火，如班会课的几句表扬、作业本上一句评语、促膝谈心时的几声赞许……都可以让学生重新点燃希望之火，重新扬起奋进之帆。

其次，要以海纳百川的宽广胸襟容忍学生。“天空收容每一片云彩，不论其美丑，故天空广阔无比。”现在的中学生，见多识广而又老于世故，富有激情而又容易激动，在与班主任产生摩擦和隔阂时，多数学生尽管认识到了自己的错误，但由于过度的自尊和面子而选择宁折不弯。有不少班主任意识到，学生心灵的钟越来越厚重了，想要敲响它越来越不容易了。其实，用宽容这份厚重的关爱去教育学生，有时会比严厉更能触动人的心灵。苏霍姆林斯基曾说：“造成教育青少年困难的最主要的原因，在于教育实践在他们面前以赤裸裸的形式进行，而处于这个年龄期的人，就其本性来说是不愿意感到有人在教育他们的。”因此，在师生交往中处于强势一方的班主任，要改变那种居高临下的教育者、管理者形象，要以宽阔的胸襟，发扬“山不过来，我就过去”的主动工作的态度和意识，真诚地走进学生。避免不分时间、场合，不论对象、状况地大声训斥、批评、火冒三丈地厉声叱骂、讽刺挖苦学生，甚至体罚和变相体罚学生。

再次，要以高尚的道德品质和人格魅力感染学生。我们大家都熟悉这样一件事情：2008 年 5 月 12 日下午，四川省汶川县发生 8 级强烈地震，德阳市东汽中学教师谭千秋，在地震发生的一刹那，义无反顾地张开自己的双臂，将正在课堂里听课的四名学生紧紧掩护在身下。一天后，当人们从废墟中将他扒出来时，他的双臂还张开着，趴在课桌上，手臂上伤痕累累，后脑袋被楼板砸得凹了下去。他献出了 51 岁的生命，四名学生则在他的保护下成功获救。我们知道，教师的灵魂在师德，师德的灵魂在于教师对学生的爱。热爱学生是班主任搞好教育工作的前提。作为班主任，不仅应有崇高的品德，饱满的工作热情，坚持不懈的进取精神，言行一致、表里如一，而且应心中有爱，只有心中有爱，举手投足间挥洒出来的才是温暖、亲切和宽容。这样才能感染学生、激励学生，在学生心目中树立崇高的威信，给学生强有力的教育影响。

最后，要以多元智能的理论观点评价学生。世界著名教育心理学家霍华德·加德纳教授认为：“如果我们以多元智能的观点来看孩子，我们会发现，每个孩子都很有天赋，都有属于他自己的兴趣和学习方式。”因此，对于班主任来讲，首先要改变过去那种以“成绩定终身”的单一评价模式，天生我辈必有才，每个学生都有自己的优势智力，不存在所谓的“笨”学生，禁止用“笨蛋”“傻瓜”“无用”等字眼评价学生，徒增孩子“习得性”的无能感，以致丧失自信心；其次还要学会赏识学生，善于发现孩子身上的闪光点，为学生的发展创设多元的环境，避免“唯分数论”，避免给孩子背上沉重的心理包袱，使孩子失去童年的欢乐。

（二）树立新观念

班主任应加强教育理论的学习与提高，树立正确的教育观和学生观。学生观是指教师对学生的基本看法，而教育观则是在对教育现象及教育规律的理解基础上形成的教育思想。在教师的素质里，教育观是本，其余是末。人的教育行为都是自己的教育观的表达，作为班主任也不例外，他的全部教育行为事实上都是他的教育观的表达。他怎样认识教育、理解教育就会怎样表达教育，他可能是盲目的，也可能是自觉的。

资料 15-4：

左手和右手的故事

霍懋征先生在当小学四年级班主任时，班里转来了一位女生，每次上课提问女孩都举手，但总是回答不了问题。霍老师经了解后得知，这个女生是怕别人说她学习不好才总举手。于是霍老师跟她约定，如果你会就举左手，不会就举右手，霍老师每次看到她举左手时就让她起来回答问题。这个女生因为每次都能准确回答问题而得到老师的表扬，也得到同学的赞扬，从此建立起自信。霍老师举左手举右手的办法，只有她和那位女生知道，既保护了这个学生的自尊，又培养了她的自信，这个学生的成绩很快就提高了。

左手与右手，看似简单，却是一名教育家教育观的表达。

——中国新闻网，《霍懋征：以心换心，用爱育爱》，载《解放日报》2010-02-21，转自天涯虚拟社区教师版

由此可见，正确的教育观和学生观对于班主任来说是第一重要的。“多一把衡量学生的尺子，就会多一批好的学生”。一名班主任只要有了科学的教育观和正确的学生观，就会动态地、发展地看待学生，就会尊重、信任学生，平等地看待学生，就会用多元智能理论的观点评价学生，使每一个学生都获得好的发展，就会出现班级管理中的瓦拉赫效应。

资料 15-5：

瓦拉赫效应

奥托·瓦拉赫是诺贝尔化学奖的获得者，他的成才过程极富传奇色彩。

瓦拉赫读中学时，父母为他选择了一条文学之路，不料一个学期下来，老师为他写下了这样的评语：“瓦拉赫很用功，但过分拘泥。这样的人即使有完善的品德，也决不可能在文学上发挥出来。”此时，父母只好尊重儿子的意见，让他改学油画。可瓦拉赫既不善于构图，对艺术的理解也不够，成绩在班上倒数第一，老师的评语更是让他难以接受：“你是绘画方面的不可造就之才。”面对如此笨拙的学生，绝大部分老师认为他成才已无望，只有化学老师认为他做事一丝不苟，具备做好化学实验应有的素质，建议他学化学。父母接受了化学老师的建议。这下，瓦拉

赫智慧的火花一下被点燃了。文学艺术的“不可造就之才”一下子变成公认的化学方面的“前程远大的高材生”。

瓦拉赫的成功，说明一个道理：孩子的潜能是不一样的，有的比较全面，有的在某一方面特强。孩子在找到了发挥自己潜能的优势方向后，通过努力就能取得应有的成绩，这一现象被后人称为“瓦拉赫效应”。

——http：//baike.baidu.com/view/197464

（三）转变新角色

在现实生活中，处于一定社会地位的个体通常都不只扮演一种角色，由于班主任特定的社会职业和地位，在日常工作中，仅就与学生的关系而言，就需要扮演多种角色。但在社会飞速发展与学生身心不断变化的新形势下，班主任这种传统的角色也面临着新的挑战，在角色扮演的过程中并非一帆风顺，可能会出现角色冲突、角色不清以及角色失败等种种角色失调现象。因此，班主任应能与时俱进，不断根据社会发展实际与学生身心发展需要调整自己的角色，以适应社会发展及学生身心发展的需要。为此，需注意以下几点。

首先，由“管理者”向“共同学习者”转变。班主任是班级教育教学活动的管理者，尤其是在建立班级集体、制定和贯彻班级规章制度、组织班级活动、建设良好班风等方面，对班级各方面工作进行控制和管理。但由于班主任管理的对象是具有自主性、能动性以及独特个性的学生，因此，班主任应放下管理者的架子和家长代理人的角色，给予学生更多的责任和自主，增强学生自我管理、自我教育的意识和能力，使学生在不断的自我调节、自我激励、自我管理和自我修养中，达到自我完善。经过师生共同努力，创造和谐、民主、进取的集体氛围，真正实现大手牵小手、成长一起走。

其次，由“权威型”向“民主型”转变。现在的90后学生，虽然个性张扬，独立性、自主性很强，但由于面临巨大的升学、就业和竞争压力，所以，心理承受能力低，心灵脆弱，逆反心理很重，过去的那种崇拜权威、居高临下的管理方式已经不适应现在的新新人类。因此，作为班主任要打破过去那种我讲你听、居高临下的武断教育，朝着耐心启发、双向交流、细致引导的方向转化，在民主讨论、平等交流、启迪疏导的基础上，发挥学生的主动性、积极性和主体性，从而解开学生的思想疙瘩，促进其身心健康成长。

再次，由“严师型”向“良师益友型”转变。现在的中学生，需要的不是权威型的严师，而是能分担自己的快乐与痛苦、幸福与忧愁的朋友式的关怀教师。因此，班主任与学生之间，应从居高临下到民主平等，从听话到对话，从单向灌输到双向互动，给予学生更多的人文关怀，对学生中出现的问题不应一味地严厉指责，而是像朋友一样帮助学生解决，与学生近距离接触，举手投足间无不渗透老师对学生的理解，做学生心灵的呵护者，帮助学生走出困境，真正走进学生的心里，做学生的良师益友。

最后，由“传道、授业、解惑者”向“心理调节者”“研究者”转变。班主任也是教师群体中的一员，传统的教师角色担负着“传道、授业、解惑”的重任，但进入现代社会，由于人们的道德观、价值观呈现多元化，教师的角色也被赋予了新的内涵，不但要向学生传授“做人之道”“治学之道”“为业之道”，还应积极适应时代、社会的要求，掌握基本的心理卫生常识，注重对学生的心理健康教育，成为学生的“心理调节者”和“心理咨询师”，做学生全面成长的关护者。同时，班主任还要从“教书型”向“研究型”转变，不断反思自己的工作经验，加强对青少年的理论研究，促使自身的专业化成长，以灵活机智、富有创造性地开展教书育人的工作。

（四）谋求新发展

我国近代思想家黄宗羲曾说：“业之未精，有惑而不能解，则非师矣。”所以，作为文化知识的传播者和学生思想的引路人，班主任应具备扎实的理论功底和业务能力，同时，还要与时俱进，不断学习，使自己的“一桶水”常满常新，在学生中树立一座“无形的丰碑”，充分发挥自己的非权力影响力。为此，需做到以下几点。

首先，加强学习，注重自身专业成长。班主任作为现代社会的一员，也有实现自我和超越自我、进行研究与创造的需要。然而，由于班主任繁杂的工作事务，使得多数班主任是“两眼一睁，忙到熄灯”，有一种精疲力竭、“被抽空”“被耗干”的感觉，但又说不清自己“干了些什么、做好了什么”，甚至出现“种别人的田，荒了自己的地”的尴尬局面。苏联教育家马卡连柯认为，教育的技巧，并不是一门需要天才的艺术，但它是一门需要学习才能掌握的专业。那种认为班主任工作只是“对付”孩子，用不着什么科学理论和工作艺术的想法是荒谬的；认为班主任工作对象是不成熟的青少年，不需要高深理论的认识是肤浅的；认为班主任就是利用最多的时间盯紧学生、管住学生的思想更是班主任工作发展的障碍。为此，班主任应学会弹钢琴的工作方法，像全国优秀班主任魏书生那样，引导学生走自我管理的路子，从繁忙的工作事务中抽出身来，注重自身专业化水平的不断提高。

其次，树立专家意识，加强自我教育。班主任工作是一项发展性的专业工作，既要促进学生的发展，又要与时俱进，不断发展和完善自身。同时，班主任的自我发展意识也是影响其做好班级工作的重要因素。一个有事业心的班主任，应该树立专家意识，不仅通晓教育学、心理学和生理学的有关知识，而且对处于青春期的学生的行为有足够的认识并开展有目的的研究；不仅认真学习教育管理理论，潜心研究班级管理工作，而且及时更新教育理念，不断调整班级管理策略；此外还要加强自我教育，主动构建新型的知识结构，不断提高自身的文化修养，以高尚的人格魅力和较高的素质修养影响学生、教育学生，促使学生健康发展。

（五）讲究新方法

法国作家拉丹封曾写过一则寓言，讲的是北风和南风比威力，看看谁能把行人身上的衣服脱掉。北风首先来一个冷风凛冽、寒冷刺骨，结果行人为了抵御北风的侵袭，便将大衣裹得紧紧的。南风则徐徐吹动，顿时风和日丽，行人因为觉得春暖上身，始而解开纽扣，继而脱掉大衣。这场北风与南风比威力的结果是，南风获得了胜利。将“南风效应”引入班主任工作中，可以给人们这样的启示：在班级工作中，一定要注意方法。北风和南风都想使行人脱掉大衣，但由于方法不一样，结果大相径庭。

21世纪的中学生，生活的世界是丰富多彩、变幻无穷的，他们通过各种途径了解、审视自己生存的这个空间。这其中又多是良莠不分、鱼龙混杂。由于学生的道德观念模糊，辨别是非的能力比较差，如何使他们分辨出生活中的是非、善恶、美丑，单凭政治学习、道德灌输、空洞说教已解决不了问题。作为新时期的班主任，应能根据学生的思想实际创造性地开展工作，采取学生喜闻乐见的形式，“巧借良师撞心钟”，加强对学生的世界观、人生观的教育。比如，可根据现实生活中的一些活生生的事例，像2008年北京奥运会或同年发生的“5·12”汶川大地震，组织学生展开讨论，如“当国家面对重大事件或面临巨大灾难时，作为一个中国人应该怎么办?”引导学生在分析事例的同时，净化他们的心灵，感悟做人的准则，逐步树立奉献意识与责任意识。

总之，“教育需要活动，教育需要机智”。班级管理是一门艺术，班主任对学生的教育也蕴涵着无穷的智慧。文学巨匠巴金老人曾指出，艺术的最高境界是无技巧。武林中有语，无招胜有招。在班级管理实践中，班主任应改变空洞、烦琐、乏味的说教，讲究教育的艺术，善于根据学生的个性、爱好、兴趣和特长，精心设计一些新颖、有趣、富有吸引力的班级活动，创设生动活泼的、能够让学生进行自我教育的德育情境，使学生的主观能动性、特长和潜能在活动中得以充分发挥，让学生在潜移默化中受到影响、激励和教育，达到“无声”胜“有声”的教育意境。正像有人认为的那样，现在的孩子需要的不是豪情万丈的伟岸，而是温柔的征服。因此，班主任工作中的“南风效应”不可忽视。

（六）增长新才干

现在的中学生，活泼好动、思维活跃、好奇心强，有自己的兴趣和爱好。他们早已走出父辈“两耳不闻窗外事，一心只读圣贤书”的单纯，取而代之的是“风声雨声读书声，声声入耳”的丰富与多元。他们用少年的触角聆听窗外的声音，捕捉流行元素，从《哈里·波特》《三重门》到大头贴挂满书包，从蔡依林、周杰伦、S·H·E到哈韩、哈日一族的异军突起，从手机、小灵通进校园到网络流行语的广泛使用。总之，生活在变，校园时尚在变，学生在变，班主任也必须顺势而动。作为班主任，不仅能传道、授业、解惑，而且要会启迪、开发、创新，并且要有多方面的才能和兴趣。一般来说，性格活泼开朗、兴趣广泛、多才多艺的班主任，易于与学生打成一片；反之，那些性格内向、不苟言笑、缺乏特长与兴趣的班主任则容易脱离学生。因此，新时期班主任除了要具备一名普通班主任应有的素质结构外，还要增长自己文学、艺术方面的修养和才干，这样才能拉近自己与学生的距离，便于开展工作。如对扑面而来的郭敬明、韩寒等青春派校园小说，班主任应率先阅读，然后指导学生利用“扬弃”的观点有针对性地阅读；对于学生中的“追星”热潮，班主任也要与学生一起同步关注“星星资讯”，重要的是要善于引导学生、启迪学生，不能只看明星光鲜亮丽的一面，还要看到其“成名”背后付出的艰辛与努力；对于网络时尚，班主任应学会利用QQ群与学生聊天，懂得使用各种表情图案表达你的喜怒哀乐，学会使用网络语言与学生交流，注重寓庄于谐，如怎样理解“帅呆了”、怎样才算是“酷毙了”等。总之，对于学生中流行的一些新颖、时尚、新潮的东西，班主任不可一味地全盘否定，要学会接纳学生，学会用学生的眼睛去观察世界，要与学生共同成长。只有这样，才能因势利导，提倡真时尚，摒弃伪时尚，使学生避免流于恶俗。

【讨论】联系实际谈一谈你心目中的班主任？

【思考题】

1. 为什么中小学教育特别重视班主任工作？
2. 班主任工作的内容有哪些？
3. 如何组织和培养良好的班集体？
4. 怎样做好个别学生的教育工作？
5. 联系实际谈一谈新时期班主任应具有什么样的素质结构？

【拓展阅读】

1. 张万祥等．破解班主任难题［M］．福州：福建教育出版社，2007.

2. 高谦民．今天，我们怎样做班主任［M］．上海：华东师范大学出版社，2006.

3. 华东师范大学教育学博士编写组．教育学博士写给中学班主任的信［M］．南京：江苏教育出版社，2006.

4. 郑学志．班主任工作招招鲜［M］．长沙：湖南师范大学出版社，2005.